Sportpsychologie

Ihr Bonus als Käufer dieses Buches

Als Käufer dieses Buches können Sie kostenlos unsere Flashcard-App „SN Flashcards"
mit Fragen zur Wissensüberprüfung und zum Lernen von Buchinhalten nutzen.
Für die Nutzung folgen Sie bitte den folgenden Anweisungen:

1. Gehen Sie auf **https://flashcards.springernature.com/login**
2. Erstellen Sie ein Benutzerkonto, indem Sie Ihre Mailadresse angeben,
   ein Passwort vergeben und den Coupon-Code einfügen.

Ihr persönlicher „SN Flashcards"-App Code   E4E13-1FE15-77717-BED6D-595E1

Sollte der Code fehlen oder nicht funktionieren, senden Sie uns bitte eine E-Mail mit
dem Betreff **„SN Flashcards"** und dem Buchtitel an **customerservice@springernature.com**.

Frank Hänsel · Sören D. Baumgärtner
Julia M. Kornmann · Fabienne Ennigkeit

Sportpsychologie

2., vollständig überarbeitete Auflage

Frank Hänsel
Institut für Sportwissenschaft
Technische Universität Darmstadt
Darmstadt, Deutschland

Julia M. Kornmann
Institut für Sportwissenschaft
Technische Universität Darmstadt
Darmstadt, Deutschland

Sören D. Baumgärtner
Institut für Sportwissenschaften
Johann Wolfgang Goethe-Universität
Frankfurt am Main
Frankfurt am Main, Deutschland

Fabienne Ennigkeit
Institut für Sportwissenschaften
Johann Wolfgang Goethe-Universität
Frankfurt am Main
Frankfurt am Main, Deutschland

Zusätzliches Material zu diesem Buch finden Sie auf http://www.lehrbuch-psychologie.springer.com.

ISBN 978-3-662-63615-2   ISBN 978-3-662-63616-9   (eBook)
https://doi.org/10.1007/978-3-662-63616-9

Die Deutsche Nationalbibliothek verzeichnet diese Publikation in der Deutschen Nationalbibliografie; detaillierte bibliografische Daten sind im Internet über http://dnb.d-nb.de abrufbar.

Zeichnungen von Martin Lay

Einbandabbildung: © SolStock / Getty Images / iStock

Planung/Lektorat: Marion Krämer, Judith Danziger

Springer ist ein Imprint der eingetragenen Gesellschaft Springer-Verlag GmbH, DE und ist ein Teil von Springer Nature.
Die Anschrift der Gesellschaft ist: Heidelberger Platz 3, 14197 Berlin, Germany

Vorwort zur 2. Auflage

Babe Ruth, Jesse Owens, Pelé, Muhammed Ali, Billie Jean King, Michael Jordon, Katarina Witt, Michael Schumacher, Steffi Graf, Tiger Woods, Tom Brady, Dirk Nowitzki, Serena Williams, Roger Federer, Cristiano Ronaldo, Michael Phelps, Shaun White, Usain Bolt, Mikaela Shiffrin, Simone Biles – eine kleine Auswahl berühmter Sportlerinnen und Sportler.

Wilhelm Wundt, William James, Iwan Petrowitsch Pawlow, Burrhus Frederic Skinner, Edward Lee Thorndike, Alfred Binet, Sigmund Freud, Anna Freud, Alfred Adler, Carl Gustav Jung, Melanie Klein, Clara Stern, Jean Piaget, Charlotte Bühler, Stanley Milgram, Abraham Maslow, Albert Bandura, Hans Jürgen Eysenck, Noam Chomsky oder Hans Werner Schulte – eine kleine Auswahl berühmter Psychologinnen und Psychologen.

Das vorliegende Werk zur Sportpsychologie bringt diese Menschen zusammen – selbstredend nur in einem übertragenen, akademischen Sinn, beispielsweise mit wissenschaftlich fundierten Ideen, Annahmen und Erkenntnissen dazu, welche psychologischen Faktoren zu Höchstleistungen im Sport beitragen. Auch wenn dieser beispielhafte Bezug sicherlich einleuchtend oder sogar populär ist, so greift er doch auch zu kurz. Denn sportpsychologische Forschung beschäftigt sich ganz allgemein mit menschlichem Erleben und Verhalten in sportlichen Situationen und dadurch mit einem breiten Spektrum möglicher Themen, also auch mit Fragen wie: Warum treiben Menschen in ihrer Freizeit überhaupt Sport? Welchen Einfluss hat Sport auf die Persönlichkeitsentwicklung von Kindern und Jugendlichen? Fördern Zuschauerinnen und Zuschauer die sportliche Leistung? Verhindert Sport einen geistigen Abbau im Alter? Werden Kinder durch Sport selbstbewusster?

Dieses Lehrbuch richtet sich an Studierende der Sportwissenschaft und der Psychologie, aber auch an alle, die an den wissenschaftlichen Grundlagen der Sportpsychologie interessiert sind. Dabei ist es uns wichtig, in verständlicher und ansprechender Form in die grundlegenden Fragestellungen und Themen der Sportpsychologie einzuführen, die Antworten aus der aktuellen Forschung in kompakter Form darzustellen und beispielhaft auf Anwendungen für die Sportpraxis hinzuweisen. Das Verständnis der trotz alledem noch anspruchsvollen Inhalte wird durch verschiedene didaktische Elemente erleichtert: *Zusammenfassungen* am Ende jeden Kapitels geben eine Orientierung im Hinblick auf die zentralen Aussagen; in einem *Glossar* werden für das Verständnis des Texts wichtige Begriffe erläutert (durch Fettdruck hervorgehoben); eine Vielzahl illustrierender *Beispiele* soll an die Erfahrungen der Leserinnen und Leser anschließen; und verschiedene *Exkurse* dienen der Vertiefung des Verständnisses.

In dieser überarbeiteten Neuauflage wurden die Grundstrukturen des Buches und der einzelnen Kapitel im Wesentlichen unberührt gelassen, da sie sich aus unserer Sicht bewährt haben. Im Detail wurden einige Verbesserungen vorgenommen. Zum einen wurde – auf Basis der Erfahrungen aus Vorlesungen und Seminaren und den Rückmeldungen aufmerksamer Leserinnen und Leser (denen selbstverständlich unser großer Dank gilt!) – die Darstellung weiter verbessert. Zum anderen wurde den aktuellen Entwicklungen in der Sportpsychologie und der Psychologie Rechnung getragen und es wurden wichtige neue Aussagen und Forschungsergebnisse aufgenommen.

Ein großer Dank gebührt den fleißigen und kompetenten Helferinnen im Hintergrund, die mit ihrer Kritik und Korrektur ganz wesentlich zum Gelingen dieses Werkes beigetragen haben – und das sind: Cathrin Koch, Johanna Kunkel, Nina C. Seidenberg und für die Neuauflage vor allem Jasmin Krauß.

Noch eine Anmerkung: Das 13. Kapitel ist in leicht veränderter Form bereits in Conzelmann, Hänsel und Höner (2013) erschienen, ebenso wie Teile der Kapitel 3, 8 und 9.

Wir hoffen nach wie vor, dass das vorliegende Lehrbuch nicht nur die intellektuelle Neugier anregt oder weiter fördert, sondern auch dazu beiträgt, ein grundsätzliches Verständnis für die Psycho-Logik des Sports zu entwickeln, ganz im Sinne der chinesischen Spruchweisheit: „Gibst du einem Mann einen Fisch, nährt er sich einmal. Lehrst du ihn das Fischen, nährt er sich sein ganzes Leben."

Frank Hänsel   Darmstadt und Frankfurt
Sören D. Baumgärtner   Mai 2021
Julia M. Kornmann
Fabienne Ennigkeit

Lernmaterialien zum Lehrbuch *Sportpsychologie* im Internet – www.lehrbuch-psychologie.springer.com

- Karteikarten: Prüfen Sie Ihr Wissen
- Zusammenfassungen der 16 Buchkapitel
- Glossar der wichtigsten Fachbegriffe
- Materialien für Dozentinnen und Dozenten zum Download: Foliensätze, Abbildungen und Tabellen

Weitere Websites unter www.lehrbuch-psychologie.springer.com

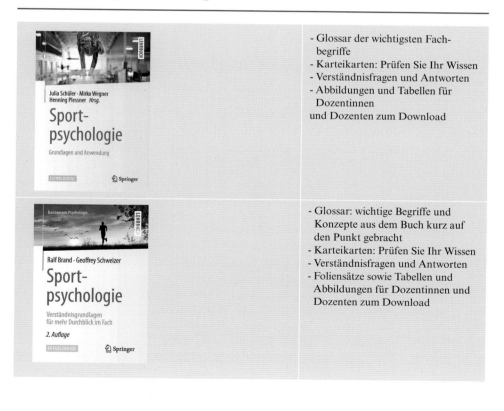

- Glossar der wichtigsten Fachbegriffe
- Karteikarten: Prüfen Sie Ihr Wissen
- Verständnisfragen und Antworten
- Abbildungen und Tabellen für Dozentinnen und Dozenten zum Download

- Glossar: wichtige Begriffe und Konzepte aus dem Buch kurz auf den Punkt gebracht
- Karteikarten: Prüfen Sie Ihr Wissen
- Verständnisfragen und Antworten
- Foliensätze sowie Tabellen und Abbildungen für Dozentinnen und Dozenten zum Download

Inhaltsverzeichnis

II   Strukturen und Prozesse des psychischen Systems: II. Personale Dispositionen

III   Strukturen und Prozesse des psychischen Systems: III. Situative Einflüsse

IV   Strukturen und Prozesse des psychischen Systems: *IV. Personale Veränderungen*

V   Sportpsychologie in der Anwendung

Einführung

Inhaltsverzeichnis

© Der/die Autor(en), exklusiv lizenziert durch Springer-Verlag GmbH, DE,
ein Teil von Springer Nature 2022
F. Hänsel et al., *Sportpsychologie*, https://doi.org/10.1007/978-3-662-63616-9_1

Sportpsychologie beschäftigt sich mit dem Erleben und Verhalten von Menschen im Kontext sportlicher Aktivitäten. In der Öffentlichkeit wird die Sportpsychologie meistens im Zusammenhang mit dem Leistungssport wahrgenommen, und zwar vor allem bei medial präsenten Sportarten wie Fußball oder bei Großereignissen wie den Olympischen Spielen. So werden etwa herausragende oder überraschende Erfolge von Sportlerinnen und Sportlern auf die besondere mentale Wettkampfleistung (z. B. mit der Aussage „Sie hat die Big Points gewonnen"), die psychische Konstitution („Er ist ein Siegertyp") oder die sportpsychologische Betreuung („Das mentale Coaching in der Wettkampfvorbereitung war hilfreich, um die aktuelle Krise zu überwinden") zurückgeführt. Aber auch gravierende oder überraschende Misserfolge werden zum Anlass genommen, die psychische Verfassung vor oder während eines Wettkampfs („Er konnte dem Druck nicht standhalten", „Sie war am Ende nicht konzentriert genug"), grundsätzliche zwischenmenschliche Schwierigkeiten („Er hatte private Probleme", „Es gab Konflikte in der Mannschaft") oder persönlichkeitsspezifische Probleme („Er ist nicht durchsetzungsfähig", „Sie trainiert nicht hart genug", „Er war ausgebrannt") anzusprechen (◻ Abb. 1.1).

Dagegen werden die praxisrelevanten Beiträge der Sportpsychologie zu anderen Handlungsfeldern kaum wahrgenommen, wie etwa zur Förderung der seelischen Gesundheit durch Gesundheitssport (z. B. Fuchs & Schlicht, 2012a; Oertel-Knöchel & Hänsel, 2016), zur Bindung an sportliche Aktivität im Rahmen des Rehabilitationssports (Geidl et al., 2014), zur Stärkung sozialer Kompetenzen von Jugendlichen im Freizeit- und Breitensport (Sygusch, 2008) oder zur Persönlichkeitsentwicklung von Kindern im Schulsport (Conzelmann et al., 2011).

◻ **Abb. 1.1** Foto: Jörg Frücht

Ebenso wenig wird die Sportpsychologie als wissenschaftliche Tätigkeit wahrgenommen. Als Wissenschaftsdisziplin zielt die Sportpsychologie an der Verbindungsstelle von Psychologie und Sportwissenschaft auf die fundierte Beantwortung von offenen Fragen und damit auf die Lösung aktueller und zukünftiger Aufgaben. Einige sportpsychologische Fragestellungen werden im Folgenden beispielhaft aufgeführt und den einzelnen Kapiteln dieses Lehrbuchs zugeordnet:

- Warum können erfahrene Tennisspielerinnen auch extrem schnelle Aufschläge erfolgreich retournieren? (▶ Kap. 2)
- Wohin schaut ein guter Badmintonspieler während eines Ballwechsels? (▶ Kap. 2)
- Verbessert sportliche Aktivität die schulischen Leistungen bei Kindern? (▶ Kap. 2)
- Verhindert Sport einen geistigen Abbau im Alter? (▶ Kap. 2)
- Fördert oder behindert Angst die Wettkampfleistung? (▶ Kap. 3)
- Sollten Ärger und Wut im Wettkampf besser unterdrückt werden? (▶ Kap. 3)
- Was treibt Sportlerinnen an, sich im Training und im Wettkampf zu quälen? (▶ Kap. 4)
- Warum treiben Menschen überhaupt Sport? (▶ Kap. 4)
- Welche Rolle spielt die Geselligkeit beim Sporttreiben? (▶ Kap. 4)
- Warum treiben viele Menschen keinen Sport, obwohl sie es aus Gesundheitsgründen gerne tun würden? (▶ Kap. 5)
- Was treibt einen Sportler über Monate an, sich auf einen Marathonlauf vorzubereiten? (▶ Kap. 5)
- Wie lässt sich der „innere Schweinehund" überwinden, um sich mehr anzustrengen oder überhaupt beim Sport zu bleiben? (▶ Kap. 5)
- Sind Sportlerinnen durchsetzungsfähiger als Personen ohne sportlichen Hintergrund? (▶ Kap. 6)

- Gibt es eine „Sportlerpersönlichkeit"? (▶ Kap. 6)
- Werden Kinder durch Sport selbstbewusster? (▶ Kap. 7)
- Warum ist es nicht nur nachteilig für Sportlerinnen, wenn sie direkt nach einem verlorenen Wettkampf den Schiedsrichter verantwortlich machen? (▶ Kap. 8)
- Werden Schiedsrichterurteile durch die Trikotfarbe beeinflusst? (▶ Kap. 8)
- Gibt es einen Heimvorteil? (▶ Kap. 9)
- Fördern Zuschauer die Wettkampfleistung? (▶ Kap. 9)
- Warum sind größere Gruppen weniger produktiv? (▶ Kap. 10)
- Stimmt die Aussage von Sepp Herberger „Elf Freunde müsst ihr sein"? (▶ Kap. 10)
- Was sollte eine Trainerin bei der Führung eines Teams beachten? (▶ Kap. 11)
- Sind autoritäre Trainer erfolgreicher? (▶ Kap. 11)
- Wie viele Stunden muss man trainieren, um sportliche Höchstleistungen zu erreichen? (▶ Kap. 12)
- Wie kann man prinzipiell Wettkampfangst „verlernen"? (▶ Kap. 13)
- Was macht eine Sportpsychologin eigentlich? (▶ Kap. 14)
- Wie kann ein Trainer die mentale Stärke eines Sportlers erkennen? (▶ Kap. 15)
- Wie hoch ist der Zusammenhalt in einer Mannschaft? (▶ Kap. 15)
- Welche psychologischen Merkmale sind für die Talententwicklung im Nachwuchsleistungssport wichtig? (▶ Kap. 15)
- Wie schafft man es, im entscheidenden Moment seine beste Leistung zu zeigen? (▶ Kap. 16)
- Wie geht man am besten mit Trainings- und Wettkampfbelastungen um? (▶ Kap. 16) (◻ Abb. 1.2).

Dieses Kapitel beleuchtet zunächst die Anfänge der Sportpsychologie (▶ Abschn. 1.1). Danach wird der Gegenstandsbereich

1

◨ **Abb. 1.2**   Foto: Julia M. Kornmann

◨ **Abb. 1.3**   Foto: Benjamin Heller

der Sportpsychologie näher bestimmt (► Abschn. 1.2). Des Weiteren wird ein grundlegendes Prozess- und Strukturschema des psychischen Systems vorgestellt (► Abschn. 1.3). Abschließend werden für ein weiteres Verständnis der Sportpsychologie die verschiedenen Teildisziplinen und theoretischen Strömungen bzw. Perspektiven der Psychologie erläutert (► Abschn. 1.4) (◨ Abb. 1.3).

1.1   Die Anfänge der Sportpsychologie

Für das Verständnis der heutigen Sportpsychologie ist ein kurzer Blick auf die Entstehungsgeschichte der Sportpsychologie hilfreich. Dabei zeigt sich, dass die Sportpsychologie schon in ihren Anfängen eine sich dynamisch entwickelnde Wissenschaftsdisziplin war, die getragen wurde von gesellschaftlichen Veränderungen und Interessen, Visionen und Pioniertaten sowie institutionellen Neugründungen.

Die Sportpsychologie ist eine junge Wissenschaftsdisziplin. Ihre Anfänge liegen sowohl international als auch national im ausgehenden 19. Jahrhundert. Ihre Entwicklung ist im Zusammenhang mit verschiedenen gesellschaftlichen Strömungen und Veränderungen dieser Zeit zu sehen, etwa der voranschreitenden Industrialisierung, des Ausbaus des Schulsystems sowie der Ausbreitung und Ausdifferenzierung

des Sports (Bäumler, 1993, 2009; Janssen, 1997, 2009; Nitsch et al., 2004). Mit diesen gesellschaftlichen Strömungen wuchs auch das Interesse an individuellen Leistungen und Fähigkeiten, etwa in der Schule, bei der Arbeit und im Sport. Die Begeisterung für menschliche Höchstleistungen unter extremen Bedingungen (z. B. Alpinismus, Expeditionen), die Faszination für den – durch die technischen Weiterentwicklungen aufkommenden – Radsport oder das Interesse für den Einfluss von Training und Wettkampf auf die Persönlichkeit sind Beispiele für einige Themen dieser Zeit (Bäumler, 1993, 2009; Janssen, 2009). Erste Studien wurden beispielsweise von dem italienischen Physiologen Angelo Mosso (1892) zum Alpinismus, von dem französischen Arzt Philippe Tissié (1887) zum Radsport oder von dem russischen Anatomen Peter Lesgaft (ab 1875, publiziert 1901) zur Wirkung von Sport auf die Persönlichkeit durchgeführt (zit. nach Janssen, 2009). Mit Blick auf diese Anfänge resümiert Janssen (2009, S. 36), dass vor allem „Eigenschaften wie Wille, Mut und Charakter, Selbsterkenntnis, psychische Hygiene, Erlebnis, Gefühl sowie Steigerung oder Minderung der Berufsleistung durch Leibesübungen" diskutiert wurden und damit das „große abendländische Thema der Metamorphose der Persönlichkeit" die Sport-

🔲 **Abb. 1.5**   Foto: Jan Ehlers

psychologie bestimmte – und bis heute bestimmt (🔲 Abb. 1.4, 1.5).

Aber auch die sich zu dieser Zeit wissenschaftlich und institutionell entwickelnde Psychologie war an Themen des Sports inte-

1

ressiert und trug damit zur Entwicklung der Sportpsychologie bei. So ist es bezeichnend, dass sich acht der 16 amerikanischen Doktoranden von Wilhelm Wundt (1832–1920), Professor für Philosophie an der Universität Leipzig und einem der Gründungsväter der modernen Psychologie, Themen des Sports bzw. der Sportpsychologie widmeten (Kornspan, 2012).

Die ersten sportpsychologischen Laborexperimente im engeren Sinne wurden von Norman Triplett (1898) und Edward Whee-ler Scripture (1894a, b) veröffentlicht (Bäumler, 1993; Goodwin, 2009; Janssen, 2009). Triplett untersuchte an der Indiana University in Bloomington (USA), inwiefern eine Konkurrenzsituation zu einer besseren motorischen Leistung bei Kindern und Jugendlichen führt. Edward Wheeler Scripture, ein Schüler Wundts und später an der Yale University in New Haven (USA) tätig, interessierte sich für die Reaktionszeiten von geübten Sportfechtern gegenüber Personen, die diesen Sport nicht ausübten (▶ Exkurs 1.1).

Exkurs 1.1: Aus der Forschung: Edward Wheeler Scripture und „Mental Quickness"

Scripture interessierte sich in seinen ersten experimentellen Studien am Yale Psychological Laboratory für den Einfluss motorischen Trainings auf mentale Prozesse und Leistungen. In einer Reihe von Experimenten untersuchte er z. B. die Reaktions- und Bewegungszeit von Läufern, Fechtern und Boxern (Scripture, 1894a, 1895). Um möglichst genaue Messwerte zu erhalten, musste er vor allem Laborsituationen „erfinden", die die exakte Messung von Reaktions- und Bewegungszeiten erlaubten (◘ Abb. 1.6).

So untersuchte Scripture (1894b, 1895) in mehreren Experimenten fünf erfahrene Sportfechter als Expertengruppe und zwei Wissenschaftler mit keiner oder früherer Erfahrung als Kontroll- bzw. Novizengruppe (◘ Abb. 1.6). In einem Experiment absolvierte jede Versuchsperson zehn Durchgänge. Die Versuchspersonen sollten bei einem Startsignal mit einem Florett eine metallene Zielscheibe treffen. Je nach Publikation wird das Startsignal als Bewegung eines kleinen Papiers oder einer Flagge beschrieben. In der Ausgangsposition berührte das Florett schon eine andere metallene Scheibe („Startscheibe"). Das Startsignal sowie der Anfang und das Ende der Angriffsbewegung wurden apparativ registriert. Dabei wurde beim Abheben des Floretts von der Startscheibe ein Stromkreislauf zwischen dem Florett und der Platte unterbrochen und beim Treffen der

◘ **Abb. 1.6** Laborexperiment zur Reaktions- und Bewegungszeit von Fechtern. (Aus Goodwin, 2009, S. 89, this image is in the public domain)

Zielscheibe wieder geschlossen. Die apparative Vorrichtung erlaubte damit eine genaue Erfassung der Reaktionszeit (die Zeit zwischen dem Startsignal und dem Abheben von der Startscheibe) und der Bewegungszeit (die Zeit zwischen dem Abheben von der Startscheibe und dem Treffen der Zielscheibe).

Die Ergebnisse zeigen, dass sich die Experten und die Novizen nicht in der Reaktionszeit (Experten: $M = 216$ ms, Novizen: $M = 206$ ms), aber in der Bewegungszeit (Experten: $M = 302$ ms, Novizen: $M = 543$ ms) unterschieden (Bäumler, 1996). Scripture (1894b, S. 124) schlussfolgerte mit Blick auf die Kontrollgruppe mit den beiden Wissenschaftlern, dass Fechten keinen größeren Einfluss auf die Entwicklung der mentalen Schnelligkeit habe als wissenschaftliche Tätigkeiten, dass es jedoch in einem hohen Maße die Ausführungsgeschwindigkeit von Bewegungen fördere. In weiteren Studien untersuchte Scripture (1895) mithilfe dieses experimentellen Aufbaus die Treffergenauigkeit sowie die Unterscheidungsleistung zwischen verschiedenen Startsignalen (sog. Diskriminationsleistung).

Der Begriff *Sportpsychologie* wird von Baron Pierre de Coubertin (1913), dem Initiator der Olympischen Spiele in der Moderne, im Jahr 1900 im Titel des Aufsatzes „La Psychologie du Sport" in der Zeitschrift *Revue des Deux Mondes* (Bäumler, 2009) verwendet. De Coubertin war der Überzeugung, dass die Psychologie eine wichtige Rolle für das Verständnis der gesellschaftlichen Verbreitung des Sports, für die olympische Bewegung und für die wissenschaftliche Beschäftigung mit dem Sport haben würde. In den folgenden Jahren publizierte de Coubertin mehrere Beiträge, die 1913 in dem Sammelband *Essais de Psychologie Sportive* erschienen. Ebenfalls 1913 veranstaltete er den ersten (Olympischen) Kongress zur Sportpsychologie „Psychologie et Physiology Sportives" in Lausanne, den er selbst als die Geburt der Sportpsychologie sah (Kornspan, 2012). Vermutlich als Erster überhaupt, wenn auch nur ein wenig früher als de Coubertin, nämlich 1899, verwendete der deutsche Journalist und Sportfunktionär Balduin Groller den Begriff „Sportpsychologie" in dem zweiteiligen Artikel „Zur Psychologie des Sports" in der Wiener Zeitschrift *Die Waage* (Bäumler, 2009).

Die *Institutionalisierung der Sportpsychologie* ist mit Robert Werner Schulte (1897–1933) verbunden, dem man laut Bäumler (1993) auch den Titel des ersten Sportpsychologen zuerkennen kann. Schulte gründete 1920 das erste „sportpsychologische Laboratorium" an der Deutschen Hochschule für Leibesübungen (DHfL) in Berlin. Er verfasste das erste Lehrbuch für Studierende, nämlich *Leib und Seele im Sport: Einführung in die Psychologie der Leibesübungen* (Schulte, 1921; zit. nach Janssen, 2009). Das Interesse von Schulte galt u. a. der Entwicklung von apparativen Verfahren zur Eignungs- und Leistungsdiagnostik, einer damals sog. „psychotechnischen Erforschung von Turnen, Sport und Spiel" (Schulte, 1925; zit. nach Bäumler, 1993, S. 267). Schulte war damit Teil eines auch international wachsenden Interesses an der Sportpsychologie in Europa, Japan und Amerika. Beispielsweise richtete Coleman R. Griffith 1925 an der Universität von Illinois in Urbana (USA) das erste amerikanische Athletic Research Laboratory als Forschungsinstitut für den Leistungssport ein (Janssen, 2009) und publizierte 1928 das Buch *Psychology and Athletics* (◘ Abb. 1.7).

Heute forschen im deutschsprachigen Raum ca. 40 Professuren im Bereich der Sportpsychologie. Die Arbeitsgemein-

◘ **Abb. 1.7**   Foto: Sören D. Baumgärtner

1

schaft für Sportpsychologe (asp) zählt über 400 Personen. Die Expertendatenbank des Bundesinstituts für Sportwissenschaft verzeichnet etwas mehr als 100 Sportpsycho-loginnen und -psychologen, die sportpsychologische Beratung und Betreuung für den Leistungssport anbieten (▶ Exkurs 1.2).

Exkurs 1.2: Aus der Forschung: Sportpsychologische Gesellschaften

Die Sportpsychologie als Wissenschaftsdisziplin sowie als Tätigkeits- und Berufsfeld wird national und international durch verschiedene Interessenverbände und institutionalisierte Zusammenschlüsse vertreten. Die entsprechenden Internetportale und -auftritte bieten eine gute Möglichkeit, ein aktuelles Bild zum heutigen Selbstverständnis, den Aufgaben, den Zielen und den aktuell diskutierten Themen der Sportpsychologie zu erhalten.

- APA – American Psychological Association (Division 47)
- asp – Arbeitsgemeinschaft für Sportpsychologie in der Bundesrepublik Deutschland
- BISp – Bundesinstitut für Sportwissenschaft („Sportpsychologie für den Spitzensport")
- FEPSAC – Fédération Européenne de Psychologie des Sports et des Activités Corporelles (European Federation of Sport Psychology)
- ISSP – International Society of Sport Psychology
- NASPSPA – North American Society of Psychology of Sport and Physical Activity
- SCAPPS – Société Canadienne d'Apprentissage Psychomoteur et de Psychologie du Sport (Canadian Society for Psychomotor Learning and Sport Psychology)

1.2   Der Gegenstandsbereich der Sportpsychologie

Um den Gegenstandsbereich der Sportpsychologie zu skizzieren, wird im Folgenden die Sportpsychologie definiert, und es werden zwei zentrale Begriffe aus der Definition, nämlich „Sport" und „anwendungsorientierte Wissenschaft", näher beleuchtet. Der ebenfalls zentralen Umschreibung „menschliches Erleben und Verhalten" widmet sich ▶ Abschn. 1.3.

Sportpsychologie

Die Sportpsychologie ist eine anwendungsorientierte Wissenschaft, die sich mit dem Erleben und Verhalten von Menschen im Sport sowie den Ursachen und Wirkungen dieses Erlebens und Verhaltens beschäftigt.

Die Sportpsychologie versteht sich als Wissenschaft, die alle Phänomene des Erlebens und Verhaltens von Menschen im Sport beschreiben, erklären und beeinflussen möchte. Der Begriff *Sport* grenzt zwar den Gegenstandsbereich der Sportpsychologie von anderen menschlichen Tätigkeiten ab, z. B. von Arbeit, Kunst, Spiel oder Gesundheitspflege (Haverkamp & Willimczik, 2005), aber das gelingt nur eingeschränkt, denn Sport kann u. a. als Leistungssport Arbeit sein oder als Gesundheitssport Teil der Gesundheitspflege. Darüber hinaus wird mit Sport üblicherweise ein ganzes Spektrum unterschiedlicher Tätigkeiten verbunden. So ist nicht nur an Menschen zu denken, die dem Sport aktiv verbunden sind, also beispielsweise Leistungssportlerinnen und -sportler, Teilnehmerinnen und Teilnehmer eines Gesundheitssportkurses,

Vereinssportlerinnen und -sportler, Patientinnen und Patienten im Rehabilitationssport oder Kinder im Schulsport, sondern auch an Menschen, die dem Sport mehr oder weniger passiv verbunden sind, also beispielsweise Trainerinnen, Sportlehrer, Betreuerinnen, Funktionärinnen oder Zuschauer.

Diese große Bandbreite verschiedener sportbezogener Tätigkeiten erschwert eine eindeutige und abgrenzende Definition des Sports (Haverkamp & Willimczik, 2005; Willimczik, 2001, 2007, 2008). Ein Beispiel: Fußball, Handball, Hockey, Tennis, Turnen, Schwimmen oder Skifahren werden wohl allgemein als Sport aufgefasst. Bungee-Jumping, Darts, Wrestling, Schach, e-Sports oder Radfahren zur Arbeit werden dagegen nicht von allen als Sport bezeichnet. Als typische Merkmale in einem traditionellen Verständnis von Sport lassen sich zwar die körperliche Bewegung, die Leistung, das Regelwerk und die Unproduktivität nennen; für andere Sportmodelle wie den professionellen Showsport, expressive Sportarten, funktionalistische Sportarten oder traditionelle Spielkulturen gelten diese Merkmale aber nur eingeschränkt (Heinemann, 2007). Die Ursache dafür ist, dass es sich beim Sport um eine gelebte kulturelle Praxis handelt, deren Erscheinungsformen nicht nur vielfältig sind, sondern sich auch immer wieder verändern (Krüger et al., 2013; Schlicht, 2009). In der folgenden Definition wird eine mögliche Annäherung an ein Begriffsverständnis vorgestellt, bei dem sportliches Training und sportliche Aktivität als Teilmengen von körperlicher Aktivität verstanden werden (□ Abb. 1.7, 1.8).

Auch mit dem Begriff der *Wissenschaft* verbinden sich unterschiedliche Vorstellungen (Engelen et al., 2010; Herrmann, 1994; Krüger & Emrich, 2013; Patry & Perrez, 2000; Willimczik, 2001). Eine grundsätzliche Unterscheidung stellt die Grundlagenforschung und die Anwendungsforschung gegenüber (Herrmann, 1994). Während

□ **Abb. 1.8** Foto: Alice Mattheß

Körperliche Aktivität

„Körperliche Aktivität meint jede durch die Skelettmuskulatur ausgelöste Bewegung, die den Energieverbrauch über den Ruheumsatz anhebt' (Thiel et al., 2011, S. 12). Diese Art der physikalischen Arbeit größerer Muskelgruppen kann verschiedene Formen annehmen, z. B. Alltags- und Freizeitaktivitäten (Spazierengehen, Fahrradfahren, Gartenarbeit, Putzen etc.), berufliche Aktivitäten (Treppensteigen, Gehen, Heben und Transport von Gegenständen etc.) oder sportliche Aktivitäten." (Oertel-Knöchel & Hänsel, 2016, S. 6)

---

sich in der Grundlagenforschung Wissenschaftlerinnen und Wissenschaftler für den „reinen" Erkenntnisgewinn interessieren und der praktische Nutzen nicht unmittel-

---

Sportliche Aktivität

„Bei *sportlichen Aktivitäten* handelt es sich um strukturierte körperliche Aktivitäten, die häufig mit einer höheren Intensität durchgeführt werden und die typischen, historisch-kulturell definierten Bewegungsinszenierungen des Sports übernehmen. Diese Bewegungsinszenierungen – zumindest in einem traditionellen Verständnis von Sport – betreffen die Standardisierung der Bewegungsräume (Sporthalle, Sportplätze etc.), des Regelwerks und die Wettkampforientierung (Sieg bzw. Rekord) (Fuchs & Schlicht, 2012b)." (Oertel-Knöchel & Hänsel, 2016, S. 6)

Sportliches Training

„*Sportliches Training* bezeichnet die freiwilligen und systematischen Wiederholungen von Bewegungen, die planvoll definierte Ziele verfolgen, wie die Aufrechterhaltung oder Verbesserung der körperlichen Fitness, der Gesundheit oder der sportlichen Leistungsfähigkeit." (Oertel-Knöchel & Hänsel, 2016, S. 6)

---

bar von Bedeutung ist, streben in der angewandten Forschung Wissenschaftlerinnen und Wissenschaftler nach Erkenntnissen, die die Grundlage für die Lösung praktischer Fragen bilden. Die Sportpsychologie versteht sich überwiegend als angewandte Forschung. Beide Richtungen streben aber nach Theorien, die Erkenntnisse in einen systematischen Zusammenhang bringen, die auf widerspruchsfreiem Wissen basieren und **empirisch** überprüfbare Aussagen beinhalten – jedenfalls nach der vorherrschenden Wissenschaftsauffassung des Kritischen Rationalismus (Popper, 1935), wie überzeugende Erkenntnisse zustande kommen.

Wie bereits erwähnt, ist die Sportpsychologie als *Wissenschaft* von der Sportpsychologie als *praktische Tätigkeit* zu unterscheiden. Als angewandte Tätigkeit setzt die Sportpsychologie „psychologisches Bedingungs- und Änderungswissen (ein), um einen als sportlich relevant deklarierten psychischen Prozess oder Zustand zu stabilisieren oder zu verändern (...)" (Schlicht, 2009, S. 13). Die Anwendungsfelder der Sportpsychologie sowie die Grundlagen sportpsychologischer Praxistätigkeiten werden in ► Kap. 14, 15, und 16 vorgestellt.

Die Unterscheidung zwischen der Grundlagen- und Anwendungsforschung sowie der praktischen Tätigkeit spiegelt sich auch in der Darstellung der sportpsychologischen Themen in diesem Lehrbuch wider. Diese lässt sich im Prinzip in drei aufeinander aufbauende Schritte gliedern:

1. Nach einer Einführung, Begriffsdefinitionen und einem Überblick werden in jedem Kapitel möglichst allgemeingültige Aussagen vorgestellt. Beispielsweise werden ganz allgemein die Entstehung von Emotionen und die Klassifikation von Emotionen behandelt.

2. Diese allgemeinen Aussagen werden durch wissenschaftliche Erkenntnisse zum Erleben und Verhalten von Menschen im Sport ergänzt, konkretisiert oder erweitert. Dabei werden einerseits die zentralen Theorien und Ansätze zu dem Gegenstand vorgestellt und andererseits deren empirische Bewährung. Beispielsweise werden die bisherigen Erkenntnisse zum Einfluss von Emotionen auf die sportliche Leistung dargestellt.

3. In einigen Kapiteln werden diese sportpsychologischen Erkenntnisse durch Beispiele praktischen sportpsychologischen Handelns illustriert. Beispielsweise werden verschiedene Verfahren der Emotionsregulation genannt und es wird die Progressive Muskelrelaxation als Entspannungstechnik näher beschrieben.

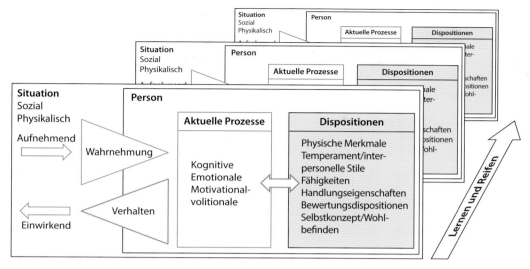

Abb. 1.9 Struktur- und Prozessschema des psychischen Systems

1.3 Ein grundlegendes Prozess- und Strukturschema des psychischen Systems

Das menschliche Erleben und Verhalten (▶ Exkurs 1.3) werden üblicherweise nicht als Ganzes betrachtet, sondern aufgrund seiner Komplexität jeweils nur in Teilen untersucht. In diesem Abschnitt wird ein Grundschema des psychischen Systems vorgestellt, das zum einen zentrale Aspekte des psychischen Systems benennt und zum anderen diese Aspekte in einem Prozess- und Strukturschema in einen **prototypischen** Zusammenhang bringt (▢ Abb. 1.9). Das

Grundschema dient der Orientierung und stellt die Grundlage für die Gliederung dieses Lehrbuchs dar. Des Weiteren wird gezeigt, dass *die* Psychologie oder *die* Sportpsychologie nicht existiert. Zum einen haben sich in der Psychologie unterschiedliche Teilgebiete etabliert, zum anderen haben sich im Laufe der Zeit konkurrierende theoretische Strömungen der Psychologie entwickelt (▶ Abschn. 1.4). Insofern sind die folgenden Ausführungen dazu gedacht, den Einstieg in die Sportpsychologie zu erleichtern, indem sie eine erste Orientierung geben. Sie stellen aber lediglich eine vereinfachte Momentaufnahme einer sich dynamisch entwickelnden Wissenschaftsdisziplin dar.

Exkurs 1.3: Aus der Forschung: Verhalten und Erleben

Mit *Verhalten* wird ein von außen beobachtbares Geschehen verstanden, das von einem Organismus ausgeht. Dieses Geschehen wird in der Regel als Aktivität bezeichnet und umfasst beim Menschen u. a. Bewegungen, Handlungen, Sprechen, Mimik oder Gestik. Fröhlich (2015, S. 500) definiert Verhalten als

„die Gesamtheit aller beobachtbaren oder messbaren Aktivitäten des lebenden Organismus, meist aufgefasst als Reaktion auf bestimmte Reize oder Reizkonstellationen, mit denen der Organismus (…) konfrontiert ist. Zu den Aktivitäten gehören neben Bewegungen (Veränderungen der Skelett-

1

muskulatur) und als Handlung bezeichneten Bewegungsabläufen auch Veränderungen der Herztätigkeit, sekretorische bzw. innersekretorische Vorgänge, alle Arten chemischer oder chemisch bedingter Veränderungen überhaupt sowie elektrische (z. B. gehirnelektrische) Vorgänge u. ä."

Verhalten wird auf unterschiedliche Weise klassifiziert, beispielsweise als angeborenes Verhalten, als emotionales Verhalten oder symbolisches (z. B. Sprache oder Gesten) Verhalten. Eine für die Sportpsychologie wichtige Unterscheidung in Bezug auf menschliches Verhalten bezieht sich auf die *Intentionalität* (Absichtlichkeit, Zweckgerichtetheit) des Verhaltens. Dabei wird zwischen Reflexen, Gewohnheiten und Handlungen differenziert. Während *Reflexe* als autonome Antwort auf einen Reiz automatisch und unwillkürlich ablaufen, wird ein Verhalten, das willkürlich und intentional gesteuert ist, als *Handeln* bezeichnet. Dagegen stellen *Gewohnheiten* sozusagen verfestigte Handlungen dar, die als Routinen einen geringeren Grad an Intentionalität und Willkürlichkeit aufweisen. Reflexe und Gewohnheiten werden stärker durch bestimmte Reize oder Situationen beeinflusst („Bei einem lauten Geräusch schreckt man zusammen", „Beim Essen hält man das Messer

in der rechten Hand") als Handlungen („Sie trainierte länger als die anderen aus ihrem Team"). Etwas zugespitzt formuliert wird bei der Beobachtung eines Verhaltens eher von einer Handlung ausgegangen, wenn dieses nicht durch die Situation erklärbar ist und gewissermaßen „auffällig" ist („Er verließ plötzlich das Training").

Erleben ist ein Sammelbegriff für alle – von außen nicht beobachtbare – psychischen Inhalte, Vorgänge und Zustände. Dieses innere psychische Geschehen schließt beispielsweise das Wahrnehmen, Empfinden, Fühlen, Denken, Erinnern, Vorstellen, Erwarten, Meinen, Bewerten, Urteilen, Streben oder Wollen ein. Häufig wird das Erleben auch lediglich im Sinne von Bewusstseinsinhalten verstanden, denen man „gewahr" wird („Ich bin froh", „Mein Knie schmerzt", „Mein Bewegungsablauf fühlt sich flüssig an", „Ich möchte mich sportlich betätigen"). Diese Erlebensaspekte werden auch als Bewusstheit (*awareness*) oder als Zugangsbewusstsein bezeichnet (Block, 1995). Sie sind prinzipiell der Selbstwahrnehmung oder Selbstbeobachtung (Introspektion) zugänglich und können berichtet werden (zu den grundsätzlichen Schwierigkeiten erkenntnistheoretischer und methodischer Art z. B. Chalmers, 1995).

Im Grundschema des psychischen Systems werden bestimmte Teilaspekte (*Strukturen*) und Zusammenhänge (*Prozesse*) hervorgehoben. So wird unterschieden zwischen (1) personalen und situativen Einflüssen sowie (2) aktuellen inneren Prozessen und personalen **Dispositionen**. Des Weiteren werden (3) die Rolle der inneren Prozesse als aktive Vermittlungsinstanzen, (4) die Wechselwirkung zwischen Person und Situation sowie (5) die Veränderung der Person über einen längeren Zeitraum betont. Das Grundschema basiert vor allem auf Darstellungen von Heckhausen und Heck

hausen (2018), Nitsch (2004) sowie Nolting und Paulus (2018).

■ **Die Unterscheidung zwischen personalen und situativen Einflüssen**

Zur Beschreibung und Erklärung menschlichen Erlebens und Verhaltens lässt sich grundsätzlich zwischen personalen und situativen Einflüssen unterscheiden (Heckhausen und Heckhausen 2018; Nolting & Paulus, 2018). Unter *personalen Einflüssen* werden relativ stabile und „typische" Merkmale von Personen verstanden. Diese sog.

Dispositionen werden umgangssprachlich als Persönlichkeit, Charakter oder Temperament bezeichnet, sie bilden aber nur einen Ausschnitt aus der Menge möglicher Merkmalsgruppen. So erweitert schon Guilford (1964) die genannten Eigenschaftsbereiche um **Wert**haltungen und körperliche Aspekte. Er nennt neben Temperament und Fähigkeiten auch die Bereiche Morphologie, **Physiologie**, Bedürfnisse, **Interessen** und **Einstellungen**. Unter Temperament versteht Guilford (1964) die Eigenschaften, die heute im engeren Sinne als Persönlichkeitsdispositionen verstanden werden, also beispielsweise Aggressivität, Ängstlichkeit oder **Extraversion** (Netter, 2005). Eine andere Gliederung möglicher Merkmalsgruppen schlagen Asendorpf und Neyer (2018) vor: Sie nennen die übergreifenden Persönlichkeitsbereiche physische Merkmale, Temperament/interpersonelle Stile, Fähigkeiten, Handlungseigenschaften, Bewertungsdispositionen und Selbstkonzept/Wohlbefinden (◘ Tab. 1.1).

Im vorliegenden Lehrbuch werden die Persönlichkeitsbereiche „Temperament/interpersonelle Stile" (► Kap. 6) und „Selbstkonzept" (► Kap. 7) ausführlich behandelt. Allerdings werden individuelle Besonderheiten und Unterschiede von Personen auch in anderen Kapiteln aufgegriffen.

Insbesondere der Persönlichkeitsbereich „Handlungseigenschaften" wird mehrfach behandelt, und zwar in ► Kap. 3, ► Kap. 4 und ► Kap. 5.

Unter den *situativen Einflüssen* werden die physikalischen und sozialen Gegebenheiten der Umwelt zusammengefasst, in der sich eine Person befindet. Die physikalische Umwelt bezieht sich auf die räumlichen, zeitlichen, materiellen oder informationellen Bedingungen, die soziale Umwelt auf Aspekte wie die Anwesenheit anderer Personen, die Zugehörigkeit zu einer Gruppe oder die Existenz bestimmter sozialer Regeln.

Ein wichtiger Aspekt von Situationen ist aus psychologischer Sicht die Anwesenheit anderer Personen – sei es die tatsächliche, die vorgestellte oder die erschlossene Anwesenheit – und der damit verbundene „Austausch". Beispielsweise wird sich eine Sportlerin vielleicht stärker anstrengen, wenn sie viele Zuschauerinnen hat, eine Sportmannschaft wird durch ihren Zusammenhalt zu unerwarteten Höchstleistungen beflügelt, oder ein Trainer motiviert durch geschickte Ansprache seine Sportler. Der Einfluss der Anwesenheit anderer Personen auf das menschliche Erleben und Verhalten wird dabei aus zwei Richtungen betrachtet. Unter *sozialen* **Interaktionen** wird wie in den obigen Beispielen der wechselseitige Einfluss in zwischenmenschlichen

◘ **Tab. 1.1**   Persönlichkeitsbereiche und exemplarische Merkmale. (Nach Asendorpf und Neyer 2018)

Merkmalsbereich	Merkmale
Physische Merkmale	Körperbau, physische Attraktivität
Temperament/inter-personelle Stile	Extraversion, Neurotizismus (Abschn. 6.2.2), Kontrolliertheit
Fähigkeiten	Intelligenz, Kreativität, soziale Kompetenz, emotionale Kompetenz
Handlungseigenschaften	Bedürfnisse, Motive, Interessen, Handlungsüberzeugungen, Bewältigungsstile
Bewertungsdispositionen	Werthaltungen, Einstellungen
Selbstkonzept/Wohlbefinden	Selbstkonzept, Selbstwertgefühl, Selbstwertdynamik, Wohlbefinden, Lebenszufriedenheit

1

Beziehungen und in Gruppen angesprochen. Mit *sozialen Kognitionen* (▶ Kap. 11) werden die Wahrnehmung und die Bewertung der sozialen Umwelt thematisiert sowie die Frage, wie diese das Erleben und Verhalten beeinflussen. Beispielsweise kann die Vorstellung „Mädchen sind ungeschickt beim Ballspielen" den Sportlehrer unbewusst dazu verleiten, Mädchen bei Ballsportarten im Sportunterricht weniger zu fordern. In Teil A (Strukturen und Prozesse des psychischen Systems: III. Situative Einflüsse) werden diese systematischen sozialen Einflüsse auf das menschliche Erleben und Verhalten aufgegriffen. Dabei werden die Interaktion innerhalb von Gruppen und Mannschaften (Gruppenprozesse; ▶ Kap. 8), die Interaktion zwischen Trainerinnen bzw. Trainern und Sportlerinnen bzw. Sportlern (Führung; ▶ Kap. 9) und die Interaktion zwischen Sportlerinnen bzw. Sportlern und Zuschauerinnen bzw. Zuschauern (Zuschauende; ▶ Kap. 10) betrachtet sowie soziale Kognitionen im Kontext sportlicher Situationen thematisiert (▶ Kap. 11) (◘ Abb. 1.10).

- **Die Aufteilung zwischen aktuellen inneren Prozessen und personalen Dispositionen**

Eine zweite Aufteilung in dem Prozess- und Strukturschema des psychischen Systems bezieht sich auf die Person. Neben den personalen Dispositionen werden auch in der Person liegende, sog. *innere Prozesse* unterschieden. Diese inneren Vorgänge stellen Vermittlungsinstanzen zwischen den personalen und situativen Einflüssen dar. Sie sind sozusagen „zwischengeschaltet", und die beiden Einflussgrößen wirken nicht direkt auf das Verhalten, sondern erst vermittelt über die inneren Prozesse. Die inneren Prozesse werden häufig als Erleben bezeichnet und umfassen psychische Aspekte wie Wahrnehmen, Denken, Fühlen oder Wollen (▶ Exkurs 1.3). Auch die Gesamtheit der inneren Prozesse kann verschieden eingeteilt werden, grundsätzlich wird aber die kognitive, emotionale und motivational-volitionale Ebene unterschieden.

◘ **Abb. 1.10**   Foto: Julia M. Kornmann

Zur *kognitiven Ebene* gehören alle Prozesse des Wissens und Denkens, also Vorgänge, in denen geistige Inhalte aufgenommen und verarbeitet werden (▶ Kap. 2). Beispielsweise nimmt ein Fußballspieler wahr, dass der gegnerische Torwart weit vor dem Tor steht. Er erinnert sich an eine ähnliche Situation, in der ein hoch angesetzter Fernschuss erfolgreich war. Er entschließt sich wieder zu einem Fernschuss, obwohl die Distanz diesmal noch größer ist und er die Erfolgschancen deshalb geringer einschätzt (◧ Abb. 1.10).

Idealtypisch wird also ein Prozess der *Informationsverarbeitung* angenommen. Dabei werden bestimmte Informationen aus der Umwelt wahrgenommen, intensiver verarbeitet und auf der Basis von vorhandenem Wissen für Urteile, Entscheidungen und Problemlösungen herangezogen, die letztendlich in ein bestimmtes Verhalten und damit in ein Einwirken auf die Situation münden können. Das Verhalten verändert wiederum die situativen Gegebenheiten, und der Prozess der Informationsverarbeitung beginnt „von Neuem".

Auf der *emotionalen Ebene* werden die inneren Prozesse abgebildet, durch die Informationen eine persönliche Bedeutung erhalten, die diese mit spontanen Impulsen der Annäherung oder Vermeidung verbinden. Emotionen wie Angst, Ärger, Freude oder Stolz werden umgangssprachlich häufig als Erleben oder Gefühl bezeichnet (▶ Kap. 3). In dem obigen Beispiel könnte der Fußballspieler den Fernschuss trotz geringerer Erfolgschancen versuchen, weil er frustriert ist und sich über die bisher vergeblichen Angriffsversuche ärgert.

Zur *motivational-volitionalen Ebene* gehören diejenigen Prozesse, die Verhalten auslösen, dieses auf ein positiv bewertetes Ziel ausrichten und aufrechterhalten (▶ Kap. 4 und ▶ Kap. 5). Beispielsweise wird der Fußballspieler vielleicht auch deshalb den Fernschuss wagen, weil er kurz vor dem Spielende mit seiner Aktion das Spiel unbedingt entscheiden will.

- ■ **Die Rolle der inneren Prozesse als aktive Vermittlungsinstanzen**

An dem obigen Beispiel wird deutlich, dass die inneren Prozesse nicht als passive Elemente des psychischen Systems zu verstehen sind, die Informationen lediglich übermitteln. Die personalen und situativen Einflüsse auf das beobachtbare Verhalten werden durch die inneren Prozesse selbst verändert und gestaltet. Beispielsweise hätte der Fußballspieler vermutlich eher einen Pass gespielt, wenn er die Position des Torwarts gar nicht erst wahrgenommen oder sich im entscheidenden Moment an frühere Misserfolge erinnert hätte. Ein bekanntes Beispiel für die aktive Rolle der inneren Prozesse stammt aus der Aufmerksamkeitsforschung. Mit dem Cocktailparty-Effekt (Cherry, 1953) wird beschrieben, dass andere Geräusche bei einer sehr lauten Party ausgeblendet werden können, sodass beim Führen eines Gesprächs gleichzeitig bemerkt wird, wenn in einem Nachbargespräch beispielsweise der eigene Name genannt wird. Das bedeutet, dass die inneren Prozesse Informationen ausblenden oder hervorheben können (▶ Abschn. 2.1.3.2).

- ■ **Die Wechselwirkung zwischen Person und Situation**

Ein weiterer Aspekt im Zusammenspiel der einzelnen Teile des psychischen Systems bezieht sich auf die *Wechselwirkung von personalen und situativen Einflüssen*. Dabei wird das beobachtbare Verhalten als Ergebnis einer Interaktion personaler und situativer Einflüsse verstanden. Im obigen Beispiel könnte der Fußballspieler den Fernschuss gewagt haben, weil der gegnerische Torwart gerade weit vor dem Tor stand (situativer Einfluss) und gleichzeitig der Fußballspieler aber auch typischerweise eher risikofreudig ist (personaler Einfluss). Die personalen und situativen Einflüsse müssen also gleichzeitig vorhanden sein, damit es zum Fernschuss (Verhalten) kommt. Die Interaktion von personalen und situativen Einflüssen wurde schon von Lewin (1936) in der For-

1

mel V = f(P, U) festgehalten. Die Formel beschreibt das Verhalten (V) als Funktion (f) der Person (P) und der Umwelt (U). Dabei bleibt die Funktion insofern unbestimmt, als weder das Verhältnis von Person und Umwelt noch deren Gewichtung näher bestimmt werden. Die nähere Bestimmung der Funktion ist vom jeweiligen Untersuchungsgegenstand abhängig, u. a. von der Art des betrachteten Verhaltens. So werden bei Reflexen eher situative und weniger personale Einflüsse eine Rolle spielen (▶ Exkurs 1.3).

Die Wechselwirkung von personalen und situativen Einflüssen ist aber nicht nur in Bezug auf das Verhalten von Bedeutung. Die personalen und situativen Einflüsse können auch in direkter Weise aufeinander einwirken. Dabei ist nicht nur an Einflüsse der Situation bzw. Umwelt auf die Person zu denken, sondern eben auch an Einflüsse der Person auf die Umwelt. Beispielsweise könnte der Einfluss der Person auf die Situation sich darin zeigen, dass der Fußballspieler die Position des gegnerischen Torwarts vor dem Tor überhaupt erst wahrnimmt, weil er sich als risikofreudiger Spieler auch aus weiter Distanz in Richtung des gegnerischen Tors orientiert. Ein eher sicherheitsorientierter Spieler hätte seine Aufmerksamkeit gar nicht erst in Richtung des gegnerischen Tors gelenkt. Diese Auffassung einer wechselseitigen Beeinflussung von Person und Situation kann man auch als dynamische Interaktion bezeichnen (Asendorpf und Neyer 2018; Conzelmann, 2009). Im Extremfall wird dabei eine Situation durch eine Person ganz grundsätzlich beeinflusst und verändert (Asendorpf und Neyer 2018). Beispielsweise kann eine Person bestimmte Situationen auswählen (z. B. Turniere besuchen, ein Training vermeiden) und dauerhafte Situationen schaffen (z. B. einer Turniermannschaft beitreten) oder verändern (z. B. die Mannschaft wechseln).

■ **Die Veränderung der Person über einen längeren Zeitraum**

Ein letzter Aspekt im Zusammenspiel der einzelnen Teile im psychischen System erweitert die Perspektive um die *zeitliche Dimension*. Während bisher die Wechselwirkungen im Rahmen einer einzelnen Situation betrachtet wurden, werden nun längerfristige Wechselwirkungen über eine Menge von Situationen in den Mittelpunkt gestellt. Dabei werden üblicherweise zwei Vorgänge unterschieden, nämlich Lernen und Entwicklung. *Lernen* bezeichnet relativ überdauernde Veränderungen im Verhalten, die auf Erfahrungen zurückzuführen sind (▶ Kap. 13). Lernen erstreckt sich auf verschiedene Aspekte der Person und wird etwa als motorisches (z. B. Bewegungsablauf erlernen), kognitives (z. B. taktisches Wissen aneignen) oder emotionales Lernen (z. B. Wasserangst „lernen") bezeichnet. Beispielsweise hat der Fußballspieler im obigen Beispiel im Techniktraining gelernt, einen Fernschuss zielgenau auszuführen.

Dagegen werden langfristige Veränderungen, die nicht auf Erfahrungen zurückgehen und die in Beziehung zum Lebensalter stehen, als *Entwicklung* bezeichnet. Exemplarisch für diese Veränderungen im Lebensverlauf sind Reifungs- und Wachstumsprozesse (▶ Kap. 12). Unter Reifung werden durch die Erbanlagen gesteuerte alterstypische Entwicklungen verstanden, beispielsweise die Entwicklung des Laufens beim Kleinkind. Die Entwicklung kann wiederum verschiedene Aspekte der Person betreffen, etwa die motorische, kognitive oder soziale Dimension. Beispielsweise wäre der Fußballspieler als Bambino aufgrund seiner körperlichen Voraussetzungen nicht in der Lage gewesen, einen Fernschuss erfolgreich auszuführen.

1.4 Die verschiedenen Teildisziplinen und Perspektiven der Psychologie

Das grundlegende Prozess- und Strukturschema des psychischen Systems dient einer ersten Orientierung. Für das weitere

◘ Tab. 1.2 Aspekte des psychischen Systems und psychologische Teildisziplinen

Aspekte des psychischen Systems		Psychologische Teildisziplinen
▶ Kap. 2	Kognition	Allgemeine Psychologie
▶ Kap. 3	Emotion	
▶ Kap. 4	Motivation	
▶ Kap. 5	Volition	
▶ Kap. 13	Lernen	
▶ Kap. 6, ▶ Kap. 7	Persönlichkeit	Differenzielle Psychologie
▶ Kap. 12	Entwicklung	Entwicklungspsychologie
▶ Kap. 8, ▶ Kap. 9, ▶ Kap. 10, ▶ Kap. 11	Soziale Aspekte	Sozialpsychologie
▶ Kap. 14, ▶ Kap. 15, ▶ Kap. 16	Praxisfelder	Angewandte Psychologie

Verständnis der Sportpsychologie und der nachfolgenden Kapitel ist es aber auch wichtig zu wissen, dass sich in der Psychologie verschiedene Teildisziplinen und theoretische Strömungen herausgebildet haben. So werden die im Grundschema des psychischen Systems dargestellten Teilaspekte und Vorgänge typischerweise von verschiedenen Teilgebieten der Psychologie bearbeitet (◘ Tab. 1.2).

Die *Allgemeine Psychologie* fragt nach den grundlegenden Gesetzmäßigkeiten des psychischen Systems, nach Regeln und Prinzipien, die für alle Menschen zutreffen. Dabei wird von möglichen Unterschieden abgesehen, die aufgrund personaler Dispositionen, des Entwicklungsstands oder des sozialen Kontexts bzw. einer spezifischen Situation vorhanden sein könnten. Das Ziel ist es, möglichst allgemeingültige Aussagen zu treffen, vor allem zu Phänomenen wie Wahrnehmung, Lernen, Gedächtnis, Emotion und Motivation. Dagegen widmet sich die *Differenzielle Psychologie* gerade der Frage nach systematischen Unterschieden zwischen Menschen, die *Entwicklungspsychologie* der Frage nach systematischen Unterschieden im Entwicklungsverlauf von Menschen und

die *Sozialpsychologie* dem systematischen Einfluss sozialer Gegebenheiten. Diese drei Teildisziplinen untersuchen also die Bedingungen, unter denen eine grundlegende Gesetzmäßigkeit gilt oder sogar einen besseren Erklärungswert aufweist. Beispielsweise könnte die Frage „Bewirkt eine hohe Erfolgserwartung, dass Menschen dauerhaft sportlich aktiv sind?" weiter aufgeklärt werden durch die Frage, ob dies eher für Menschen mit geringem oder hohem Leistungsmotiv gilt (Differenzielle Psychologie), für Menschen in einem frühen oder späten Lebensalter (Entwicklungspsychologie) oder für eine sportliche Aktivität in der Gruppe oder als Einzelner (Sozialpsychologie). Die *Angewandte Psychologie* wiederum betrachtet das menschliche Erleben und Verhalten in Abhängigkeit von konkreten gesellschaftlichen Lebenswelten. Beispiele für diese Teildisziplinen mit einem Bezug zu bestimmten Praxisfeldern oder Anwendungsgebieten sind die Klinische Psychologie, die Pädagogische Psychologie, die Arbeits- und Organisationspsychologie und nicht zuletzt die Sportpsychologie.

In der Psychologie haben sich aber bei der Bearbeitung ihres Gegenstands nicht

1

nur Teildisziplinen herausgebildet, sondern auch unterschiedliche theoretische Hauptströmungen entwickelt. Sie sind als grundlegende Forschungsansätze bzw. Paradigmen zu verstehen, die die Psychologie über einen längeren Zeitraum bestimmt haben. Diese grundlegenden Perspektiven unterscheiden sich in ihrem Menschenbild und vor allem in Bezug auf die Ursachen und Folgen menschlichen Erlebens und Verhaltens. Zur Aufteilung der Grundströmungen der Psychologie werden unterschiedliche Vorschläge gemacht (Asendorpf & Neyer, 2018; Gabler, 2004; Gerrig, 2018). Es lassen sich aber mindestens fünf Hauptströmungen nennen: die psychodynamische, die behavioristische, die humanistische, die kognitive und die biologische Perspektive.

1. Aus der *psychodynamischen Perspektive* (z. B. Sigmund Freud, 1856–1939) sind die psychischen Vorgänge das Ergebnis innerer Kräfte und Spannungen. Unbewusste bzw. unterbewusste, triebhafte Impulse – beispielsweise der Sexualtrieb oder das Machtstreben – müssen „abreagiert" und befriedigt werden, stehen aber zuweilen im Konflikt mit gesellschaftlichen Anforderungen bzw. dem eigenen Gewissen. Beispielsweise könnte exzessives Sporttreiben aus diesem Blickwinkel als „Triebabfuhr" von aufgestauten Aggressionen verstanden werden.

2. Im *behavioristischen Menschenbild* (z. B. Ivan Petrowitsch Pawlow, 1849–1936; Burrhus Frederic Skinner, 1904–1990) spielen dagegen innere Kräfte kaum eine Rolle. Das beobachtbare Verhalten wird durch Umweltreize und Verhaltenskonsequenzen gesteuert. Exzessives Sporttreiben könnte dann auf die Anerkennung durch andere Personen – eine positive Konsequenz des gezeigten Verhaltens – zurückgeführt werden.

3. Aus der *humanistischen Perspektive* (z. B. Abraham Maslow, 1908–1970; Carl Rogers, 1902–1987) wird der Mensch als im Prinzip selbstbestimmt und aktiv – also weder von Trieben noch von der Umwelt gesteuert – aufgefasst, der nach einer positiven Entwicklung strebt, beispielsweise im Sinne von geistiger Weiterentwicklung, Gesundheit oder Selbstverwirklichung. Aus dieser Perspektive könnte exzessives Sporttreiben als das Bedürfnis verstanden werden, durch Grenzerfahrungen die Selbsterkenntnis zu fördern.

4. Die *kognitive Perspektive* (z. B. Noam Chomsky, geb. 1928; George Miller, geb. 1920) stellt den ständigen Informationsaustausch zwischen Mensch und Umwelt in den Mittelpunkt. Sie untersucht den Einfluss von mentalen Prozessen des Verstehens und Erkennens auf das Verhalten. Exzessives Sporttreiben könnte aus dieser Perspektive danach untersucht werden, wie auftretende körperliche Schmerzen bewertet werden.

5. Die *biologische Perspektive* (z. B. Donald Olding Hebb, 1904–1985) interessiert sich für die Wechselwirkung von Körper und Psyche. Sie führt das menschliche Erleben und Verhalten auf biologische Funktionssysteme zurück, d. h. auf das Genom, das Gehirn, das Nerven- oder das endokrine System. Für das exzessive Sporttreiben könnte beispielsweise der Einfluss hormoneller Veränderungen wie die vermehrte Ausschüttung von Endorphinen untersucht werden.

1.5   Zusammenfassung

- **Die Anfänge der Sportpsychologie**
- Die Sportpsychologie ist eine junge Wissenschaft. Ihre Anfänge lassen sich auf das Ende des 19. Jahrhunderts datieren.
- Das Interesse an individuellen Fähigkeiten und Leistungen im Allgemeinen wie an sportlichen Höchstleistungen im Besonderen war die Basis für die Entwicklung der Sportpsychologie.
- Erste sportpsychologische Experimente im engeren Sinne wurden von Triplett

(1898) und Scripture (1894a, 1894b) durchgeführt.

- De Coubertin, Initiator der Olympischen Spiele in der Moderne, war im Jahr 1900 einer der Ersten, der den Begriff „Sportpsychologie" verwendete und die Etablierung der Sportpsychologie vorantrieb.
- Schulte kann mit der Gründung des ersten „sportpsychologischen Laboratoriums" an der Deutschen Hochschule für Leibesübungen (DHfL) in Berlin 1920 als der erste Sportpsychologe bezeichnet werden.
- Heute existieren mehrere sportpsychologische Gesellschaften, in Deutschland beispielsweise die Arbeitsgemeinschaft für Sportpsychologie (asp).

- **Der Gegenstandsbereich der Sportpsychologie**
- Die Sportpsychologie versteht sich als angewandte Wissenschaft, die das Erleben und Verhalten von Menschen in sportbezogenen Situationen untersucht.
- Mit Sport ist eine große Bandbreite verschiedener Tätigkeiten gemeint, die nicht eindeutig ab- und einzugrenzen ist.
- Sportliche Aktivität kann man als strukturierte körperliche Aktivität bezeichnen, die häufig mit einer höheren Intensität durchgeführt wird und die typischen, historisch-kulturell definierten Bewegungsinszenierungen des Sports übernimmt. Körperliche Aktivität wiederum ist eine durch die Skelettmuskulatur ausgelöste Bewegung, die den Energieverbrauch über den Ruheumsatz anhebt.
- Angewandte Forschung strebt nach der Lösung praktischer Probleme und ist von der Grundlagenforschung und der praktischen Tätigkeit zu unterscheiden.

- **Ein grundlegendes Prozess- und Strukturschema des psychischen Systems**
- Beim Menschen umfasst das Verhalten Aktivitäten wie Bewegungen, Handlungen, Sprechen, Mimik oder Gestik.

- Verhalten wird nach dem Grad der Intentionalität in Reflexe, Gewohnheiten und Handlungen unterschieden.
- Erleben ist ein Sammelbegriff für ein von außen nicht beobachtbares, inneres psychisches Geschehen.
- Das Grundschema des psychischen Systems unterscheidet zum einen personale und situative Einflüsse, zum anderen personale Dispositionen und innere Prozesse.
- Das Grundschema des psychischen Systems betont die Rolle der inneren Prozesse als aktive Vermittlungsinstanzen, die Wechselwirkung zwischen Person und Situation sowie die Veränderung der Person über einen längeren Zeitraum.
- In der Psychologie haben sich verschiedene Teildisziplinen und theoretische Strömungen herausgebildet.

Literatur

Asendorpf, J. B., & Neyer, F. J. (2018). *Psychologie der Persönlichkeit* (6. Aufl.). Springer.

Bäumler, G. (1993). Anfänge der Sportpsychologie 1894-1928. In E. Lück & R. Miller (Hrsg.), *Illustrierte Geschichte der Psychologie* (S. 263–268). Quintessenz.

Bäumler, G. (1996). The contributions to sports psychology by E. W. Scripture and his Yale group. Part II; Scripture's 1894 experiment on the reaction-time of fencers. *Sportonomics, 2,* 21–24.

Bäumler, G. (2009). The dawn of sport psychology in europe, 1880-1930: Early pioneers of a new branch of applied science. In C. D. Green & L. T. Benjamin (Hrsg.), *Psychology gets in the game: Sport, mind, and behavior, 1880–1960* (S. 20–77). University of Nebraska Press.

Block, N. (1995). On a confusion about a function of consciousness. *Behavioral and Brain Sciences, 18*(2), 227–247. https://doi.org/10.1017/S0140525X00038188

Chalmers, D. (1995). Facing up to the problem of consciousness. *Journal of Consciousness Studies, 2*(3), 200–219.

Cherry, E. C. (1953). Some experiments on the recognition of speech, with one and with two ears. *The Journal of the Acoustical Society of America, 25*(5), 975–979. https://doi.org/10.1121/1.1907229

1

Conzelmann, A. (2009). Differentielle Sportpsychologie – Sport und Persönlichkeit. In W. Schlicht & B. Strauß (Hrsg.), *Grundlagen der Sportpsychologie (Enzyklopädie der Psychologie, Serie 5: Sportpsychologie* (Bd. 1, S. 375–439). Hogrefe.

Conzelmann, A., Schmidt, M., & Valkanover, S. (2011). *Persönlichkeitsentwicklung durch Schulsport: Theorie, Empirie und Praxisbausteine der Berner Interventionsstudie Schulsport (BISS).* Huber.

de Coubertin, P. (1913). *Essais de psychologie sportive.* Payot.

Engelen, E.-M., Fleischhack, C., Galizia, C. G., & Landfester, K. (Hrsg.). (2010). *Heureka. Evidenzkriterien in den Wissenschaften. Ein Kompendium für den interdisziplinären Gebrauch.* Spektrum.

Fröhlich, W. D. (2015). *Wörterbuch Psychologie* (4. unveränderte Aufl.). dtv.

Fuchs, R., & Schlicht, W. (Hrsg.). (2012a). *Seelische Gesundheit und sportliche Aktivität (Sportpsychologie, Bdl. 6).* Hogrefe.

Fuchs, R., & Schlicht, W. (2012b). *Seelische Gesundheit und sportliche Aktivität: Zum Stand der Forschung.* In R. Fuchs, & W. Schlicht (Hrsg.), *Seelische Gesundheit und sportliche Aktivität* (S. 1-11, Sportpsychologie, Bd. 6). Hogrefe.

Gabler, H. (2004). Motivationale Aspekte sportlicher Handlungen. In H. Gabler, J. R. Nitsch, & R. Singer (Hrsg.), *Einführung in die Sportpsychologie. Teil 1: Grundthemen* (4. unveränderte Aufl., S. 197-245). Hofmann.

Geidl, W., Semrau, J., & Pfeifer, K. (2014). Health behaviour change theories: Contributions to an ICF-based behavioural exercise therapy for individuals with chronic diseases. *Disability and Rehabilitation, 36*(24), 2091–2100. https://doi.org/10.3109/09638288.2014.891056

Gerrig, R. J. (2018). *Psychologie* (21. aktualisierte Aufl.). Pearson.

Goodwin, C. W. (2009). *E. W. Scripture: The application of "New Psychology" methodology to athletics.* In C. D. Green & L. T. Benjamin (Hrsg.), *Psychology gets in the game: Sport, mind, and behavior, 1880-1960* (S. 78–97). University of Nebraska Press.

Guilford, J. P. (1964). *Perönlichkeit: Logik, Methodik und Ergebnisse ihrer quantitativen Erforschung.* Weinheim.

Haverkamp, N., & Willimczik, K. (2005). Vom Wesen zum Nicht-Wesen des Sports. Sport als ontologische Kategorie und als kognitives Konzept. *Sportwissenschaft, 35*(3), 271–290.

Heckhausen, J., & Heckhausen, H. (2018). *Motivation und Handeln* (5. überarb. u. erw. Aufl.). Springer.

Heinemann, K. (2007). *Einführung in die Soziologie des Sports* (5. überarb. und aktualisierte Aufl., Bd. 1: Sport und Sportunterricht). Hofmann.

Herrmann, T. (1994). Forschungsprogramme. In T. Herrmann & W. H. Tack (Hrsg.), *Methodologische Grundlagen der Psychologie* (S. 251–294). Hogrefe.

Janssen, J. P. (1997). Deutsche Sportpsychologie im Wandel dreier Epochen: Von der wilhelminischen Epoche zum geteilten Deutschland. *psychologie und sport, 4*(1), 8–33.

Janssen, J. P. (2009). Geschichte der Sportpsychologie unter besonderer Berücksichtigung der Entwicklung in Deutschland. In W. Schlicht & B. Strauß (Hrsg.), *Grundlagen der Sportpsychologie (Enzyklopädie der Psychologie, Serie 5: Sportpsychologie* (Bd. Bd. 1, S. 33–103). Hogrefe.

Kornspan, A. S. (2012). History of sport and performance psychology. In S. M. Murphy (Hrsg.), *The Oxford handbook of sport and performance psychology* (S. 3–23). Oxford University Press.

Krüger, M., & Emrich, E. (2013). Die Wissenschaft vom Sport. In A. Güllich & M. Krüger (Hrsg.), *Sport – Das Lehrbuch für das Sportstudium* (S. 9–23). Springer.

Krüger, M., Emrich, E., Meier, H. E., & Daumann, F. (2013). Bewegung, Spiel und Sport in Kultur und Gesellschaft – Sozialwissenschaften des Sports. In A. Güllich & M. Krüger (Hrsg.), *Sport: Das Lehrbuch für das Sportstudium* (S. 337–393). Springer.

Lesgaft, S. F. (1901). *Leitfaden für die körperliche Bildung der Schulkinder (Russisch): Moskau.* (Neudruck: Moskau 1951).

Lewin, K. (1936). *Principles of topological psychology.* McGraw-Hill.

Mosso, A. (1892). *La fisiologia dell'uomo sulle Alpi: Milano (Der Mensch auf den Hochalpen.* Hirzel.

Netter, P. (2005). Eigenschaften. In H. Weber & T. Rammsayer (Hrsg.), *Handbuch der Persönlichkeitspsychologie und Differentiellen Psychologie* (S. 231–243). Hogrefe.

Nitsch, J. R. (2004). Die handlungstheoretische Perspektive: Ein Rahmenkonzept für die sportpsychologische Forschung und Intervention. *Zeitschrift für Sportpsychologie, 11*(1), 10–23. https://doi.org/10.1026/1612-5010.11.1.10

Nitsch, J. R., Gabler, H., & Singer, R. (2004). Sportpsychologie – ein Überblick. In H. Gabler, J. R. Nitsch, & R. Singer (Hrsg.), *Einführung in die Sportpsychologie. Teil 1: Grundthemen* (Bd. 4. unveränderte Aufl, S. 11–42). Schorndorf, Hofmann.

Nolting, H.-P., & Paulus, P. (2018). *Psychologie lernen* (15. Aufl.). Beltz.

Oertel-Knöchel, V., & Hänsel, F. (Hrsg.). (2016). *Aktiv für die Psyche: Sport und Bewegungsinterventionen bei psychisch kranken Menschen.* Springer.

Patry, J. L., & Perrez, M. (2000). Theorie Praxis-Probleme und die Evaluation von Interventionsprogrammen. In W. Hager, J. L. Patry, & H. Brezing (Hrsg.), *Evaluation psychologischer Interventionsmaßnahmen: Standards und Kriterien* (S. 19–40). Huber.

Popper, K. (1935). *Logik der Forschung*. Springer.

Schlicht, W. (2009). Sportpsychologie – Eine Standortsuche. In W. Schlicht & B. Strauß (Hrsg.), *Grundlagen der Sportpsychologie (Enzyklopädie der Psychologie, Serie 5: Sportpsychologie* (Bd. 1, S. 1–31). Hogrefe.

Schulte, R. W. (1921). *Leib und Seele im Sport: Einführung in die Psychologie der Leibesübungen.* Volkshochschul.

Schulte, R. W. (1925). *Eignungs- und Leistungsprüfung im Sport. Die psychologische Methodik von der Wissenschaft von den Leibesübungen.* Hackebeil.

Scripture, E. W. (1894a). *Reaction-time and time-memory in gymnastic work. In report of the ninth annual meeting of the american association for the advancement of physical education.* Press of Clarence H. Ryder.

Scripture, E. W. (1894b). Tests of mental ability as exhibited in fencing. *Studies From the Yale psychological laboratory, 2,* 122–124.

Scripture, E. W. (1895). *Thinking, feeling, doing.* The Chautauqua Century Press.

Sygusch, R. (2008). Selbstkonzeptförderung im Jugendsport – Zufall oder zielgerichtet? In A. Conzelmann & F. Hänsel (Hrsg.), *Sport und Selbstkonzept: Struktur, Dynamik und Entwicklung* (S. 140–156). Hofmann.

Thiel, C., Vogt, L., & Banzer, W. (2011). Bewegung – vielseitige Medizin, die wirkt: Dosierte körperliche Aktivität bei chronischen Erkrankungen steigert Gesundheit und Lebensqualität. *Forschung Frankfurt, 29*(2), 12–19.

Tissié, P. (1887). *La fatigue et l'entrainement physique.* Librairie Germer Bailliére.

Triplett, N. (1898). The dynamogenic factors in pacemaking and competition. *The American Journal of Psychology, 9*(4), 507–533. https://doi.org/10.2307/1412188

Willimczik, K. (2001). *Sportwissenschaft interdisziplinär (Bd. 1: Geschichte, Struktur und Gegenstand der Sportwissenschaft).* Czwalina.

Willimczik, K. (2007). Die Vielfalt des Sports. Kognitive Konzepte der Gegenwart zur Binnendifferenzierung des Sports. *Sportwissenschaft, 37*(1), 19–37.

Willimczik, K. (2008). Der Sportbegriff – zwischen Analytik und Ideologie. *Sportwissenschaft, 38*(1), 89–97.

Strukturen und Prozesse des psychischen Systems: *I. Innere Prozesse*

Inhaltsverzeichnis

Kognition

Inhaltsverzeichnis

F. Hänsel et al., *Sportpsychologie*, https://doi.org/10.1007/978-3-662-63616-9_2

2

Ein Fußballtorwart soll einen Elfmeter abwehren und beobachtet dafür den Elfmeterschützen. Ein Sportschütze blendet beim Schießen alle Umgebungsgeräusche aus und konzentriert sich nur auf die Scheibe. Eine Handballspielerin dribbelt mit dem Ball auf das gegnerische Tor zu und wird dabei von Gegenspielerinnen bedrängt. Sie muss sich entscheiden, ob sie selbst den Torwurf versucht oder den Ball zu einer Mitspielerin passt. Dabei muss sie einerseits die Kontrolle über den Ball behalten, andererseits sowohl statische (z. B. das Tor) als auch dynamische, d. h. sich bewegende Objekte (z. B. Mit- und Gegenspielerinnen) erfassen und sich dann für eine Handlungsmöglichkeit entscheiden. Die Beispiele machen deutlich, dass Handeln in meist komplexen und dynamischen sportlichen Situationen nicht möglich wäre ohne Wahrnehmungs-, Aufmerksamkeits- und Gedächtnisprozesse, also solche psychischen Prozesse, die die Außen- und Innenwelt „erkennen" (Kuhl, 2018). Das vorliegende Kapitel beschäftigt sich mit diesen kognitiven Prozessen und gibt u. a. Antworten auf folgende Fragen: Womit beschäftigt sich die Kognitionspsychologie (▶ Abschn. 2.1)? Was versteht man unter Wahrnehmung (▶ Abschn. 2.1.2), was unter Aufmerksamkeit (▶ Abschn. 2.1.3)? Wie unterscheiden sich Expertinnen bzw. Experten von Anfängerinnen bzw. Anfängern im Sport in Bezug auf ihre kognitiven Prozesse (▶ Abschn. 2.2.1)? Wirkt sich sportliche Aktivität positiv auf kognitive Prozesse aus (▶ Abschn. 2.2.2)?

2.1   Theoretische Ansätze

Im Folgenden wird zunächst dargestellt, mit welchen Themen sich die Kognitionspsychologie allgemein und in Bezug auf sportwissenschaftliche Fragestellungen beschäftigt (▶ Abschn. 2.1.1). Im Anschluss werden mit der Wahrnehmung (▶ Abschn. 2.1.2) und der Aufmerksamkeit (▶ Abschn. 2.1.3) zwei Themengebiete der

Kognitionspsychologie ausführlicher beschrieben.

2.1.1   Grundlagen der Kognitionspsychologie

Die Kognitionspsychologie (manchmal allgemeiner auch Kognitionswissenschaft genannt) zählt ebenso wie die Emotions- und die Motivationspsychologie zum Teilgebiet der Allgemeinen Psychologie (▶ Abschn. 1.4). Sie wird oft als **interdisziplinäre** oder multidisziplinäre Wissenschaft bezeichnet, die sich nicht nur auf Theorien und Erkenntnisse der Psychologie, sondern z. B. auch der Linguistik, der Informatik (künstliche Intelligenz), der Philosophie, Physik oder der **Neurowissenschaften** (Hirnforschung und **Physiologie**) stützt (Spering & Schmidt, 2009; Gerrig, 2018, S. 302 f.).

> **Kognition**
>
> Der Begriff „Kognition" (vom lateinischen *cognitio* für „Erkenntnis") ist ein Sammelbegriff für Prozesse und Strukturen, die sich auf die *Aufnahme, Verarbeitung und Speicherung von Informationen* beziehen. Dazu zählen u. a. Wahrnehmung, Aufmerksamkeit, Gedächtnis, Sprache, Denken und Problemlösen sowie Intelligenz.

Darüber hinaus wird im wissenschaftlichen Sprachgebrauch der Begriff „Kognition" auch für die *Produkte der Erkenntnis*, also die erlangten Wissensinhalte, verwendet (z. B. „Ich bin ein guter Sportler"). Diese stehen allerdings nicht im Mittelpunkt der psychologischen Kognitionsforschung.

Die Definition macht deutlich, dass mit dem Begriff „Kognition" eine ganze Reihe von Phänomenen zusammengefasst wird. Die Kognitionspsychologie beschäftigt sich damit, wie Menschen wahrnehmen, denken, planen, Entscheidungen treffen und schließ-

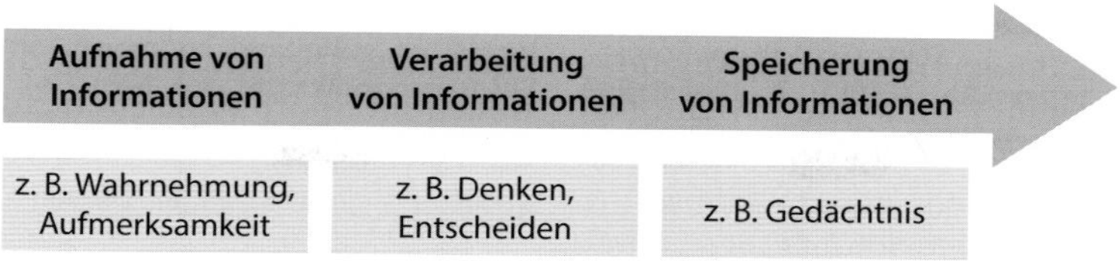

Aufnahme von Informationen	Verarbeitung von Informationen	Speicherung von Informationen
z. B. Wahrnehmung, Aufmerksamkeit	z. B. Denken, Entscheiden	z. B. Gedächtnis

Abb. 2.1 Vereinfachte schematische Darstellung der Themen der Kognitiven Psychologie

lich Handlungen generieren. Gemeinsam ist diesen Phänomenen, dass sie zwischen einem von außen kommenden Reiz (Inputreiz) und dem Verhalten vermitteln (■ Abb. 2.1) und damit als Teil eines Systems verstanden werden können, das Informationen aufnimmt, verarbeitet und speichert (Hagendorf et al., 2011, S. 22). Prozesse der Informationsaufnahme (Wahrnehmung, Aufmerksamkeit), der Informationsverarbeitung (Denken, Entscheiden) sowie das Wissen (Gedächtnis) bilden somit einerseits die Grundlage für die sensomotorische Kontrolle von Bewegungen. Andererseits basieren z. B. auch taktische Handlungen im Sport, also kurzfristige, situative Problemlösungs- und Entscheidungsprozesse einer Sportlerin oder eines Sportlers, auf diesen Prozessen, „mit denen der Sportler (…) eine optimale Nutzung der eigenen konditionellen, koordinativen und psychischen Ressourcen anstrebt" (Roth, 2003, S. 577).

Wichtig ist an dieser Stelle, dass eine Trennung der oben genannten Themengebiete aus didaktischer Sicht zwar sinnvoll ist, dass die kognitiven Prozesse in der Realität aber natürlich wechselseitig miteinander verbunden sind und zusammenspielen und dass z. B. Wahrnehmungsprozesse nicht ausschließlich der Informationsaufnahme zuzuordnen sind, sondern dass auch für Wahrnehmungsprozesse auf bereits gespeicherte Informationen zurückgegriffen wird (▶ Abschn. 2.1.2.1).

Im *Grundschema des psychischen Systems* (▶ Abschn. 1.3) kommt den Kognitionen innerhalb der aktuellen Prozesse eine besondere Bedeutung zu. Im Vordergrund stehen Prozesse des Wahrnehmens und

Denkens und die ihnen zugrunde liegenden **Dispositionen**. Informationen bezüglich der Situation werden durch kognitive Prozesse aufgenommen (z. B. andere Menschen, Räume, Objekte) und dann (denkend) verarbeitet. Umgekehrt wirken kognitive Prozesse auf das Verhalten, indem (denkend) Pläne gemacht, Entscheidungen oder Urteile gefällt oder Ideen für eine Problemlösung generiert werden. Diese beeinflussen wiederum direkt das gezeigte Verhalten bzw. die Handlungen des Individuums. Die **Interaktion** des Menschen mit seiner Umwelt kann also als Ausdruck eines kontinuierlichen Informationsaustauschs angesehen werden. Prozesse der Informationsverarbeitung ermöglichen es daher dem Individuum, sich an sich verändernde Bedingungen anzupassen (Munzert & Raab, 2009, S. 105).

In der Sportpsychologie werden kognitionspsychologische Fragestellungen insbesondere in den Anwendungsfeldern des Leistungs- und des Gesundheitssports bearbeitet. In Bezug auf den *Leistungssport* standen bislang vor allem Wahrnehmungs-, Aufmerksamkeits- und Entscheidungsprozesse im Fokus. Es wird einerseits untersucht, wie diese Prozesse sportliche Leistungen limitieren, andererseits wird erforscht, inwiefern diese Prozesse genutzt und trainiert werden können, um Leistungssteigerungen zu ermöglichen (Zentgraf & Munzert, 2014). Man unterscheidet Interventionen (▶ Kap. 16), die sich auf mehrere kognitive Prozesse gleichzeitig beziehen bzw. eine übergreifende kognitive Perspektive einnehmen, von Interventionen, die eine sehr spezifische Form der Kognition trainieren.

2

Zu den übergreifenden Interventionen zählen etwa das mentale Training (Bewegungsvorstellungstraining) oder Interventionen zur Förderung des Zusammenspiels in Mannschaftssportarten (z. B. Hänsel & Baumgärtner, 2014), während das Training der Augenbewegungen ein Beispiel für eine eher spezifische Intervention darstellt (z. B. Rienhoff & Strauß, 2014). In den meisten Untersuchungen stehen die Athletinnen und Athleten selbst im Vordergrund (bisher wurden vor allem Mannschaftssportarten oder Rückschlag- und Präzisionssportarten untersucht; ▶ Abschn. 2.2.1), aber kognitive Prozesse können auch aus Sicht anderer beteiligter Personen untersucht werden (z. B. Urteils- und Entscheidungsforschung bei Schieds- und Kampfrichterinnen bzw. Schieds- und Kampfrichtern). Aus eher *gesundheitspsychologischer* Perspektive steht die Frage im Mittelpunkt, ob und unter welchen Bedingungen körperliche und sportliche Aktivität zu einer Verbesserung oder Erhaltung kognitiver Prozesse führt (z. B. bei älteren Menschen; ▶ Abschn. 2.2.2).

An dieser Stelle kann nur ein kleiner Ausschnitt aus dem weiten Feld der kognitiven Prozesse im Sport behandelt werden (weiterführende Informationen z. B. in Munzert & Raab, 2009). Im Folgenden wird der Schwerpunkt auf *Wahrnehmungs- und Aufmerksamkeitsprozesse* gelegt. Auf die Darstellung von Theorien und Befunden der kognitiven Neurowissenschaften, d. h. die den Kognitionen zugrunde liegenden elektrochemischen Prozesse im Gehirn und Nervensystem, wird im vorliegenden Kapitel weitgehend verzichtet (deutschsprachige Einführung z. B. in Karnath & Thier, 2012; englischsprachige Einführung z. B. in Gazzaniga et al., 2013). In ▶ Kap. 11 werden darüber hinaus solche Kognitionen behandelt, die in besonderer Art und Weise durch soziale Bedingungen beeinflusst werden bzw. bei denen Fragestellungen der Kognitionsforschung auf soziale Inhalte angewandt werden (soziale Kognitionen). Allerdings sind die Übergänge zwischen den

im vorliegenden und den in ▶ Kap. 11 behandelten Themen fließend, da viele Situationen im Sport zugleich auch soziale Situationen sind.

2.1.2 Wahrnehmung

Sportliche Handlungen sind ohne Wahrnehmungsprozesse nicht denkbar: Ein Rennradfahrer fühlt den Lenker in seinen Händen, er sieht die Bahn, seine Gegner und das Publikum, er hört das Geräusch des Rads und er nimmt wahr, wie sein Herz im Verlauf des Rennens schneller schlägt als normalerweise (◘ Abb. 2.2).

> **Wahrnehmung**
>
> Unter Wahrnehmung versteht man in einem engeren Begriffsverständnis *bewusste sensorische Erfahrung* (Goldstein, 2015, S. 3 f.).
>
> In einem weiteren Verständnis bezieht sich Wahrnehmung auf den Prozess, mit dem die von den Sinnesorganen bereitgestellten Informationen organisiert und interpretiert werden (Hagendorf et al., 2011, S. 5).

Wahrnehmungsprozesse befähigen also Sportlerinnen und Sportler, Informationen aufzunehmen. Wie das obige Beispiel deutlich macht, ist Wahrnehmung multimodal, d. h., sie geschieht auf verschiedenen Ebenen. Klassischerweise unterscheidet man (z. B. Spering & Schmidt, 2009):

- *Visuelle* Wahrnehmung (Sehen)
- *Akustische* oder *auditive* Wahrnehmung (Hören)
- *Taktile* Wahrnehmung (Tastsinn)
- *Olfaktorische* Wahrnehmung (Riechen)
- *Gustatorische* Wahrnehmung (Schmecken)

Darüber hinaus werden je nach Quelle weitere Wahrnehmungsebenen genannt. Von diesen sind zusätzlich zu den genannten

Abb. 2.2   Foto: Julia M. Kornmann

klassischen Wahrnehmungsebenen für sportliche Bewegungen besonders bedeutend:

- *Propriozeptive* Wahrnehmung (Wahrnehmung von Körperbewegung und -lage im Raum bzw. der Lage der einzelnen Körperteile zueinander)
- *Vestibuläre* Wahrnehmung (Gleichgewichtssinn)

Im Gegensatz zu den zuerst genannten Wahrnehmungsebenen werden bei den beiden zuletzt genannten die Informationen, die verarbeitet werden, in erster Linie nicht durch die Außenwelt, sondern durch den eigenen Körper bereitgestellt. Wahrnehmung kann also nach außen (Fremdwahrnehmung) oder nach innen (Selbstwahrnehmung) gerichtet sein.

Der menschliche Körper ist mit unterschiedlichen Sinnesorganen bzw. *Sensoren* für unterschiedliche Arten von Reizen ausgestattet. Wenn ein Reiz auf ein Sinnesorgan

(z. B. Auge) trifft, wird er im Gehirn verarbeitet und interpretiert. Daraus folgt, dass Menschen nur das wahrnehmen können, wofür sie Sensoren besitzen (z. B. kann Ultraschall von einem Menschen nicht wahrgenommen werden). Zudem können die menschlichen Sensoren nur bestimmte Reize wahrnehmen. So können Schallwellen beispielsweise nur im Bereich von ca. 16–20 kHz verarbeitet werden. Andere Lebewesen (z. B. Hunde, Fledermäuse) können dagegen auch Reize oberhalb dieser Schwelle wahrnehmen. Das heißt, dass unser Abbild der Umwelt immer begrenzt ist, da von ihr physikalische Reize ausgehen, die von der menschlichen Wahrnehmung nicht verarbeitet werden können (Hagendorf et al., 2011, S. 14).

2.1.2.1 Stufen des Wahrnehmungsprozesses

In einem weiteren Begriffsverständnis bezeichnet Wahrnehmung nicht nur die bewusste sensorische Erfahrung eines physi-

2

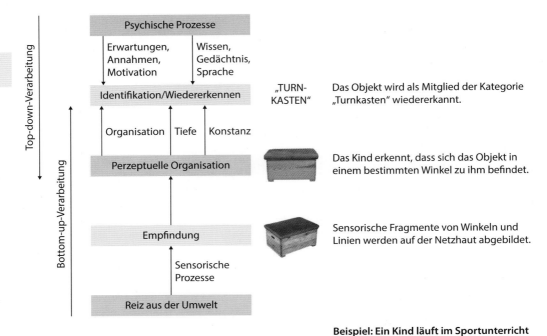

● **Abb. 2.3**   Die drei Stufen des Wahrnehmungsprozesses: Empfindung, perzeptuelle Organisation und Identifikation/Wiedererkennen. (Adaptiert nach Gerrig, 2018, S. 131)

kalischen Reizes, sondern den allgemeinen Vorgang, Ereignisse, Objekte und Personen in der Umwelt zu „begreifen", d. h. sie zu identifizieren, zu klassifizieren und sich ggf. auch vorzubereiten, auf diese zu reagieren (Gerrig, 2018, S. 128). Dieser komplexe Wahrnehmungsprozess lässt sich in drei Stufen unterteilen, die einerseits durch die hereinkommenden Informationen gesteuert werden (*bottom-up*), andererseits aber auch von psychischen Prozessen auf Seiten des Wahrnehmenden beeinflusst werden (*top-down*) (● Abb. 2.3):

1. *Empfindung* (sensorische Prozesse): Ein Reiz aus der Umwelt wird durch die Sensoren (z. B. in den Augen oder Ohren) aufgenommen. Physikalische Energie (z. B. Licht- oder Schallwellen) wird in neuronal kodierte Informationen umgewandelt. Nervenzellen in der Hirnrinde leiten dann aus diesem Input erste

Merkmale ab. Ein Kind, das sich in der Sporthalle einem Turnkasten von der Seite nähert, nimmt aus physiologischer Sicht zunächst nur ein fragmentarisches Bild von Winkeln und Linien auf der Netzhaut wahr (● Abb. 2.3).

2. *Perzeptuelle Organisation:* Die nächste Stufe der Wahrnehmung erfolgt weitgehend unbewusst und schnell. Hier werden die einfachen sensorischen Merkmale der ersten Stufe (z. B. Farbe, Kanten, Linien) zu einer inneren Repräsentation des äußeren Reizes (Perzept) kombiniert. Während dieser Prozesse werden erste Einschätzungen von Größe, Entfernung, Bewegung und Ausrichtung eines Objekts getroffen. Dies geschieht auf der Grundlage von mentalen Berechnungen, in denen das Vorwissen und die aktuell eintreffenden Sinnesinformationen kombiniert werden. Das

Kind bemerkt z. B., dass der Turnkasten sich nicht bewegt, also ein starres Objekt sein muss, und „erkennt" ihn auf dieser Stufe als ein rechteckiges Objekt, das sich in einer gewissen Entfernung und in einem bestimmten Winkel zu ihm befindet (◘ Abb. 2.3).

3. *Identifikation und Wiedererkennen:* Den Perzepten werden in dieser letzten Stufe Bedeutungen beigemessen. Aus rechteckigen Objekten in bestimmten Entfernungen „werden", je nach Situation, Turnkästen, Schuhkartons oder Bücher; Personen werden als jung oder alt identifiziert. Es steht nicht mehr die Frage im Vordergrund, wie das Objekt aussieht, sondern die Frage, um welches Objekt es sich handelt und welche Funktion dieses Objekt erfüllt. Hierzu sind höhere kognitive Prozesse notwendig (z. B. Vorwissen im Sinne von Erinnerungen, Theorien, Erwartungen in Bezug auf das Objekt). Im Beispiel wird das Rechteck als Mitglied der Kategorie „Turnkasten" erkannt (◘ Abb. 2.3), was u. a. dadurch geschieht, dass das Kind bereits früher gelernt hat, wie ein Turnkasten aussieht, und dass es in einer Turnhalle eher einen Turnkasten erwartet als ein anderes rechteckiges Objekt.

In diesem Modell wird die enge Verknüpfung von Dispositionen, aktuellen Prozessen (wie Motivation) und der Situation deutlich (► Abschn. 1.3).

Viele Forschende im Bereich der Kognitionswissenschaft gehen davon aus, dass Wahrnehmen und Handeln zwei nicht trennbare Prozesse sind, die voneinander abhängen und sich gegenseitig direkt beeinflussen. In eine ähnliche Richtung gehen auch die Annahmen einer anderen, neueren Forschungsrichtung, des *Embodied-Cognition-Ansatzes* (auch: Embodiment). In diesem Ansatz wird angenommen, dass Kognitionen nicht nur durch das Gehirn ge-

steuert und beeinflusst werden (der Mensch als abstrakter Informationsverarbeiter), sondern dass der Körper, in dem Individuen leben, mit der Umwelt interagiert und dass diese Interaktion wiederum Kognitionen und Emotionen beeinflusst (Betsch et al., 2011, S. 62; Überblick zum Embodiment-Ansatz in der sportpsychologischen Forschung in Beilock & Hohmann, 2010). Ein Beispiel findet sich in ► Exkurs 3.1. In einem anderen Experiment konnten Eerland et al. (2011) zeigen, dass die Körperhaltung Größenschätzungen beeinflusst: Personen, die unter einem Vorwand leicht nach links geneigt standen, schätzten die Höhe des Eiffelturms niedriger ein als Personen, die in aufrechter Haltung oder nach rechts geneigt standen. Erklärt wird dieser **Effekt** damit, dass Größen mental von klein (links) nach groß (rechts) repräsentiert sind.

Im Folgenden wird mit der visuellen Wahrnehmung diejenige Wahrnehmungsebene betrachtet, die in der Sportpsychologie bisher am intensivsten untersucht wurde (zu Untersuchungen im Bereich der auditiven Wahrnehmung vgl. z. B. Schaffert & Mattes, 2015).

2.1.2.2 Visuelle Wahrnehmung

Die visuelle Wahrnehmung hat beim Menschen den größten Anteil am Wahrnehmungsprozess. Sie wurde in der Sportpsychologie bisher am häufigsten untersucht, da visuelle Reize in den meisten Sportarten den Athletinnen und Athleten als dominante Informationsquelle sowohl für die Orientierung in der entsprechenden Situation und das eigene Handeln als auch für die Antizipation (► Abschn. 2.1.2.3) von Fremdbewegungen dienen. Visuelle Wahrnehmung kann sich auf die Wahrnehmung von Objekten, Farben, Tiefe und Größe sowie Bewegung beziehen. Auch das Phänomen optischer Täuschungen (z. B. Müller-Lyer-Täuschung; ◘ Abb. 2.4) wird untersucht, mit dem Ziel, diejenigen Mechanismen zu identifizieren, die für eine

2

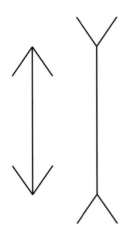

◘ Abb. 2.4 Müller-Lyer-Täuschung. (Adaptiert nach Goldstein, 2015, S. 247)

Täuschung verantwortlich sind (Goldstein, 2015).

Die Forschung zur *Objektwahrnehmung* beschäftigt sich u. a. mit den Fragen, wieso wir bestimmte visuelle Reize bevorzugt verarbeiten (so werden Objekte, die horizontal oder vertikal ausgerichtet sind, schneller wahrgenommen als Objekte mit anderer, z. B. diagonaler Ausrichtung), welche Rolle die Perspektive für die visuelle Wahrnehmung spielt (z. B. treffen Linienrichter Abseitsentscheidungen in Abhängigkeit davon, wie sie zu den Spielern stehen; Oudejans et al., 2000; ► Exkurs 2.1) und welche Regionen im Gehirn an der Objektwahrnehmung beteiligt sind.

Exkurs 2.1: Aus der Forschung: Abseitsentscheidungen

Im Fußball kommt es vor, dass Linienrichterinnen bzw. Linienrichter eine Abseitsentscheidung treffen, obwohl sich die angreifende Spielerin bzw. der angreifende Spieler nicht im Abseits befindet (*Flag Error*; ◘ Tab. 2.1), oder dass fälschlicherweise keine Abseitssituation angezeigt wird, obwohl eine solche vorliegt (*No-Flag Error*; ◘ Tab. 2.1).

Oudejans und Kollegen (2000) untersuchten, ob diese Fehlentscheidungen mit der relativen Position des Linienrichters zu den Spielern erklärt werden können. Sie ließen in einem Feldexperiment drei erfahrene Linienrichter insgesamt 200 potenzielle Abseitssituationen beurteilen und maßen gleichzeitig objektiv mithilfe von Kameras, ob tatsächlich ein Abseits vorlag oder nicht. Die Linienrichter waren bei der Beurteilung hinter dem letzten Verteidiger positioniert (in Richtung Tor). Sie trafen insgesamt 40 Fehlentscheidungen (also in 20 % der Fälle). Die Autoren konnten zeigen, dass die Perspektive des Linienrichters seine Wahrnehmung der Spieler verzerrt: Fehlurteile entstanden in Abhängigkeit davon, ob (1) die Spieler auf der dem Linienrichter nahen Spielfeldseite, in

der Mitte oder auf der gegenüberliegenden Spielfeldseite Richtung Tor liefen und ob (2) über Innen oder Außen bzw. in der Mitte links oder rechts angegriffen wurde (◘ Abb. 2.5).

Es zeigte sich, dass die Linienrichter öfter dann fälschlicherweise auf Abseits entschieden, obwohl sich die Spieler noch auf einer Linie befanden (Flag Error), wenn der Angreifer vom Linienrichter aus gesehen *hinter* dem Verteidiger lief (Angriff über Außen auf der gegenüberliegenden Spielfeldseite, Angriff links über die Mitte des Spielfelds, Angriff über Innen auf der dem Linienrichter nahen Spielfeldseite). Umgekehrt „übersahen" die Linienrichter tatsächlich vorliegende Abseitssituationen öfter (No-Flag Error), wenn der Angreifer vom Linienrichter aus gesehen *vor* dem Verteidiger lief. Vermutlich sah es von ihrer Position so aus, als befänden sich beide Spieler noch auf einer Linie (Angriff über Innen auf der gegenüberliegenden Spielfeldseite, Angriff rechts über die Mitte des Spielfelds, Angriff über Außen auf der dem Linienrichter nahen Spielfeldseite).

□ Tab. 2.1 Mögliche Entscheidungen der Linienrichterin bzw. des Linienrichters

		Objektive Messung	
		Abseits	Kein Abseits
Entscheidung des Linienrichters	Abseits	Korrekte Entscheidung	Flag Error (Flagge wird gehoben, obwohl kein Abseits vorliegt)
	Kein Abseits	No-Flag Error (Flagge wird nicht gehoben, obwohl ein Abseits vorliegt)	Korrekte Entscheidung

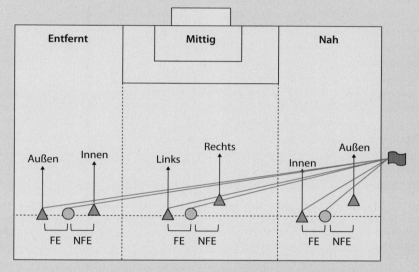

□ Abb. 2.5 Wahrnehmung des Linienrichters in der Studie von Oudejans et al. (2000). Die Dreiecke stellen die Angreifer, die Kreise die Verteidiger dar. FE = Flag Error, NFE = No-Flag Error. (Adaptiert nach Oudejans et al., 2000)

Die Autoren schließen aus ihren Ergebnissen, dass Fehler bei Abseitsentscheidungen durch eine perspektivisch verzerrte Projektion der Spieler auf die Netzhaut des Linienrichters entstehen und plädieren daher für ein alternatives Vorgehen bei der Beurteilung von Abseitssituationen (z. B. Videomessungen von einem geeigneten Standpunkt aus).

In Bezug auf die *Farbwahrnehmung* steht vor allem die Frage im Vordergrund, wie diese physiologisch im Auge und Gehirn abläuft (damit einhergehend werden auch Farbfehlsichtigkeiten, wie die Farbenblindheit, untersucht). Zum Beispiel wird der Frage nachgegangen, wie Merkmale der Umgebung oder Gedächtnisinhalte die Farbwahrnehmung beeinflussen. So beurteilen Menschen etwa ein Stoppschild als „roter" (gesättigter und reichhaltiger) als dasselbe Rot bei einem unbekannten Objekt, das sie im Gedächtnis nicht unter „ist (generell) rot" (wie ein Stoppschild) abgespeichert haben.

2

Umgekehrt kann die Farbwahrnehmung auch (soziale) Urteile und Entscheidungen beeinflussen (▶ Exkurs 11.2).

Im Zentrum der Forschung zur *Tiefen- und Größenwahrnehmung* stehen die Fragen, wie Menschen trotz eines ebenen Abbilds auf der Netzhaut räumliche Tiefe wahrnehmen können und wie die Wahrnehmung von Größe von der Tiefenwahrnehmung abhängt (so unterliegen Menschen z. B. Fehlurteilen bei der Größenwahrnehmung, wenn ihnen keine zuverlässigen Tiefeninformationen vorliegen).

Die *Wahrnehmung von Bewegung* spielt im Sport eine besondere Rolle. Bewegungswahrnehmung kann unterschiedliche Ursachen haben (z. B. Scheinbewegung, die dadurch entsteht, dass zwei Reize leicht versetzt kurz hintereinander dargeboten werden). Bei realen, also tatsächlich stattfindenden Bewegungen sind drei mögliche Situationen denkbar (Goldstein, 2015, S. 178–180):

1. Die betrachtende Person steht still, schaut geradeaus, und ein Objekt bewegt sich durch ihr Blickfeld.
2. Die betrachtende Person steht still und verfolgt das sich bewegende Objekt mit den Augen.
3. Die betrachtende Person bewegt sich durch eine stationäre (also sich nicht verändernde) Umgebung.

Zur Erklärung der Wahrnehmung von Bewegung in diesen drei Situationen gibt es verschiedene Theorien, von denen der *ökologische Ansatz* beispielhaft herausgegriffen werden soll (zur Erläuterung des Reafferenzprinzips als alternativen, physiologischen Erklärungsansatz vgl. Goldstein, 2015, S. 181–184). Im ökologischen Ansatz nehmen Umweltinformationen eine zentrale Rolle ein, insbesondere solche Informationen, die trotz situativer Veränderung unverändert (invariant) bleiben. Das *optische Feld* bezeichnet die Struktur, die durch Oberflächen, Texturen und Konturen in der Umwelt entsteht. Wenn die betrachtende Person oder etwas in der Umwelt sich bewegt, liefert das optische Feld unterschiedliche Informationen. Die oben beschriebene erste Situation erklärt der ökologische Ansatz mit einer lokalen Bewegung im optischen Feld: Ein Objekt bewegt sich relativ zur Umwelt. Dabei wird der statische Hintergrund durch die sich bewegende Person auf- und zugedeckt. Obwohl die betrachtende Person in der zweiten Situation die Person mit den Augen verfolgt und die Person damit im Zentrum des Blickfelds der betrachtenden Person bleibt, wird ebenfalls eine lokale Bewegung im optischen Feld erzeugt, d. h. die Person deckt dennoch den Hintergrund auf und zu. In der dritten Situation dagegen bewegt sich die betrachtende Person selbst durch die Umgebung. Dies führt dazu, dass sich das gesamte optische Feld bewegt. Dieser globale optische Fluss zeigt an, dass die betrachtende Person und nicht die Umwelt in Bewegung ist.

Eine Sonderrolle bei der Bewegungswahrnehmung nimmt die Wahrnehmung *biologischer Bewegung* ein, d. h. die Wahrnehmung eines lebenden Organismus. Menschen sind auf die Wahrnehmung solcher Bewegungen spezialisiert. Die Bewegung eines gehenden Menschen ist beispielsweise so charakteristisch, dass eine nur sehr geringe Menge an Informationen (z. B. die Darbietung von Lichtpunkten, die an einer gehenden Person aufgezeichnet wurden; sog. Lichtpunktläufer-**Stimulus**) ausreicht, um diese „Lichtpunktewolke" als gehenden Menschen zu identifizieren. Versuchspersonen konnten sogar erkennen, ob es sich bei der Person um einen Mann oder eine Frau handelte (Spering & Schmidt, 2009; Demonstration unter ▶ https://www.biomotionlab.ca/html5-bml-walker/). Die Wahrnehmung von Bewegung spielt auch beim Modelllernen eine große Rolle, das wiederum wichtig für das Bewegungslernen ist (▶ Abschn. 13.2.3).

Vorstellungen können als ein Sonderfall von Wahrnehmungsprozessen aufgefasst werden. Eine Vorstellung ist ein wahrnehmungsartiger Prozess einer Person, der nicht auf externe Wahrnehmungsreize zurückgeführt werden kann (Annett, 1995).

Das mentale Training (Bewegungsvorstellungstraining) kann damit als eine Intervention angesehen werden, die stark kognitiv ausgerichtet ist (▶ Abschn. 16.1).

2.1.2.3 Antizipation

Leistungssportlerinnen und Leistungssportler beeindrucken oft durch Wahrnehmungsleistungen, die bei genauerer Betrachtung auf fast übermenschliche Reaktionsleistungen schließen lassen. So erreichen Bälle im Tennis nach dem Aufschlag Durchschnittsgeschwindigkeiten von 190 km/h, was bedeutet, dass der Ball die Gegenspielerin bzw. den Gegenspieler (bei einer Entfernung von 27 m) nach etwa 500 ms erreicht. Da zwischen der Wahrnehmung eines Reizes und der Initiierung einer darauffolgenden Reaktion bereits ca. 200 ms verstreichen, ist es umso erstaunlicher, dass Tennisspielerinnen und -spieler dennoch in der Lage sind, diese schnellen Aufschlagbälle erfolgreich zurückzuspielen. Ähnliches gilt für die Leistungen von Torhüterinnen und Torhütern im Hand- oder Fußball (Loffing et al., 2014; ◐ Abb. 2.6). Aktuelle Forschungsergebnisse deuten darauf hin, dass erfahrene Sportlerinnen und Sportler den Ausgang einer gegnerischen Handlung auf der Basis der ihnen zur Verfügung stehenden Informationen frühzeitig vorausahnen und entsprechend darauf reagieren können.

> **Antizipation**
>
> Antizipation ist „die gedankliche Vorwegnahme eines (Bewegungs-)Ereignisses mit dem Ziel, die eigene motorische Handlung zeitlich adäquat daran ausrichten zu können" (Hagemann & Loffing, 2013, S. 562).

Antizipationsprozesse stehen damit an der Schnittstelle von Wahrnehmung und Aufmerksamkeit. Im Sport werden sie etwa seit den 1970er-Jahren verstärkt erforscht. Untersucht wird dabei vor allem, wie sich Prozesse der Wahrnehmung und Informationsverarbeitung von sportlichen Expertinnen und Experten von denen sportlich weniger erfahrener Personen unterscheiden. Obwohl sich Antizipation sowohl auf geschlossene (z. B. Tennisaufschlag, Elfmeterschießen) als auch auf offene Situationen (z. B. Laufweg einer Mitspielerin oder eines Mitspielers) beziehen kann, wurden bisher vermehrt geschlossene Situationen beforscht (Loffing et al., 2014).

◐ **Abb. 2.6**   Foto: Julia M. Kornmann

2

Meist werden Antizipationsleistungen kontrolliert im Labor und mithilfe von Videoaufzeichnungen untersucht. Loffing et al. (2014; vgl. auch Farrow & Abernethy, 2007) unterscheiden fünf Arten methodischer Vorgehensweisen:

1. *Zeitliche Verschlusstechnik (temporal occlusion)*: Die Menge an verfügbaren Informationen wird so variiert, dass die Darstellung der Bewegung (z. B. Tennisaufschlag der Gegnerin bzw. des Gegners) zu unterschiedlichen Zeitpunkten abgebrochen wird. Untersuchen lässt sich so, zu welchen Zeitpunkten einer Bewegung es Athletinnen und Athleten gelingt, Handlungseffekte wie die Schuss- oder Schlagrichtung überzufällig gut vorherzusagen. Unabhängig von der Erfahrung der Teilnehmenden verbessert sich die Vorhersage, je später die Bewegung abgebrochen wird. Allerdings können Personen mit hohem Expertiseniveau den Ausgang einer Bewegungshandlung besser aufgrund früher verfügbarer Informationen vorhersagen als weniger erfahrene Personen.

2. *Räumliche Verdeckungstechnik (spatial/ event occlusion)*: Die Menge an verfügbarem Informationsmaterial wird so variiert, dass bestimmte Bereiche unsichtbar bzw. unkenntlich gemacht werden (z. B. Rumpf, Schläger). Die in diesen Bereichen enthaltenen Informationen können so nicht für die Antizipationsleistung genutzt werden. Durch gezielte Manipulation von Bewegungsinformationen kann man so Bereiche ableiten, die für die Antizipationsleistung von besonderer Bedeutung sind. Verschlechtert sich z. B. die Vorhersageleistung unter einer bestimmten Bedingung deutlich (etwa wenn der Tennisschläger verdeckt ist), kann man annehmen, dass in diesem Bereich besonders antizipationsrelevante Informationen enthalten sind (▶ Exkurs 2.2).

3. *Kombination von zeitlicher und räumlicher Verschlusstechnik:* Durch eine Kombination beider Verfahren untersucht man, welche Informationen zu welchem Bewegungszeitpunkt besonders antizipationsrelevant sind. Man kann davon ausgehen, dass nicht jeder Information zu jedem Zeitpunkt gleiche Bedeutung zukommt. Hagemann und Strauß (2006) konnten z. B. zeigen, dass bei der Vorhersage der Schlagrichtung von Badmintonschlägen zum Auftakt der Schlagbewegung (bis 160 ms vor Ballkontakt) vor allem Informationen aus dem Bereich des Rumpfs und zum Ende der Schlagbewegung (bis zum Ballkontakt) vor allem Informationen aus dem Bereich des Arms und des Schlägers zur Vorhersage genutzt werden.

4. *Blickbewegungsmessung (eye-tracking)*: Durch die Aufzeichnung der Blickbewegungen von Versuchspersonen versucht man ebenfalls, auf die Bedeutung unterschiedlicher Informationsquellen zu schließen (**empirische** Befunde in ▶ Abschn. 2.2.1). Interessant sind zum einen hohe bzw. niedrige durchschnittliche Häufigkeiten, mit denen bestimmte Stellen fixiert werden. Erhoben werden weiterhin die Anzahl visueller Fixationen und die durchschnittliche Fixationsdauer. Zudem gibt die Analyse der Blickbewegung über die Dauer der gesamten Bewegung hinweg Hinweise darauf, welche Informationen zu welchem Zeitpunkt für die Versuchsperson besonders relevant zu sein scheinen.

5. *Virtuelle Realitäten:* Immer häufiger kommen inzwischen auch virtuelle Realitäten bei der Untersuchung der Antizipation zum Einsatz. Mit ihrer Hilfe kann die Situation deutlich realistischer und in einem dreidimensionalen Raum präsentiert werden. Teilweise wird dabei die Präsentation mit einem Bewegungsmesssystem kombiniert, das synchron **kinematische** Bewegungsparameter der Versuchsperson aufzeichnet (z. B. Abwehrreaktion einer Torhüterin oder eines Torhüters bei der Präsentation eines Siebenmeterwurfs im Handball).

Exkurs 2.2: Aus der Forschung: Räumliche Verdeckungstechnik

Jackson und Mogan (2007) verglichen Tennisspielerinnen und Tennisspieler verschiedener Leistungsniveaus (Wettkampf, Freizeit und Neulinge) in Bezug auf ihre Antizipationsleistung. Die Versuchspersonen sahen sich insgesamt 120 Kurzvideos von Tennisaufschlägen an, in denen im letzten Bild vor dem Schläger-Ball-Kontakt unterschiedliche Bereiche des Videos verdeckt wurden (◻ Abb. 2.7).

Die Versuchspersonen mussten sowohl verbal benennen, wohin der Schlag gehen würde („links", „rechts", „genau auf mich zu"), als auch motorisch die Schlägerbewegung ausführen, die sie als Reaktion auf das gezeigte Video ausführen würden.

Über alle Verdeckungsbedingungen hinweg zeigten die erfahrenen Wettkampfspielerinnen und Wettkampfspieler **signifikant**

◻ **Abb. 2.7** Die fünf Bedingungen der räumlichen Verdeckung in der Untersuchung von Jackson und Mogan: **a** Originalbild ohne Verdeckung, **b** Verdeckung des Balls, **c** Verdeckung von Arm und Schläger, **d** Verdeckung von Hüfte, Beinen und Füßen, **e** Verdeckung aller Informationen mit Ausnahme des Kopfs und des Balls. (Aus Jackson & Mogan, 2007, S. 345, mit freundlicher Genehmigung von Taylor & Francis Ltd, ► http://www.tandfonline.com)

2

bessere Antizipationsleistungen als die Personen ohne Vorerfahrungen. Allerdings zeigen sich bei den erfahrenen Spielerinnen und Spielern signifikante Verschlechterungen der Vorhersageleistung, wenn entweder der Ball (◘ Abb. 2.7b) oder Arm und Schläger (◘ Abb. 2.7c) verdeckt waren. Die Autoren schlussfolgerten, dass in diesen Bereichen rele-

vante Informationen für die Vorhersageleistung enthalten sind. Dennoch waren die Spielerinnen und Spieler auf dem höchsten Leistungsniveau selbst bei kompletter Verdeckung des Körpers (außer des Kopfs, ◘ Abb. 2.7e) in der Lage, die Richtung des Aufschlags überzufällig erfolgreich vorherzusagen.

2.1.3 Aufmerksamkeit

Aufmerksamkeit ist eng verbunden mit der Wahrnehmung. Im Sport bestimmen Aufmerksamkeitsprozesse beispielsweise, ob ein Fußballspieler seinen freistehenden Mitspieler bemerkt, ob es einer Handballspielerin gelingt, das pfeifende gegnerische Publikum bei der Ausführung eines Siebenmeterwurfs auszublenden, oder ob ein Basketballanfänger in der Lage ist, den Ball weiterhin sicher zu prellen, während er einem Gegenspieler ausweicht.

Der Mensch ist nicht in der Lage, sämtliche Informationen aus seiner Umgebung aufzunehmen und zu verarbeiten, da seine Wahrnehmungskapazitäten begrenzt sind. Daher fokussieren sich Wahrnehmungsprozesse notwendigerweise auf ausgewählte und als wichtig eingestufte Informationen. An dieser Stelle spielen Aufmerksamkeitsprozesse eine entscheidende Rolle, da sie wichtige von unwichtigen Informationen trennen und somit das Wahrnehmungsfeld strukturieren.

> **Aufmerksamkeit**
>
> Aufmerksamkeit bezeichnet jene Prozesse, aufgrund derer aktuell relevante Informationen selektiert (ausgewählt) und irrelevante Informationen deselektiert (nicht ausgewählt) werden. Die Aufmerksamkeit steht durch diese *selektive Auswahl relevanter Informa-*

tionen in Wechselwirkung sowohl mit Wahrnehmungsprozessen als auch mit der Handlungsplanung und -ausführung (Hagendorf et al., 2011, S. 8).

Die zwei bisher angesprochenen Aspekte sind auch diejenigen, die mit dem Begriff der Aufmerksamkeit am häufigsten in Verbindung gebracht werden (Abernethy, 2001):

- Aufmerksamkeit als *begrenzte Ressource* (es können nicht alle eingehenden Informationen verarbeitet werden)
- Aufmerksamkeit als *Selektivität* (es müssen daher notwendigerweise Informationen ausgewählt werden)

Memmert (2009, 2014) unterscheidet in der Aufmerksamkeitsforschung im Sport vier untergeordnete Prozesse: Aufmerksamkeitsorientierung, selektive Aufmerksamkeit, geteilte Aufmerksamkeit und Konzentration. Diese Vierteilung basiert auf den Ergebnissen **neurophysiologischer** Studien (z. B. Coull, 1988), die zeigen, dass die Unterprozesse der Aufmerksamkeit mit jeweils unterschiedlichen Gehirnaktivitäten einhergehen.

Diese vier untergeordneten Prozesse der Aufmerksamkeit werden im Folgenden dargestellt (► Abschn. 2.1.3.1, 2.1.3.2, 2.1.3.3 und 2.1.3.4). Zudem wird in ► Abschn. 2.1.3.5 mit dem Aufmerksamkeitsfokus ein Aspekt der Aufmerksamkeit betrachtet, der insbesondere beim motorischen Lernen eine Rolle spielt. Empirische

Befunde, die jeweils direkt einem der hier vorgestellten Prozesse zugeordnet werden können, werden ebenfalls im Folgenden beschrieben. Eher übergeordnete und zusammenfassende empirische Befunde finden sich in ▶ Abschn. 2.2.1. Eine ausführlichere Darstellung der Aufmerksamkeitsforschung im Sport gibt Abernethy (2001).

2.1.3.1 Aufmerksamkeits- orientierung

Bei der Aufmerksamkeitsorientierung wird die Aufmerksamkeit auf einen Reiz fokussiert („einloggen"), oder der Fokus wird von einem Reiz weggenommen („ausloggen"). Dabei wird die Aufmerksamkeit auf besonders auffällige Reize oder Besonderheiten eines Reizes gelenkt. Es wird angenommen, dass die *Orientierung der Aufmerksamkeit auf einen bestimmten Reiz* die Verarbeitung derjenigen Informationen erleichtert, die sich im Fokus der Aufmerksamkeit befinden. Im Umkehrschluss wird

die Informationsverarbeitung erschwert, wenn ein Reiz sich außerhalb des Aufmerksamkeitsfokus befindet (Memmert, 2014).

> ▶ **Beispiel**
>
> Ein Mitspieler auf der gegenüberliegenden Seite des Spielfeldes signalisiert durch Armheben seine Anspielbereitschaft. Der ballführende Spieler richtet daraufhin seinen Aufmerksamkeitsfokus auf diesen Spieler, um einen langen Pass zu spielen (◘ Abb. 2.8). ◀

Für die Aufmerksamkeitsorientierung lassen sich folgende empirische Ergebnisse zusammenfassen (Memmert, 2009):

— Expertinnen und Experten in Sportspielen schenken unwahrscheinlichen Ereignissen in ihrer Umgebung proportional viel, sehr wahrscheinlichen Ereignissen dagegen proportional weniger Aufmerksamkeit. Dies spricht dafür, dass sie ihre Aufmerksamkeit flexibler gestalten können als Novizinnen und Novizen.

◘ **Abb. 2.8** Foto: Julia M. Kornmann

2

— Expertinnen und Experten aus Sportarten mit hohen Aufmerksamkeitsanforderungen zeigen bessere Leistungen bei der Aufmerksamkeitsorientierung
als Novizinnen und Novizen.
— Expertinnen und Experten (z. B. im
Volleyball, beim Skifahren) können besser als Anfängerinnen und Anfänger regulieren, wie groß der Bereich ihrer Aufmerksamkeitsorientierung ist.
— Submaximale körperliche Aktivität verbessert bei Expertinnen und Experten
die Reaktionszeiten auf einen Reiz.

2.1.3.2 Selektive Aufmerksamkeit

Bei der selektiven Aufmerksamkeit wird die
Aufmerksamkeit zu einem bestimmten Zeitpunkt auf einen von mehreren konkurrieren-
den Reizen gerichtet (Memmert, 2014). Der
Unterschied zwischen selektiver Aufmerksamkeit und Aufmerksamkeitsorientierung wird
erst bei näherem Hinsehen deutlich: Die selektive Aufmerksamkeit ist für die *Auswahl eines
Reizes aus mehreren Reizen* zuständig, die Aufmerksamkeitsorientierung ist anschließend
dafür zuständig, dass die Aufmerksamkeit auf
diesen ausgewählten Reiz gelenkt wird. Beide
Prozesse sind auf einer neurophysiologischen
Ebene voneinander differenzierbar, d. h. es
werden bei beiden Prozessen unterschiedliche
Gehirnregionen aktiviert.

> ▶ **Beispiel**
>
> Vor der Ausführung eines Eckballs werden
> die Pfiffe und Buhrufe des gegnerischen Pub-
> likums ausgeblendet. Die Aufmerksamkeit ist
> voll und ganz auf die starken Kopfball-
> spielerinnen gerichtet, zu denen der Ball prä-
> zise gespielt werden soll. ◀

Das Phänomen der selektiven Aufmerksamkeit wurde in der Allgemeinen Psychologie
durch drei unterschiedliche Theorieansätze
zu erklären versucht (☐ Abb. 2.9), die vor
allem aufgrund von Ergebnissen aus Untersuchungen zur auditiven Aufmerksamkeit

entwickelt wurden (Hagendorf et al., 2011;
Müller & Krummenacher, 2017).

In der *Filtertheorie* von Broadbent
(1958) wird angenommen, dass die Selektion einer Information sehr früh erfolgt.
Wenn zwei gleichzeitig dargebotene Informationen parallel und gleichzeitig in einen
sensorischen Speicher gelangen, wird nur
eine Information weiterverarbeitet. Die Selektion der weiterverarbeiteten Information
erfolgt nicht aufgrund ihres Inhalts, sondern aufgrund physikalischer Reizmerkmale
(z. B. die Stimmlage einer sprechenden Person). Die anderen Reize werden durch den
Filter abgeblockt, verbleiben aber für einen
eventuellen späteren Zugriff vorübergehend
im Speicher. Die Filtertheorie nimmt an,
dass Informationen nach dem Alles-oder-
nichts-Prinzip verarbeitet werden. Weiterhin wird davon ausgegangen, dass es nur
einen zentralen Prozessor gibt, dessen
Kapazität begrenzt ist und der Informationen seriell verarbeitet (Einkanalhypothese).
Ausschließlich solche Informationen, die es
durch den Filter „geschafft" haben, können
bewusst und im Langzeitgedächtnis gespeichert werden.

Weitere Untersuchungen zeigten in der
Folge allerdings, dass auch solche Informationen den Filter passieren können, von denen
nach der Filtertheorie angenommen wurde,
dass sie im nicht beachteten Kanal „hängen-
geblieben" waren. Die *Attenuationstheorie*
von Treisman (1964) erweitert daher die
Filtertheorie insofern, als eine abgeschwächte
(attenuierte) Weiterleitung und Verarbeitung
nicht beachteter Informationen zugelassen
wird   (Mehr-oder-weniger-Prinzip).   Die
Informationsselektion erfolgt auch in diesem Modell relativ früh, der Zeitpunkt ist
aber flexibler als bei der Filtertheorie. Die
Theorie nimmt an, dass eingehende Informationen mehrere hierarchische Verarbeitungs-
stufen durchlaufen (z. B. physikalische Reize
→ Silben → Wörter). Dabei ist die erreichte
Verarbeitungsstufe abhängig von der vorhandenen Verarbeitungskapazität.

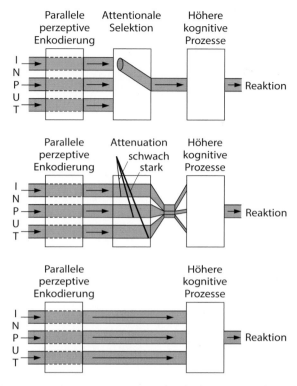

◻ Abb. 2.9 Schematische Darstellung der klassischen Ansätze zur selektiven Aufmerksamkeit (von oben nach unten: Filtertheorie, Attenuationstheorie, Theorie der späten Informationsverarbeitung). (Adaptiert nach Müller & Krummenacher, 2017, S. 107)

Die *Theorie der späten Informationsverarbeitung* von Deutsch und Deutsch (1963) geht dagegen davon aus, dass die Selektion von Informationen erst deutlich später, nämlich kurz vor der Reaktion, erfolgt. Angenommen wird, dass zunächst sämtliche eingehenden Informationen vollständig analysiert werden. Im Anschluss werden dann nur solche Informationen weiterverarbeitet (z. B. Speicherung im Gedächtnis), die für die aktuelle Situation am relevantesten sind. Das bedeutet, dass sämtliche Eingangsreize nach ihrer Wichtigkeit für die aktuelle Situation beurteilt werden müssen. Deutsch und Deutsch gehen davon aus, dass diese Beurteilungsprozesse parallel ablaufen, und nennen als Beispiel eine Analogie: Um z. B. das größte Kind einer Schulklasse zu ermitteln, würde es ausreichen, eine einzige Messlatte über allen Kindern abzusenken (das Kind, dessen

Kopf die Latte zuerst berührt, ist das größte). Das bedeutet, dass bei geeigneten Vorgehensweisen auch eine Vielzahl konkurrierender Informationen gleichzeitig auf ihre Relevanz überprüft werden kann.

Heute geht man davon aus, dass es keine eindeutige Antwort auf die Frage geben kann, ob die Selektion von Informationen „früh" (wie bei der Filter- und der Attenuationstheorie) oder „spät" (wie bei der Theorie der späten Informationsverarbeitung) erfolgt (Müller & Krummenacher, 2017, S. 108). Stattdessen wird davon ausgegangen, dass der Zeitpunkt der Informationsselektion flexibel ist und von spezifischen Faktoren der Aufgabe abhängt (z. B., ob die Selektion einer Information die Aufmerksamkeit vollständig beansprucht oder ob die Aufmerksamkeitsanforderungen gering sind).

2

Unter den Prozessen der Aufmerksamkeit kommt der selektiven Aufmerksamkeit neben der Aufmerksamkeitsorientierung in der sportpsychologischen Forschung bisher die größte Bedeutung zu. Dies liegt einerseits darin begründet, dass in sportspezifischen Situationen die Auswahl relevanter Informationen eine entscheidende Rolle spielt, andererseits aber auch darin, dass es aus methodischer Sicht eine Reihe von Möglichkeiten gibt, selektive Aufmerksamkeitsprozesse zu untersuchen (Memmert, 2014, S. 120).

In Bezug auf die selektive Aufmerksamkeit haben empirische Studien sog. *information-rich areas* identifiziert, also Bereiche, die viele hilfreiche Informationen enthalten, um Bewegungseffekte antizipieren zu können (z. B. die Richtung des Balls nach dem Schlägerkontakt, siehe auch ► Exkurs 2.2). So enthalten z. B. nicht nur der Bereich des Schlägers, sondern auch der des Arms und des Oberkörpers der Spielerin oder des Spielers relevante Informationen für die Vorhersage des Ballflugs beim Badminton. Expertinnen und Experten sind in der Lage, Informationen aus diesen Bereichen schneller und effizienter zu verarbeiten als Novizinnen und Novizen.

Im Training kann die Aufmerksamkeit der Spielerinnen und Spieler durch verbale oder visuelle Hinweise der Trainerin oder des Trainers auf informationsreiche Regionen gelenkt werden. Es zeigt sich, dass sich die Lenkung der Aufmerksamkeit auf diese wichtigen Regionen in einer signifikanten Verbesserung der antizipatorischen Leistung niederschlägt, und zwar sowohl wenn das Training videobasiert als auch wenn es im realen Training stattgefunden hat (Memmert, 2009).

2.1.3.3 Geteilte Aufmerksamkeit

Die geteilte Aufmerksamkeit bezeichnet das, was man umgangssprachlich unter „Multitasking" versteht. Die Aufmerksamkeit wird gleichzeitig auf unterschiedliche Reize gelenkt und ermöglicht die Realisierung von *Mehrfachaufgaben* (Memmert, 2014). In vielen Sportarten ist es notwendig, mehrere Objekte (z. B. den Ball, Mit- und Gegenspielerinnen und -spieler) möglichst gleichzeitig im Auge zu behalten. Man bezeichnet den Bereich, innerhalb dessen eine Person zwei Reize simultan (gleichzeitig) wahrnehmen kann, als Aufmerksamkeitsfenster. Sportlerinnen und Sportler aus Spielsportarten weisen größere Aufmerksamkeitsfenster auf als Personen aus Nichtspielsportarten.

> ► **Beispiel**
>
> Ein Basketballspieler sichert den Ball dribbelnd ab, während er das Spielfeld nach freien Mitspielern „scannt". ◄

Zur Erfassung der geteilten Aufmerksamkeit gibt es mittlerweile unterschiedliche Testverfahren, die entweder auf die gleichzeitige Verfolgung mehrerer, sich bewegender Objekte zielen (Aufmerksamkeitsbreite; ► Exkurs 2.3) oder aber die Versuchspersonen mit Doppelaufgaben konfrontieren (es müssen also zwei unterschiedliche Aufgaben gleichzeitig bearbeitet werden).

> **Exkurs 2.3: Aus der Praxis: Multiple Object Tracking Test**
>
> Eine Möglichkeit, geteilte Aufmerksamkeit (in diesem Fall: das Verfolgen mehrerer, sich bewegender Objekte) zu messen, ist der Multiple Object Tracking Test (Pylyshyn & Storm, 1988). Der Test wird an einem Computer durchgeführt. Die Versuchsperson sieht zunächst eine statische Abbildung mit einer bestimmten Anzahl identischer Objekte (z. B. acht identischer Kreise; ◘ Abb. 2.10a). Danach leuchtet ein Teil dieser Objekte (z. B. vier der acht Kreise) kurz auf, um der Versuchsperson zu zeigen, welche Objekte ver-

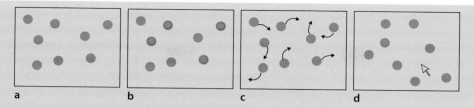

Abb. 2.10 Ablauf des Multiple Object Tracking Test

folgt werden sollen (Abb. 2.10b). Danach bewegen sich die Objekte für ca. 10 s zufällig auf dem Bildschirm hin und her (Abb. 2.10c). Nachdem die Bewegungen beendet sind, hat die Versuchsperson die Aufgabe, diejenigen Objekte anzuklicken, die im zweiten Schritt markiert worden waren (Abb. 2.10d).

Die gesamte Anzahl und die Geschwindigkeit der Objekte auf dem Bildschirm sowie die Anzahl der zu verfolgenden Objekte können dabei beliebig variiert und auch an die individuelle Leistung der Versuchspersonen angepasst werden (der nächste Durchgang wird also für eine Person leichter oder schwieriger). Gesunde Erwachsene sind in der Regel in der Lage, vier bis fünf Objekte zu verfolgen und am Ende richtig zu identifizieren, wobei die Leistung auch von der Geschwindigkeit der sich bewegenden Objekte abhängt. Spielsportlerinnen und Spielsportler höheren Leistungsniveaus lösen die Aufgabe in der Regel besser als Athletinnen und Athleten mit einem niedrigeren Leistungsniveau (Faubert & Sidebottom, 2012). Faubert (2013) konnte zudem zeigen, dass Hochleistungssportlerinnen und -sportler nach einem Training (15 Sitzungen) ihre Leistungen im Multiple Object Tracking Test deutlich schneller steigern konnten als Sportlerinnen und Sportler niedrigeren Leistungsniveaus, die ihrerseits jedoch größere Leistungssteigerungen zeigten als Nichtsportlerinnen und Nichtsportler.

Die Aufmerksamkeit kann zwischen mehreren sich bewegenden Objekten so aufgeteilt werden, dass entweder ein Objekt fixiert wird und die übrigen Objekte gleichzeitig nur peripher wahrgenommen werden oder dass die Fixierung auf einen Punkt zwischen den Objekten erfolgt, sodass alle zu verfolgenden Objekte ausschließlich peripher wahrgenommen werden. Dabei zeigt sich, dass die zweite Strategie zu höheren Erfolgsraten bei der anschließenden Identifizierung der Objekte führt als die erste. Darüber hinaus zeigt sich unabhängig von der gewählten Strategie, dass Expertinnen und Experten aus Spielsportarten Novizinnen und Novizen bei Aufgaben überlegen sind, die geteilte Aufmerksamkeit erfordern (Memmert, 2014).

Mithilfe von Doppelaufgaben (*Dual-Task-Paradigma*) kann untersucht werden, inwiefern sich die Leistung bei einer Erstaufgabe verschlechtert, wenn die Versuchsperson durch eine Zweitaufgabe abgelenkt wird. Green und Helton (2011) zeigten z. B., dass sich beim Bouldern die Kletterleistung (gemessen an der Effizienz: Anzahl der verwendeten Griffe pro geklettertem Meter in der Horizontalen) verschlechterte, wenn sich die Versuchspersonen gleichzeitig eine Reihe von Wörtern merken sollten, die sie danach wiedergeben mussten. Außerdem ist es mithilfe von Doppelaufgaben möglich, den Einfluss unterschiedlicher Instruktionen zur Fokussierung der Aufmerksamkeit auf die Leistung in der Erstaufgabe zu untersuchen (▶ Abschn. 2.1.3.5).

2

Im Zusammenhang mit der geteilten Aufmerksamkeit spricht man umgangssprachlich häufig davon, dass bestimmte Prozesse wie beispielsweise Fahrradfahren, Schwimmen oder das Dribbeln eines Balls „automatisiert" ablaufen würden, sodass sie keine Aufmerksamkeitskapazität mehr beanspruchen würden (▶ Exkurs 2.4). Hagendorf et al. (2011, S. 212) nennen als Kriterien für *automatische Prozesse*:

- Sie reduzieren nicht die zur Erledigung anderer Aufgaben verfügbare Aufmerksamkeitskapazität.
- Sie laufen schnell ab.
- Sie sind unvermeidbar, d. h., sie werden immer ausgelöst, wenn ein geeigneter Stimulus erscheint, selbst wenn dieser außerhalb des Aufmerksamkeitsbereichs liegt.
- Sie sind dem Bewusstsein nicht zugänglich.

Die Autoren weisen allerdings darauf hin, dass es bei genauerer Prüfung extrem selten vorkommt, dass ein Prozess tatsächlich alle diese Kriterien erfüllt. Deshalb schlagen sie vor, stattdessen von teilweise oder partiell automatischen Prozessen zu sprechen, die man auf einem **Kontinuum** solchen Handlungsprozessen gegenüberstellen kann, die bewusst-intentional erfolgen.

> ### Exkurs 2.4: Aus der Forschung: Dual-Process-Theorien
>
> Für die Untersuchung automatischer Prozesse im Rahmen der Aufmerksamkeitsforschung im Sport werden in den letzten Jahren zunehmend sogenannte Dual-Process-Theorien (Zwei-Prozess-Theorien) der Aufmerksamkeit als Rahmenmodell vorgeschlagen (z. B. Furley et al., 2015). Diese unterscheiden Typ-1-Prozesse, die weitgehend automatisiert ablaufen und daher keine Arbeitsgedächtniskapazität beanspruchen, und Typ-2-Prozesse, die kognitive Kontrolle erfordern. Auch wenn im Wettkampfsport häufig automatische Prozesse wünschenswert sind, gibt es viele Sportsituationen, die eine bewusste Kontrolle der Aufmerksamkeit erfordern (z. B. das explizite Erlernen einer neuen Fertigkeit oder die Umsetzung einer Wettkampftaktik).

Faktoren, die die gleichzeitige Ausführung von zwei oder mehr Aufgaben beeinflussen, sind neben der Übung (durch die die teilweise Automatisierung entsteht) die Aufgabenschwierigkeit und die Aufgabenähnlichkeit (Sokolowski, 2013, S. 105). Je ähnlicher die beiden zu bewältigenden Aufgaben in Bezug auf die Reizaufnahme und -verarbeitung sind, desto eher „stören" sie sich gegenseitig und verhindern dadurch die erfolgreiche Ausführung der entsprechenden Doppelaufgaben. Außerdem gelingt die Bewältigung von Doppelaufgaben umso wahrscheinlicher, je einfacher die einzelnen Aufgaben sind.

Man geht heute davon aus, dass bei der Bewältigung von Doppel- oder Mehrfachaufgaben die Aufmerksamkeit nicht im eigentlichen Wortsinne „geteilt" wird, die Aufmerksamkeit also tatsächlich *gleichzeitig* auf mehrere Aufgaben gerichtet ist. Die Aufmerksamkeit wechselt stattdessen in sehr kurzen Zeitabständen immer wieder zwischen den beiden Aufgaben hin und her, wird also „verteilt". Mit der Übung bzw. Automatisierung eines Prozesses geht dann einher, dass man die optimalen Zeitpunkte der Aufmerksamkeitswechsel immer sicherer trifft (Sokolowski, 2013, S. 105 f.).

Ein weiteres Phänomen, das im Rahmen der geteilten Aufmerksamkeit beobachtet und untersucht wurde, ist die Blindheit wegen Unaufmerksamkeit (*inattentional blindness*). Es beschreibt die Tatsache, dass Personen (meist unerwartete) Objekte nicht sehen, obwohl sie sich direkt vor ihren Augen befinden, weil ihre Aufmerksamkeit auf eine andere Aufgabe gelenkt wurde. Wenn man im Kino beispielsweise die Reihen nach einem freien Platz absucht, kann es passieren, dass man Bekannte, die in einer der Reihen sitzen und einem zuwinken, schlichtweg übersieht. Am bekanntesten ist in diesem Zusammenhang eine Untersuchung von Simons und Chabris (1999) (▶ Exkurs 2.5).

Exkurs 2.5: Aus der Forschung: Inattentional Blindness – Der unsichtbare Gorilla

Simons und Chabris (1999) zeigten Studierenden ein 75-sekündiges Video. Darin wurden zwei Mannschaften gezeigt (jeweils drei Personen, einmal schwarz und einmal weiß gekleidet), die sich innerhalb ihrer Mannschaft einen Basketball zupassten (Bodenpass oder direkter Pass). Die Versuchspersonen hatten die Aufgabe, die Pässe innerhalb einer der beiden Mannschaften zu zählen (entweder schwarz oder weiß). Dabei gab es zwei Bedingungen: In der einfachen Bedingung sollten alle Pässe gezählt werden, in der schwierigeren Bedingung sollten direkte Pässe und Bodenpässe getrennt voneinander gezählt werden. Nachdem das Video etwa 45 s gelaufen war, lief entweder eine Frau mit einem Regenschirm oder eine Frau in einem Gorillakostüm für etwa 5 s quer durch das Bild. Das Passspiel mit dem Basketball wurde währenddessen fortgesetzt. Nach Ende des Videos nannten die Versuchspersonen die Anzahl der gezählten Pässe. Anschließend wurden sie gefragt, ob ihnen an dem Video irgendetwas Ungewöhnliches aufgefallen wäre. Über alle Bedingungen hinweg hatte nur knapp die Hälfte der Versuchspersonen (54 %) das unerwartete Objekt wahrgenommen. Dabei wurde die Frau mit dem Regenschirm (65 % Erkennungsrate) öfter wahrgenommen als der Gorilla (44 %). Zudem wurde die Wahrnehmungsleistung auch dadurch beeinflusst, ob die Versuchspersonen die einfache (64 % nahmen das unerwartete Objekt wahr) oder die schwierige Aufgabe (45 %) bearbeitet hatten.

Memmert (2006) konnte zeigen, dass Personen mit Expertise im Basketball bei der beschriebenen Aufgabe besser abschneiden als Personen ohne entsprechende Vorerfahrungen. Beim Zählen der Pässe ergab sich kein Unterschied zwischen den beiden Gruppen. Die erfahrenen Personen nahmen den Gorilla jedoch signifikant häufiger wahr als die Personen ohne Basketball-Vorerfahrungen. Dies deutet darauf hin, dass Expertinnen und Experten über besondere Aufmerksamkeitsfähigkeiten verfügen, die es ihnen erlauben, ihre Aufmerksamkeit auch auf zunächst irrelevant erscheinende Reize zu lenken.

2.1.3.4 Konzentration

Man spricht dann von Konzentration, wenn die Aufmerksamkeit auf einen spezifischen Reiz über eine gewisse Zeitspanne aufrechterhalten wird.

▶ **Beispiel**

Eine Fußballspielerin fixiert den Ball eines auf sie gespielten 60-m-Passes ohne Unterbrechung, um diesen schließlich spielbar aus der Luft annehmen zu können. ◀

Allerdings wird der Begriff „Konzentration" in der Umgangssprache meist für ein Phänomen verwendet, das in der Psychologie dem Begriff der *Vigilanz* entspricht. Vigilanz bezeichnet die Aufrechterhaltung der Aufmerksamkeit über mehrere Minuten oder Stunden (z. B. wenn man konzentriert einen Text liest). Im Rahmen der Aufmerksamkeitsforschung meint Konzentration (*sustained attention*) dagegen eine kürzer andauernde Zeitspanne im Bereich von

2

Sekunden bis Minuten (Memmert, 2014). Nach Memmert (2009) wurden Aspekte der *sustained attention* im Sport bisher kaum untersucht.

2.1.3.5 Aufmerksamkeitsfokus

In Bezug auf das Erlernen von motorischen Fertigkeiten bzw. der motorischen Kontrolle komplexer Bewegungsmuster steht insbesondere die Frage im Vordergrund, wohin die Aufmerksamkeit gerichtet wird. Dabei wird ein **internaler** von einem **externalen** Aufmerksamkeitsfokus unterschieden (Wulf, 2007). Beim *internalen* Aufmerksamkeitsfokus wird die Aufmerksamkeit auf von innen wahrnehmbare Merkmale der Bewegung selbst gerichtet (beim Basketballfreiwurf z. B. auf das Abklappen des Handgelenks, beim Elfmeterschuss z. B. auf die Haltung des Fußes), während bei einem *externalen* Aufmerksamkeitsfokus das außerhalb des Körpers liegende Bewegungsziel fixiert wird (beim Basketballfreiwurf z. B. der hintere Rand des Basketballrings, beim Elfmeterschuss das Schussziel). Diese Forschungsrichtung kann daher auch als Teilgebiet der geteilten Aufmerksamkeitsforschung angesehen werden, da die Aufmerksamkeitssteuerung zeitgleich mit der Durchführung einer motorischen Bewegung geschieht.

Der derzeitige Forschungsstand lässt den Schluss zu, dass der *externale* Aufmerksamkeitsfokus günstiger für das Bewegungslernen und die motorische Kontrolle ist als der internale. Dies gilt für eine Reihe verschiedener Bewegungsfertigkeiten, für unterschiedliche Fertigkeitsniveaus und auch über verschiedene Zielgruppen hinweg (Wulf, 2007). Dabei profitieren Personen mit und ohne Vorerfahrungen in der entsprechenden Sportart gleichermaßen von einem externalen Fokus. Es existieren zudem Hinweise darauf, dass insbesondere Expertinnen und Experten bei Bewegungshandlungen, die

◘ Abb. 2.11   Foto: Sören D. Baumgärtner

sie bereits automatisiert ausführen, durch einen internalen Aufmerksamkeitsfokus eher behindert werden.

Neben der Unterscheidung zwischen einem internalen und einem externalen Fokus wird in einigen Quellen außerdem zwischen einem eher *weiten* und einem eher *engen Fokus* differenziert (Nideffer, 1976; Eberspächer, 2012). Bei einem weiten externalen Fokus ist die Aufmerksamkeit auf eine Gesamtsituation gerichtet, z. B. ein komplettes Spielfeld. Ein solcher Fokus ist dann optimal, wenn es darum geht, komplexe Situationen einzuschätzen, sie zu „lesen". Ein enger externaler Fokus dagegen ist erforderlich, wenn auf eine situative Anforderung reagiert werden muss. Die Aufmerksamkeit ist dann auf eine ganz spezifische Stelle außerhalb des eigenen Körpers gerichtet. Bei einem weiten internalen Fokus geht es um die Analyse des Eigenzustands, der Gesamtbefindlichkeit. Dies kann z. B. im Training eine große Rolle spielen, wenn man bei intensiven Belastungen auf seinen Körper „hört" (◘ Abb. 2.11). Ein enger internaler Fokus bezieht sich dagegen auf eine ganz spezifische Stelle des eigenen Körpers, z. B. die Handbewegung bei der Ausführung einer sportlichen Fertigkeit. ◘ Tab. 2.2 zeigt einige konkrete Beispiele aus verschiedenen Sportarten für die verschiedenen Aufmerksamkeitsfokusse.

◻ Tab. 2.2 Beispiele für unterschiedliche Arten des Aufmerksamkeitsfokus. (Adaptiert nach Eberspächer, 2012, S. 112, mit freundlicher Genehmigung des Stiebner-Verlags)

Sportart	Aufmerksamkeit			
	Internal		External	
	Eng	Weit	Eng	Weit
Schwimmen	Fingerspitzen beim Armzug	Befindlichkeit vor einem Wettkampf	Anschlag	Gesamtes Bad mit allen Menschen
Radrennfahren	Rechtes Knie	Befindlichkeit vor einem Rennen	Lücke im Fahrerfeld	Gesamtes Fahrerfeld
Volleyball	Handfläche beim Aufschlag	Befindlichkeit vor einem Spiel	Hände des gegnerischen Blocks	Gesamtes gegnerisches Spielfeld
Judo	Rechter Fuß beim Eindrehen zu einem Wurf	Befindlichkeit vor einem Kampf	Fußstellung des Gegners	Gesamtes Dojo

2.2 Empirische Befunde

Im Folgenden sollen ausgewählte empirische Befunde in Bezug auf kognitive Prozesse und sportliche Aktivität dargestellt werden. In ▶ Abschn. 2.2.1 geht es vor allem um die Frage, ob sich Unterschiede in den kognitiven Leistungen (sportunspezifisch und sportspezifisch) zwischen Personen mit und ohne Vorerfahrungen in der entsprechenden Sportart ergeben (Perspektive *Leistungssport*). In ▶ Abschn. 2.2.2 wird dann der Frage nachgegangen, ob sich sportliche Aktivität bei bestimmten Zielgruppen (u. a. Kinder, Ältere) positiv auf die kognitive Leistungsfähigkeit auswirkt (Perspektive *Gesundheitssport*). Im Mittelpunkt stehen dabei Aspekte der in den vorhergehenden Kapiteln dargestellten Wahrnehmungs- und Aufmerksamkeitsprozesse. Inzwischen werden auf Ebene der kognitiven Leistungsfähigkeit häufig sogenannte *exekutive Funktionen* untersucht (Pontifex et al., 2019). Damit sind all diejenigen kognitiven Prozesse gemeint, mithilfe derer Personen ihr Verhalten an die Umweltbedingungen anpassen, um ein optimales Verhalten zu erzielen. Insbesondere werden darunter Inhibitionsprozesse (die Unter-

drückung dominanter Antworttendenzen), der Wechsel des Aufmerksamkeitsfokus (*shifting*) sowie die Aktualisierung von Inhalten des Arbeitsgedächtnisses (*updating*) verstanden. Für weiterführende Befunde z. B. in Bezug auf Entscheidungs-, Urteilsprozesse und Gedächtnisprozesse wird auf Memmert et al. (2020), Bar-Eli et al. (2011); Munzert und Raab (2009) sowie Beilock et al. (2003) verwiesen.

2.2.1 Kognitive Leistungen in Abhängigkeit von sportlicher Expertise

Bei der Untersuchung von kognitiven Expertiseleistungen im Sport werden im Allgemeinen zwei Ansätze unterschieden (Voss et al., 2009): Der *expert performance approach* vergleicht die kognitive Leistungsfähigkeit von Expertinnen und Experten, also Personen, die im Sport eine langjährige Erfahrung aufweisen und herausragende Leistungen erbringen, mit der von weniger erfahrenen Sportlerinnen und Sportlern oder Personen, die gar nicht sportlich aktiv sind, und zwar in Bezug auf *sportspezifische* kognitive Aufgaben (Beispiele in

2

▶ Abschn. 2.1.2.3). Im *cognitive component skills approach* geht es dagegen um die Frage, inwieweit Expertinnen und Experten im Sport sich von weniger erfahrenen Athletinnen und Athleten oder sportlich inaktiven Personen in Bezug auf solche *sportunspezifischen* kognitiven Aufgaben unterscheiden, die im Sport eine herausragende Rolle spielen sollen.

In Bezug auf den zweiten Ansatz fassen Voss et al. (2009) in einer **Metaanalyse** die Ergebnisse von insgesamt 20 Studien (insgesamt 694 Versuchspersonen) zusammen, in denen die kognitive Leistungsfähigkeit bei Aufgaben *ohne Sportbezug* im Labor getestet wurde. Die gemessenen kognitiven Fähigkeiten wurden dabei in drei Gruppen kategorisiert:

1. *Attentional cueing:* Hier geht es um vorwiegend einfache Aufgaben, in denen auf relevante visuelle Hinweisreize reagiert werden muss und irrelevante Hinweisreize ignoriert werden müssen.
2. *Processing speed* (Verarbeitungsgeschwindigkeit): Damit sind Aufgaben gemeint, mit deren Hilfe eine effiziente Informationsverarbeitung getestet wird (z. B. Reaktionszeiten).
3. *Varied attention tasks:* Hierunter werden alle übrigen kognitiven Aufgaben gefasst, z. B. solche, die sich mit geteilter Aufmerksamkeit befassen.

Sportlerinnen und Sportler zeigten bei allen Arten von Aufgaben bessere Leistungen als sportlich inaktive Personen, und zwar mit einer kleinen bis mittleren **Effektstärke** von $g = 0,37$. Zudem zeigten Männer im Durchschnitt bessere Leistungen als Frauen. In Bezug auf *attentional-cueing*-Aufgaben ergaben sich keine signifikanten Effekte, in Bezug auf die Verarbeitungsgeschwindigkeit (*processing speed*) und die übrigen untersuchten Aufmerksamkeitsaufgaben (*varied attention tasks*) ergaben sich mittlere Effektstärken ($g = 0,67$ bzw. $g = 0,53$) zugunsten der Athletinnen und Athleten. In Bezug auf die Sportart zeigten sich insbesondere in Bezug auf die Verarbeitungs-

geschwindigkeit leichte Vorteile für Athletinnen und Athleten aus Sportarten, die eine Koordination zwischen ihrem eigenen Körper bzw. einem Sportgerät und einem Objekt in der Umgebung verlangen (z. B. Tennis, Fechten, Boxen).

Das Expertiseniveau der Sportlerinnen und Sportler hatte bei keiner der Aufgaben Einfluss auf die Leistung. Zusammenfassend legen die Ergebnisse dieser Metaanalyse also nahe, dass sich Sportlerinnen bzw. Sportler von sportlich inaktiven Personen zwar in ihrer kognitiven Leistungsfähigkeit unterscheiden (s. zu diesem Befund auch ▶ Abschn. 2.2.2), dass Expertinnen bzw. Experten im Sport Athletinnen bzw. Athleten niedrigeren Leistungsniveaus in *sportunspezifischen* kognitiven Aufgaben jedoch *nicht* überlegen sind. Dem widerspricht eine weitere Metaanalyse von Scharfen und Memmert (2019), die eine kleine bis mittlere **Effektstärke** von $r = 0,22$ für den Zusammenhang zwischen der Leistung in sportunspezifischen kognitiven Tests und dem sportlichen Leistungsniveau ergab. Deskriptiv deutete sich zudem an, dass Sportlerinnen und Sportler mit hoher Expertise insbesondere in visuellen Wahrnehmungsaufgaben besser abschnitten als Personen mit geringerer sportlicher Expertise. Sportlich inaktive Personen wurden in diese Analyse nicht eingeschlossen.

Eine weitere Metaanalyse von Mann et al. (2007) fasst die Ergebnisse von Studien zusammen, in denen Unterschiede zwischen Expertinnen bzw. Experten und weniger erfahrenen Sportlerinnen bzw. Sportlern bei *sportspezifischen* Aufgaben untersucht werden (◘ Abb. 2.12). Es steht also die Frage im Mittelpunkt, inwieweit Expertinnen bzw. Experten Anfängerinnen bzw. Anfängern hinsichtlich jener kognitiven Leistungen überlegen sind, die den sportlichen Erfolg mitbestimmen. So wird z. B. untersucht, ob ein Tennisexperte den Flug des Balls besser „vorhersagen", also antizipieren kann als ein Anfänger oder ob eine erfahrene Fußballspielerin ihre Aufmerksamkeit beim

Abb. 2.12   Foto: Sören D. Baumgärtner

Torschuss auf andere Stellen richtet als eine weniger erfahrene. In die Metaanalyse wurden 42 Studien mit knapp 1300 Versuchspersonen eingeschlossen, in denen die sportspezifischen Reize in unterschiedlicher Art und Weise präsentiert wurden (Bilder, Videos, virtuelle Realität/Feldexperiment). Die Autoren untersuchten fünf unterschiedliche Arten der kognitiven Leistung und kamen zusammenfassend zu folgenden Ergebnissen:

1. *Genauigkeit der Reaktion:* Personen mit Expertise reagieren auf sportspezifische Reize genauer („besser") als Personen ohne entsprechende Vorerfahrungen (mittlere Effektstärke von $r = 0{,}31$). Sie zeigen also öfter eine angemessene („passende") Antwort auf den präsentierten Reiz. Dieser Effekt ist unabhängig von der Sportart, aber abhängig davon, wie der sportspezifische Reiz im Experiment präsentiert wurde: Der Effekt wurde größer, je mehr die Präsentation der realen sportlichen Situation ähnelte (Foto < Video < Feldexperiment).

2. *Reaktionszeit:* Personen mit Expertise reagieren schneller auf sportspezifische Reize als Personen ohne entsprechende Vorerfahrungen (mittlere Effektstärke von $r = 0{,}35$). Dieser Effekt ist größer für Athletinnen bzw. Athleten aus Mannschafts- und Rückschlagsportarten als für solche aus Präzisionssportarten (z. B. Billard, Golf).

3. *Anzahl visueller Fixationen* (Blickbewegung): Personen mit Expertise zeigen eine geringere Anzahl visueller Fixationen (kleine bis mittlere Effektstärke von $r = 0{,}26$) als Personen ohne entsprechende Vorerfahrungen. Angenommen wird dabei, dass diese Anzahl die Suchstrategie repräsentiert: Expertinnen und Experten fixieren direkt diejenigen Stellen, die ihnen die meisten Hinweise für die Informationsverarbeitung liefern. Folglich spricht eine geringere Anzahl an Fixationen für eine effizientere Informationsverarbeitung. Der Effekt ist stärker ausgeprägt, wenn die Wahrnehmungssituation auf einem Foto (im Vergleich zu einem Video) gezeigt wird.

4. *Dauer visueller Fixationen* (Blickbewegung): Personen mit Expertise fixie-

2

ren bestimmte Stellen länger als Personen ohne entsprechende Vorerfahrungen (kleine bis mittlere Effektstärke von $r = 0{,}23$). Angenommen wird, dass bei längeren Fixationen mehr Informationen verarbeitet werden. Dieser Effekt zeigte sich für Sportlerinnen und Sportler aus Präzisionssportarten am stärksten.

5. *Quiet-Eye-Periode:* Personen mit Expertise zeigen längere sog. Quiet-Eye-Perioden als Personen ohne entsprechende Vorerfahrungen (große Effektstärke von $r = 0{,}62$). Damit ist die Zeit zwischen der letzten visuellen Fixation eines Ziels und dem Beginn der motorischen Antwort gemeint. Man geht davon aus, dass in dieser Zeitspanne die für die anstehende Aufgabe wahrgenommenen Informationen verarbeitet und die motorischen

„Pläne" für die Aufgabe koordiniert werden. Eine längere Quiet-Eye-Periode wird dabei mit einer besseren Leistung in Verbindung gebracht (► Exkurs 2.6).

Farrow und Abernethy (2007) halten zudem zusammenfassend fest, dass Expertinnen und Experten im Sport im Vergleich zu Novizinnen und Novizen

- relevante Gegenstände schneller entdecken und identifizieren,
- Muster innerhalb ihrer eigenen Sportart sowie in strukturell verwandten Sportarten schneller und genauer erkennen und bestimmen,
- Handlungen gegnerischer Sportlerinnen und Sportler besser antizipieren und
- ihre eigenen Handlungen besser planen können.

Exkurs 2.6: Aus der Praxis: Blickbewegungstraining im Sport

Da Expertinnen bzw. Experten nicht generell über eine bessere (sportartunspezifische) visuelle Wahrnehmungsfähigkeit als Novizinnen bzw. Novizen verfügen, zeigen allgemeine sportunspezifische „Sehtrainings" (z. B. „SportsVision"; Wilson & Falkel, 2004) auch keine Effekte auf die sportartspezifische Wahrnehmung (Abernethy & Wood, 2001).

Causer et al. (2011) untersuchten den Effekt eines Blickbewegungstrainings im Sportschießen (Skeet, d. h. Wurfscheiben werden von einer Wurfmaschine abgeworfen und müssen in der Luft getroffen werden). Im Vordergrund stand hierbei die Quiet-Eye-Periode. Das Quiet Eye bezeichnet die letzte Fixation auf ein bestimmtes Objekt oder einen bestimmten Bereich (mindestens 100 ms) vor einer Bewegungsausführung. Das Phänomen des Quiet Eye wurde für eine Vielzahl unterschiedlicher sportlicher Aufgaben nachgewiesen (Vickers, 2007). Zunächst wurden die Blickbewegungen der Sportschützinnen und Sportschützen mithilfe eines Eye-Tracking-Systems bei Trainingsschüssen auf-

gezeichnet. Danach erfolgte ein achtwöchiges Quiet-Eye-Training, in dem sich die Schützinnen und Schützen an den folgenden vier Schritten orientieren sollten (Causer et al., 2011, S. 1045):

1. Stehe in Fertighaltung auf deiner Schießposition (die du möglichst genau so immer wieder einnehmen kannst), die Flinte mit dem Schaft an der Hüfte und den Flintenlauf leicht seitlich versetzt. Drehe deinen Kopf zum Hochhaus und richte deinen Blick auf eine Position, an der du die Wurfscheibe nach dem Abruf gut erfassen kannst.
2. Folge deiner normalen Routine und rufe, wenn du bereit bist, die Wurfscheibe ab.
3. Fokussiere die erste Wurfscheibe direkt und so schnell wie möglich und verfolge sie kontinuierlich, bis du den Abzug betätigst. Nachdem du den ersten Schuss abgegeben hast, richte deinen Blick auf die zweite Wurfscheibe und fokussiere sie. Verfolge die Scheibe kontinuierlich und stelle sicher, dass sie vor dem Schuss fest in deinem Blick ist.

4. Bewege während der Aufgabe die Flinte stabil und konstant und versuche dabei den Flintenlauf mit einer gleichmäßigen Geschwindigkeit zu bewegen, ohne Phasen schneller Beschleunigung.

An drei Terminen erfolgte zusätzlich ein Video-Feedback, bei dem die Schützinnen und Schützen die Gelegenheit bekamen, ihr eigenes Blickverhalten mit dem einer Person mit hoher Expertise zu vergleichen, und bei dem sie über das „ideale" Blickverhalten informiert wurden. Die Schützinnen und Schützen der Interventionsgruppe konnten ihre Quiet-Eye-Periode infolge des Trainings verlängern. Die positiven Effekte des Blicktrainings schlugen sich auch in einer signifikanten Verbesserung der Schießleistung nieder. Bei der Kontrollgruppe, die keine Intervention erhielt, zeigten sich dagegen keine Verbesserungen, sodass die Effekte auf das Training zurückgeführt werden können.

Die vorgestellte Metaanalyse sowie weitere **Reviews** (z. B. Starkes und Ericsson, 2003; Williams et al., 1999) liefern insgesamt starke Belege dafür, dass Expertinnen und Experten in einer ganzen Reihe von sportspezifischen, kognitiven Tests bessere Leistungen zeigen als weniger erfahrene Sportlerinnen und Sportler (z. B. Aufmerksamkeit, Wahrnehmung, Antizipation, Entscheidungsverhalten, Gedächtnis für sportspezifische Umgebungsinformationen). Zudem weist eine Reihe von Studien darauf hin, dass sich die sportartspezifische visuelle Informationsverarbeitung erfolgreich trainieren lässt (► Exkurs 2.6) und dass sich positive Transfereffekte von im Labor absolvierten Trainingseinheiten auf die reale Sportsituation finden lassen (Loffing et al., 2014; kritische Anmerkungen in Farrow & Abernethy, 2007).

Obwohl die Expertiseforschung eine Reihe gewinnbringender Befunde hervorgebracht hat, sind aus methodischer Sicht besonders drei Punkte zu kritisieren:

1. Bei der überwiegenden Mehrzahl der Studien handelt es sich um Laborexperimente. Studien, die sich mit der Frage beschäftigen, inwieweit die im Labor gefundenen Effekte auch in der realen Spielsituation auftreten, sind derzeit nur vereinzelt vorhanden (Farrow & Abernethy, 2007, S. 74).

2. Die bisher durchgeführten Studien sind meistens **Querschnittstudien**. Sie zeigen dementsprechend, dass sich Expertinnen bzw. Experten und Novizinnen bzw. Novizen zu einem bestimmten Moment in einem bestimmten Merkmal unterscheiden (z. B. bei der Blickbewegung). Damit ist jedoch nicht ausreichend geklärt, ob diese Merkmale auch tatsächlich leistungsbestimmende Merkmale sind. Zudem ist die Frage weitgehend offen, wie sich solche Merkmale im Hinblick auf eine Leistungsoptimierung am besten trainieren lassen (z. B. explizite vs. implizite Lernprozesse; Munzert & Raab, 2009, S. 120).

3. Der Begriff der Expertin bzw. des Experten ist nicht hinreichend geklärt. Die Einteilung der Versuchspersonen in Expertinnen bzw. Experten und Novizinnen bzw. Novizen ist teilweise so uneinheitlich, dass Personen, die in der einen Studie als Expertinnen bzw. Experten eingestuft werden, in der nächsten als Novizinnen bzw. Novizen kategorisiert würden (ausführlicher in Swann et al., 2015).

2.2.2 Auswirkungen von körperlicher Aktivität auf kognitive Prozesse

In den bisherigen Ausführungen wurden insbesondere empirische Studien dargestellt, die sich mit Unterschieden bezüglich kognitiver Leistungen zwischen Leistungs-

2

sportlerinnen bzw. Leistungssportlern (also Expertinnen bzw. Experten) und einer Vergleichsgruppe beschäftigen. Dabei standen solche kognitiven Prozesse im Vordergrund, von denen angenommen wird, dass eine bessere Leistung in diesen Prozessen (z. B. Blickbewegung) sich auch in einer besseren sportlichen Leistung niederschlägt.

In den letzten Jahren wird aber auch verstärkt untersucht, inwieweit körperliche und sportliche Aktivität sich positiv auf kognitive Prozesse außerhalb des (Leistungs-)Sports auswirkt (Colcombe & Kramer, 2003; Kramer & Erickson, 2007; Alfermann & Linde, 2012). Es wird im Rahmen der Alternsforschung etwa danach gefragt, ob und inwieweit sportliche Aktivität Alterungsprozesse des Gehirns bzw. kognitive Beeinträchtigen oder voranschreitende Demenz verlangsamen kann. Bei Kindern wird z. B. erforscht, ob kurzfristige sportbezogene Interventionen, z. B. im Schulunterricht, die Leistungen in darauffolgenden kognitiven Aufgaben positiv beeinflussen. Angenommen wird dabei, dass sportliche Aktivität strukturelle und funktionale Aspekte im menschlichen Gehirn verändert, die ihrerseits wiederum auf die kognitive Leistungsfähigkeit wirken. Neben der generellen Frage, ob zwischen physischer Aktivität und kognitiven Leistungen ein **Zusammenhang** besteht, wird zunehmend auch untersucht, welche Faktoren diesen Zusammenhang möglicherweise beeinflussen könnten (**Moderatorvariablen**), z. B. Alter oder Geschlecht der Versuchspersonen, die Art der sportlichen oder körperlichen Aktivität (Umfang, Inhalte) sowie die Art der untersuchten kognitiven Prozesse.

Im Folgenden sollen einige zentrale Ergebnisse der bisherigen Forschung zusammengefasst dargestellt werden. Dabei werden drei unterschiedliche Zielgruppen separat betrachtet: (1) Kinder und Jugendliche, (2) Personen von der Kindheit bis ins Erwachsenenalter (gesamte Lebensspanne), (3) ältere Menschen (ausführlicher in Alfermann & Linde, 2012; Sibley & Etnier, 2003;

Erickson & Hohmann, 2013; Hillman & Schott, 2013).

Für *Kinder und Jugendliche* kommen Sibley und Etnier (2003) in einer umfassenden Metaanalyse zu folgenden Ergebnissen:

- Insgesamt findet sich ein kleiner bis moderater Effekt physischer Aktivität auf die kognitive Leistung (Effektstärke $g = 0{,}32$) – physische Aktivität wirkt sich bei Kindern und Jugendlichen also insgesamt positiv auf die kognitive Leistungsfähigkeit aus.
- Der Effekt ist unabhängig vom Gesundheitszustand der Teilnehmenden und der Art der untersuchten physischen Aktivität.
- Der Effekt ist abhängig vom Alter der Teilnehmer. Kinder im Vorschulalter (4–7 Jahre) und im mittleren Schulalter (11–13 Jahre) profitieren stärker als Kinder im frühen Schulalter (8–10 Jahre) und Jugendliche (13–18 Jahre).
- Der Effekt ist abhängig von der Art der untersuchten kognitiven Prozesse: Am stärksten werden die Leistungen in Wahrnehmungstests durch physische Aktivität beeinflusst, gefolgt von Schuleignungstests und Tests des Intelligenzquotienten. Am geringsten sind die Effekte bei mathematischen und verbalen Fähigkeiten. Für die Gedächtnisleistung wird kein signifikanter Effekt gefunden.

Diese Ergebnisse werden durch eine weitere Metaanalyse von Vazou et al. (2019) im Wesentlichen bestätigt: Hier fand sich ein moderater Effekt ($g = 0{,}46$) mittel- bis längerfristiger körperlich-sportlicher Aktivität auf die kognitive Leistung von Kindern und Jugendlichen. Carson et al. (2015) berücksichtigen in einem Review ausschließlich Studien mit gesunden Kindern im *Vorschulalter* und kommen zu dem Schluss, dass eine erhöhte physische Aktivität auch bei dieser Zielgruppe einen positiven Einfluss auf die kognitive Entwicklung hat. Ein zweites Review (Esteban-Cornejo et al., 2015) stellt für Jugendliche zwischen 13 und 18 Jahren zusammenfassend fest, dass körperliche Aktivität positiv sowohl mit der kognitiven Leistungsfähigkeit als auch mit der Schulleistung zusammenhängt. Die Effekte sind bei Mädchen stärker ausgeprägt als bei Jungen. Darüber hinaus wird darauf hingewiesen, dass psychologische Faktoren wie der Selbstwert die Beziehung zwischen körperlicher Aktivität und Schulleistung beeinflussen können.

Erste Studien bestätigen außerdem, dass Kinder mit höherer aerober Fitness auch ein höheres bilaterales Volumen des Hippocampus aufweisen, eine Gehirnstruktur, die in enger Verbindung mit Lern- und Gedächtnisprozessen steht. Hillman und Schott (2013, S. 39) sprechen in einem Review zum Zusammenhang von Fitness und kognitiver Leistung im Grundschulalter von „robusten Ergebnissen zu den selektiven Effekten von Fitness auf die Gehirnstruktur und -funktion als auch auf verhaltensorientierte Kognitionstests". Zudem zeigen einzelne Studien positive Effekte kurzfristiger Interventionen (einzelner Trainingseinheiten) auf kognitive Fähigkeiten, Gehirnfunktionen und schulische Leistungsfähigkeit (Hillman & Schott, 2013). Die systematische Übersichtsarbeit von Chu et al. (2019) deutet darauf hin,

dass die akademische Leistung sowie neurokognitive Prozesse von Kindern und Jugendlichen in unterschiedlichem Ausmaß mit der physischen Fitness von Kindern und Jugendlichen korrelieren: Am stärksten waren die Korrelationen mit der kardiovaskulären Fitness, während sich für Kraft, Kraftausdauer und Beweglichkeit weniger eindeutige Zusammenhänge fanden. Zudem fand sich ein negativer Zusammenhang zwischen dem BMI und der schulischen Leistung in verschiedenen Fächern.

Hat physische Aktivität auch dann positive Effekte, wenn man sich eine größere *Altersspanne von der Kindheit bis zum Erwachsenenalter* anschaut (🗅 Abb. 2.13)? In eine Metaanalyse von Etnier et al. (1997) wurden die Ergebnisse von insgesamt 134 Studien an Personen zwischen sechs und 90 Jahren einbezogen, in denen sowohl unterschiedliche Arten physischer Aktivität (Kraft, Ausdauer, Spiele) als auch unterschiedliche Arten kognitiver Tests (z. B. Wahrnehmung, Gedächtnis, IQ-Test, logisches Schlussfolgern) untersucht wurden. Die Ergebnisse lassen sich wie folgt zusammenfassen:

— Es zeigt sich insgesamt ein kleiner, positiver Einfluss der physischen Aktivität auf die kognitive Leistungsfähigkeit (Effektstärke $g = 0{,}25$).

🗅 **Abb. 2.13** Foto: Thomas Zöller

2

- Die Wirkungen sind bei regelmäßigen Interventionen größer als bei einmaligen.
- In Studien, in denen regelmäßige körperliche Aktivität untersucht wurde, zeigen sich keine Unterschiede zwischen den verschiedenen untersuchten kognitiven **Variablen**. Regelmäßige körperliche Aktivität scheint also einen positiven Einfluss auf eine ganze Reihe von kognitiven Fähigkeiten zu haben.
- Der positive Gesamteffekt ist unabhängig von den Merkmalen des körperlichen Trainings (Anzahl der Trainingswochen, Trainingseinheiten/Woche, Dauer der Trainingseinheiten).

Die Ergebnisse einer weiteren Metaanalyse von Etnier et al. (2006) bestätigen weitgehend die bereits berichteten. Hier zeigt sich eine mittlere Effektstärke ($g = 0,34$). Auch eine systematische Übersichtsarbeit zum Zusammenhang von sedentärem Verhalten und kognitiver Leistung bestätigt, dass körperliche Inaktivität mit einer verringerten kognitiven Leistung einhergeht (Falck et al., 2017). Die Befunde sprechen zusammenfassend dafür, dass positive Effekte von körperlicher Aktivität auf kognitive Fähigkeiten über die gesamte Lebensspanne nachweisbar sind und dass es sich hierbei um kleine bis moderate Effekte handelt. Auch kurzfristige Bewegungsinterventionen haben einen positiven Effekt auf kognitive Prozesse. Hierfür sprechen u. a. metaanalytische Befunde von Ludyga et al. (2016), nach denen moderate aerobe Sportaktivität kleine positive Effekte auf kognitive Leistungen (insbesondere Reaktionszeiten, Genauigkeit) hat (s. auch Pontifex et al., 2019). Die Ergebnisse deuten darauf hin, dass insbesondere Kinder im Vorschulalter und ältere Erwachsene von einzelnen Sporteinheiten profitieren.

In Bezug auf den Abbau kognitiver Fähigkeiten im *Alter* weist eine weitere Metaanalyse (Colcombe und Kramer, 2003) darauf hin, dass kognitive Fähigkeiten, die im Alter abnehmen (sog. fluide kognitive

Fähigkeiten), durch physische Aktivität verbessert werden können:

- Es zeigt sich insgesamt ein moderater, positiver Effekt der körperlichen Aktivität auf die kognitive Leistungsfähigkeit ($g = 0,48$).
- Positive Effekte der körperlichen Aktivität zeigen sich unabhängig von der Art der untersuchten kognitiven Fähigkeiten (exekutiv-kontrollierte Prozesse, kontrollierte Prozesse, räumlich-visuelle Prozesse, Verarbeitungsgeschwindigkeit).
- Die Effekte zeigen sich in Abhängigkeit vom Geschlecht stärker bei Frauen als bei Männern.
- Den größten positiven Effekt erzielt ein kombiniertes Kraft- und Ausdauertraining, das mehr als drei Monate durchgeführt wird und Einheiten von 31–45 min Dauer enthält.

Angevaren et al. (2008) untersuchten ausschließlich die Effekte *aerober* Ausdauerinterventionen. Sie fanden allerdings keinen generellen Effekt, sondern nur selektive positive Effekte (z. B. motorische Funktionen, Aufmerksamkeitsprozesse), während Chang et al. (2012) in einem Review insgesamt positive Effekte eines reinen Krafttrainings auf die kognitive Leistungsfähigkeit gesunder Menschen mit einem durchschnittlichen Alter von mindestens 65 Jahren feststellten.

Bei *älteren Menschen mit kognitiven Beeinträchtigungen und Demenz* zeigte sich ebenfalls ein positiver Effekt der körperlichen Aktivität ($g = 0,57$; Heyn et al., 2004). Durchschnittlich wurde dabei über 23 Wochen mit drei bis vier Trainingseinheiten pro Woche (45 min/Trainingseinheit) trainiert. Mehrere Studien zeigen auch bei kognitiv beeinträchtigten Personen Veränderungen in den relevanten Bereichen des Gehirns durch sportliches Training (Erickson und Hohmann, 2013; Colcombe et al., 2004).

Zusammenfassend lässt sich festhalten, dass sich körperliche bzw. sportliche Aktivität positiv auf verschiedene kognitive Fähigkeiten auswirkt. Dies gilt nach derzeitigem Kenntnisstand sowohl für unterschiedliche Altersgruppen als auch bei unterschiedlichem Ausgangsniveau (gesunde vs. kognitiv beeinträchtige Personen). Körperliches Training scheint also demenzielle Veränderungen verlangsamen zu können. Es lassen sich zudem mit dem körperlichen Training einhergehende strukturelle Veränderungen im Gehirn nachweisen. Die Art des physischen Trainings selbst scheint dagegen eine eher untergeordnete Rolle zu spielen, wobei sich die stärksten Effekte für Ausdauer- und Kraftsportarten zeigen. Uneindeutig sind bisher die Befunde zu der Frage, auf welche kognitiven Fähigkeiten genau sich physische Aktivität auswirkt. Noch ungeklärt ist bisher auch, *wie* sich körperliche Aktivität auf kognitive Leistungen auswirkt, sowie die Frage, ob einer Verbesserung der kognitiven Leistungsfähigkeit zwingend eine Steigerung der kardiovaskulären Fitness vorausgehen muss.

2.3 Zusammenfassung

- **Grundlagen der Kognitionspsychologie**
- Die Kognitionspsychologie beschäftigt sich mit Prozessen und Strukturen, die sich auf die Aufnahme, Verarbeitung und Speicherung von Informationen beziehen (z. B. Wahrnehmung, Aufmerksamkeit, Denken und Entscheiden).
- Die Interaktion des Menschen mit seiner Umwelt kann als Ausdruck eines kontinuierlichen Informationsaustauschs angesehen werden.
- In der Sportpsychologie werden kognitionspsychologische Fragestellungen insbesondere in den Anwendungsfeldern des Leistungs- und des Gesundheitssports bearbeitet.

- **Wahrnehmung**
- Wahrnehmung bezeichnet einerseits bewusste sensorische Erfahrung, andererseits aber auch den Prozess der Organisation und Interpretation der von den Sinnesorganen bereitgestellten Informationen.
- Der komplexe Wahrnehmungsprozess lässt sich vereinfacht in drei Stufen unterteilen: Empfindung, perzeptuelle Organisation, Identifikation/Wiedererkennen.
- Der Wahrnehmungsprozess wird dabei einerseits durch die hereinkommenden Informationen gesteuert (bottom-up), andererseits aber auch von psychischen Prozessen auf Seiten des Wahrnehmenden beeinflusst (top-down).
- Es werden verschiedene Wahrnehmungsebenen unterschieden, von denen im Sport die visuelle Wahrnehmung am intensivsten untersucht worden ist.
- Die Forschung zur visuellen Wahrnehmung beschäftigt sich u. a. mit Fragen der Objektwahrnehmung, der Farbwahrnehmung, der Tiefen- und Größenwahrnehmung sowie der Wahrnehmung von Bewegung.

- **Antizipation**
- Antizipation im Sport bedeutet nach Hagemann und Loffing die gedankliche Vorwegnahme eines Ereignisses mit dem Ziel, die eigene motorische Handlung zeitlich adäquat daran auszurichten.
- Antizipationsleistungen von Expertinnen bzw. Experten (im Vergleich zu Novizinnen bzw. Novizen) werden bisher vor allem im Labor untersucht, insbesondere in Rückschlag- und Sportspielen.
- Methodisch unterscheidet man dabei die zeitliche Verschlusstechnik, die räumliche Verdeckungstechnik, eine Kombination dieser beiden Verfahren, die Blickbewegungsmessung und virtuelle Realitäten.

- **Aufmerksamkeit**
- Aufmerksamkeit stellt eine begrenzte Ressource dar, sodass die selektive Auswahl relevanter Informationen im Zentrum der Forschung zu Aufmerksamkeitsprozessen steht.

2

- Nach Memmert lassen sich vier untergeordnete Prozesse der Aufmerksamkeit unterscheiden: Aufmerksamkeitsorientierung, selektive Aufmerksamkeit, geteilte Aufmerksamkeit und Konzentration.
- Einen Schwerpunkt der sportpsychologischen Aufmerksamkeitsforschung bilden die selektive Aufmerksamkeit sowie die geteilte Aufmerksamkeit.
- In der Vergangenheit wurde das Phänomen der selektiven Aufmerksamkeit vor allem durch drei Theorieansätze zu erklären versucht: die Filtertheorie, die Attenuationstheorie sowie die Theorie der späten Informationsverarbeitung.
- *Information-rich areas* sind Bereiche, die viele hilfreiche Informationen enthalten, um Bewegungseffekte antizipieren zu können.
- Geteilte Aufmerksamkeit ermöglicht die Realisierung von Mehrfachaufgaben.
- Zur Untersuchung der geteilten Aufmerksamkeit werden Versuchspersonen im Allgemeinen entweder mit Doppelaufgaben konfrontiert, oder sie sollen mehrere sich bewegende Objekte gleichzeitig verfolgen.
- Teilweise oder partiell automatisch ablaufende Prozesse reduzieren die zur Erledigung anderer Aufgaben verfügbare Aufmerksamkeitskapazität nicht oder nur wenig.
- Das Phänomen der Blindheit wegen Unaufmerksamkeit wird auch im Bereich des Sports untersucht.
- In Bezug auf das Bewegungslernen und die motorische Kontrolle hat sich gezeigt, dass ein externaler Aufmerksamkeitsfokus vorteilhafter ist als ein internaler.

- **Empirische Befunde: Kognitive Leistungen in Abhängigkeit von sportlicher Expertise**
- Weitgehend konsistent finden sich für Wahrnehmungs-, Antizipations- und Aufmerksamkeitsprozesse im Sport Unterschiede zwischen Expertinnen bzw. Experten und Novizinnen bzw. Novizen in dem Sinne, dass Expertinnen bzw. Experten bessere Leistungen zeigen (z. B. Reaktionszeit, Genauigkeit der Reaktion, Antizipation).
- Diese Unterschiede lassen allerdings nicht den Schluss zu, dass Expertinnen bzw. Experten generell, also auch in sportunspezifischen Aufgaben, kognitiv überlegen sind.
- Die besseren Leistungen von Expertinnen bzw. Experten treten vielmehr bei sportspezifischen Aufgaben auf.
- Aus methodischer Sicht ist u. a. noch unklar, wie genau Expertise definiert wird und inwiefern die im Labor gefundenen Effekte tatsächlich die sportliche Leistung mitbestimmen.

- **Empirische Befunde: Auswirkungen von körperlicher Aktivität auf kognitive Prozesse**
- Bei Personen jeden Alters (Kinder und Jugendliche, mittleres Erwachsenenalter, Ältere) zeigt sich weitgehend konsistent ein positiver Einfluss von körperlicher Aktivität auf die kognitive Leistungsfähigkeit.
- Dies gilt auch dann, wenn bereits kognitive Einschränkungen vorliegen.
- Bisher ist weitgehend unklar, welche kognitiven Fähigkeiten genau sich durch körperliche Aktivität verbessern, was u. a. durch unterschiedliche Kategorisierungen der kognitiven Fähigkeiten in unterschiedlichen Studien erklärt werden kann.
- Die Frage, *wie* genau durch körperliche Aktivität die kognitive Leistungsfähigkeit verbessert wird, ist bislang ebenfalls nur unzureichend geklärt.
- Die Annahme, dass strukturelle Veränderungen im Gehirn eine Verbesserung kognitiver Leistungen bewirken, ist derzeit Gegenstand einer Reihe von Untersuchungen an der Schnittstelle von Psychologie und Neurowissenschaft.

Literatur

Abernethy, B. (2001). Attention. In R. N. Singer, H. A. Hausenblas, & C. M. Janelle (Hrsg.), *Handbook of sport psychology* (2. Aufl., S. 53–58). Wiley.

Abernethy, B., & Wood, J. M. (2001). Do generalized visual training programmes for sport really work? An experimental investigation. *Journal of Sports Sciences, 19*(3), 203–222. https://doi.org/10.1080/026404101750095376

Alfermann, D., & Linde, J. (2012). Physische Aktivität und kognitive Leistungsfähigkeit. In R. Fuchs & W. Schlicht (Hrsg.), *Seelische Gesundheit und sportliche Aktivität* (S. 294–314). Hogrefe.

Angevaren, M., Aufdemkampe, G., Verhaar, H., Aleman, A., & Vanhees, L. (2008). Physical activity and enhanced fitness to improve cognitive function in older people without known cognitive impairment. *The Cochrane Database of Systematic Reviews, 2008*(3). https://doi.org/10.1002/14651858.CD005381.pub3

Annett, J. (1995). Motor imagery: Perception or action? *Neuropsychologia, 33*(11), 1395–1417. https://doi.org/10.1016/0028-3932(95)00072-B

Bar-Eli, M., Plessner, H., & Raab, M. (2011). *Judgment and decision-making and success in sport.* Wiley.

Beilock, S. L., & Hohmann, T. (2010). „Embodied Cognition" – Ein Ansatz für die Sportpsychologie. *Zeitschrift für Sportpsychologie, 17*(4), 120–129. https://doi.org/10.1026/1612-5010/a000019

Beilock, S. L., Wierenga, S. A., & Carr, T. H. (2003). Memory and expertise: What do experienced athletes remember? In J. L. Starkes & K. A. Ericsson (Hrsg.), *Expert performance in sports: Advances in research on sport expertise* (S. 295–320). Human Kinetics.

Betsch, T., Funke, J., & Plessner, H. (2011). *Denken – Urteilen, Entscheiden, Problemlösen*. Springer.

Broadbent, D. E. (1958). *Perception and communication*. Pergamon Press.

Carson, V., Hunter, S., Kuzik, N., Wiebe, S. A., Spence, J. C., Friedman, A., et al. (2015). Systematic review of physical activity and cognitive development in early childhood. *Journal of Science and Medicine in Sport.* https://doi.org/10.1016/j.jsams.2015.07.011

Causer, J., Holmes, P. S., & Williams, A. M. (2011). Quiet eye training in a visuomotor control task. *Medicine & Science in Sports & Exercise, 43*(6), 1042–1049. https://doi.org/10.1249/MSS.0b013e3182035de6

Chang, Y.-K., Pan, C.-Y., Chen, F.-T., Tsai, C.-L., & Huang, C.-C. (2012). Effect of resistance-exercise training on cognitive function in healthy older adults: A review. *Journal of Aging & Physical Activity, 20*(4), 497–517.

Chu, C.-H., Chen, F.-T., Pontifex, M. B., Sun, Y., & Chang, Y.-K. (2019). Health-related physical fitness, academic achievement, and neuroelectric measures in children and adolescents. *International Journal of Sport and Exercise Psychology, 17*, 117–132. https://doi.org/10.1080/1612197X.2016.1223420

Colcombe, S. J., & Kramer, A. F. (2003). Fitness effects on the cognitive function of older adults: A meta-analytic study. *Psychological Science, 14*(2), 125–130. https://doi.org/10.1111/1467-9280.t01-1-01430

Colcombe, S. J., Kramer, A. F., Erickson, K. I., Scalf, P., McAuley, E., Cohen, N. J., et al. (2004). Cardiovascular fitness, cortical plasticity, and aging. *Proceedings of the National Academy of Sciences, 101*(9), 3316–3321. https://doi.org/10.1073/pnas.0400266101

Coull, J. T. (1988). Neural correlates of attention and arousal: Insights from electrophysiology, functional neuroimaging and psychopharmacology. *Progress in Neurobiology, 55*(4), 343–361. https://doi.org/10.1016/S0301-0082(98)00011-2

Deutsch, J. A., & Deutsch, D. (1963). Attention: Some theoretical considerations. *Psychological Review, 70*(1), 80–90. https://doi.org/10.1037/h0039515

Eberspächer, H. (2012). *Mentales Training – Das Handbuch für Trainer und Sportler* (8. durchges. Aufl.). Compress.

Eerland, A., Guadalupe, T. M., & Zwaan, R. A. (2011). Leaning to the left makes the Eiffel Tower seem smaller: Posture-modulated estimation. *Psychological Science, 22*(12), 1511–1514. https://doi.org/10.1177/0956797611420731

Erickson, K. I., & Hohmann, T. (2013). Die Effekte von Alter und Training auf die kognitive Gesundheit. *Zeitschrift für Sportpsychologie, 20*(1), 25–32. https://doi.org/10.1026/1612-5010/a000086

Esteban-Cornejo, I., Tejero-Gonzalez, C. M., Sallis, J. F., & Veiga, O. L. (2015). Physical activity and cognition in adolescents: A systematic review. *Journal of Science and Medicine in Sport, 18*(5), 534–539. https://doi.org/10.1016/j.jsams.2014.07.007

Etnier, J. L., Salazar, W., Landers, D. M., Petruzzello, S. J., Han, M., & Nowell, P. M. (1997). The influence of physical fitness and exercise upon cognitive functioning: A meta-analysis. *Journal of Sport & Exercise Psychology, 19*(3), 249–277.

Etnier, J. L., Nowell, P. M., Landers, D. M., & Sibley, B. A. (2006). A meta-regression to examine the relationship between aerobic fitness and cognitive performance. *Brain Research Reviews, 52*(1), 119–130. https://doi.org/10.1016/j.brainresrev.2006.01.002

2

Falck, R. S., Davis, J. C., & Liu-Ambrose, T. (2017). What is the association between sedentary behaviour and cognitive function? A systematic review. *British Journal of Sports Medicine, 51*, 800–811. https://doi.org/10.1136/bjsports-2015-095551

Farrow, D., & Abernethy, B. (2007). Wahrnehmung von Expertinnen und Experten im Sport: Einige Kernfragen und -probleme. In N. Hagemann, M. Tietjens, & B. Strauß (Hrsg.), *Psychologie der sportlichen Höchstleistung* (S. 71–92). Hogrefe.

Faubert, J. (2013). Professional athletes have extraordinary skills for rapidly learning complex and neutral dynamic visual scenes. *Scientific Reports, 3*, 1154. https://doi.org/10.1038/srep01154

Faubert, J., & Sidebottom, L. (2012). Perceptual-cognitive training of athletes. *Journal of Clinical Sport Psychology, 6*(1), 85–102.

Furley, P., Schweizer, G., & Bertrams, A. (2015). The two modes of an athlete: Dual-process theories in the field of sport. *International Review of Sport and Exercise Psychology, 8*, 106–124. https://doi.org/10.1080/1750984X.2015.1022203

Gazzaniga, M. S., Ivry, R. B., & Mangun, G. R. (2013). *Cognitive neuroscience* (4. Aufl.). Norton & Company.

Gerrig, R. J. (2018). *Psychologie* (21. aktualisierte Aufl.). Pearson.

Goldstein, E. B. (2015). *Wahrnehmungspsychologie. Der Grundkurs* (9. Aufl.). Spektrum.

Green, A. L., & Helton, W. S. (2011). Dual-task performance during a climbing traverse. *Experimental Brain Research, 215*(3-4), 307–313. https://doi.org/10.1007/s00221-011-2898-2

Hagemann, N., & Loffing, F. (2013). Antizipation. In A. Güllich & M. Krüger (Hrsg.), *Sport – Das Lehrbuch für das Sportstudium* (S. 562–564). Springer.

Hagemann, N., & Strauß, B. (2006). Perzeptive Expertise von Badmintonspielern. *Zeitschrift für Psychologie, 214*(1), 37–47. https://doi.org/10.1026/0044-3409.214.1.37

Hagendorf, H., Krummenacher, J., Müller, H.-J., & Schubert, T. (2011). *Wahrnehmung und Aufmerksamkeit. Allgemeine Psychologie für Bachelor*. Springer.

Hänsel, F., & Baumgärtner, S. D. (2014). Training des Zusammenspiels in Sportspielen. In K. Zentgraf & J. Munzert (Hrsg.), *Kognitives Training im Sport* (S. 37–62). Hogrefe.

Heyn, P., Abreu, B. C., & Ottenbacher, K. J. (2004). The effects of exercise training on elderly persons with cognitive impairment and dementia: A meta-analysis. *Archives of Physical Medicine and Rehabilitation, 85*(10), 1694–1704. https://doi.org/10.1016/j.apmr.2004.03.019

Hillman, C. H., & Schott, N. (2013). Der Zusammenhang von Fitness, kognitiver Leistungsfähigkeit und Gehirnzustand im Schulkindalter – Konsequenzen für die schulische Leistungsfähigkeit. *Zeitschrift für Sportpsychologie, 20*(1), 33–41. https://doi.org/10.1026/1612-5010/a000085

Jackson, R. C., & Mogan, P. (2007). Advance visual information, awareness, and anticipation skill. *Journal of Motor Behavior, 39*(5), 341–351. https://doi.org/10.3200/JMBR.39.5.341-352

Karnath, H.-O., & Thier, P. (2012). *Kognitive Neurowissenschaften* (3. aktual. u. erw. Aufl.). Springer.

Kramer, A. F., & Erickson, K. I. (2007). Capitalizing on cortical plasticity: Influence of physical activity on cognition and brain function. *Trends in Cognitive Sciences, 11*(8), 342–348. https://doi.org/10.1016/j.tics.2007.06.009

Kuhl, J. (2018). Individuelle Unterschiede in der Selbststeuerung. In J. Heckhausen, & H. Heckhausen (Hrsg.), *Motivation und Handeln* (5. überarb. u. erw. Aufl., S. 389–422). Springer.

Loffing, F., Cañal-Bruland, R., & Hagemann, N. (2014). Antizipationstraining im Sport. In K. Zentgraf & J. Munzert (Hrsg.), *Kognitives Training im Sport* (S. 137–160). Hogrefe.

Ludyga, S., Gerber, M., Brand, S., Holsboer-Trachsler, E., & Pühse, U. (2016). Acute effects of moderate aerobic exercise on specific aspects of executive function in different age and fitness groups: A meta-analysis. *Psychophysiology, 53*, 1611–1626. https://doi.org/10.1111/psyp.12736

Mann, D. T. Y., Williams, A. M., Ward, P., & Janelle, C. M. (2007). Perceptual-cognitive expertise in sport: A meta-analysis. *Journal of Sport & Exercise Psychology, 29*(4), 457–478.

Memmert, D. (2006). The effects of eye movements, age, and expertise on inattentional blindness. *Consciousness and Cognition, 15*(3), 620–627. https://doi.org/10.1016/j.concog.2006.01.001

Memmert, D. (2009). Pay attention! A review of visual attentional expertise in sport. *International Review of Sport and Exercise Psychology, 2*(2), 119–138. https://doi.org/10.1080/17509840802641372

Memmert, D. (2014). Training der Aufmerksamkeitsausrichtung und -lenkung im Sportspiel. In K. Zentgraf & J. Munzert (Hrsg.), *Kognitives Training im Sport* (S. 117–136). Hogrefe.

Memmert, D., Klatt, S., & Kreitz, C. (2020). Wahrnehmung und Aufmerksamkeit im Sport. In J. Schüler, M. Wegner, & H. Plessner (Hrsg.), *Sportpsychologie* (S. 15–42). Springer.

Müller, H. J., & Krummenacher, J. (2017). Aufmerksamkeit. In J. Müsseler (Hrsg.), *Allgemeine Psychologie* (3. neu bearb. Aufl., S. 103–152). Springer.

Munzert, J., & Raab, M. (2009). Informationsverarbeitung. In W. Schlicht, & B. Strauß (Hrsg.), *Grundlagen der Sportpsychologie* (Enzyklopädie der Psychologie, Serie 5: Sportpsychologie, Bd. 1, S. 105–157). Hogrefe.

Nideffer, R. M. (1976). Test of attentional and interpersonal style. *Journal of Personality and Social Psychology, 34*(3), 394–404. https://doi.org/10.1037/0022-3514.34.3.394

Oudejans, R. R. D., Verheijen, R., Bakker, F. C., Gerrits, J. C., Steinbrückner, M., & Beek, P. J. (2000). Errors in judging ,offside' in football. *Nature, 404*, 33. https://doi.org/10.1038/35003639

Pontifex, M. B., et al. (2019). A primer on investigating the after effects of acute bouts of physical activity on cognition. *Psychology of Sport and Exercise, 40*, 1–22. https://doi.org/10.1016/j.psychsport.2018.08.015

Pylyshyn, Z. W., & Storm, R. W. (1988). Tracking multiple independent targets: evidence for a parallel tracking mechanism. *Spatial Vision, 3*(3), 1–19. https://doi.org/10.1163/156856888X00122

Rienhoff, R., & Strauß, B. (2014). Training der Augenbewegungen im Sport. In K. Zentgraf & J. Munzert (Hrsg.), *Kognitives Training im Sport* (S. 162–191). Hogrefe.

Roth, K. (2003). Taktik. In P. Röthig, & R. Prohl (Hrsg.), *Sportwissenschaftliches Lexikon* (7. völlig neu bearb. Aufl., S. 577–578). Hofmann.

Schaffert, N., & Mattes, K. (2015). Effects of acoustic feedback training in elite-standard para-rowing. *Journal of Sports Sciences, 33*(4), 411–418. https://doi.org/10.1080/02640414.2014.946438

Scharfen, H.-E., & Memmert, D. (2019). Measurement of cognitive functions in experts and elite-athletes: A meta-analytic review. *Applied Cognitive Psychology, 33*, 843–860. https://doi.org/10.1002/acp.3526

Sibley, B. A., & Etnier, J. (2003). The relationship between physical activity and cognition in children: A meta-analysis. *Pediatric Exercise Science, 15*(3), 243–256.

Simons, D. J., & Chabris, C. F. (1999). Gorillas in our midst: Sustained inattentional blindness for dynamic events. *Perception, 28*(9), 1059–1074. https://doi.org/10.1068/p2952

Sokolowski, K. (2013). *Allgemeine Psychologie für Studium und Beruf.* Pearson.

Spering, M., & Schmidt, T. (2009). *Allgemeine Psychologie. Workbook.* Beltz.

Starkes, J. L., & Ericsson, K. A. (2003). *Expert performance in sports: Advances in research on sport expertise.* Human Kinetics.

Swann, C., Moran, A. P., & Piggott, D. (2015). Defining elite athletes: Issues in the study of expert performance in sport psychology. *Psychology of Sport and Exercise, 16*(1), 3–14. https://doi.org/10.1016/j.psychsport.2014.07.004

Treisman, A. (1964). Selective attention in man. *British Medical Bulletin, 20*, 12–16.

Vazou, S., Pesce, C., Lakes, K., & Smiley-Oyen, A. (2019). More than one road leads to Rome: A narrative review and meta-analysis of physical activity intervention effects on cognition in youth. *International Journal of Sport and Exercise Psychology, 17*, 153–178. https://doi.org/10.1080/1612197X.2016.1223423

Vickers, J. N. (2007). *Perception, cognition and decision training: The quiet eye in action.* Human Kinetics.

Voss, M. W., Kramer, A. F., Basak, C., Prakash, R. S., & Roberts, B. (2009). Are expert athletes ,expert' in the cognitive laboratory? A meta-analytic review of cognition and sport expertise. *Applied Cognitive Psychology, 24*(6), 812–826. https://doi.org/10.1002/acp.1588

Williams, A. M., Davids, K., & Williams, J. G. (1999). *Visual perception and action in sport.* E & FN Spon.

Wilson, T. A., & Falkel, J. (2004). *SportsVision – Training for better performance.* Human Kinetics.

Wulf, G. (2007). *Attention and motor skill learning.* Human Kinetics.

Zentgraf, K., & Munzert, J. (Hrsg.). (2014). *Kognitives Training im Sport.* Hogrefe.

Emotion

Inhaltsverzeichnis

Teile dieses Kapitels sind bereits erschienen in Conzelmann, A., Hänsel, F., & Höner, O. (2013). Individuum und Handeln – Sportpsychologie. In A. Güllich, & M. Krüger (Hrsg.), *Sport – Das Lehrbuch für das Sportstudium* (S. 269–335). Berlin: Springer.

3

Emotionen gehören zum Sport dazu: Freude beim Erreichen eines WM-Sieges, Trauer beim Verpassen der Olympiaqualifikation, Angst vor Verletzungen, Ärger bei zweifelhaften Schiedsrichterentscheidungen, Anspannungen vor wichtigen Wettkämpfen. Sport ohne Emotionen ist unvorstellbar (◘ Abb. 3.1). Doch was genau sind Emotionen eigentlich? Umgangssprachlich ist der Begriff relativ unstrittig, aber in der Wissenschaft besteht derzeit keine Einigkeit darüber, wie Emotionen zu definieren sind. Zusammenfassend, im Sinne einer Arbeitsdefinition, verstehen Meyer et al. (2001, S. 24) unter Emotionen einen aktuellen psychischen Zustand mit folgenden Merkmalen:

— Emotionen haben eine bestimmte *Qualität*, *Intensität* und *Dauer*.
— Sie sind in der Regel *objektgerichtet*.
— Sie umfassen normalerweise ein *charakteristisches Erleben* (Gefühl), bestimmte *physiologische Veränderungen* und *Verhaltensweisen* (Ausdruck wie Mimik, Gestik, Stimme und Körpersprache sowie Handlungen).

Viele Definitionen schließen zusätzlich einen kognitiven Aspekt mit ein.

▶ **Beispiel**

Der Kapitän einer Fußballmannschaft verlässt den Platz: Er ist extrem (Intensität) verärgert (Qualität), da der Schiedsrichter ihm die rote Karte gezeigt hat (objektgerichtet). Er fühlt sich unfair behandelt (kognitiver Aspekt), fühlt Wut (Erlebensaspekt), sein Puls steigt, die Körpertemperatur ist erhöht, sein Kopf läuft rot an (physiologischer Aspekt). Er presst die Lippen aufeinander und zieht die Augenbrauen zusammen (Verhaltensaspekt: Ausdruck), er schmeißt seine Kapitänsbinde auf den Boden und verschwindet in die Kabine (Verhaltensaspekt: Handlung). Nach 10 min verschwindet sein Ärger (Dauer), vielleicht ist er ja doch ein bisschen hart in den Zweikampf gegangen … ◀

◘ **Abb. 3.1**   Fotos: Benjamin Heller

Emotion

Eine Emotion ist ein aktueller psychischer Zustand von Personen, dessen Qualität, Intensität und Dauer näher bestimmt werden können, der meist objektgerichtet ist und mit Veränderungen auf einer oder mehreren der folgenden Ebenen einhergeht: subjektives Erleben (Gefühl), physiologische Veränderungen und Verhalten (Ausdruck und Handlungen) (Meyer et al., 2001, S. 24).

Emotionen von anderen psychischen Zuständen zu unterscheiden, ist nicht ganz einfach. Insbesondere bei der Messung von Emotionen über Fragebögen werden häufig auch verwandte **Konstrukte** wie Motivation („neugierig", „hungrig") erfasst. Ferner werden teilweise nur einzelne Aspekte z. B. der physiologische Aspekt („atemlos", „zittrig") oder der kognitive Aspekt („aufmerksam", „verwirrt") erhoben (Hanin, 2007b, S. 34 f.; Schmidt-Atzert, 1996, S. 22 ff.).

Weitere Begriffe, die sich nur schwer von Emotionen abgrenzen lassen, sind *Stimmung*, *Befindlichkeit* und *Affekt*. *Stimmungen* (*moods*) haben meist eine geringere Intensität und sind von längerer Dauer als Emotionen. Weiterhin sind sie nicht objektgerichtet, d. h., es fehlt ein klarer Bezug zur auslösenden Ursache. Stimmungen sind nach Ewert (1983, S. 399) eher diffuse Gefühlserlebnisse, in denen sich die Gesamtbefindlichkeit ausdrückt. Typische Stimmungen sind z. B. gute Laune oder Deprimiertheit.

Die *Befindlichkeit* ist umfassender als ein rein emotionaler Zustand: Sie beinhaltet Gefühle, aber auch andere Befindlichkeitsaspekte wie Müdigkeit oder Konzentriertheit. Je nachdem ob eher das aktuelle oder das habituelle Befinden gemeint ist, sind Befindlichkeiten eher Emotionen oder Stimmungen ähnlich. Im Deutschen bezeichnet ein *Affekt* einen kurzen, aber besonders intensiven und heftigen emotionalen Zustand.

In der englischsprachigen Fachliteratur wird Affekt (*affect*) meist als Synonym für Emotion verwendet (Schmidt-Atzert, 1996, S. 26).

In diesem Kapitel werden zunächst mögliche Klassifikationen von Emotionen vorgestellt (▶ Abschn. 3.1). Es erfolgt ein Überblick über allgemein anerkannte Emotionstheorien (▶ Abschn. 3.2) sowie Theorien, die versuchen, die Wirkung von Emotionen auf die sportliche Leistung zu erklären (▶ Abschn. 3.3). Anschließend wird die Angst, als die Emotion, die bisher in der sportwissenschaftlichen Forschung am häufigsten untersucht wurde, ausführlicher behandelt (▶ Abschn. 3.4).

Im Grundschema des psychischen Systems (Abschn. 1.3) sind Emotionen dem Bereich der inneren Prozesse zugeordnet.

3.1 Klassifikation von Emotionen

Emotionen lassen sich durch ihre *Qualität*, die *Intensität* ihres Auftretens, ihre zeitliche Dauer und ihre *Objektgerichtetheit* charakterisieren (Hanin, 2007b, S. 34; Meyer et al., 2001, S. 29; Schmidt-Atzert, 1996, S. 85). Am häufigsten werden Emotionen nach ihrer Qualität klassifiziert. Je nach Beschreibungsebene – subjektives Erleben, physiologische Veränderungen oder Verhalten – werden verschiedene Klassifikationen vorgeschlagen. Relativ übereinstimmend werden die folgenden Emotionsqualitäten unterschieden: Ärger/Wut, Angst/Furcht, Ekel, Trauer/Traurigkeit und Freude/Glück (Ekman, 2016). Darüber hinaus werden aber auch Emotionen wie z. B. Überraschung, Scham, Liebe/Zuneigung, Verlegenheit, Schuld und Verachtung genannt. Neben der Frage, welche Emotionsqualitäten sich voneinander unterscheiden lassen, wird diskutiert, ob diese Emotionen universell sind. Universell bedeutet, dass Emotionen ein Ergebnis evolutionärer Prozesse, d. h. einer Anpassung an die Umwelt, sind (zur Diskussion über sogenannte

3

Grund- oder Basisemotionen s. Ekman & Cordado, 2011 sowie Izard, 2011).

3.1.1 Erlebensaspekt

Das *subjektive Erleben* lässt sich am einfachsten über eine sprachliche Beschreibung erfassen. Es gibt eine Vielzahl an Wörtern, mit denen Gefühle beschrieben werden können: „Ich bin glücklich und zufrieden mit meiner Leistung im Wettkampf" (Freude), „Ich fürchte mich vor einer Verletzung", „Ich habe richtig Panik" (Angst), „Ich bin sauer/verärgert/wütend über diese Schiedsrichterentscheidung" (Ärger).

Um die Vielzahl der Beschreibungsmöglichkeiten zu ordnen, wurden mithilfe von statistischen Verfahren die Emotionswörter zu *Kategorien* zusammengefasst oder grundlegende *Beschreibungsdimensionen* gebildet (Hanin, 2007b, S. 36 f.; Lazarus, 2000, S. 231 f.; Schmidt-Atzert, 1996, S. 85 ff.). Die Zusammenfassungen von Emotionswörtern in Kategorien sind relativ **heterogen**. Es gibt eine Vielzahl an unterschiedlichen Kategorien, die mehr oder weniger alle vertretbar sind. Eine relativ gute Übereinstimmung gibt es allerdings für die Differenzierung in die Kategorien Angst/Furcht, Ärger/Wut, Trauer/Traurigkeit, Ekel sowie Freude/Glück, Zuneigung/Liebe und Überraschung.

Eine Beschreibung von Emotionen anhand übergeordneter Dimensionen stammt von Wundt (1908). Er unterscheidet drei Dimensionen:
1. Spannung und Lösung
2. Lust und Unlust (angenehm – unangenehm)
3. Aktivierung (erregt – beruhigt)

Eine Beschreibung des Erlebens durch wenige übergeordnete Dimensionen ist immer noch aktuell (Schmidt-Atzert, 2014, S. 35). In neueren Ansätzen, wie z. B. von Russell et al. (1989), werden Emotionen – vergleichbar mit der zweiten und dritten Dimension von Wundt (1908), auf den Dimensionen der

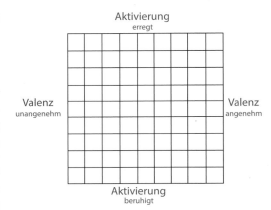

☐ **Abb. 3.2**   Affektgitter (affect grid) in Anlehnung an Russell et al. (1989) zur Beschreibung des subjektiven Erlebens. Personen können ihren aktuellen Gefühlszustand durch ein Kreuz in dem entsprechenden Gitterfeld angeben. Die Dimensionen Valenz und Aktivierung werden dabei gleichzeitig eingestuft. (Copyright © 1989 by the American Psychological Association. Reproduced with permission.)

Valenz (unangenehm – angenehm) und der Aktivierung (niedrig – hoch) beschrieben. Gefühle werden also einerseits als eher angenehm (positiv) oder unangenehm (negativ) und andererseits als eher erregend oder beruhigend beurteilt (☐ Abb. 3.2).

3.1.2 Physiologischer Aspekt

Physiologische Veränderungen sind ein zentraler Bestandteil von Emotionen. Die Aktivierung des vegetativen (autonomen) und somatischen Nervensystems führt z. B. zu Veränderungen in der Herzfrequenz, des Blutdrucks, der Hauttemperatur oder der Muskelaktivität.

Eine interessante Frage ist, ob die physiologischen Veränderungen emotionsspezifisch sind, d. h. ob Emotionen anhand der physiologischen Reaktionsmuster unterschieden werden können. Levenson et al. (1990, 1992) konnten in ihren Untersuchungen die Emotionen Ärger, Angst, Traurigkeit, Überraschung, Freude und Ekel anhand der Pulsfrequenz und der Hauttemperatur unterscheiden.

■ **Abb. 3.3** Foto: Alice Mattheß

So zeigte sich z. B. bei Ärger, Angst und Traurigkeit (■ Abb. 3.3) ein höherer Puls als bei Freude, Überraschung und Ekel (■ Abb. 3.4). Ärger ist gegenüber Angst zusätzlich durch eine erhöhte Hauttemperatur gekennzeichnet. Eine Schiedsrichterentscheidung kann eine Sportlerin also im wahrsten Sinne des Wortes rasend machen und zum Kochen bringen.

Insgesamt deuten die empirischen Befunde darauf hin, dass Emotionen auf Basis der physiologischen Reaktionsmuster unterscheidbar sind (s. **Metaanalyse** von Stemmler, 2004; Review von Kreibig, 2010).

3.1.3 Verhaltensaspekt

Der *Ausdruck* von Emotionen wird z. B. über die Mimik, Gestik, Stimme und Körperhaltung erfasst. Die zentrale Frage ist, inwieweit Emotionen anhand des Ausdrucks erkannt und unterschieden werden können.

In verschiedenen kulturübergreifenden Studien konnte gezeigt werden, dass sich die Emotionen Freude, Überraschung, Traurigkeit, Ekel, Ärger und Angst relativ gut anhand der Mimik erkennen lassen (z. B. Ekman et al., 1987; Metaanalyse von Elfenbein & Ambady, 2002). Zudem können die Emotionen Traurigkeit, Ärger und Angst auch anhand der Stimme unterschieden werden (Elfenbein & Ambady, 2002).

▶ **Beispiel**

Bei einer Siegerehrung warten alle Turnerinnen gespannt auf die Verkündung des 1. Platzes. Als ihr Name fällt, ist ihr die Überraschung ins Gesicht geschrieben: Ihre Augen sind weit geöffnet, den aufgerissenen Mund bedeckt sie mit der geöffneten Hand. Damit hat sie überhaupt nicht gerechnet. ◀

Einige Forschende sind der Ansicht, dass Emotionen mit bestimmten *Handlungstendenzen* einhergehen. So tritt bei Angst

3

häufig der Drang zur Flucht auf. Ein Sportler, der Angst vor einem Leistungsversagen bei einem wichtigen Wettkampf hat, würde z. B. am liebsten gar nicht erst starten. Insbesondere bei positiven Emotionen wie Freude ist es allerdings schwierig, eindeutige Handlungstendenzen zu benennen. Die tatsächlich ausgeführten Handlungen sind zudem situationsabhängig. Angst kann z. B. auch den Impuls auslösen, sich durch Angriff verteidigen zu wollen. Hat der Sportler also keine Wahl und muss im Wettkampf starten, so kann seine Angst dazu führen, dass er kämpft und im Wettkampf richtig angreift.

Umgekehrt können dieselben Handlungen auch durch unterschiedliche Emotionen ausgelöst werden. Angriff kann z. B. durch Angst oder Ärger ausgelöst werden. Eine Unterscheidung von Emotionen anhand von außen sichtbaren Handlungen ist somit quasi unmöglich (Meyer et al., 2003, S. 164 ff.).

3.2 Emotionstheorien

Emotionstheorien beinhalten zentrale Annahmen über die Natur, die Entstehung oder die Funktion von Emotionen. Emotionstheorien lassen sich nach verschiedenen Schwerpunkten klassifizieren. Eine Möglichkeit ist eine Klassifizierung nach der zentralen Fragestellung der Emotionstheorie (Meyer et al., 2001, S. 42 f.). Diesbezüglich unterscheidet man folgende Theorien:

— Theorien, die nach der stammesgeschichtlichen Entwicklung (Phylogenese) und individuellen Entwicklung (Ontogenese) fragen. Hierzu zählen die evolutionspsychologischen Emotionstheorien (z. B. von Charles Darwin) und die lernpsychologischen Emotionstheorien (z. B. von John B. Watson).

— Theorien, die nach dem Entstehen von Emotionen in konkreten Situationen (Aktualgenese) fragen. Hierzu gehören die neuro- und psychophysiologischen Emotionstheorien (z. B. von Joseph LeDoux) und die kognitiven Emotionstheorien (z. B. von Richard S. Lazarus).

Im Folgenden werden drei Emotionstheorien näher vorgestellt, die mehr oder weniger den kognitiven Emotionstheorien zuzuordnen sind: die *physiologisch-kognitiven Theorien von James* (▶ Abschn. 3.2.1) und *Schachter* (▶ Abschn. 3.2.2) sowie die *kognitive Emotionstheorie von Lazarus* (▶ Abschn. 3.2.3).

"Die kognitiven Emotionstheorien gehen davon aus, dass die Qualität und Intensität der Emotion gegenüber einem Objekt (einem Gegenstand, einem Ereignis, einer Person) von den Bewertungen oder Einschätzungen dieses Objektes durch die erlebende Person abhängt" (Meyer et al., 2001, S. 46).

3.2.1 Die Emotionstheorie von James

Die Kernannahme von James (1890/1950) betrifft die Natur von Emotionen. Er postuliert, dass Emotionen mit der Wahrnehmung der physiologischen Veränderungen identisch sind, d. h., Emotionen sind die gefühlten physiologischen Veränderungen. Physiologische Veränderungen sind demnach notwendig und hinreichend für die Entstehung von Emotionen. Diese Annahme hat zur Folge, dass die Qualität (Angst, Ärger, Freude etc.) und Intensität auf ein spezifisches Muster physiologischer Veränderungen zurückzuführen sind. James betrachtet physiologische Veränderungen also nicht als Begleiterscheinungen oder Folgen von Emotionen, sondern als deren Ursache. "Wir sind traurig, weil wir weinen, wütend, weil wir zuschlagen, wir haben Angst, weil wir zittern" (James, 1950, S. 450). Zudem beinhaltet seine Ausführung zum Entstehungsprozess von Emotionen auch einen kognitiven Aspekt (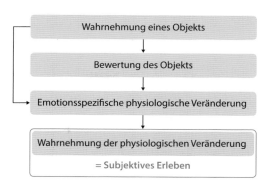 Abb. 3.5). James nimmt an, dass bei der Mehrheit der Emotionen ein wahrgenommenes Objekt bei Berücksichtigung der Gesamtsituation als persönlich bedeutsam eingeschätzt werden muss, bevor physiologische Veränderungen überhaupt hervorgerufen werden und damit Gefühle entstehen können. So löst ein steiler Hang auf einer Skipiste nicht automatisch Angst aus, sondern erst nachdem der Skifahrer erkannt hat, dass die Abfahrt gefährlich ist und einen Sturz nach sich ziehen könnte, beginnt er zu zittern und fühlt Angst ( Abb. 3.6).

Allerdings ist er der Ansicht, dass teilweise auch die bloße Wahrnehmung eines

Wahrnehmung eines Objekts

↓

Bewertung des Objekts

↓

Emotionsspezifische physiologische Veränderung

↓

Wahrnehmung der physiologischen Veränderung

= Subjektives Erleben

◻ **Abb. 3.5** Entstehungsprozess von Emotionen nach James (1950, this image is in the public domain)

◻ **Abb. 3.6** Foto: Julia M. Kornmann

Objekts unmittelbare (reflexartige) körperliche Veränderungen auslösen kann.

Modifizierte Versionen der Theorie (*neojamesianische Emotionstheorien*) postulieren, dass körperliche Veränderungen, insbesondere Rückmeldungen des mimischen Ausdrucks (Gesichts-Feedback-Hypothese; ► Exkurs 3.1) oder Körperhaltungen, nicht unbedingt notwendig sind, aber einen wesentlichen Beitrag zum subjektiven Erleben liefern (Meyer et al., 2001, S. 161 ff.).

3

Strack et al. (1988) untersuchten, inwieweit der mimische Ausdruck das subjektive Erleben beeinflusst. Die Versuchspersonen mussten einen Stift mit den zugespitzten Lippen (hemmt ein Lächeln; ◘ Abb. 3.7a), mit den Vorderzähnen (ähnelt einem Lächeln; ◘ Abb. 3.7b) oder in der nichtdominanten Hand halten. Währenddessen betrachteten sie vier Cartoons, die sie anschließend hinsichtlich ihrer Lustigkeit bewerten mussten. Die Ergebnisse bestätigen die Annahme, dass der mimische Gesichtsausdruck eine Wirkung auf das subjektive Erleben hat. Die Versuchspersonen, die den Stift mit den Vorderzähnen hielten, bewerteten die Cartoons als lustiger als die Versuchspersonen, die den Stift mit den zugespitzten Lippen hielten.

In einer Metaanalyse von Wagenmakers et al. (2016) (n = 17 Studien) konnte der von Strack et al. (1988) berichtete Effekt allerdings nicht bestätigt werden.

Ecke (2011) untersuchte, ob das Gesichts-Feedback einen Einfluss auf das Emotionserleben und die subjektiv erlebte Anstrengung während der Ausübung körperlicher Aktivität hat. Die Ergebnisse zeigen, dass der Gesichtsausdruck das Emotionserleben während der Ausführung einer moderaten Ausdauerleistung auf dem Fahrradergometer beeinflusst. Das herbeigeführte Lächeln verbessert die Befindlichkeit im Vergleich zu einem finsteren Blick. Allerdings zeigte sich, dass explizit herbeigeführte Gesichtsausdrücke (durch verbale Instruktionen) nur das explizit gemessene subjektive Erleben (Feeling Scale von C. J. Hardy & Rejeski, 1989) beeinflussen, während die implizit verursachten Gesichtsausdrücke (durch Imitation von Fotos) einen Effekt auf das explizit sowie auch das implizit erfasste Emotionserleben (Implicit Positive and Negative Affect Test von Quirin et al., 2009) haben. Auch die subjektiv erlebte Anstrengung (Borg-Skala von Borg, 1998) wird durch ein Lächeln bzw. einen finsteren Blick verändert. Die offene explizite Aufforderung scheint dabei effektiver zu sein als die implizite Vorgehensweise.

Diese Befunde verdeutlichen den potenziellen Nutzen von Gesichts-Feedback als Strategie zur Emotionsregulation im Sport.

a

b

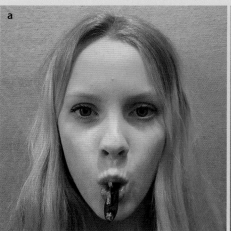 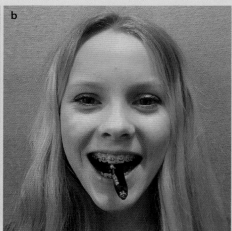

◘ **Abb. 3.7**   Manipulation des mimischen Ausdrucks mithilfe des Stifts. **a** Wird der Stift mit den Lippen gehalten, so hemmt dies ein Lächeln. **b** Wird er dagegen mit den Vorderzähnen gehalten, so ähnelt die Mimik einem Lächeln

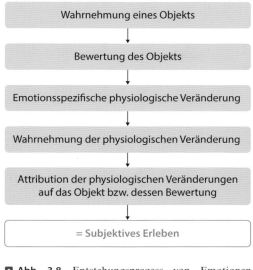

▢ Abb. 3.8 Entstehungsprozess von Emotionen nach Schachter (1964, © 1964, with permission from Elsevier)

3.2.2 Die Emotionstheorie von Schachter

▢ Abb. 3.9 Foto: Julia M. Kornmann

Schachter (1964) hielt an James' Auffassung fest, dass physiologische Veränderungen für das Erleben von Emotionen notwendig sind. Allerdings bezweifelt er, dass die Wahrnehmung von physiologischen Veränderungen hinreichend und ursächlich für die Entstehung verschiedener Emotionsqualitäten ist. Schachters Emotionstheorie beinhaltet daher zwei notwendige Faktoren (*Zwei-Faktoren-Theorie*) (▢ Abb. 3.8):

1. Wahrnehmung der physiologischen Veränderungen (physiologischer Aspekt)
2. Ursachenzuschreibung (Attribution) der wahrgenommen physiologischen Veränderungen auf das Objekt bzw. dessen Bewertung (kognitiver Aspekt)

Dabei ist die Wahrnehmung der physiologischen Veränderung für die Intensität und die Ursachenzuschreibung für die Qualität der Emotion verantwortlich. Mit anderen Worten: Die gleiche physiologische Veränderung erhält erst durch die Ursachenzuschreibung ihre Qualität.

> ▶ **Beispiel**
>
> Ein Kletterer bemerkt in einer schwierigen Passage, dass sein Herz rast und die Hände feucht werden. Er führt die wahrgenommene physiologische Veränderung auf die mögliche Gefahr eines Absturzes zurück und empfindet deshalb Angst (▢ Abb. 3.9). ◀

3.2.3 Die Emotionstheorie von Lazarus

Mit Schachter (1964) und Arnold (1960) gilt Lazarus (1966, kognitiv-transaktionale Stresstheorie) als Begründer der modernen Emotionstheorien. In seiner neueren umfassenden kognitiven Emotionstheorie fasst Lazarus (1991) Emotionen als komplexe Zustände (Reaktionssyndrome) auf, die sich aus einer kognitiven Bewertung, der daraus resultierenden emotionsspezifischen Handlungstendenz und physiologischen Veränderung zusammensetzen und sich zum subjektiven Erleben verbinden (▢ Abb. 3.10).

3

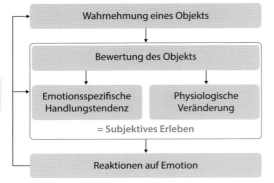

◘ Abb. 3.10 Entstehungsprozess von Emotionen nach Lazarus (1991)

Die Wahrnehmung eines Objekts ist Auslöser für den Bewertungsprozess. Lazarus (1991, S. 149 ff.) unterscheidet sechs Bewertungskomponenten, die er einer *primären* und *sekundären Bewertung* zuordnet:

1. In der primären Bewertung (*primary appraisal*) schätzen Personen die Situation wie folgt ein:
   - als bedeutsam oder nicht bedeutsam (Zielrelevanz),
   - als positiv oder negativ (Zielkongruenz) und

   - in Bezug auf die Bedeutung für den Selbstwert, die soziale Achtung, Werte etc. (Art der Ich-Beteiligung).

2. In der sekundären Bewertung (*secondary appraisal*) beurteilen die Personen
   - die Ursache der Situation als intern oder extern (Verdienst oder Verschulden),
   - die individuellen Möglichkeiten, die Situation bewältigen oder bewahren zu können (Bewältigungspotenzial), und
   - wie sich die Situation in Zukunft verändern wird (Zukunftserwartungen).

Das Ergebnis des Bewertungsprozesses ist eine Emotion, auf die jeder unterschiedlich reagiert. Die Art und Weise, die Emotion zu regulieren, ist dabei von individuellen *Regulations- und Bewältigungsstrategien* (*coping strategies*) abhängig (► Exkurs 3.2). Das Ergebnis des Regulations- und Bewältigungsprozesses führt zu einer Neubewertung, sodass sich Intensität und Qualität der Emotionen in einem fortlaufenden Prozess verändern können.

Exkurs 3.2: Aus der Praxis: Strategien bzw. Techniken der Emotionsregulation

Jede Person reagiert auf eine Emotion auf ganz unterschiedliche Weise. So reagieren manche Sportlerinnen und Sportler vor ihrem Start im 100-m-Finale mit Startfieber (starke Unruhe und Nervosität, hohe körperliche Aktivierung), andere mit Startapathie (Müdigkeit und Demotivation, niedrige körperliche Aktivierung).

Die *Emotionsregulation/-bewältigung* betrifft die Reaktion von Personen auf ihre eigenen Emotionen (Smith et al., 2007, S. 534). Ziel der Emotionsregulation im

Sport ist es, Emotionen zu vermeiden oder abzuschwächen, die eine Leistungsverschlechterung nach sich ziehen, und Emotionen aufrechtzuerhalten oder zu intensivieren, mit denen Leistungsverbesserungen einhergehen. Im Rahmen eines sportpsychologischen Trainings können Sportlerinnen und Sportler Techniken zur Emotionsregulation einüben, die sie in die Lage versetzen, einen leistungsoptimalen Zustand zu erzeugen. Die Sportlerinnen und Sportler lernen über Relaxationstechniken (Ent-

◘ Tab. 3.1 Typische Techniken der Emotionsregulation im Sport. (Adaptiert nach Frester & Mewes, 2008, S. 65 ff., mit freundlicher Genehmigung von Hogrefe)

Aktivierungs-techniken	Relaxations-techniken
– Aktivierungs-atmung – Selbst-motivierungs-formen (Selbst-gespräche, Selbst-argumentation oder Selbst-instruktion) – Neu- oder Umbewertung – Visualisierung und aktivierende Emotionsbilder	– Entspannungs-atmung – Progressive Muskelrelaxation – Autogenes Training – Emotionsruhe-bilder – Meditation – Biofeedback – Gedankenstopp

spannungsverfahren) oder Aktivierungs-techniken ein angemessenes physisches und psychisches Erregungsniveau herbeizu-führen (Frester & Mewes, 2008, S. 64 f). Die Techniken zur Emotionsregulation zählen zu den psychoregulativen Verfahren. In ◘ Tab. 3.1 sind für den Sport typische Rela-xations- und Entspannungstechniken zu-sammengefasst.

Progressive Muskelrelaxation

Die *Progressive Muskelrelaxation* oder voran-schreitende Muskelentspannung (PMR) wurde erstmals in den 1920er-Jahren von dem US-Amerikaner Edmund Jacobson be-schrieben. Es ist ein Entspannungsverfahren, bei dem durch die willentliche Muskel-anspannung und -entspannung ein Zustand tiefer körperlicher Entspannung hervor-gerufen werden soll. Es gibt verschiedene Va-rianten der PMR, die sich in der Anzahl der Muskelgruppen und der Dauer der Anspan-nungs- und Entspannungsphasen unter-scheiden (z. B. Bernstein & Borkovec, 1992).

Die PMR beginnt üblicherweise mit einer Ruhetönung. Es wird eine bequeme Position eingenommen und ein Ruhegefühl her-gestellt, um die Aufmerksamkeit auf die nachfolgende Übung richten zu können. Da-nach werden sukzessive verschiedene Muskel-gruppen für ca. 3–6 s lang leicht, aber fühlbar angespannt und anschließend für ca. 15–20 s ganz bewusst und intensiv entspannt (◘ Tab. 3.2). Die Aufmerksamkeit wird dabei auf die entsprechende Muskelgruppe und das veränderte Empfinden von Anspannung und Entspannung gerichtet (Krampen, 2013, S. 87 ff.).

Abschließend erfolgt die Rücknahme, in der die Aufmerksamkeit wieder auf die jewei-lige Situation gelenkt und der Körper akti-viert wird.

Die PMR ist eines der am intensivs-ten untersuchten Entspannungsverfahren. Bei einer Vielzahl von Studien zeigten sich positive **Effekte** auf einzelne physio-logische Entspannungsindikatoren wie z. B. Herzrate, Atemrhythmus, Blutdruck und EMG-Aktivität. Die Wirksamkeit der PMR ist zudem für klinische Störungs-bilder wie Schlafstörungen und Spannungs-kopfschmerz sowie Ängstlichkeit und De-pressivität gut belegt. Für eine ausführliche Darstellung der empirischen Befunde sind Hamm (2020, S. 154 ff.) und Krampen (2013, S. 121 ff.) zu empfehlen.

3

■ **Tab. 3.2**   Instruktionen für die Kurzform der PMR (Fünf-Muskelgruppen-Variante). (Aus Krampen, 2013, S. 110 f., mit freundlicher Genehmigung von Hogrefe)

Muskel-gruppe	Instruktion
Arme	*Anspannung*: Spannen Sie die Muskeln beider Oberarme leicht an, indem Sie die Arme strecken, und ballen Sie gleichzeitig beide Hände kurz zur Faust. Richten Sie Ihre Aufmerksamkeit vollständig auf das Spannungsgefühl in den Muskeln Ihrer Hände und Arme. *Entspannung*: Lassen Sie vollständig los und beobachten Sie Ihre Empfindungen in den entspannten Armen und Händen (evtl. auch ein leichtes Kribbeln, Wärmegefühl, Schweregefühl, angenehme Lockerung o. Ä.); registrieren Sie, wie die Entspannung der Muskeln in den Händen und Armen zunimmt.
Schul-tern	*Anspannung*: Spannen Sie Ihre Schultermuskeln leicht an, indem Sie beide Schultern etwas hoch (in Richtung der Ohren) ziehen. Achten Sie auf das Spannungsgefühl in Ihren Schultern und im Nacken. *Entspannung*: Lassen Sie vollständig los, die Schultern fallen herab und entspannen sich. Auch der Nackenbereich ist weich und locker entspannt. Beobachten Sie Ihre Empfindungen im Bereich Ihrer Schultern und Ihres Nackens.
Gesicht	*Anspannung*: Beißen Sie die Zähne leicht und kurz zusammen, ziehen Sie dabei die Mundwinkel etwas nach hinten und kneifen Sie Ihre Augen leicht zu – machen Sie eine Grimasse! Konzentrieren Sie sich dabei auf die Muskelanspannungen in den verschiedenen Bereichen Ihres Gesichts. *Entspannung*: Lassen Sie vollständig los, Ihr Gesicht wird weich und locker. Beobachten Sie, wie die Entspannung des gesamten Gesichts immer weiter zunimmt.
Rumpf	*Anspannung*: Spannen Sie gleichzeitig Ihre Rücken- und Ihre Bauchmuskulatur leicht an. Drücken Sie dazu kurz die Schulterblätter etwas nach hinten (zusammen) und machen Sie gleichzeitig Ihre Bauchdecke etwas hart. Achten Sie auf die Anspannung des gesamten Rumpfs, also Ihres Rückens und Bauchs. *Entspannung*: Lassen Sie vollständig los, bringen Sie ihre Körperhaltung wieder in die entspannte Ausgangsposition und beobachten Sie Ihre Empfindungen im entspannten Rücken- und Bauchbereich.
Beine	*Anspannung*: Kneifen Sie kurz die Gesäßbacken zusammen und ziehen Sie gleichzeitig die Zehen beider Füße leicht nach oben (in Richtung des Gesichts). Achten Sie auf das Spannungsgefühl in den Unter- und Oberschenkeln sowie in den Füßen. *Entspannung*: Lassen Sie vollständig los, lösen Sie die Spannung im Gesäß, in den Füßen und in den Beinen. Registrieren Sie, wie weich und locker Ihre Beine sind und wie die Entspannung weiter zunimmt.

Eine Turnerin steht kurz vor einem wichtigen Wettkampf. Bei der letzten Stufenbarrenübung ist sie beim Gienger-Salto mit den Händen abgerutscht und gestürzt. Sie bewertet das Ereignis als bedeutsam und negativ, sie fühlt ihre körperliche Unversehrtheit bedroht und ist leicht beunruhigt (primäre Bewertung). Obwohl der Sturz ihr eigenes Verschulden war, ist sie zuversichtlich, denn sie hat noch zwei Wochen Zeit, um sich intensiv vorzubereiten (sekundäre Bewertung). Im Training turnt sie fleißig ihre Stufenbarrenübung (Bewältigungsstrategie), doch das Flugelement zu turnen, traut sie sich kein einziges Mal. Als Folge schätzt sie den Wettkampf als deutlich bedrohlicher ein (Neubewertung) und erlebt nun starke Furcht (◘ Abb. 3.11). ◄

◘ **Abb. 3.11**   Foto: Alice Mattheß

Jeder Emotion liegt ein ganz spezifisches Bewertungsmuster zugrunde, wobei die Bewertung weder in einer bestimmten Reihenfolge ablaufen muss, noch alle Bewertungskomponenten notwendig sind. Lazarus (1991, S. 121 ff., 234 ff.) fasst diese Bewertungsmuster in zentralen Themen der einzelnen Emotionen zusammen und formuliert eine emotionsspezifische *Handlungstendenz*. Handlungstendenzen sind grobe Impulse, die durch eine Emotion aktiviert werden und die die Bewältigung der Situation wahrscheinlicher machen. So ist z. B. Angst durch eine unbestimmte, existenzielle Bedrohung gekennzeichnet, die einen Drang zur Vermeidung und Flucht auslöst. Scheint eine Handlungsausführung allerdings unmöglich oder gibt es erfolgsversprechende Handlungsalternativen, kann das tatsächliche Verhalten von der Handlungstendenz abweichen. Ist eine Flucht z. B. nicht möglich, so kann Angst auch dazu führen anzugreifen (▶ Exkurs 3.3).

Exkurs 3.3: Aus der Forschung: Effekt von Emotionen und ihrer Handlungstendenzen auf motorische Aufgaben

In neueren Arbeiten wendet sich Lazarus (2000) dem Sport zu. Er versucht anhand seiner Theorie u. a. den Einfluss von Emotionen im Sport zu erklären. Er geht davon aus, dass das zentrale Thema einer Emotion und die damit einhergehende Handlungstendenz die Leistung von Athletinnen und Athleten in Abhängigkeit der spezifischen Situation beeinflusst. So kann z. B. Ärger die sportliche Leistung positiv beeinflussen, wenn die geforderte Fertigkeit Ähnlichkeiten mit der Handlungstendenz anzugreifen aufweist.

Rathschlag und Memmert (2013) überprüften diese Annahme in drei Experimenten. Sie untersuchten den Effekt der Emotionen Freude, Ärger, Angst, Traurigkeit und einem neutralen Zustand auf die Kraftleistung in einer Finger-Aufgabe, die Sprunghöhe beim Counter Movement Jump und die Geschwindigkeit eines Handballzielwurfs. Die Emotionen wurden selbstgeneriert, indem sich die Versuchspersonen z. B. einen besonders glücklichen Moment ins Gedächtnis rufen sollten. Rathschlag und Memmert vermuteten, dass die Handlungstendenz von Ärger („attackieren bzw. zurückschlagen") und Freude („annähern bzw. angehen") im Gegensatz zu Angst („vermeiden bzw. flüchten") und

Traurigkeit („nichts tun bzw. zurückziehen") den geforderten Fertigkeiten ähnlicher sind und sich somit günstig auf die Leistung auswirken. Wie erwartet erbrachten die Versuchspersonen bessere Leistungen, wenn sie die Emotionen Ärger und Freude in Erinnerung riefen statt Angst, Traurigkeit oder einen neutralen Zustand. Die Ergebnisse unterstützen somit Lazarus' Annahme, dass Emotionen die Leistung positiv beeinflussen, wenn ihre Handlungstendenzen mit den Aufgabenanforderungen übereinstimmen. Zudem liefern die Befunde interessante Hinweise zur Emotionsregulation im Sport.

3.3 Theorien zum Zusammenhang von Emotionen und sportlicher Leistung

Die zwei grundlegenden Fragen, die im Sport interessieren, sind:

- Welchen Einfluss nehmen Emotionen auf das motorische Lernen und die sportliche Leistung?
- Wie wirkt sich Sport oder allgemein körperliche Aktivität auf das Befinden aus?

Letztere Frage ist vorwiegend Thema im Gesundheitssport und soll hier nicht weiter behandelt werden (hierzu Fuchs, 2003; Fuchs & Schlicht, 2012). Im Folgenden werden theoretische Modelle vorgestellt, die die Wirkung von Emotionen oder verwandten Konstrukten auf die sportliche Leistung erklären sollen.

3.3.1 Mental-Health-Modell: Das Eisbergprofil

Morgan (1979) postuliert in seinem Mental-Health-Modell, dass die positive Befindlichkeit von Sportlerinnen und Sportlern im direkten Zusammenhang mit ihren Leistungen und ihrem Erfolg stehen. Zur Messung der Befindlichkeit setzte Morgan das Verfahren *Profile of Mood States* (POMS) ein, das sechs verschiedene Stimmungen/Befindlichkeitszustände beinhaltet: Depression, Spannung, Ärger, Müdigkeit, Verwirrung sowie Tatendrang/Tatkraft (▶ Exkurs 3.4).

In einer Vielzahl von Untersuchungen unterschiedlicher Sportarten konnten Morgan und Kollegen zeigen, dass erfolgreiche Athletinnen und Athleten ein Stimmungsprofil haben, das grafisch einem Eisberg gleicht: Bei der Skala Tatendrang/Tatkraft liegen erfolgreiche Personen über der Norm, während sie sich bei den Skalen Spannung, Depression, Ärger, Müdigkeit und Verwirrung unterhalb der Norm befinden (◘ Abb. 3.12) (zsf. Rowley et al., 1995, S. 94).

In einer **Metaanalyse** von Rowley et al. **(1995)**, in der 33 Studien (verschiedene Sportarten) integriert wurden, konnten zwar Unterschiede im Stimmungsprofil zwischen Sportlerinnen und Sportler verschiedener Leistungsniveaus (z. B. Novizen vs. Experten) nachgewiesen werden, allerdings ist der Effekt ($ES = 0{,}15$) gering. In einer neueren Metaanalyse von Beedie et al. (2000, n = 13) wurde ein ähnlich geringer Effekt ($ES = 0{,}10$) gefunden. Ein größerer Effekt zeigte sich allerdings bei Studien (n = 16), in denen die Athletinnen und Athleten mit gleichem Leistungsniveau nach der sportlichen Leistung (z. B. Sieg/Niederlage oder Prozentsatz der persönlichen Bestleistung) differenziert wurden ($ES = 0{,}31$). Die Ergebnisse stehen im Einklang mit dem Eisberg-Profil: Gute Leistungen gehen mit weniger Spannung, Depression, Ärger, Müdigkeit und Verwirrung und höherem Tatendrang einher.

Abb. 3.12 Eisbergprofil der erfolgreichen olympischen Ringer von 1972 und 1976 nach Morgan (1979, S. 184). Ein T-Wert von 50 repräsentiert die Populationsnorm. (Aus Conzelmann et al., 2013, S. 303)

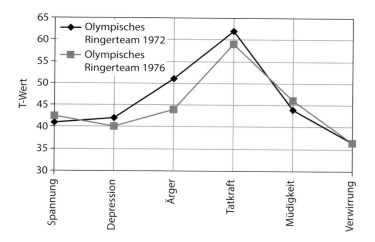

Obwohl über das Modell lange generelle Akzeptanz herrschte, gerät es zunehmend in Kritik (Rowley et al., 1995; Singer, 2004, S. 316 f.). Erfolgreiche Sportlerinnen und Sportler zeigen zwar im Durchschnitt ein Eisbergprofil, allerdings gibt es große individuelle Unterschiede, d. h., es gibt auch Spitzenathletinnen und -athleten mit weniger positiven Befindlichkeitsprofilen. Die Tauglichkeit des Modells für die Vorhersage des sportlichen Erfolgs ist somit fraglich.

Exkurs 3.4: Aus der Praxis: Fragebogen „Profile of Mood States" (POMS)

Zur Erfassung der Befindlichkeit wurde von McNair et al. (1971) der Fragebogen „Profile of Mood States" (POMS) entwickelt. Er umfasst im Original 65 **Items**, die auf einer fünfstufigen Skala beantwortet werden müssen und die Dimensionen Depression/Niedergeschlagenheit, Spannung, Ärger/Missmut, Müdigkeit, Tatendrang und Verwirrung bilden.

Eine deutschsprachige Kurzfassung beinhaltet nur die vier Dimensionen Niedergeschlagenheit/Angst, Müdigkeit, Tatendrang und Ärger/Missmut. In dieser Kurzfassung werden die Versuchspersonen aufgefordert, ihre Befindlichkeit in den letzten 24 h anhand von 35 Items (**Tab. 3.3**) auf einer siebenstufigen Skala von „stimme überhaupt nicht zu" bis „stimme völlig zu" zu beschreiben (Albani et al., 2005; Grulke et al., 2006).

Tab. 3.3 Dimensionen des Fragebogens „Profile of Mood States" (POMS) mit Beispielitems aus der deutschen Kurzfassung. (Aus Albani et al., 2005, © Georg Thieme Verlag KG)

Dimension	Beispielitems
Niedergeschlagenheit/ Angst (14 Items)	Verzweifelt, ängstlich oder traurig
Müdigkeit (7 Items)	Träge, erschöpft oder abgeschlafft
Tatendrang (7 Items)	Aktiv, energisch oder tatkräftig
Ärger/Missmut (7 Items)	Wütend, zornig oder verärgert

3

3.3.2 Modell der Individual Zones of Optimal Functioning (IZOF)

Das von Hanin (1997) entwickelte *Modell der Individual Zones of Optimal Functioning* (IZOF) greift die Forderung nach der Berücksichtigung individueller Unterschiede auf. Hanin (1997, 2007a) unterscheidet Emotionen einerseits dahingehend, wie Athletinnen und Athleten sie empfinden, nämlich als positiv bzw. angenehm (z. B. Aufregung vor Wettkämpfen oder Freude und Zufriedenheit nach optimalen Leistungen) oder negativ bzw. unangenehm (z. B. Angst vor Verletzungen oder Frustration, Enttäuschung und Ärger nach schlechten Leistungen). Andererseits beurteilt er Emotionen nach ihrer Funktionalität – ihrem Effekt. Denn positive bzw. negative Emotionen führen nicht automatisch zu einer besseren bzw. schlechteren Leistung, sondern können leistungsfördernd bzw. *funktional* oder leistungshemmend bzw. *dysfunktional* sein.

Um personenrelevante und funktional bedeutsame Emotionen zu identifizieren, ließ Hanin (2007a, 2007b, S. 37) Athletinnen und Athleten ihr eigenes Vokabular (*lables*) verwenden, um ihre Gefühle vor, während und nach erfolgreichen und weniger erfolgreichen Wettkämpfen zu beschreiben. Diese *lables* konnten daraufhin als funktional (P+: positiv und funktional, N+: negativ und funktional) oder dysfunktional (P–: positiv und dysfunktional, N–: negativ und dysfunktional) eingestuft werden. Das IZOF-Modell berücksichtigt also nicht nur einzelne Emotionen, sondern eine ganze Bandbreite an Emotionen.

Das IZOF-Modell betont die Individualität der Sportlerinnen und Sportler außerdem durch die Bestimmung der Intensität der Emotionen. Hanin (1997, S. 38 f.; 2007a, S. 57 ff.) postuliert, dass jede Person ein optimales Intensitätsniveau (niedrig, moderat, hoch) für funktionale und dysfunktionale Emotionen hat. Es gibt individuelle Zonen (Intensitätsbereiche) für funktionale Emotionen, in denen die Wahrscheinlichkeit für gute Leistungen hoch ist (In-Zone). Außerhalb dieser Intensitätsbereiche ist die Wahrscheinlichkeit für gute Leistung relativ niedrig, für schlechte entsprechend höher (Out-Zone) (In-Out-Zone-Konzept).

Der totale Effekt von Emotionen auf die Leistung ist nach dem IZOF-Modell also einerseits durch die **Interaktion** von funktionalen und dysfunktionalen Emotionen und andererseits durch ihre Intensität bestimmt. In ❏ Abb. 3.13 ist beispielhaft ein individualisiertes Positive-Negative-Affect-Profil (PNA-Profil) abgebildet.

Das IZOF-Modell wurde bereits in einer Vielzahl von Untersuchungen geprüft, darunter einer Metaanalyse (▶ Abschn. 3.4.1.3) und konnte in seinen Grundannahmen bestätigt werden. Die Ergebnisse zeigen, dass die PNA-Profile von Athletinnen und Athleten über verschiedene Sportarten hinweg individuell sehr unterschiedlich sind und mit dem sportlichen Kontext bzw. der Situation (Wettkampf vs. hartes Training vs. Techniktraining) variieren. Das In-Out-Zone-Konzept wurde **empirisch** in verschiedenen Sportarten, wie z. B. Fußball, Badminton und Squash, bestätigt: Personen mit guten Leistungen waren näher an ihrer In-Zone und außerhalb ihrer Out-Zone (zsf. Hanin, 2007a; Ruiz et al., 2015).

3.4 Angst

Viele Sportstudierende kennen die Angst vor einer wichtigen praktischen Prüfung, Athletinnen und Athleten die Angst vor einem entscheidenden Wettkampf.

Der Einfluss von Angst auf die sportliche Leistung ist ein wichtiges Forschungsthema und hat in der Sportpsychologie eine lange Tradition. Angst ist die Emotion, die bisher am häufigsten untersucht wurde, und soll daher ausführlicher behandelt werden.

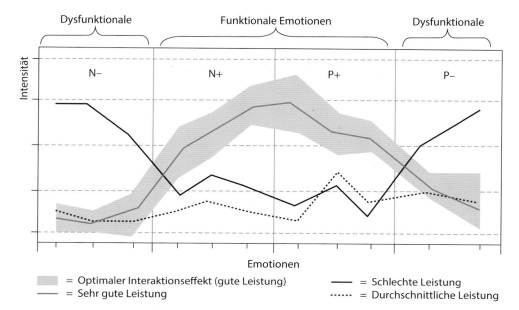

■ **Abb. 3.13** Grafische Darstellung (fiktiver) Interaktionseffekte der funktionalen und dysfunktionalen Emotionen nach Hanin (2000, S. 315 f.) Die orange unterlegte Fläche veranschaulicht den optimalen Interaktionseffekt der Emotionen, der sich in einer sehr guten Leistung äußern sollte. N+ = unangenehme, leistungsfördernde Emotionen, N− = unangenehme, leistungshemmende Emotionen, P+ = angenehme, leistungsfördernde Emotionen, P− = angenehme, leistungshemmende Emotionen. (Aus Conzelmann et al., 2013, S. 304)

> **Angst**
> Angst ist ein aktueller psychischer Zustand, der durch verstärkte Besorgnis und Anspannung gekennzeichnet ist und mit einer körperlichen Aktivierung einhergeht.

Angst ist eine negative Emotion, die in Situationen auftritt, die als bedrohlich eingeschätzt werden. Die *Bedrohung* kann sich dabei prinzipiell auf die körperliche Unversehrtheit und/oder die Beeinträchtigung des Selbstwerts beziehen. Im Sport gibt es zahlreiche Situationen, die als Bedrohung wahrgenommen werden können (Hackfort & Schwenkmezger, 1985, S. 15): Angst vor

- Verletzungen als Folge missglückter Bewegungen,
- drohendem Leistungsversagen,
- den Folgen des Leistungsversagens,
- der sozialen Blamage,
- ungewohnten, neuartigen Bewegungserlebnissen und
- Situationen der Überforderung.

Wie aus der Definition deutlich wird, weist die Angst eine *kognitive* und eine *somatische Komponente* auf. Die *kognitive* Komponente betrifft sorgenvolle und von Befürchtungen geprägte Gedanken (Besorgnis), die *somatische* Angstkomponente die physiologischen Veränderungen wie erhöhte Atem- und Herzfrequenz, Schweißausbrüche und Muskelzittern (Aktivierung).

▶ **Beispiel**

Ein Tennisspieler ist im Tiebreak des entscheidenden Satzes extrem angespannt und nervös. Er befürchtet, kurz vor dem Ziel zu versagen, sein Puls ist erhöht, er fängt zunehmend an zu schwitzen, und seine Hände werden feucht. ◀

■ **Abb. 3.14**   Beziehung von Eigenschafts- und Zustandsangst

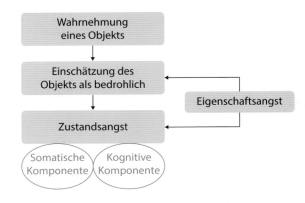

Genau genommen war bisher von *Zustandsangst* (***state** anxiety*) die Rede. Davon wird die *Eigenschaftsangst* oder *Ängstlichkeit* (***trait** anxiety*) als Persönlichkeits**disposition** unterschieden. Eigenschaftsangst bezeichnet die relativ stabile interindividuelle Differenz in der Neigung, Situationen als bedrohlich zu bewerten und hierauf mit einem Anstieg der Zustandsangst zu reagieren (Spielberger, 1966, S. 12 ff.). Personen mit einem hohen Ausmaß an Eigenschaftsangst schätzen in der Regel Situationen eher als bedrohlich ein und reagieren mit einem höheren Anstieg ihrer Zustandsangst als Personen mit niedrig ausgeprägter Eigenschaftsangst (■ Abb. 3.14).

▶ **Beispiel**

Zwei Handballspieler stehen vor dem Siebenmeterwurf. Auch wenn die Situation für beide Spieler gleich sein mag, so unterscheiden sich die Spieler hinsichtlich ihrer Persönlichkeit und damit auch ihrer Eigenschaftsangst. Während der eine gefasst zum Siebenmeterpunkt schreitet und sich auf die saubere Ausführung seines Wurfs konzentriert, kreisen die Gedanken des anderen um die Konsequenzen (Nichtgewinn des Titels, persönliche Schande), die ein Fehlwurf nach sich ziehen würde. ◀

Die Wettkampfängstlichkeit kann mithilfe des *Wettkampfangst-Inventar – Trait* (WAI-T) gemessen werden (Brand et al.,

2009). Der aktuelle Angstzustand vor einem Wettkampf kann mit dem *Wettkampfangst-Inventar – State* (WAI-S) erfasst werden (Ehrlenspiel et al., 2009) (▶ Exkurs 3.5).

Anzumerken ist, dass die Zustandsangst auch von höchstängstlichen Personen durch umfangreiche Vorerfahrungen mit einer bestimmten bedrohlichen Situation oder die Anwendung erlernter Bewältigungsstrategien verringert werden kann (Weinberg & Gould, 2007, S. 80).

Wie bei Emotionen generell, ist es schwierig den Begriff „Angst" von anderen negativen Zuständen wie *Stress* und *Aktivierung* abzugrenzen. Als *Stress* bezeichnet man die durch spezifische äußere Reize (Stressoren) hervorgerufene psychische und physische Reaktion einer Person. Die Stressreaktion ist eine intensive Zustandsveränderung – ein ins Ungleichgewicht geratener psychophysischer Zustand. Die Erlebniskomponente muss, anders als bei Emotionen, qualitativ aber nicht näher beschrieben werden. Es kann jedoch durchaus sein, dass Stress eine Angstreaktion nach sich zieht. Hat Stress positive Emotionen zur Folge, spricht man auch von Eustress (Hackfort & Schwenkmezger, 1985, S. 19 ff.; Schmidt-Atzert, 1996, S. 26; Woodman & Hardy, 2001, S. 290).

Aktivierung (*activation* oder *arousal*) bezeichnet den psychophysischen Zustand einer Person, der zwischen Schlaf/Koma und absoluter Erregung variieren kann.

Die Intensität der Aktivierung kann dabei nicht automatisch mit angenehmen oder unangenehmen Emotionen wie Angst in Verbindung gebracht werden; Aktivierung ist unspezifisch (Hackfort & Schwenkmezger, 1985, S. 24 ff.; Weinberg & Gould, 2007, S. 78).

In der Wissenschaft wird zudem zwischen den Begriffen „Angst" und „Furcht" unterschieden (Hackfort & Schwenkmezger, 1985, S. 7). *Angst* beschreibt ein eher diffuses Gefühl, bei dem die Quelle der Bedrohung nicht eindeutig identifiziert werden kann. *Furcht* ist dagegen spezifischer; sie tritt in ganz bestimmten Situationen auf oder ist gegen einen konkreten Gegenstand oder eine Person gerichtet.

◨ **Abb. 3.15**   Foto: Benjamin Heller

Ein Hockeyspieler ist zurückhaltend und vermeidet jeden Zweikampf. Er fürchtet sich vor einer (Wieder-)Verletzung (◨ Abb. 3.15). ◄

▶ **Beispiel**

Eine Stabhochspringerin ist vor ihrem Wettkampf extrem nervös und angespannt. Sie hat Angst.

Da sich diese Differenzierung allerdings im Sprachgebrauch kaum konsequent durchhalten lässt, wird im Folgenden nur der Begriff der Angst verwendet.

Exkurs 3.5: Aus der Praxis: Wettkampfangst-Inventar – State (WAI-S)

Das Wettkampfangst-Inventar – State (WAI-S) wurde in Anlehnung an das englischsprachige Competitive Anxiety Inventory (CSAI-2) von Ehrlenspiel et al. (2009) entwickelt und misst die Ausprägung des Angstzustands einer Person bezogen auf einen konkreten bevorstehenden Wettkampf. Der Fragebogen umfasst zwölf Items (◨ Tab. 3.4), die auf einer vierstufigen Skala von „gar nicht" bis „sehr" beantwortet werden müssen. Im WAI-S werden drei Komponenten unterschieden:

1. Die *somatische Angst* erfasst die Wahrnehmung körperlich spürbarer Anzeichen der Angst wie z. B. Herzklopfen oder feuchte Hände.
2. Die *kognitive Angst* (Besorgnis) misst die Wahrnehmung von Selbstzweifeln, spezifischen Sorgen und negative Erwartungen vor einem Wettkampf.

3. *Zuversicht* meint, den Wettkampf als Herausforderung wahrzunehmen und zuversichtlich an den Start zu gehen.

◨ **Tab. 3.4** Komponenten des Wettkampfangst-Inventars – State (WAI-S) mit Beispielitems. (Aus Ehrlenspiel et al., 2009, mit freundlicher Genehmigung des Bundesinstituts für Sportwissenschaft)

Komponente	Beispielitem
Somatische Angst (4 Items)	Jetzt in diesem Moment habe ich ein flaues Gefühl im Magen.
Kognitive Angst (4 Items)	Jetzt in diesem Moment befürchte ich, weniger gut abzuschneiden, als ich eigentlich könnte.
Zuversicht (4 Items)	Jetzt in diesem Moment bin ich überzeugt, dass ich meine volle Leistung abrufen kann.

In einer Metaanalyse von Ong und Chua (2021) mit 34 Studien wurde ein kleiner bis mittlerer Effekt ($g = -0.42$) psychologischer Interventionen auf die Wettkampfangst gefunden. Dabei zeigten sich größere Effekte auf die kognitive Angst ($g = -0.54$) und die Zuversicht ($g = 0.55$) als auf die somatische Angst ($g = -0.36$).

3.4.1 Theorien zum Zusammenhang von Angst und sportlicher Leistung

Wenn ein ansonsten sicherer Schütze einen wichtigen Elfmeter weit über das Tor schießt, dann liegt der Schluss nahe, dass sich seine Angst negativ auf die Leistung ausgewirkt hat. Angst wird im Allgemeinen eher eine negative Wirkung zugeschrieben, allerdings wurde bereits bei den Erläuterungen zum IZOF-Modell (▶ Abschn. 3.3.2) daraufhin gewiesen, dass auch negative Emotionen eine positive Funktion besitzen können.

Die *Drive Theory* von Spence und Spence (1966) geht von einem positiven linearen **Zusammenhang** von Angst, vor allem der zugehörigen körperlichen Aktivierung, und der sportlichen Leistung aus. Dies bedeutet, dass sich bei steigender Angst bzw. Aktivierung die Leistung verbessert. Die Theorie scheint allerdings wenig plausibel, da mit zunehmender Aktivierung häufig eine Verschlechterung zu beobachten ist, und wird daher heute kaum noch gestützt.

Der Zusammenhang ist offensichtlich komplexer und konnte bis heute nicht endgültig erklärt werden. Allerdings haben die letzten 50 Jahre eine Vielzahl von Theorien hervorgebracht, die schon viel zur Aufklärung beitragen konnten. Im Folgenden werden drei zentrale Ansätze vorgestellt, nämlich die umgekehrte U-Hypothese (▶ Abschn. 3.4.1.1), das Katastrophenmodell (▶ Abschn. 3.4.1.2) und das IZOF-Modell (▶ Abschn. 3.4.1.3).

3.4.1.1 Die Hypothese zur umgekehrten U-Funktion

In der Hypothese zur umgekehrten U-Funktion (der klassischen Yerkes-Dodson-Hypothese) wird angenommen, dass sich mit steigender körperlicher Aktivierung die Leistung kontinuierlich bis zu einem Optimum verbessert, dann aber umschlägt und eine weitere steigende Aktivierung zu einer Leistungsverschlechterung führt (◻ Abb. 3.16).

Dieses Modell von zu niedriger, optimaler und zu hoher Aktivierung wird von vie-

◻ **Abb. 3.16** Die Hypothese der umgekehrten U-Funktion. (Adaptiert nach Weinberg & Gould, 2007, S. 88) (Aus Conzelmann et al., 2013, S. 297)

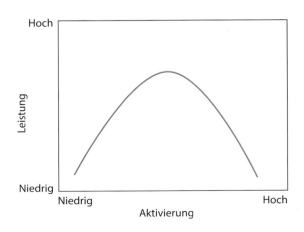

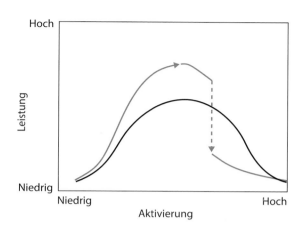

Abb. 3.17 Zusammenhang zwischen der somatischen Angstkomponente (Aktivierung) und Leistung bei niedriger Besorgnis (schwarz) und hoher Besorgnis (rot) im Katastrophenmodell nach Hardy (1990, S. 89). (Aus Conzelmann et al., 2013, S. 297)

len Praktikern akzeptiert und ist teilweise empirisch bestätigt (z. B. Arent & Landers, 2003). Allerdings wurde in den meisten Untersuchungen nicht die körperliche Aktivierung an sich gemessen (z. B. über die Atem- und Herzfrequenz), sondern lediglich die somatische Angstkomponente über eine Befragung der Sportlerinnen und Sportler, d. h. das subjektive Erleben der physiologischen Veränderungen, erfasst.

3.4.1.2 Das Katastrophenmodell

Das Katastrophenmodell von Hardy (1990) geht von einer durch die kognitive Komponente differenzierenden Wirkung der Angst auf die Leistung aus. Bei niedriger Besorgnis (kognitive Komponente) verhält es sich ähnlich der Hypothese zur umgekehrten U-Funktion (■ Abb. 3.17). Bei hoher Besorgnis ändert sich das Bild jedoch entscheidend. Die Leistung steigt zunächst mit zunehmender Aktivierung (somatische Komponente) an, überschreitet jedoch dann eine Grenze, nach der die Leistung bei steigender Aktivierung schlagartig in sich zusammenfällt (Katastrophe).

Für das Katastrophenmodell liegen zwar bestätigende empirische Befunde vor (z. B. Edwards & Hardy, 1996), Schlussfolgerungen für die Praxis sollten jedoch nach Ansicht der Autoren mit Vorsicht gezogen werden (Woodman & Hardy, 2001, S. 311 f.).

Das Katastrophenmodell liefert eine wichtige Erkenntnis. Die kognitive Angstkomponente scheint bei der Leistungserbringung die ausschlaggebende Rolle zu spielen: Sie kann entweder leistungsförderlich oder -hemmend sein. Dies führt zu der Notwendigkeit, neben der Aktivierung auch die kognitive Komponente kontrollieren zu lernen. Allerdings empfiehlt sich kein vollständiger Abbau, denn bei hoher kognitiver Angst und niedriger somatischer Angst prognostiziert das Modell einen Leistungsvorsprung gegenüber einer niedrigen kognitiven Angst (Weinberg & Gould, 2007, S. 89 f.).

3.4.1.3 Modell der Individual Zones of Optimal Functioning (IZOF) – Angst

In dem Modell der Individual Zones of Optimal Functioning (IZOF) von Hanin (1997) wird angenommen, dass die optimale sportliche Leistung mit interindividuell unterschiedlichen Ausprägungen der Angst einhergeht. Im Unterschied zur Hypothese der umgekehrten U-Funktion tritt die optimale Leistung nicht unbedingt in der Mitte eines gedachten Angst**kontinuums** auf, sondern kann je nach Person bei geringer oder hoher Angst erzielt werden. Außerdem geht Hanin nicht von einem spezifischen Umkehrpunkt aus, sondern von einer Zone optimaler Leistung (■ Abb. 3.18) (► Abschn. 3.3.2).

■ **Abb. 3.18** Individual Zones of Optimal Functioning (IZOF). (Adaptiert nach Weinberg & Gould, 2007, S. 89, aus Conzelmann et al., 2013, S. 298).

Das IZOF-Modell wird durch verschiedene empirische Studien gestützt. Jokela und Hanin (1999) bestätigen in ihrer Metaanalyse (19 Studien) das In-Out-Zone-Konzept ($d = 0{,}44$). Die Leistung der Personen mit einem Angstniveau in der In-Zone war besser als die Leistung der Personen mit einem Angstniveau in der Out-Zone.

3.4.2 Empirische Befunde zum Zusammenhang von Angst und sportlicher Leistung

Der Zusammenhang zwischen Angst und Leistung wurde umfassend von Kleine und Schwarzer (1991) untersucht, die 50 Studien im Zeitraum zwischen 1970 und 1988 in einer Metaanalyse zusammengefasst haben. Dabei zeigt sich, dass der Zusammenhang von Angst und sportlicher Leistung insgesamt negativ ist: Eine höhere Angst geht also mit einer niedrigeren Leistung einher. Allerdings ist die Höhe des Zusammenhangs nur gering ausgeprägt ($r = -0{,}19$) und variiert in den Studien stark ($r = -0{,}70$ bis $r = 0{,}59$).

Betrachtet man den Zusammenhang differenzierter, so zeigen sich höhere Zusammenhänge

- für Frauen ($r = -0{,}23$) gegenüber Männern ($r = -0{,}12$),
- bei Athletinnen und Athleten mit einem geringeren Leistungsniveau ($r = -0{,}28$)

gegenüber Athletinnen und Athleten mit mittlerem ($r = -0{,}06$) oder hohem Leistungsniveau ($r = -0{,}10$),

- bei Mannschaftssportarten ($r = -0{,}44$) gegenüber Individualsportarten ($r = -0{,}14$) sowie bei Kontaktsportarten ($r = -0{,}23$) gegenüber Nichtkontaktsportarten ($r = -0{,}17$).

Zudem zeigen sich insgesamt deutlich höhere negative Zusammenhänge für die kognitive Angstkomponente als für die somatische Angstkomponente.

Problematisch ist, dass die Metaanalyse lediglich lineare Zusammenhänge prüft. **Kurvilineare** Zusammenhänge, wie sie in der Hypothese zur umgekehrten U-Funktion postuliert werden, oder komplexere Zusammenhänge, wie sie im Katastrophenmodell oder IZOF-Modell postuliert werden, können nicht aufgedeckt werden.

3.5 Zusammenfassung

- **Der Emotionsbegriff**
- Emotionen sind aktuelle psychische Zustände, die eine bestimmte Qualität, Intensität und Dauer haben, meist objektgerichtet sind und normalerweise ein charakteristisches Erleben, bestimmte physiologische Veränderungen und Verhaltensweisen umfassen.

- Angst ist z. B. eine Emotion, die durch eine verstärkte Besorgnis (kognitive Komponente) gekennzeichnet ist und mit einer körperlichen Aktivierung (somatische Komponente) einhergeht. Sie tritt in Situationen auf, die als bedrohlich eingeschätzt werden.

- **Klassifikation von Emotionen**
- Emotionen lassen sich auf unterschiedliche Art und Weise klassifizieren, werden jedoch am häufigsten nach ihrer Qualität gruppiert und z. B. als Freude, Ärger oder Angst bezeichnet.

- **Emotionstheorien**
- Emotionstheorien beinhalten zentrale Annahmen über die Natur, die Entstehung oder die Funktion von Emotionen.
- Kognitive Emotionstheorien fragen nach dem Entstehen von Emotionen in konkreten Situationen.
- Die physiologisch-kognitiven Theorien von James und Schachter sowie die kognitive Emotionstheorie von Lazarus gehen z. B. davon aus, dass die Qualität und Intensität der Emotion gegenüber einem Objekt von den Bewertungen dieses Objekts durch die erlebende Person abhängig sind.

- **Ansätze zum Zusammenhang von Emotionen und sportlicher Leistung**
- Es gibt eine Vielzahl von theoretischen Ansätzen, die versuchen, den Einfluss von Emotionen auf die sportliche Leistung zu erklären.
- Bekannte Ansätze sind das Mental-Health-Modell und das Modell der Individual Zones of Optimal Functioning (IZOF), das in sportartübergreifenden Studien empirisch gestützt wird.
- Die umgekehrte U-Hypothese sowie das Katastrophenmodell erklären speziell die Wirkung von Angst auf die sportliche Leistung.

- **Effekte von Emotionen auf die sportliche Leistung**
- Der Effekt von Emotionen auf die sportliche Leitung scheint, wie es das IZOF-Modell postuliert, individuell unterschiedlich zu sein.
- Insgesamt wird der Angst allerdings eher eine negative Wirkung zugeschrieben. Die empirischen Befunde bestätigen, insbesondere für die kognitive Angstkomponente, dass eine höhere Angst mit einer niedrigeren Leistung einhergeht.
- Eine wichtige Aufgabe der sportpsychologischen Forschung ist es, für den Sport im Allgemeinen und die Sportlerinnen und Sportler im Speziellen, relevante Emotionen zu identifizieren und zu prüfen, wie diese Emotionen reguliert werden können, um künftig Leistungseinbußen zu verhindern bzw. Leistungsverbesserungen fördern zu können.

Literatur

Albani, C., Blaser, G., Geyer, M., Schmutzer, G., Brähler, E., Bailer, H., et al. (2005). Überprüfung der Gütekriterien der deutschen Kurzform des Fragebogens „Profile of Moods States" (POMS) in einer repräsentativen Bevölkerungsstichprobe. *Psychotherapie Psychosomatik Medizinische Psychologie, 55*(7), 324–330. https://doi.org/10.1055/s-2004-834727

Arent, S. M., & Landers, D. M. (2003). Arousal, anxiety, and performance: A reexamination of the inverted-U hypothesis. *Research Quarterly for Exercise and Sport, 74*(4), 436–444. https://doi.org/10.1080/02701367.2003.10609113

Arnold, M. B. (1960). *Emotion and personality*. Columbia University Press.

Beedie, C. J., Terry, P. C. & Lane, A. M. (2000). The profile of mood states and athletic performance: Two meta-analyses. *Journal of Applied Sport Psychology, 12*(1), 49–68. https://doi.org/10.1080/10413200008404213

Bernstein, D. A., & Borkovec, T. D. (1992). *Entspannungstraining*. Pfeiffer.

Borg, G. (1998). *Borg's perceived exertion and pain scale*. Human Kinetics.

Brand, R., Graf, K., & Ehrlenspiel, F. (2009). Das Wettkampfangst-Inventar – Trait. In R. Brand, F. Ehrlenspiel, & K. Graf (Hrsg.), *Das*

Wettkampfangst-Inventar. Manual zur komprehensiven Eingangsdiagnostik von Wettkampfangst, Wettkampfängstlichkeit und Angstbewältigungsmodus im Sport (S. 15–69). Bundesinstitut für Sportwissenschaft.

Conzelmann, A., Hänsel, F., & Höner, O. (2013). Individuum und Handeln – Sportpsychologie. In A. Güllich & M. Krüger (Hrsg.), *Sport – Das Lehrbuch für das Sportstudium* (S. 271–337). Springer.

Ecke, J. (2011). *Facial-Feedback im Sport*. VDM.

Edwards, T., & Hardy, L. (1996). The interactive effects of intensity and direction of cognitive and somatic anxiety and self-confidence upon performance. *Journal of Sport and Exercise Psychology, 18*(3), 296–312.

Ehrlenspiel, F., Brand, R., & Graf, K. (2009). Das Wettkampfangst-Inventar – State. In R. Brand, F. Ehrlenspiel, & K. Graf (Hrsg.), *Das Wettkampfangst-Inventar. Manual zur komprehensiven Eingangsdiagnostik von Wettkampfangst, Wettkampfängstlichkeit und Angstbewältigungsmodus im Sport* (S. 71–100). Bundesinstitut für Sportwissenschaft.

Ekman, P. (2016). What scientists who study emotion agree about. *Perspectives on Psychological Science, 11*(1), 31–34. https://doi.org/10.1177/17456 91615596992

Ekman, P., & Cordaro, D. (2011). What is meant by calling emotions basic. *Emotion Review, 3*, 364–370. https://doi.org/10.1177/1754073911410740

Ekman, P., Friesen, W. V., O'Sullivan, M., Chan, A., Diacoyanni-Tarlatzis, I., Heider, K., et al. (1987). Universials and cultural differences in the judgements of facial expressions of emotions. *Journal of Personality and Social Psychology, 53*(4), 712–717. https://doi.org/10.1037/0022-3514.53.4.712

Elfenbein, H. A., & Ambady, N. (2002). On the universality and cultural specificity of emotion recognition: A meta-analysis. *Psychological Bulletin, 128*(2), 203–235. https://doi.org/10.1037/0033-2909.128.2.203

Ewert, O. (1983). Ergebnisse und Probleme der Emotionsforschung. In H. Thomae (Hrsg.), *Theorien und Formen der Motivation* (S. 397–452). Hogrefe.

Frester, R., & Mewes, N. (2008). Psychoregulation im Sport. In J. Beckmann, & M. Kellmann (Hrsg.), *Anwendungen der Sportpsychologie* (Enzyklopädie der Psychologie, Serie 5: Sportpsychologie, Bd. 2, S. 41–117). Hogrefe.

Fuchs, R. (2003). *Sport, Gesundheit und Public Health* (Sportpsychologie, Bd. 1). Hogrefe.

Fuchs, R., & Schlicht, W. (Hrsg.). (2012). *Seelische Gesundheit und sportliche Aktivität* (Sportpsychologie, Bd. 6). Hogrefe.

Grulke, N., Bailer, H., Schmutzer, G., Brähler, E., Blaser, G., Geyer, M., et al. (2006). Normierung der deutschen Kurzform des Fragebogens „Profile of Mood States" (POMS) anhand einer repräsentativen Bevölkerungsstichprobe – Kurzbericht. *Psychotherapie Psychosomatik Medizinische Psychologie, 56*(9–10), 1–5. https://doi.org/10.1055/s-2006-940129

Hackfort, D., & Schwenkmezger, P. (1985). *Angst und Angstkontrolle im Sport* (2. korrigierte Aufl.). bps-Verlag.

Hamm, A. (2020). Progressive Muskelentspannung. In F. Petermann, & D. Vaitl (Hrsg.), *Entspannungsverfahren das Praxishandbuch* (6. überarb. Aufl., S. 154–172). Beltz.

Hanin, Y. L. (1997). Emotions and athletic performance: Individual zones of optimal functioning model. *European Yearbook of Sport Psychology, 1*, 29–72.

Hanin, Y. L. (2000). *Emotions in sports*. Human Kinetics.

Hanin, Y. L. (2007a). Emotions and athletic performance: Individual zones of optimal functioning model. In D. Smith & M. Bar-Eli (Hrsg.), *Essential readings in sport and exercise psychology* (S. 55–73). Human Kinetics.

Hanin, Y. L. (2007b). Emotions in sport. In G. Tenenbaum & R. C. Eklund (Hrsg.), *Handbook of sport psychology* (3. Aufl., S. 31–58). Wiley.

Hardy, C. J., & Rejeski, W. J. (1989). Not what, but how one feels: The measurement of affect during exercise. *Journal of Sport & Exercise Psychology, 11*(3), 304–317.

Hardy, L. (1990). A catastrophe model of anxiety and performance. In J. G. Jones & L. Hardy (Hrsg.), *Stress and performance in sport* (S. 81–106). Chichester Wiley.

Izard, C. E. (2011). Forms and functions of emotions: Matters of emotion-cognition interactions. *Emotion Review, 3*, 371–378. https://doi.org/10.1177/1754073911410737

James, W. (1950). *The principles of psychology* (Bd. 2). Dover.

Jokela, M., & Hanin, Y. L. (1999). Does the individual zones of optimal functioning model discriminate between successful and less successful athletes? A meta-analysis. *Journal of Sports Sciences, 17*(1), 873–887. https://doi.org/10.1080/026404199365434

Kleine, D., & Schwarzer, R. (1991). Angst und sportliche Leistung: Eine Meta-Analyse. *Sportwissenschaft, 21*(1), 9–28.

Krampen, G. (2013). *Entspannungsverfahren in Therapie und Prävention* (3. überarb. Aufl.). Hogrefe.

Kreibig, S. D. (2010). Autonomic nervous system activity in emotion: A review. *Biological Psychology,*

3

84, 394–421. https://doi.org/10.1016/j.biopsycho.2010.03.010

Lazarus, R. S. (1966). *Psychological stress and coping process.* McGraw-Hill.

Lazarus, R. S. (1991). *Emotion and adaptation.* Oxford University Press.

Lazarus, R. S. (2000). How emotions influence performance in competitive sports. *The Sport Psychologist, 14*(3), 229–252.

Levenson, R. W., Ekman, P., & Friesen, W. V. (1990). Voluntary facial action generates emotions-specific autonomic nervous system activity. *Psychophysiology, 27*(4), 363–384. https://doi.org/10.1111/j.1469-8986.1990.tb02330.x

Levenson, R. W., Ekman, P., Heider, K., & Friesen, W. V. (1992). Emotion and automatic nervous system activity in an Indonesian culture. *Journal of Personality and Social Psychology, 62*, 972–988.

McNair, D. M., Lorr, M., & Droppleman, L. F. (1971). *Profile mood states manual.* Educational and Industrial Testing Service.

Meyer, W.-U., Reisenzein, R., & Schützwohl, A. (2001). *Einführung in die Emotionspsychologie. Band I: Die Emotiontheorien von Watson, James und Schachter* (2. überarb. Aufl.). Hans Huber.

Meyer, W.-U., Schützwohl, A., & Reisenzein, R. (2003). *Einführung in die Emotionspyschologie. Band II: Evolutionspsychologische Emotionstheorien* (3. korrig. Aufl.). Hans Huber.

Morgan, W. P. (1979). Prediction of performance in athletics. In P. Klavora & J. V. Daniel (Hrsg.), *Coach, athlete, and the sport psychologist* (S. 173–186). Human Kinetics.

Ong, N. C. H., & Chua, J. C. H. (2021). Effects of psychological interventions on competitive anxiety in sport: a meta-analysis. *Psychology of Sport and Exercise, 52*, 101836. https://doi.org/10.1016/j.psychsport.2020.101836

Quirin, M., Kazén, M., & Kuhl, J. (2009). When nonsense sounds happy or helpless: The implicit positive and negative affect test (IPANAT). *Journal of Personality and Social Psychology, 97*(3), 500–516. https://doi.org/10.1037/a0016063

Rathschlag, M., & Memmert, D. (2013). The influence of self-generated emotions on physical performance: An investigation of happiness, anger, anxiety, and sadness. *Journal of Sport & Exercise Psychology, 35*, 197–210.

Rowley, A., Landers, D., Kyllo, L., & Etnier, J. (1995). Does the iceberg profile discriminatebetween successful and less successful athletes? A meta-analysis. *Journal of Sport & Exercise Psychology, 17*(2), 185–199. https://doi.org/10.1123/JSEP.17.2.185

Ruiz, M. C., Raglin, J. S., & Hanin, Y. L. (2015). The individual zones of optimal functioning (IZOF)

model (1978–2014): Historical overview of its development and use. *International Journal of Sport and Exercise Psychology.* https://doi.org/10.1080/1612197X.2015.1041545

Russell, J. A., Weiss, A., & Mendelsohn, G. A. (1989). Affect grid: A single-item scale of pleasure and arousal. *Journal of Personality and Social Psychology, 57*(3), 493–502. https://doi.org/10.1037/0022-3514.57.3.493

Schachter, S. (1964). The interaction of cognitive and physiological determinants of emotional state. In L. Berkowitz (Hrsg.), *Advances in experimental social psychology* (S. 49–80). Academic Press.

Schmidt-Atzert, L. (1996). *Lehrbuch der Emotionspsychologie.* Kohlhammer.

Schmidt-Atzert, L. (2014). *Emotionspsychologie (2. vollst. überarb. und erw. Aufl.).* Kohlhammer.

Singer, R. (2004). Sport und Persönlichkeit. In H. Gabler, J. R. Nitsch, & R. Singer (Hrsg.), *Einführung in die Sportpsychologie. Teil 1: Grundthemen* (4. unver. Aufl., S. 289–336). Hofmann.

Smith, E. E., Nolen-Hoeksema, S., Fredrickson, B. L., & Loftus, G. R. (2007). *Atkinsons und Hilgards Einführung in die Psychologie* (14. Aufl.). Spektrum.

Spence, J. T., & Spence, K. A. (1966). The motivational component of manifest anxiety: Drive and drive stimuli. In C. D. Spielberger (Hrsg.), *Anxiety and behavior* (S. 291–326). Academic Press.

Spielberger, C. D. (1966). *Anxiety and behavior.* Academic press.

Stemmler, G. (2004). Physiological processes during emotion. In P. Philippot & R. S. Feldman (Hrsg.), *The regulation of emotion* (S. 33–70). Erlbaum.

Strack, F., Martin, L. L., & Stepper, S. (1988). Inhibiting and faciliating conditions of the human smile: A nonobtrusive test of the facial feedback hypothesis. *Journal of Personality and Social Psychology, 54*(5), 768–777. https://doi.org/10.1037/0022-3514.54.5.768

Wagenmakers, E.-J., Beek, T., Dijkhoff, L., Gronau, Q. F., Acosta, A., Adams, R. B., Jr., et al. (2016). Perspectives on registered replication report: Strack, Martin & Stepper (1988). *Perspectives on Psychological Science, 11*(6), 917–928. https://doi.org/10.1177/1745691616674458

Weinberg, R. S., & Gould, D. (2007). *Foundations of sport and exercise psychology* (4. Aufl.). Human Kinetics.

Woodman, T., & Hardy, L. (2001). Stress and anxiety. In R. Singer, H. A. Hausenblas, & C. M. Janelle (Hrsg.), *Handbook of sport psychology* (2. Aufl., S. 290–317). Wiley.

Wundt, W. (1908). *Grundzüge der physiologischen Psychologie* (6. umgearb. Aufl.). Engelmann.

Motivation

Inhaltsverzeichnis

F. Hänsel et al., *Sportpsychologie*, https://doi.org/10.1007/978-3-662-63616-9_4

4

■ **Abb. 4.1**   Foto: © ChiccoDodiFC/Fotolia

Was treibt eine Marathonläuferin (■ Abb. 4.1) an, nicht nur 42,195 km am Stück zurückzulegen, sondern sich darüber hinaus über Wochen und Monate auf diesen Lauf vorzubereiten? Was bringt einen Tennisfan dazu, auf dem Gehweg der Church Road in London zu übernachten, um am nächsten Morgen eine Eintrittskarte für das Tennisturnier von Wimbledon zu ergattern? Diese und andere Fragen nach dem Warum und Wozu menschlichen Verhaltens beschäftigen die Motivationspsychologie. Zum grundlegenden Verständnis des Motivationsbegriffs wird in diesem Kapitel zunächst der kognitiv-handlungstheoretische Ansatz erläutert (▶ Abschn. 4.1), bevor detailliert auf Motive im Sport (▶ Abschn. 4.2), insbesondere auf das Leistungsmotiv (▶ Abschn. 4.2.3), eingegangen wird. Im Kontext des Leistungsmotivs erfolgt die Vorstellung essenzieller Theorien wie dem Risikowahl-Modell (▶ Abschn. 4.2.3.1), dem Selbstbewertungsmodell (▶ Abschn. 4.2.3.2) und der Theorie der Zielorientierung (▶ Abschn. 4.2.3.3).

Im Kontext des Sports geht es bei der Sinnfrage zumeist darum, mehr über die Gründe für die Ausübung (Sporttreiben)

oder den passiven Konsum (Zuschauen) von sportlichen Aktivitäten zu erfahren. Bei der Betrachtung wird dabei unterschieden, ob diese Aktivitäten eher automatisiert bzw. reflexhaft oder aber bewusst und zielgerichtet erfolgen. Die moderne Motivationspsychologie interessiert sich für zielgerichtete, willkürliche und bewusst kontrollierte Handlungen von Personen. Routineaktivitäten (wie Gehen), reflexhafte Reaktionen und „unwillkürliche" Aktivitäten sind hingegen kein Gegenstand der Motivationspsychologie (Gabler, 2004b, S. 204 f.).

Motivation

Der Begriff „Motivation" lässt sich auf das lateinische Verb *movere* (für „bewegen", „antreiben") zurückführen und meint die „aktivierende Ausrichtung des momentanen Lebensvollzugs auf einen positiv bewerteten Zielzustand" (Rheinberg & Vollmeyer, 2019, S. 15).

Die Definition beinhaltet die beiden wesentlichen motivationalen Zustandsbeschreibung: einen bewerteten Zielzustand und die daraus resultierende Ausrichtung.

▶ Beispiel

Schätzt eine Schülerin die von ihrem Sportlehrer gestellte motorische Aufgabe einen Basketball-Freiwurf vorzumachen als lösbar ein, wird sie sich unter Umständen melden und diesen demonstrieren, um im Anschluss z. B. als sportlich kompetent oder talentiert dazustehen (positiv bewerteter Zielzustand). Eine Schülerin, die diese Aufgabe hingegen als zu schwierig empfindet, wird eher versuchen, diese Situation und die zu antizipierenden negativen Folgen (z. B. ausgelacht zu werden) zu meiden (negativ bewerteter Zielzustand, dementsprechend keine Motivation). ◀

Der Anreiz zur aktivierenden Ausrichtung – und somit zur Handlung – geht demnach vom erwarteten Zielzustand aus.

Im grundlegenden Struktur- und Prozessschema des psychischen Systems (Abschn. 1.3) wird die Motivation daher dem Bereich der aktuellen Prozesse zugeordnet. Damit ist sie – ebenso wie im klassischen Grundmodell der Motivationspsychologie (Rheinberg & Vollmeyer, 2019) – einerseits abhängig von Aspekten der Person (z. B. Mut, Selbstvertrauen), andererseits von Aspekten der Situation (z. B. Aufgabenschwierigkeit, Zuschauer). Umgekehrt beeinflusst die Motivation als aktuell wirkender Prozess aber auch die Situation und führt damit z. B. dazu, dass sich eine motivierte Sportlerin in Situationen begibt, die sie normalerweise meiden würde.

Diese Grundvorstellung ist in der sportpsychologischen Forschung vorherrschend (Beckmann et al., 2009, S. 512) und wird insbesondere im kognitiv-handlungstheoretischen Ansatz verfolgt, der seit den 1980er-Jahren im Mittelpunkt der sportpsychologischen Motivationsforschung

steht. Aus diesem Grund erfolgt in diesem Kapitel eine ausführliche Vorstellung des kognitiv-handlungstheoretischen Ansatzes. Weitere Ansätze resultieren aus den jeweiligen Perspektiven der psychologischen Hauptströmungen, die in Abschn. 1.4 bereits vorgestellt wurden. Gabler (2004b, S. 198 ff.) oder Heckhausen und Heckhausen (2018) nennen beispielsweise:

- Biologisch-**physiologische** Ansätze (ausgehend von Grundbedürfnissen)
- Ethologisch-instinkttheoretische Ansätze (instinktbasierend)
- Tiefenpsychologisch-triebtheoretische Ansätze (trieborientiert)
- **Behavioristisch**-lerntheoretische Ansätze (bedürfnis-/gewohnheitsorientiert)
- Persönlichkeitstheoretische Ansätze (auf **Dispositionen** beruhend)

Am o. g. Beispiel, der durch den Sportlehrer gestellten motorischen Aufgabe, lassen sich darüber hinaus die beiden grundsätzlichen motivationspsychologischen Themenfelder verdeutlichen: Die beiden Schülerinnen reagieren auf dieselbe Situation unterschiedlich. Es scheint demnach **interindividuelle** Unterschiede im menschlichen Verhalten in Bezug auf die gleiche Situation zu geben. Würde man die Schülerinnen über mehrere Unterrichtseinheiten beobachten, so könnte evtl. festgestellt werden, dass ihre Bereitschaft, etwas auszuprobieren oder vorzumachen, nicht immer gleich, sondern je nach erwartetem Zielzustand unterschiedlich ausfällt. So wird die Schülerin, die den Freiwurf demonstrierte, nicht zwingend auch einen Dunking oder in einer anderen Unterrichtsstunde einen Handstandüberschlag vormachen wollen. Daraus ergibt sich die Hypothese, dass nicht nur *interindividuelle* Unterschiede existieren, sondern auch **intraindividuelle** Unterschiede bei derselben Person in unterschiedlichen Situationen.

4.1 Kognitiv-handlungstheoretischer Ansatz

Im kognitiv-handlungstheoretischen Ansatz wird der Mensch als „ein planendes, auf die Zukunft gerichtetes und sich entscheidendes Wesen" (Gabler, 2004b, S. 204) verstanden, das zielgerichtet handelt, sich seiner Handlungen bewusst ist, diese Handlungen als sinnvoll (zweckrational) bewertet, seine Entscheidungen zwischen verschiedenen Handlungsalternativen auswählt, zur Reflexion seiner Handlungen fähig ist und die Handlungsergebnisse selbst verantwortet.

Die Tatsache, dass verschiedene Personen in derselben Situation unterschiedlich handeln (interindividuelle Unterschiede), wird im kognitiv-handlungstheoretischen Ansatz durch das Vorliegen von Dispositionen erklärt, also „bestimmten Bereitschaften im Sinne von Handlungstendenzen, (…) Situationen in individueller Weise zu bewerten (Wertungsdisposition)" (Gabler, 2004b, S. 205) und entsprechend zu handeln.

> **Motive**
>
> Als Motive werden „situationsüberdauernde, zeitlich überdauernde und persönlichkeitsspezifische Wertungsdispositionen" bezeichnet (Gabler, 2004b, S. 205).

Handlungen entstehen nach diesem Ansatz, wie bereits einführend erwähnt, aus der **Interaktion** zwischen der Person – hier in Form der *Motive* (Dispositionen) – und der Situation. Die handelnde Person setzt sich mit den situativen Bedingungen kognitiv auseinander, d. h., die Situation ist nicht etwas Unbeeinflussbares, das auf die Person wirkt, sondern Personen suchen auch Situationen auf, die ihren Motiven entsprechen, und beeinflussen diese nach ihren Wertvorstellungen (Gabler, 2004b, S. 205 ff.).

> **Motivierung**
>
> Der Prozess der Motivanregung wird im kognitiv-handlungstheoretischen Ansatz *Motivierung* genannt, das Ergebnis dieser Motivierung *Motivation* (Gabler, 2004b, S. 206).

Die zentralen **Determinanten** motivierten Handelns werden diesem Ansatz folgend in der Person, der Situation und der Interaktion zwischen diesen beiden Komponenten gesehen (Heckhausen & Heckhausen, 2018, S. 5). Auf der Personenseite sind neben den (elementaren physischen) Bedürfnissen (z. B. Hunger und Durst; für ein klassisches hierarchisches Modell menschlicher Grundbedürfnisse s. u. a. Murray, 1938; Maslow, 1954) (► Exkurs 4.3) und den konkreten Zielsetzungen (explizite Motive; ► Abschn. 4.2.2) vor allem die *Motivdispositionen einer Person* (implizite Motive; ► Abschn. 4.2.2) für die Erklärung motivierten Verhaltens von Bedeutung (1. in ◘ Abb. 4.2).

> **Implizite Motive**
>
> *Implizite Motive* sind individuelle und zeitlich überdauernde Motivdispositionen. Sie werden in früher Kindheit erlernt und stellen emotional getönte Präferenzen (**habituelle** Bereitschaften) dar, sich immer wieder mit bestimmten Arten von Anreizen auseinanderzusetzen (McClelland et al., 1989), z. B. beim Leistungsmotiv mit dem Schwierigkeitsanreiz einer Aufgabe.

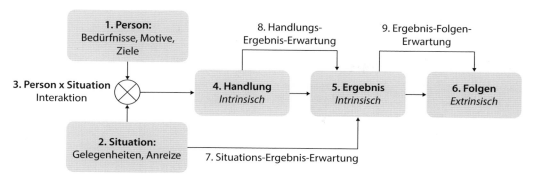

○ **Abb. 4.2** Determinanten motivierten Handelns. Überblicksmodell mit ergebnis- und folgenbezogenen Erwartungen. (Adaptiert nach Heckhausen & Heckhausen, 2018, S. 5)

Explizite Motive

Explizite Motive sind „bewusste, sprachlich repräsentierte (oder zumindest repräsentierbare) Selbstbilder, **Werte** und Ziele, die sich eine Person selbst zuschreibt" (Heckhausen & Heckhausen, 2018, S. 5). „Sie dokumentieren letztendlich, welche Vorstellung eine Person von ihren eigenen handlungsleitenden Motiven hat" (Brunstein, 2018, S. 271). Beispiele hierfür sind Motive des Sporttreibens, wie Spaß, Gesundheit oder soziale Kontakte.

Demgegenüber stehen auf situativer Seite (2. in ○ Abb. 4.2) die *Gelegenheiten* und *Anreize* (alle positiven und negativen Verheißungen einer Situation), die z. B. eine Wettkampfsituation für eine Sportlerin aufweisen. Diese können an die Handlungstätigkeit selbst, das Handlungsergebnis und an verschiedene Arten von Handlungsergebnisfolgen geknüpft sein.

Aus der Interaktion zwischen den beiden Determinanten resultiert, als aktueller innerer Zustand, die *Motivation* (3. in ○ Abb. 4.2). Deren Ausprägung wird durch verschiedene Faktoren beeinflusst. Dabei stehen bestimmte Kognitionen (▶ Kap. 2) im Vordergrund. Förderlich sind hierbei nach Conzelmann et al. (2013) folgende Überzeugungen:

- Ohne zu handeln (z. B. in Form sportlicher Aktivität; 4. in ○ Abb. 4.2) stellt sich ein gewünschter Zielzustand (z. B. körperliche Fitness; 5. in ○ Abb. 4.2) nicht aus der Situation heraus von selbst ein (*niedrige Situations-Ergebnis-Erwartung*; 7. in ○ Abb. 4.2).
- Das gewünschte Ergebnis weist einen hohen Wert bzw. Anreiz auf (z. B. körperliche Fitness ist wichtig).
- Die Handlung führt zum gewünschten Ergebnis (z. B. körperliche Fitness resultiert aus sportlicher Aktivität; *hohe Handlungs-Ergebnis-Erwartung*; 8. in ○ Abb. 4.2).
- Aus dem Ergebnis ergeben sich die gewünschten *Folgen* (6. in ○ Abb. 4.2) (z. B. Gesundheit; hohe *Ergebnis-Folgen-Erwartung*; 9. in ○ Abb. 4.2).

▶ **Beispiel**

Eine hohe Trainingsmotivation eines Nachwuchssportlers lässt sich u. a. damit erklären, dass er sich als Ergebnis seines Trainings (*Handeln*) eine Verbesserung seiner motorischen Fähigkeiten und Fertigkeiten (*Ergebnis*) erhofft, die sich aus der sonstigen allgemeinen motorischen Entwicklung nicht ergeben hätten. ◀

Die Trainingsmotivation wird vermutlich zudem von einer positiven Fremdbewertung oder von materiellen Vorteilen im Er-

4

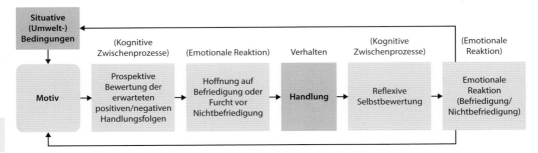

□ **Abb. 4.3**   Grundschema zum Ablauf von Motivationsprozessen nach Gabler (2004b, S. 207). (Aus Conzelmann et al., 2013, S. 281)

wachsenenalter (Folgen) beeinflusst (Conzelmann et al., 2013, S. 280).

Der Grad und die Art der Motivation bilden das Resultat aus der Interaktion zwischen der Person und ihrer Umwelt. Der Vorwurf, ein Fußballer sei im Bundesligaspiel gegen das „Tabellenschlusslicht" drei Tage nach einem Champions-League-Halbfinalspiel unmotiviert, ist daher nicht, wie häufig unterstellt wird, auf eine entsprechende Persönlichkeitsdisposition zurückzuführen. Die Gründe für die gezeigte Leistung sind vielmehr auf einem **Kontinuum** einzuordnen, das sich zwischen den beiden Polen **internale** Personenfaktoren und **externale** Situationsfaktoren befindet (Conzelmann et al., 2013, S. 280).

Motive sind zudem nicht direkt beobachtbar und lassen sich somit nur indirekt, an der Art und Weise der Handlung, betrachten. Sie sind eher als hypothetische **Konstrukte** zu verstehen, denen eine Funktion als intervenierende **Variable** zwischen den von außen beobachtbaren Merkmalen der Situation und des Verhaltens zugeschrieben wird (Gabler, 2004b, S. 206). Darüber hinaus ist einem bestimmten Verhalten nicht einfach eine bestimmte Motivation zuzuordnen. So beruht das Verhalten, sportlich aktiv zu sein und deshalb beispielsweise joggen zu gehen, nicht zwingend auf der Motivation abzunehmen.

Bei der Motivation handelt es sich dagegen eher um einen prozesshaften Ablauf, der primär Kognitionen (▸ Kap. 2) und

Emotionen (▸ Kap. 3) umfasst. Gabler (2004b, S. 207) verdeutlicht dies, basierend auf der triadischen Phasenstruktur der Handlung (Antizipation – Realisation – Interpretation; Nitsch, 2001, S. 112), in seinem Grundschema zum Ablauf von Motivationsprozessen (□ Abb. 4.3). Dieses Grundschema stellt die beiden von außen beobachtbaren Sachverhalte (dunkel gefärbte Kästchen), nämlich die Situation (*situative Bedingungen*) und das Verhalten (*Handlung*), in den Mittelpunkt.

Stellt etwa ein Jugendfußballtrainer im Training seinen Spielern eine konkrete Leistungsaufgabe (z. B. „Nehmt euch einen Ball und versucht, aus einer von euch selbst gewählten Distanz am Torwart vorbei ins Tor zu schießen!"), kann dies bei den Spielern zu einem mehr oder weniger motivierten Verhalten führen. Dies äußert sich u. a. darin, dass manche Spieler mit besonders hohem Engagement immer wieder versuchen, aus der Distanz den Torwart zu überwinden, während andere Spieler wenig aktiv sind. Eine Erklärung für die Verhaltensunterschiede könnte im *Motiv* (hier Leistungsmotiv) liegen. Die Anweisung des Trainers wird Spielern mit einem hohen Leistungsmotiv evtl. eher Anreize bieten. Bei diesen Spielern führen kognitive und emotionale Prozesse zu einer vorausschauenden (***prospektiven***) *Erwartung positiver Handlungsfolgen* (z. B. Torerfolg, Anerkennung), die sie mit der Antizipation positiver Emotionen (z. B. Freude, Stolz)

◘ Tab. 4.1 Merkmale zur Klassifizierung von Motiven im Sport. (Aus Gabler, 2002, S. 14, mit freundlicher Genehmigung des Hofmann-Verlags)

	Ich-bezogen	Im sozialen Kontext
Bezogen auf das Sporttreiben selbst	Bewegung, körperliche Aktivität etc.	Soziale Interaktion
Bezogen auf das Ergebnis des Sporttreibens	Leistung als Selbstbestätigung	Leistung als Fremdbestätigung etc.
Bezogen auf das Sporttreiben selbst als Mittel für weitere Zwecke	Gesundheit etc.	Kontakt, Geselligkeit etc.

verbinden. Die auf Basis der kognitiven und emotionalen Prozesse entstandene Leistungsmotivation äußert sich dann in dem von außen beobachtbaren Verhalten (hohes Engagement). Im Anschluss an die Handlung kommt es zurückblickend (*retrospektiv*) zu *Selbstbewertungsprozessen* („Habe ich getroffen?"; „Was war der Grund dafür?") sowie entsprechend ausfallenden *emotionalen Reaktionen* (z. B. Freude, Stolz, Scham, Trauer). Die Ergebnisse dieser *retrospektiven Selbstbewertungsprozesse* können wiederum Auswirkungen auf die nächste Situation und die Weiterentwicklung der Motivdisposition haben (Conzelmann et al., 2013, S. 281 f.).

4.2 Motive im Sport

Ein Ziel der sportwissenschaftlichen Motivationsforschung ist es, Motive für das Sporttreiben bzw. das Nichtsporttreiben zu ermitteln.

┌─ **Sportmotive** ─────────────────────

Als Sportmotive werden nach Gabler „situationsüberdauernde, zeitlich überdauernde und persönlichkeitsspezifische Wertungsdispositionen" (2004b, S. 205) bezeichnet, die auf sportliche Situationen gerichtet sind.

Dabei werden die gefundenen Motive (wie sich mit anderen messen, jung bleiben oder soziale Anerkennung) in Motivgruppen zusammengefasst, d. h., häufig wiederkehrende Situationen im Sport sowie die mit ihnen verknüpften Motive werden benannt und in eine Ordnung gebracht. Die inhaltliche Abgrenzung verschiedener Motive erfolgt dabei zumeist nach Inhaltsklassen ihrer Handlungsziele (Was möchte ich mit der Handlung erreichen?).

Ein Beispiel für eine solche Klassifikation von Motiven im Sport zeigt ◘ Tab. 4.1. Unterschieden werden hier u. a. solche Motive, die sich direkt auf die eigene Person beziehen, und solche, die auch andere Personen einschließen (Gabler, 2002, S. 14).

Dabei können generell auch verschiedene Motive wirksam werden, die entweder in die gleiche Richtung zeigen (z. B. Gesundheit erhalten und soziale Kontakte knüpfen) oder gegenläufig sind (z. B. Gesundheit und Leistung im Gewichtheben). Bei gegenläufigen Motiven muss sich die Person zwischen den Alternativen entscheiden, um handlungsfähig zu sein (Nolting & Paulus, 2018). Hierbei spielen Willensprozesse eine entscheidende Rolle, die in ▸ Kap. 5 näher erläutert werden.

Zuvor werden in den folgenden Abschnitten beispielhaft weitere, den Sport betreffende, grundlegende motivationspsycho-

4

logische Unterscheidungen vorgestellt. Zum einen handelt es sich dabei um die Unterscheidung zwischen *extrinsischen* und *intrinsischen* bzw. *impliziten* und *expliziten Motiven*. Zum anderen wird eine der drei, in der Psychologie am häufigsten betrachteten Inhaltsklassen, das *Leistungsmotiv*, ausführlich vorgestellt, da es sich bei der Leistungssituation um eine Grundsituation im Sport handelt, die entsprechend häufig Gegenstand motivationspsychologischer Untersuchungen im Sport ist (Gabler, 2004b, S. 208).

Bei den anderen beiden Inhaltsklassen handelt es sich um das *Anschlussmotiv* und um das *Machtmotiv*. Das Anschlussmotiv wird nach Hofer und Hagemeyer (2018, S. 224) als angeborenes Bedürfnis verstanden, Beziehungen mit anderen Personen einzugehen und aufrechtzuerhalten. Dabei ist die Befriedigung des Bedürfnisses nach Akzeptanz und Verbundenheit mit Gefühlen der Zufriedenheit verbunden. Bei sozialer Zurückweisung stellen sich dagegen negative Gefühle ein. In der Persönlichkeits-/Motivationspsychologie wird dabei u. a. zwischen den beiden Facetten Affiliation und Intimität der Anschlussmotivation unterschieden. Das Machtmotiv stellt nach Busch (2018, S. 248) den Wunsch dar, auf andere Personen Einfluss auszuüben. Der zentrale Anreiz des Machtmotivs besteht darin, Stärke und soziale Wirksamkeit zu erleben.

Andere, viel zitierte, Inhaltsklassen sind z. B. in der Psychologie Maslows (1954) *Bedürfnishierarchie* (▶ Exkurs 4.3) oder die *Grundbedürfnisse* nach Deci und Ryan (2000). In der Sportpsychologie stehen z. B. die Ergebnisse aus Gablers (2002) Typisierungsstudie zu Sportmotiven oder deren Erweiterung durch Lehnert et al. (2011) im Fokus. Diese (sport-)psychologischen Inhaltsklassen werden ebenfalls in den folgenden Abschnitten vorgestellt.

4.2.1 Extrinsische und intrinsische Motive

Eine klassische Unterscheidung betrifft die zwischen intrinsischen und extrinsischen Motiven. Nach Heckhausen und Heckhausen (2018) ist die bereits von Woodworth (1918) vorgenommene Unterscheidung der beiden Begriffe jedoch problematisch, da sie nicht trennscharf zu sein scheint. In der Literatur zeigt sich nämlich, dass verschiedene Autorinnen und Autoren die beiden Begriffe „intrinsisch" und „extrinsisch" unterschiedlich gebrauchen. Exemplarisch erfolgt daher die Unterscheidung am Beispiel der Differenzierung von Heckhausen und Heckhausen (2018). Bei der intrinsischen Motivation stimmen demnach Mittel (Handlung) und Zweck (Handlungsziel) thematisch überein; es geht also darum, dass man etwas aus „Spaß" macht und nicht, weil man sich davon etwas Bestimmtes erwartet. Formen intrinsischer Motivation – und damit eine Konkretisierung von „Spaß" – sind:

— Freude an bestimmten Bewegungen
— „Aufgehen" in der sportlichen Aktivität (Flow)
— Kompetenzerleben.

Freude an bestimmten Bewegungen und Flow lassen sich am ehesten dem Motiv Aktivierung/Freude zuordnen, das Kompetenzerleben am ehesten dem Motiv Wettkampf/Leistung (Wiemeyer et al., 2016, S. 119).

Das emotionale Erleben gilt bei der intrinsischen Motivation als Anreizwert. Sie wird z. B. im Flow-Konzept (Csikszentmihalyi, 1990) (▶ Exkurs 4.1) und beim Konzept des Sensation Seeking (Zuckermann, 1979) (▶ Exkurs 4.2) sportspezifisch aufgegriffen.

Ist man hingegen extrinsisch motiviert, handelt man zur *Zweckerreichung* und ist somit primär an den Folgen einer Handlung interessiert. Dies können z. B. soziale Anerkennung, materielle Belohnung und sozialer Status sein.

Das auf Csikszentmihalyi (1990) zurück-
gehende Konzept des Flows bezeichnet
einen Bewusstseinszustand, der von absoluter Fokussierung und Freude gekennzeichnet ist.

Sportlerinnen und Sportler, die Flow erleben, gehen völlig in der Situation auf, in der
sie sich befinden, ohne irgendwelche anderen
Gedanken oder Emotionen zu haben. Dabei
kommt es zu einem besonderen Erlebnis, bei
dem Körper und Geist harmonisch zu-

sammenwirken (Csikszentmihalyi & Jackson,
2000, S. 13).

Gabler (2004a, S. 181 f.) beschreibt Flow
u. a. als gänzlich intrinsisch motiviertes Engagement, bei dem Tätigkeiten um ihrer
selbst willen ausgeführt werden. Zurückgeführt wird dieses Erlebnis auf eine nahezu
lückenlose Übereinstimmung von (hohen)
Handlungsanforderungen und den vorhandenen (hohen) Fähigkeiten (Können) der
handelnden Person (Abb. 4.4).

 Abb. 4.4 Modell des Flow-Zu-
stands. (Adaptiert nach Csikszentmihalyi & Jackson, 2000, S. 45,
© GRÄFE UND UNZER VERLAG
GmbH)

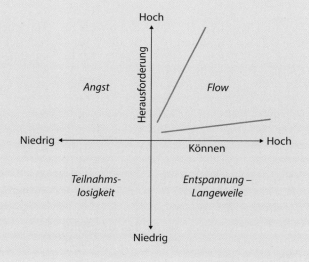

Den theoretischen Ausgangspunkt bildet die
Vorstellung, dass es systematische interindividuelle Unterschiede bei Personen im Bedürfnis nach **Stimulation** gibt, um sich wohlzufühlen. Daher suchen sie unterschiedlich
stark nach solchen Stimulationen. Zuckermann (1979) nennt sein Konzept bewusst Sensation Seeking und nicht Stimulation Seeking,
da es die Sinneseindrücke (*sensations*) sind –
also die **Effekte** von Stimulationen und nicht
die Stimulationen selbst –, die positive Ver-
stärkungswerte für das Individuum haben.

Zudem hängt dieser Verstärkungswert primär
von der Komplexität, Ungewöhnlichkeit oder
Neuheit der Stimulation ab und nur nach-
rangig von deren Stärke.

Die Persönlichkeitseigenschaft *Sensation
Seeking* bezieht sich demnach auf die Tendenz, neue, verschiedenartige, komplexe und
intensive Eindrücke zu bekommen oder Erfahrungen zu machen und dafür auch Risiken in Kauf zu nehmen (Abb. 4.5). Sie
wird daher allgemein als individuelles Bedürfnis nach neuartigen, intensiven und kom-

4

◘ **Abb. 4.5**   Foto: Jan Ehlers

plexen Reizen und Situationen verstanden (Amelang & Bartussek, 2006, S. 386). In der sportpsychologischen Forschung steht Sensation Seeking häufig in Zusammenhang mit der Ausübung von Risikosportarten (Gomài-Freixanet et al., 2012).

Instrumente zur Messung dieser Persönlichkeitseigenschaft stellen u. a. die deutsche Version des Arnett Inventory of Sensation Seeking (AISS-D; Roth et al., 2003) bzw. die deutsche Übersetzung der Sensation Seeking Scale – Form V (SSS-V; Beauducel & Brocke, 2003) dar.

Deci und Ryan (z. B. 2000) lösen sich in ihrer Selbstbestimmungstheorie der Motivation (Self-Determination Theory, SDT) von dieser Zweiteilung und nehmen stattdessen an, dass sich intrinsische und extrinsische Motivation auf einem Kontinuum zwischen den beiden Polen *nicht selbstbestimmt* und *stark selbstbestimmt* befinden. Für die extrinsische Motivation nehmen sie zudem die Teilung kontrolliert und autonom mit den Abstufungen *external* und *introjiziert* bzw. *identifiziert und integriert* für die Verhaltensregulation vor. Diese Unterteilungen sowie das mögliche resultierende Verhalten, je nach Motivationslage, wird am Beispiel der (Nicht-)Teilnahme an einem Volkslauf in ◘ Tab. 4.2 verdeutlicht.

Deci und Ryan (2000) betonen, ähnlich wie Maslow (1954) (▶ Exkurs 4.3), dass das Verstehen menschlicher Motivation die Berücksichtigung der angeborenen psychologischen Grundbedürfnisse nach *Kompetenz*, *Geselligkeit* und **Autonomiestreben** voraussetzt.

Ein deutschsprachiges Instrument zur Erfassung der Motivation auf Basis der Selbstbestimmungstheorie wird in ▶ Exkurs 4.4 beschrieben.

> **Selbstkonkordanz**
>
> Als Selbstkonkordanz wird ein Merkmal der Zielintention bezeichnet, „in dem zum Ausdruck kommt, wie stark diese Zielintention mit den sonstigen persönlichen **Interessen** und Werten der Person übereinstimmt" (Seelig & Fuchs, 2006, S. 121).

Exkurs 4.3: Aus der Forschung: Maslows Bedürfnishierarchie

Maslow (1954) geht in seinem theoretischen Modell davon aus, dass die grundlegenden menschlichen Motive (allgemeine Bedürfnisklassen) hierarchisch gegliedert sind (◘ Abb. 4.6).

Hierarchisch weiter unten angeordnete Bedürfnisse müssen dabei zuerst befriedigt sein, bevor die höhere Ebene erreicht werden kann. So wird z. B. ein hungernder Mensch zuerst sein biologisches Bedürfnis – nämlich zu essen – befriedigen wollen, bevor er sich über seine persönliche Sicherheit Gedanken macht, und evtl. sogar Risiken eingehen, um an geeignete Nahrungsmittel zu gelangen. Sind wiederum die ersten beiden Ebenen abgedeckt, und die Person ist satt und in Sicherheit, motiviert sie das Bedürfnis nach sozialer Bindung usw. Bei Bedürfniskonflikten erweisen sich demnach zumeist die tiefer liegenden als stärker. An der Spitze der Hierarchie befinden sich letztendlich Menschen, die sitt und satt, sicher, geborgen und liebend, selbstbewusst, rational denkend und kreativ sind und sich über die basalen menschlichen Bedürfnisse hinaus entwickelt haben. Das Modell sieht darüber hinaus eine weitere Stufe vor (**Transzendenz**), die die vollständige Ausschöpfung der persönlichen Möglichkeiten übersteigt: Manchen Menschen gelingt es,

über sich hinauszuwachsen und eine Einheit mit spirituellen Kräften zu erleben.

Gabler (2004b, S. 202 f.) bezieht dieses Modell auf das Sporttreiben und seine Bedeutung für die Persönlichkeitsentwicklung und folgert, dass in unterschiedlichen Lebensabschnitten im Sport unterschiedliche Motivgruppen von besonderer Bedeutung sein könnten. So ständen im frühen Jugendalter eher soziale Bindungen, im späten Jugend- und im Erwachsenalter hingegen eher Bedürfnisse der Selbstverwirklichung im Vordergrund (◐ Abb. 4.7).

◧ **Abb. 4.6** Bedürfnishierarchie nach Maslow (1954)

Transzendenz
Spiritualität, Glaube, Sinnhaftigkeit ...

Selbstverwirklichung
Leistung, Geltung, Ziele ...

Ästhetische Bedürfnisse
Schönheit, Ordnung ...

Kognitive Bedürfnisse
Wissen, Verstehen, Lernen ...

Wertschätzung
Vertrauen, Gefühl, Kompetenz,
Selbstwert, Anerkennung ...

Bindung
Liebe, Geborgenheit, Geselligkeit,
Bindung ...

Sicherheit
Schutz vor Schmerz, Behaglichkeit,
Ruhe, Angstfreiheit ...

Biologische Bedürfnisse
Sauerstoff, Hunger, Durst, Sex,
Erholung, Entspannung ...

4

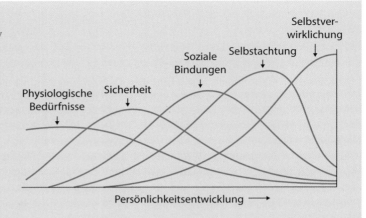

Abb. 4.7 Hierarchie der Motivgruppen nach Maslow (1954). (Adaptiert nach Gabler 2004b, S. 202, mit freundlicher Genehmigung des Hofmann-Verlags)

Exkurs 4.4: Aus der Praxis: Sport- und bewegungsbezogene Selbstkonkordanz-Skala (SSK-Skala)

Ein diagnostisches Instrument zur Messung der sport- und bewegungsbezogenen **Selbstkonkordanz** stellt die sport- und bewegungsbezogene Selbstkonkordanz-Skala (SSK-Skala) von Seelig und Fuchs (2006) dar, mit der die Zielintention „in den nächsten Wochen und Monaten regelmäßig sportlich aktiv zu sein" erhoben werden kann.

Der Fragebogen umfasst insgesamt zwölf **Items**, die den vier Abstufungen aus der Selbstbestimmungstheorie (external, introjiziert, identifiziert und integriert) in Form von Subskalen mit je drei Items zugeordnet werden.

Alle Items sind auf einer sechsstufigen Likert-Skala (von 1 = „trifft gar nicht zu" bis 6 = „trifft genau zu") zu bewerten und beziehen sich auf die gemeinsame Eingangsformulierung „Ich habe die Absicht, in den nächsten Wochen und Monaten regelmäßig sportlich aktiv zu sein, ...".

- Subskala *Intrinsische Motivation*:
  - ... weil sportliche Aktivität einfach zu meinem Leben dazu gehört.
  - ... weil es mir einfach Spaß macht.
  - ... weil ich dabei Erfahrungen mache, die ich nicht missen möchte.
- Subskala *Identifizierte Motivation*:

- ... weil ich gute Gründe dafür habe.
- ... weil es gut für mich ist.
- ... weil die positiven Folgen einfach die Mühe wert sind.
- Subskala *Introjizierte Motivation*:
  - ... weil ich sonst ein schlechtes Gewissen hätte.
  - ... weil ich denke, dass man sich manchmal auch zu etwas zwingen muss.
  - ...weil ich mir sonst Vorwürfe machen müsste.
- Subskala *extrinsische Motivation*:
  - ... weil Personen, die mir wichtig sind, mich dazu drängen.
  - ... weil ich sonst mit anderen Personen Schwierigkeiten bekomme.
  - ... weil andere sagen, ich soll sportlich aktiv sein.

Neben den Ausprägungen der vier Motivationsformen (über den jeweiligen Summenwert) kann ein Gesamtwert für die Selbstkonkordanz (SSK-Index) aus den Subskalenwerten errechnet werden, indem die Summe der introjizierten und extrinsischen Subskalenwerte von der Summe der identifizierten und intrinsischen Subskalenwerte abgezogen wird.

Tab. 4.2 Motivations- und Regulationstypen in der Selbstbestimmungstheorie der Motivation

Motivationstyp	Amotivation	Kontrollierte extrinsische Motivation		Autonome extrinsische Motivation		Intrinsische Motivation
Regulationstyp	Keine Regulation	Externale Regulation	Introjizierte Regulation	Identifizierte Regulation	Integrierte Regulation	Intrinsische Regulation
Verhaltenskontrolle	Keine	Sehr stark extern	Stark extern	Schwach extern	Kaum extern	Intrinsisch
Autonomiegrad	Nicht selbstbestimmt	Kaum selbstbestimmt ————————————————————————————————— Stark selbstbestimmt				
	-	Ursache außerhalb der Person, um Belohnung zu erhalten, Bestrafung zu vermeiden, aus Zwang/Verführung oder äußerem Druck	Gering – Handeln, um Stolz zu entwickeln bzw. Schuld- bzw. Schamgefühlen vorzubeugen	deutlich vorhanden – Handeln zur Akzeptanz, Identifikation und Übereinstimmung mit der Tätigkeit	sehr hoch – feste Verankerung der Ziele und Werte der Tätigkeit im Selbst (instrumentelles Ziel)	gänzlich – Handeln aus Interesse oder Freude (kein instrumentelles Ziel)
Beispiel Volkslauf	Keine Teilnahme	Teilnahme, um Preisgeld zu gewinnen oder weil der Trainer bzw. die Eltern es vorgeben	Teilnahme, weil es alle aus der Trainingsgruppe machen	Teilnahme, um die Position oder Rolle in der Trainingsgruppe zu behalten	Teilnahme zur Bestimmung des Trainingseffekts oder der Leistungsfähigkeit	Teilnahme aus Spaß am Laufen

4.2.2 Implizite und explizite Motive

Die direkteste Methode zur Erforschung der Sportmotivation besteht in der Befragung von Personen. Allerdings erhält man dadurch nur **deskriptive** Werte, die ein subjektives Erklärungsmodell des eigenen Handelns darstellen, also *explizite Motive*, über die sich die Person bewusst ist. Diesen wird eine lenkende Funktion in der Verhaltensregulation zugeschrieben. Demgegenüber stehen *implizite Motive*, unter denen **affektive** und nicht sprachlich repräsentierte Präferenzen einer Person für bestimmte Klassen von Anreizen verstanden werden. Diese energetisieren, orientieren und selegieren das Verhalten (McClelland et al., 1989).

Ein Beispiel für eine deskriptive Befragung zur Ermittlung expliziter Motive ist die Studie zur kommunalen Sportentwicklung in Tübingen von Gabler und Nagel (2001). Über 800 Bürger wurden mithilfe eines Fragebogens gefragt, warum sie sportlich aktiv sind. Dabei konnten bis zu drei Sportarten bzw. Sportaktivitäten angegeben werden. Danach sollten diese Sportarten daraufhin beurteilt werden, inwieweit vorgegebene Motive zutreffen (von 1 = „trifft sehr zu" bis 5 = „trifft nicht zu").

Faktorenanalytisch ergaben sich in dieser Studie sechs Motivgruppen, die man mit den Begriffen *Leistung*, *Fitness*, *Bewegungsfreude*, *Kontakt*, *Natur* und *Erholung* beschreiben kann (◻ Tab. 4.3).

Die wesentlichen Ergebnisse dieser Studie (Gabler, 2002) lassen sich wie folgt zusammenfassen: Menschen treiben insbesondere Sport

- aus Spaß und Freude an der Bewegung,
- um sich wohlzufühlen,
- als Ausgleich zum Alltag und
- um die Fitness zu verbessern.

Dabei existieren sowohl Geschlechts- als auch Altersunterschiede. In Bezug auf das Geschlecht sind die Motive Spaß, Ausgleich

◻ **Tab. 4.3** Motivgruppen und Motivdimensionen aus einer Typisierungsstudie von Gabler (2002, mit freundlicher Genehmigung des Hofmann-Verlags)

Motivgruppe	Motivdimension
Leistung	Sportliches Können verbessern Sportliche Ziele Sich mit anderen messen Körperliche Anstrengung Nervenkitzel
Fitness	Figur Fitness Jung bleiben Gesundheit
Bewegungsfreude	Bewegungsfreude Spaß Wohlfühlen
Kontakt	Menschen kennenlernen Gruppenaktivität Freude Spannendes erleben Soziale Anerkennung Ausdruck
Natur	Frische Luft Sport in der Natur
Erholung	Stressabbau Entspannung Ausgleich

und Fitness für Männer und Frauen gleich bedeutsam. Frauen sind aber in stärkerem Maße als Männer aus gesundheitlichen Gründen sportlich aktiv. Für Männer sind dagegen leistungsbezogene Motive und soziale Kontakte von größerer Bedeutung.

In Bezug auf das Alter nehmen die Motive des sportlichen Könnens sowie der Spannung/des Nervenkitzels mit zunehmendem Alter ab. Dafür gewinnen mit steigendem Alter gesundheitliche Motive an Bedeutung. Soziale Kontakte sind insbesondere für junge Leute (15–18 Jahre) sowie für Ältere (> 65 Jahre) wichtig. Für die 19- bis 65-Jährigen sind dagegen Ausgleich, Entspannung und Stressabbau bedeutender. Insgesamt lässt sich sagen, dass Sporttreibende meist von mehreren Motiven bestimmt werden, d. h., dass sportliche Situationen multithematisch besetzt sind.

Als Beispiel dafür, dass die Art der Handlung bzw. der situative Kontext (Setting) auch zu anderen Einteilungen bzw. zu einer unterschiedlichen Wichtigkeit von Motivklassen führen kann, wird hier eine Untersuchung von Flatau et al. (2014) angeführt. Sie befasst sich zwar mit expliziten Motiven im Sport, jedoch steht hier das Leistungsmotiv nicht im Mittelpunkt. Untersucht wurden die Motive ehrenamtlichen Engagements in Sportvereinen (Fußball). Die Autoren zeigen u. a., dass intrinsisch-egoistische Motive die höchste Ausprägung besitzen und dass **altruistische** Motive zu einer Steigerung des Umfangs der ehrenamtlichen Engagements führen.

Ein deutschsprachiges Instrument zur Erfassung sportlicher Motive wird in ▶ Exkurs 4.5 beschrieben.

Exkurs 4.5: Aus der Praxis: Berner Motiv- und Zielinventar im Freizeit- und Gesundheitssport (BMZI)

Eine Möglichkeit zur multidimensionalen Erfassung von sportlichen Motiven und Zielen stellt das Berner Motiv- und Zielinventar im Freizeit- und Gesundheitssport (BMZI; Lehnert et al., 2011; Sudeck et al., 2011) dar, das auf der Basis von Gablers (2002) Motiven entwickelt wurde.

Der Fragebogen umfasst insgesamt 24 Items, die sieben Motivbereichen (Subskalen) zugeordnet werden:

1. Fitness/Gesundheit
2. Figur/Aussehen
3. Kontakt (im Sport/durch Sport)
4. Ablenkung (**Katharsis**)
5. Aktivierung/Freude
6. Wettkampf/Leistung
7. Ästhetik

Sportlich aktive Menschen im mittleren und hohen Erwachsenenalter sollen ihre Antworten zur Einstiegsfrage („Warum treiben Sie Sport bzw. warum würden Sie Sport treiben?") auf einer fünfstufigen Likert-Skala geben (von 1 = „trifft überhaupt nicht zu" bis 5 = „trifft völlig zu").

Zur Auswertung und Interpretation werden die Mittelwerte der Subskalen ermittelt und können zueinander in Beziehung gesetzt werden. Daraus lässt sich die Wichtigkeit (sehr hoch, hoch, mittel, niedrig, sehr niedrig) der einzelnen Motive erkennen.

Auf Basis des BMZI bestimmen Sudeck et al. (2011) mithilfe **clusteranalytischer** Verfahren darüber hinaus neun Sporttypen (Erwachsene mit ähnlichen Motivprofilen), denen die Befragten in einem zweiten Auswertungsschritt zugeordnet werden können:

1. Kontaktfreudige Sportler
2. Figurbewusste Ästheten
3. Aktiv-Erholer
4. Erholungssuchende Fitnessorientierte
5. „Zweckfrei" Sportbegeisterte
6. Gesundheits- und Figurorientierte
7. Figurbewusste Gesellige
8. Figurorientierte Stressregulierer
9. Erholungssuchende Sportler

Mithilfe der Ergebnisse können den Befragten z. B. zielgruppenspezifische Sportangebote unterbreitet werden, die eine breite motivationale Verankerung des Sportengagements berücksichtigen und denen so langfristig nachgegangen wird (◘ Abb. 4.8).

◘ **Abb. 4.8**   Foto: Sören D. Baumgärtner

Das Konzept der *impliziten Motive* versucht die Richtung, die Intensität und die Persistenz (Beharrlichkeit) bei der Verfolgung von Zielen zu erklären (McClelland, 1985). Damit wird im Sport beispielsweise versucht, eine Vorhersage über die Leistung und das Befinden treffen zu können. Daher werden aktuell u. a. die Eigenschaften impliziter Motive auf den Sportkontext, wie nachfolgend exemplarisch vorgestellt, übertragen (für einen Überblick s. u. a. Schüler & Wegner, 2015). Wegner und Schüler (2015) beziehen sich z. B. dabei auf drei Aspekte:
1. *Langfristige Verhaltensvorhersagen:* Implizite Motive sind mit spontan und wiederholt gezeigten, langfristigen Verhaltenstrends verbunden.
2. *Passung:* Die Passung zwischen den impliziten Motiven einer Person und den explizierbaren (erläuterbaren) Selbstbildern, eigenen Zielen oder situativen Anreizen führt zu verbessertem Wohlbefinden, stärkerer Motivation und schließlich besserer sportlicher Leistung.

3. *Psychophysiologische Zusammenhänge:* Nur implizite (aber nicht explizite) Motive sind mit physiologischen (z. B. endokrinen, also das Hormonsystem betreffenden) Parametern verbunden.

In einer Studie von Wegner und Teubel (2014) konnten *langfristige Verhaltensvorhersagen*, u. a. für implizite Motive, nachgewiesen werden. Die wettkampfnahe Spielleistung von Sportstudierenden im Handball, Fußball und Basketball konnte hier über das Leistungsmotiv vorhergesagt werden.

Hinsichtlich der *Passung*, z. B. zwischen impliziten Motiven und entsprechenden Sportumwelten, konnten Sorrentino und Sheppard (1978) zeigen, dass diejenigen Schwimmerinnen und Schwimmer mit hohem Anschlussmotiv bessere Leistungen erzielten, die für ein Team schwammen, als diejenigen, die für ihren eigenen Erfolg ins Becken gingen. In einer Studie von Schüler et al. (2014) wiesen Extremausdauersportlerinnen und -sportler stärkere Wohlbefindens- und geringere Sportabhängigkeitswerte auf, wenn die Sportumwelt von den Athletinnen und Athleten als bedürfnisbefriedigend wahrgenommen wurde und außerdem zum impliziten Motiv passte.

Des Weiteren beschäftigt sich die Sportwissenschaft mittlerweile mit *psychophysiologischen Zusammenhängen*, wie der Interaktion des impliziten Machtmotivs mit hormonellen Reaktionen in Wettkampfsituationen. Stanton und Schultheiss (2009) belegten, dass das Machtmotiv die Testosteronausschüttung, als Reaktion auf Wettkampfsituationen und Siege, in Wettkämpfen **moderiert**. Bei Niederlagen lässt sich wiederum über eine erhöhte Kortisolausschüttung nachweisen, welche Rolle das Machtmotiv bei der Reaktion von Athletinnen und Athleten auf den resultierenden Stress innehat.

4.2.3 Das Leistungsmotiv

Im Sport spielt das Leistungsmotiv – das die Verbesserung der eigenen Fähigkeiten, gemessen an einem persönlichen **Güte-/Tüchtigkeitsmaßstab** beinhaltet (McClelland et al., 1953) – eine bedeutende Rolle, denn viele Sportsituationen sind zugleich Leistungssituationen. Daher stehen auch bereits seit Mitte der 1970er-Jahre Arbeiten zur Leistungsmotivation im Mittelpunkt der sportpsychologischen Motivationsforschung. Diesen Arbeiten kann das oben skizzierte Grundschema zum Ablauf von Motivationsprozessen zugrunde gelegt werden, nach dem ein Motiv durch eine Situation angeregt wird und es damit zum Motivationsprozess kommt (◻ Abb. 4.3).

Leistungsmotivation

Leistungsmotivation ist die Gesamtheit aller „aktuellen emotionalen und kognitiven Prozesse, die in der individuellen Auseinandersetzung mit (…) der Leistungssituation angeregt werden" (Gabler, 2004b, S. 210).

Scheffer und Heckhausen (2018, S. 36) nennen fünf notwendige Voraussetzungen, damit eine Situation als Leistungssituation aufgefasst bzw. leistungsmotiviertes Handeln ausgelöst werden kann:

1. *Die Handlung führt zu einem objektivierbaren Ergebnis:* Das spontane spielerische Jonglieren des Balls auf dem Fuß wird in der Regel nicht als Leistungshandlung angesehen.

2. *Das Handlungsergebnis muss auf einen Gütemaßstab beziehbar sein:* Es gibt eine sachliche, individuelle oder soziale **Bezugsnorm** für die Bewertung der Leistung.

3. *Dem Gütemaßstab muss ein Schwierigkeitsmaßstab zuzuordnen sein:* Die Wahrscheinlichkeit des Gelingens oder Misslingens einer Aufgabe ist abhängig von ihrer Schwierigkeit.

4. *Der Güte- und Schwierigkeitsmaßstab muss vom Handelnden als für sich selbst verbindlich betrachtet werden:* Bei Ablehnung des Gütemaßstabs können Handlungsergebnisse nicht als Leistungen betrachtet werden.

5. *Das Handlungsergebnis muss vom Handelnden als selbst verursacht erlebt werden:* Zufällig erreichte Ergebnisse, wie ein Eigentor des Gegners, werden nicht als Leistungen betrachtet.

Angenommen wird, dass Sportlerinnen und Sportler in solchen Leistungssituationen ihre Handlungen anhand bestimmter

4

Bezugsnormen vergleichen und bewerten (s. Voraussetzung 2). Die Vergleiche können wiederum auf drei Ebenen gezogen werden:

1. *Sachlich:* Vergleich mit objektiven Schwierigkeitsmaßstäben (z. B. Weiten oder Zeiten in der Leichtathletik)
2. *Individuell:* Vergleich mit eigener bisheriger Leistung
3. *Sozial:* Vergleich mit der Leistung anderer

Die Resultate des Vergleichs sind, je nachdem, positive oder negative Emotionen (Conzelmann et al., 2013, S. 282).

Die Leistungsmotivationsforschung hat in den vergangenen Jahrzehnten diverse theoretische Konstrukte entwickelt, die spezifische Aspekte des Leistungsmotivs bzw. der Leistungsmotivation betrachten (Überblicksdarstellungen hierzu finden sich u. a. bei Beckmann et al., 2009; Brand, 2010; Kämpfe, 2009). Im Folgenden werden drei dieser Ansätze exemplarisch vorgestellt: das Risikowahl-Modell (► Abschn. 4.2.3.1), das Selbstbewertungsmodell (► Abschn. 4.2.3.2) sowie die Theorie der Zielorientierung (► Abschn. 4.2.3.2).

4.2.3.1 Das Risikowahl-Modell

Das Risikowahl-Modell nach Atkinson (1957) gilt als die klassische Theorie der Leistungsmotivationsforschung. Es nimmt in ausschließlich leistungsthematisch motivierten Situationen eine *Interaktion zwischen einem Personenfaktor und den zwei Situationsfaktoren Erwartung und Wert* an (Beckmann & Elbe, 2006; Heckhausen & Heckhausen, 2018).

Für die *Person* wird angenommen, dass sich während der individuellen Entwicklung zwei Motivdispositionen ausbilden können: *Hoffnung auf Erfolg* (HE) und *Furcht vor Misserfolg* (FM). Eine hohe Hoffnung auf Erfolg zeigt, „dass Athleten sportliche Herausforderungen gerne wahrnehmen und dabei eine realistische Zielsetzung haben. Misserfolgsängstliche Personen meiden es sich realistische Ziele zu setzen und begegnen sportlichen Herausforderungen eher ängstlich" (Beckmann & Elbe, 2008, S. 34 f.).

Wichtig ist, dass es sich bei dieser Einteilung nicht um ein Entweder-oder handelt, sondern um ein Kontinuum zwischen zwei Polen. So können durchaus auch Erfolgsmotivierte in angstauslösenden Situationen misserfolgsängstlich sein bzw. umgekehrt Misserfolgsmeidende in erfolgversprechenden Situationen Erfolgszuversicht zeigen.

Ein deutschsprachiges Instrument zur Untersuchung des Leistungsmotivs im Sport wird exemplarisch in ► Exkurs 4.6 beschrieben.

Exkurs 4.6: Aus der Praxis: Achievement Motives Scale – Sport (AMS-Sport)

Ein Instrument zur Erfassung des Leistungsmotivs stellt die auf der Vorlage der deutschen Achievement Motives Scale (AMS) von Göttert und Kuhl (1980) basierende Achievement Motives Scale – Sport (AMS-Sport) von Elbe und Beckmann (2005) dar. Mithilfe des Fragebogens werden die beiden Leistungsmotivtendenzen *Hoffnung auf Erfolg* und *Furcht vor Misserfolg* mit jeweils 15 Items getrennt voneinander, über eine vierstufige Likert-Skala (von 0 = „trifft überhaupt nicht auf mich zu" bis 3 = „trifft genau auf mich zu"), erfasst.

Einen Hinweis über die Motivtendenz liefert die sog. *Nettohoffnung*, die sich aus der Differenz zwischen den beiden Skalenwerten *Hoffnung auf Erfolg* und *Furcht vor Misserfolg* ermitteln lässt. Zudem kann das **Gesamtleistungsmotiv** Hinweise zur Stärke des Leistungsmotivs geben.

Die Ergebnisse können, neben der Einschätzung der Motivtendenzen und des Gesamtleistungsmotivs, z. B. auch als sportartübergreifende **Prädiktoren** für die Leistungsentwicklung oder als **Indikatoren** für ein möglicherweise entstehendes Übertraining verwendet werden (Wenhold et al., 2008).

Die Dispositionen HE und FM lassen sich also eher als Neigungen (und nicht als Dauerzustände) verstehen, entsprechende erfolgsorientierte bzw. misserfolgsmeidende Kognitionen und Emotionen in Leistungssituationen zu entwickeln (Conzelmann et al., 2013, S. 283).

Die *Situation* kann hingegen durch die zwei Faktorenpaare subjektive *Erfolgs- bzw. Misserfolgswahrscheinlichkeit* (Wert) und dem daraus resultierenden *Anreiz* gekennzeichnet werden. Der Anreiz bzw. die Aussicht, bei einer bestimmten Aufgabe Erfolg oder Misserfolg zu haben, ist dabei insbesondere von der wahrgenommenen Schwierigkeit der Aufgabe abhängig. Ein Erfolgsgefühl wie Stolz stellt sich beispielsweise umso stärker ein, je geringer die Erfolgsaussicht zuvor war. Ein Misserfolgsgefühl wie Beschämung ist hingegen umso stärker ausgeprägt, je leichter die Aufgabe im Vorhinein erschien. Diese invers-lineare Beziehung zwischen subjektiver Wahrscheinlichkeit und Anreiz fand bereits früh eine grobe **empirische** Bestätigung (Feather, 1963; Karabenick, 1972; Schneider, 1973, S. 160).

Darüber hinaus sagt das Risikowahl-Modell voraus, dass erfolgsmotivierte Menschen (Menschen mit einer hoch ausgeprägten HE) Aufgaben mit mittlerer Erfolgswahrscheinlichkeit bevorzugen. Menschen mit dominanter FM weichen dagegen Aufgaben mit mittlerer Erfolgswahrscheinlichkeit aus und wählen eher besonders leichte oder äußerst schwere Aufgaben (weil diese entweder jeder bewältigen kann oder weil diese so schwierig sind, dass sie sowieso niemand löst). Die Beziehung zwischen der Aufgabenschwierigkeit und der Wahlwahrscheinlichkeit von Misserfolgsmeidenden bzw. Erfolgsmotivierten stellt sich demnach als U-Funktion bzw. umgekehrte U-Funktion dar (◘ Abb. 4.9).

Der wissenschaftliche Kenntnisstand zur Unterscheidung von Erfolgsmotivierten und Misserfolgsmeidenden lässt sich folgendermaßen zusammenfassen (u. a. Beckmann et al., 2009; Gabler, 2004b; Kämpfe, 2009):

Erfolgsmotivierte (im Gegensatz zu Misserfolgsmeidenden)

- … schreiben die Ursachen für Erfolge eher internalen Faktoren zu (z. B. Anstrengung, eigene Tüchtigkeit), während sie für Misserfolge eher variable Faktoren (z. B. mangelnde Anstrengung, Pech) verantwortlich machen.
- … suchen häufiger nach Informationen über ihre eigenen Fähigkeiten (Aufgabenwahl sowie Suche nach Ursachen ihrer Handlungsergebnisse).
- … verfolgen mit größerer Ausdauer und Intensität ihre Ziele.
- … sind bei unerwarteten Schwierigkeiten bereit, den Aufwand zu erhöhen.
- … können länger auf Belohnungen warten (Belohnungsaufschub).

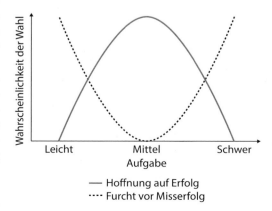

◘ **Abb. 4.9** Aufgabenwahl von erfolgsmotivierten und misserfolgsmeidenden Personen

4

4.2.3.2 Das Selbstbewertungs-modell

Das Risikowahl-Modell war richtungs-weisend für verschiedene nachfolgende Theorien zur Leistungsmotivation, so auch für das von Heckhausen entwickelte Selbstbewertungsmodell, das Leistungsmotivation als sog. Selbstbekräftigungssystem beschreibt (Brunstein & Heckhausen, 2018). In diesem Modell werden die beiden Motivtendenzen *Erfolgszuversicht* und *Misserfolgsängstlichkeit*, also die Aufrechterhaltung erfolgsmotivierten bzw. misserfolgsmotivierten Verhaltens, gegenübergestellt. Ausgangspunkt bildet dabei, in Anlehnung an das Risikowahl-Modell, die Annahme, dass Erfolgsmotivierte in Leistungssituationen anspruchsvolle Aufgaben wählen. Die Bezugsnorm bei der Auswahl wird dabei auf der Basis der gesammelten Erfahrung früherer Leistungen gebildet, die nun leicht übertroffen werden soll. Diese Aufgabenwahl fördert die Anstrengungsbereitschaft und bietet die Chance, die eigene Fähigkeit unter Beweis zu stellen. Resultat dieses mittleren bis leicht überdurchschnittlichen Anspruchsniveaus ist häufig ein ausgeglichenes Verhältnis von Erfolg zu Misserfolg (Brunstein & Heckhausen, 2018, S. 207).

Die *Ursachenzuschreibung* (**Kausalattribution**) von Erfolg bzw. Misserfolg stellt den Kern des Selbstbewertungsmodells dar. Nach Weiners (1974) *Attributionstheorie* können hierbei die zwei Dimensionen *Lokation* und *Stabilität* unterschieden werden (ausführlichere Informationen zu Attributionen in Abschn. 11.3). Bezüglich der *Lokation* können die Ursachen zum einen in der eigenen Person, also internal, oder zum anderen in äußeren Umständen bzw. anderen Personen, also external, wahrgenommen werden. In der zweiten Dimension *Stabilität* werden die Ursachen hinsichtlich ihrer zeitlichen Beständigkeit unterschieden, also ob sie eher stabil oder eher variabel sind (Conzelmann et al., 2013, S. 284).

Wie bereits im Risikowahl-Modell postuliert, wird davon ausgegangen, dass bei Erfolgsmotivierten der Stolz über einen Erfolg weit größer ausfällt als die Beschämung über einen Misserfolg. Nach Weiner (1974) neigen sie dazu, Erfolge der eigenen Anstrengung und Begabung (internal), Misserfolge hingegen einer unzureichenden Bemühung (ebenfalls internal) zuzuschreiben. Dies führt in der Regel einerseits dazu, dass aus der Erfahrung des Misserfolgs die Erwartung entsteht, zukünftig bessere Leistungen erbringen zu können. Andererseits vermitteln die Erfolgserlebnisse ein freudiges und stolzes Gefühl über das Geleistete und bestätigen damit sowohl die Fähigkeit als auch den Einsatz der handelnden Person. Diese selbstwertdienlichen Attributionsmuster sind stabil und werden trotz der erlebten Misserfolge dauerhaft von Erfolgsmotivierten beibehalten. Sie stellen sog. verzerrte Attributionsmuster dar.

Ein weiteres Beispiel für solche Muster ist der *Actor-Observer-Bias* (Abschn. 11.3.4). Hier werden, insbesondere bei negativen Ergebnissen, den eigenen Leistungen primär externale Faktoren zugeordnet, wohingegen die Leistungen anderer eher auf internale Faktoren zurückgeführt werden. Es erfolgen demnach unterschiedliche Ursachenzuschreibung, je nachdem, ob man Akteurin bzw. Akteur (*actor*) oder Beobachterin bzw. Beobachter (*observer*) ist (Brunstein & Heckhausen, 2018, S. 206–207).

Misserfolgsmotivierte schreiben hingegen, ähnlich dem Risikowahl-Modell, Misserfolgen mangelnde eigene Fähigkeiten zu (internal). Darüber hinaus weisen sie bei Erfolgen eine variable – also keine eindeutig bevorzugte – Ursachenzuschreibung auf (Weiner et al., 1971), tendieren aber eher dazu, Faktoren wie Glück oder eine leichte Aufgabe (external) anzuführen (Conzelmann et al., 2013, S. 283 f.). Dieser Umstand stellt den eigentlichen Grund dafür dar, dass sie Misserfolge als beschämend und ent-

◼ Tab. 4.4 Heckhausens Selbstbewertungsmodell der Leistungsmotivation. (Aus Rheinberg & Vollmeyer, 2019, S. 86, © Kohlhammer)

Komponenten		Motivausprägung	
		Erfolgszuversichtlich	Misserfolgsmeidend
Zielsetzung/Anspruchsniveau		Realistisch, mittelschwere Aufgaben	Unrealistisch, Aufgaben zu schwer oder zu leicht
Ursachenzuschreibung	Erfolg	Anstrengung, gute eigene Tüchtigkeit	Glück, leichte Aufgabe
	Misserfolg	Mangelnde Anstrengung/Pech	Mangelnde eigene Fähigkeit/„Begabung"
Selbstbewertung		Erfolgs-/Misserfolgsbilanz positiv	Erfolgs-/Misserfolgsbilanz negativ

mutigend erleben und diese Versagensgefühle nicht mit Erfolgserlebnissen kompensieren können, da diese nicht den eigenen Fähigkeiten zugeschrieben werden. Eine entsprechend anspruchsvolle Aufgabenwahl wie bei Erfolgsmotivierten kommt somit für Misserfolgsmotivierte nicht infrage, da sie fortlaufend negative selbstbezügliche Emotionen erleben würden und diese reduzieren oder vermeiden wollen. Dies gelingt z. B. durch die Wahl extrem schwieriger oder extrem leichter Aufgaben, geringer Beharrlichkeit bzw. Ausdauer oder durch den gänzlichen Abbruch von Leistungshandlungen (Brunstein und Heckhausen, 2018, S. 206–207). Diese *negative affektive Selbstbewertung* führt auf Dauer zu einer Stärkung und Stabilisierung der misserfolgsängstlichen Motivtendenz, woraus das Leistungsmotiv auch für Misserfolgsmotivierte seine Selbstbekräftigung erfährt (Conzelmann et al., 2013, S. 284).

Erfolgsmotivierte handeln zusammenfassend also eher im Hinblick auf die Verbesserung der eigenen Tüchtigkeit, Misserfolgsmotivierte hingegen eher im Hinblick auf die Reduzierung von Selbstwertbelastungen, was letztendlich einen verminderten Kompetenzerwerb zur Folge hat. Um diesem entgegenzuwirken und somit Misserfolgsmotivierte dabei zu unterstützen,

eher erfolgsmotiviert zu sein, sollten entsprechende Trainingsprogramme nach Brunstein und Heckhausen (2018, S. 206) an den drei ursächlichen Teilprozessen *Zielsetzung*, *Ursachenerklärung* und *leistungsthematische Affekte* (z. B. Stolz, Zufriedenheit, Beschämung, Unzufriedenheit) gleichzeitig ansetzen. Dies vermindert den Effekt, dass die motivationalen Komponenten in gegensätzliche Richtungen wirken. Die jeweiligen tendenziellen Ausprägungen dieser Komponenten bei Erfolgs- bzw. Misserfolgsmotivierten sind in ◼ Tab. 4.4 gegenübergestellt.

4.2.3.3 Die Theorie der Zielorientierung

Die von Nicholls (1984) entwickelte Theorie der Zielorientierung geht der grundlegenden Frage nach, „welche Kriterien Individuen heranziehen, um Erfolge und Niederlagen in Leistungssituationen zu klassifizieren und zu bewerten" (Elbe et al., 2009, S. 13). Im Mittelpunkt stehen die *Ziele*, die Personen mit ihrem Leistungshandeln verfolgen. Das Erreichen bzw. Nichterreichen dieser Ziele entscheidet letztendlich über Erfolg oder Misserfolg, wobei die gewählte *Bezugsnorm* die Entscheidungsgrundlage bildet. Diese Norm lässt sich in zwei grundlegende Zielorientierungen unterteilen:

1. *Aufgabenorientierung (task orientation):* Aufgabenorientierte verfolgen Ziele, die sich auf die Lösung der Aufgabe selbst beziehen (Qualität der Leistung). Sie schöpfen Zufriedenheit aus persönlichen Leistungsverbesserungen oder gemeisterten Aufgaben auf der Basis einer individuellen sowie sachlichen Bezugsnorm. Charakteristisch ist das „Interesse an einer möglichst präzisen Aufgabenausführung und der Glaube, dass mehr Anstrengung zu einer Leistungsverbesserung führt" (Kämpfe, 2009, S. 62).
2. *Wettbewerbsorientierung (ego orientation/outcome orientation):* Wettbewerbsorientierte haben das Ziel, besser zu sein als andere; sie wollen gewinnen. Daher wählen sie eine soziale Bezugsnorm und vergleichen sich mit anderen.

Im Sinne des grundlegenden Struktur- und Prozessschemas des psychischen Systems (Abschn. 1.3) ist auch bei den motivationalen Orientierungen zwischen dem Zustand (*task and ego involvement*) und der personalen Disposition zur Aufgaben- und Wettbewerbsorientierung (*task and ego orientation*) zu unterscheiden. Der Zustand entsteht dabei aus der Wechselwirkung der Disposition mit einer leistungsthematischen Situation. Aufgaben- und Wettbewerbsorientierung bilden unabhängige Dispositionen, sodass auch beide Zielorientierungen zugleich bei Personen hoch bzw. niedrig ausgeprägt sein können. Zudem scheint die Aufgabenorientierung eher beim Erwerb von Kompetenzen, die Wettbewerbsorientierung dagegen bei der Demonstration von Kompetenzen im Vordergrund zu stehen (Conzelmann et al., 2013, S. 283 ff.).

Analysen zu motivationalen Zielorientierungen erfolgten in der sportpsychologischen Forschung insbesondere in Bezug zu ihrer Beziehung zu den verfolgten Zwecken sportlicher Aktivitäten, Ursachen von Erfolg, Lern- und Leistungsstrategien, wahrgenommenen Kompetenzen, positiven und negativen Emotionen sowie zum Leistungsverhalten (Duda, 2005; Kämpfe, 2009). Biddle et al. (2003) systematisieren in einem **Review** die Zusammenhänge der Zielorientierungen mit ausgewählten psychischen Merkmalen (⬛ Tab. 4.5). Dies geschieht auf Basis von 98 empirischen Studien im Sport mit insgesamt über 20.000 Versuchspersonen. In

⬛ **Tab. 4.5** Zusammenhänge zwischen Aufgaben- und Wettbewerbsorientierung und ausgewählten psychischen Merkmalen. (Biddle et al., 2003, mit freundlicher Genehmigung von Taylor & Francis Ltd, ▶ http://www.tandfonline.com; Kämpfe, 2009, mit freundlicher Genehmigung des Bundesinstituts für Sportwissenschaft; aus Conzelmann et al., 2013, S. 284)

Aufgabenorientierung korreliert mit …	Wettbewerbsorientierung korreliert mit …
… dem Glauben, dass Erfolg durch Anstrengung bedingt ist … Motiven der Fähigkeitsentwicklung und Teamzugehörigkeit … dem Glauben, dass der Zweck sportlicher Aktivität in der Aufgabenbewältigung sowie in der Verbesserung der körperlichen Fitness und des Selbstvertrauens liegt … der Wahrnehmung der eigenen Kompetenz … positiven Emotionen … der elterlichen Aufgabenorientierung	… dem Glauben, dass der Besitz von Fähigkeiten Erfolg garantiert … Motiven wie Status, Anerkennung und Wettbewerb … dem Glauben, dass sozialer Status ein zentraler Zweck sportlicher Aktivität ist … der Wahrnehmung der eigenen Kompetenz … unsportlichen (unfairen) **Einstellungen** und aggressivem Verhalten im Sport … der elterlicher Wettbewerbsorientierung

dieser Systematik wird z. B. Aufgabenorientierten der Glaube zugesprochen, dass Erfolg primär durch Anstrengung erreicht wird, wohingegen Wettbewerbsorientierte eher den Besitz von Fähigkeiten dafür verantwortlich machen.

4.3 Zusammenfassung

- **Begriffsbestimmung**
- Die Motivationspsychologie beschäftigt sich mit Fragen nach dem Warum und Wozu menschlichen Verhaltens.
- Unter Motivation wird die aktivierende Ausrichtung des momentanen Lebensvollzugs auf einen positiv bewerteten Zielzustand verstanden.
- Menschliches Verhalten in einer bestimmten Situation unterscheidet sich aus motivationspsychologischer Sicht sowohl interindividuell als auch intraindividuell.

- **Kognitiv-handlungstheoretischer Ansatz**
- Diesem Ansatz zufolge wird der Mensch als ein planendes, auf die Zukunft gerichtetes und sich entscheidendes Wesen verstanden, das zielgerichtet handelt, sich seiner Handlungen bewusst ist, diese Handlungen als sinnvoll bewertet, seine Entscheidungen zwischen verschiedenen Handlungsalternativen auswählt, zur Reflexion seiner Handlungen fähig ist und die Handlungsergebnisse selbst verantwortet.
- Motive sind situationsüberdauernde, zeitlich überdauernde und persönlichkeitsspezifische Wertungsdispositionen. Sie stellen hypothetische Konstrukte dar, da sie sich nicht direkt beobachten lassen und nur indirekt, aus der situationsspezifischen Handlung heraus, erschlossen werden können.
- Der Prozess der Motivanregung wird als Motivierung bezeichnet, das Ergebnis dieser Motivierung Motivation.

- Handlungen entstehen aus der Interaktion zwischen den personellen Dispositionen und der Situation.
- Motivdispositionen können implizit oder explizit vorliegen.

- **Motive im Sport**
- Ein Ziel der sportwissenschaftlichen Motivationsforschung ist es, Motive für das Sporttreiben bzw. das Nichtsporttreiben zu ermitteln.
- Die gefundenen Motive werden zu Motivgruppen zusammengefasst. Die inhaltliche Abgrenzung erfolgt dabei zumeist nach Inhaltsklassen der Handlungsziele.
- Zu den in der Psychologie am häufigsten betrachteten Inhaltsklassen zählen das Leistungsmotiv, das Anschlussmotiv sowie das Machtmotiv.
- Es wird zwischen extrinsischen (an der Zweckerreichung orientierten) und intrinsischen (am Handlungsziel orientierten) Motiven differenziert.
- Implizite und explizite Motive stellen weitere inhaltliche Unterscheidungen dar, die den Grad des Bewusstseins eines Motivs bei einer Person beschreiben.
- Es können generell verschiedene Motive wirksam werden, die entweder in die gleiche Richtung oder entgegengesetzt wirken.

- **Leistungsmotivation**
- Leistungsmotivation stellt die Gesamtheit aller aktuellen emotionalen und kognitiven Prozesse dar, die in der individuellen Auseinandersetzung mit einer – im Sport zumeist vorkommenden und daher besonders relevanten – Leistungssituation angeregt werden.
- Das Risikowahl-Modell gilt als die klassische Theorie der Leistungsmotivationsforschung:
  - Es nimmt eine Interaktion zwischen einem Personenfaktor und den zwei Situationsfaktoren Erwartung und Wert an.

- In der Entwicklung einer Person bildet sich die Neigung zu einer Motivdisposition zwischen den beiden Polen *Hoffnung auf Erfolg* und *Furcht vor Misserfolg* aus.
- Im Selbstbewertungsmodell werden die beiden Motivtendenzen *Erfolgszuversicht* und *Misserfolgsängstlichkeit* gegenübergestellt.
- Erfolgsmotivierte Sporttreibende wählen in Leistungssituationen – bezugnehmend auf Erfahrungen aus der Vergangenheit – anspruchsvolle Aufgaben.
- Misserfolgsmotivierte schreiben Misserfolgen primär mangelnde eigene Fähigkeiten zu. Erfolge werden dagegen ohne eindeutig bevorzugte Ursachenzuschreibung verarbeitet und tendenziell eher auf Faktoren wie Glück oder Leichtigkeit der Aufgabe zurückgeführt.
- Die Theorie der Zielorientierung geht der grundlegenden Frage nach, welche Bezugsnorm Individuen heranziehen, um Erfolge und Niederlagen in Leistungssituationen zu klassifizieren und zu bewerten.
  - Im Mittelpunkt stehen zwei grundlegende Zielorientierungen: Aufgaben- und Wettbewerbsorientierung.
  - Aufgabenorientierte verfolgen Ziele, die sich auf die Lösung der Aufgabe selbst beziehen, und schöpfen Zufriedenheit aus persönlichen Leistungsverbesserungen oder gemeisterten Aufgaben auf der Basis einer individuellen sowie sachlichen Bezugsnorm.
  - Wettbewerbsorientierte wollen gewinnen und haben daher das Ziel, besser zu sein als andere. Sie orientieren sich somit an sozialen Bezugsnormen.

Literatur

Amelang, M., & Bartussek, D. (2006). *Differentielle Psychologie und Persönlichkeitsforschung* (6. vollst. überarb. Aufl.). Kohlhammer.

Atkinson, J. W. (1957). Motivational determinants of risk-taking behaviour. *Psychological Review, 64*(6), 359–372. https://doi.org/10.1037/h0043445

Beauducel, A., & Brocke, B. (2003). Sensation Seeking Scale – Form V. Merkmale des Verfahrens und Bemerkungen zur deutschsprachigen Adaptation. In M. Roth & P. Hammelstein (Hrsg.), *Sensation Seeking – Konzeption, Diagnostik und Anwendung* (S. 77–99). Hogrefe.

Beckmann, J., & Elbe, A.-M. (2006). Motiv- und Motivationstheorien. In B. Strauß & M. Tietjens (Hrsg.), *Handbuch Sportpsychologie* (S. 136–145). Hogrefe.

Beckmann, J., & Elbe, A.-M. (2008). *Praxis der Sportpsychologie im Wettkampf- und Leistungssport.* Spitta.

Beckmann, J., Fröhlich, S., & Elbe, A.-M. (2009). Motivation und Volition. In W. Schlicht, & B. Strauß (Hrsg.), *Grundlagen der Sportpsychologie* (Enzyklopädie der Psychologie, Serie 5: Sportpsychologie, Bd. 1, S. 511–562). Hogrefe.

Biddle, S. J. H., Wang, J., Kavussanu, M., & Spray, C. (2003). Correlates of achievement goal orientation in physical activty: A systematic review of research. *European Journal of Sport Science, 3*(5), 1–19.

Brand, R. (2010). *Sportpsychologie.* VS.

Brunstein, J. C. (2018). Implizite und explizite Motive. In J. Heckhausen & H. Heckhausen (Hrsg.), *Motivation und Handeln* (S. 269–295). Springer.

Brunstein, J. C., & Heckhausen, H. (2018). Leistungsmotivation. In J. Heckhausen & H. Heckhausen (Hrsg.), *Motivation und Handeln* (S. 163–221). Springer.

Busch, H. (2018). Machtmotivation. In J. Heckhausen & H. Heckhausen (Hrsg.), *Motivation und Handeln* (S. 245–268). Springer.

Conzelmann, A., Hänsel, F., & Höner, O. (2013). Individuum und Handeln – Sportpsychologie. In A. Güllich & M. Krüger (Hrsg.), *Sport – Das Lehrbuch für das Sportstudium* (S. 271–337). Springer.

Csikszentmihalyi, M. (1990). *Flow.* Harper & Row.

Csikszentmihalyi, M., & Jackson, S. A. (2000). *Flow im Sport: Der Schlüssel zur optimalen Erfahrung und Leistung.* BLV.

Deci, E. L., & Ryan, R. M. (2000). The „What" and „Why" of goal pursuits: Human needs and the self-determination of behavior. *Psychological Inquiry, 11*(4), 227–268. https://doi.org/10.1207/S15327965PLI1104_01

Duda, J. L. (2005). Motivation in sport. In A. J. Elliot & C. S. Dweck (Hrsg.), *A handbook of competence and motivation* (S. 318–335). Guliford Press.

Elbe, A.-M., & Beckmann, J. (2005). Olympiaförderung Sportpsychologie im Deutschen Leichtathletikverband. In G. Neumann (Hrsg.), *Sport-*

psychologische Betreuung des deutschen Olympiateams 2004: Erfahrungsberichte – Erfolgsbilanzen – Perspektiven (S. 59–67). Sport und Buch Strauß.

Elbe, A.-M., Wenhold, F., & Beckmann, J. (2009). *Leistungsorientierung im Sport (SOQ). Manual.* Strauß.

Feather, N. T. (1963). The relationship of expectation of success to reporter probability, task structure and achievement-related motivation. *Journal of Abnormal and Social Psychology, 66*(3), 231–238. https://doi.org/10.1037/h0042753

Flatau, J., Emrich, E., & Pierdzioch, C. (2014). Einfluss unterschiedlicher auf den zeitlichen Umfang ehrenamtlichen Engagements in Sportvereinen. *Sportwissenschaft, 44*(1), 10–24. https://doi.org/10.1007/s12662-013-0316-6

Gabler, H. (2002). *Motive im Sport.* Hofmann.

Gabler, H. (2004a). Kognitive Aspekte sportlicher Handlungen. In H. Gabler, J. R. Nitsch, & R. Singer (Hrsg.), *Einführung in die Sportpsychologie. Teil 1: Grundthemen* (4. unveränderte Aufl., S. 165–195). Hofmann.

Gabler, H. (2004b). Motivationale Aspekte sportlicher Handlungen. In H. Gabler, J. R. Nitsch, & R. Singer (Hrsg.), *Einführung in die Sportpsychologie. Teil 1: Grundthemen* (4. unveränderte Aufl., S. 197–245). Hofmann.

Gabler, H., & Nagel, S. (2001). *Kommunale Sportentwicklung in Tübingen. Rahmenbedingungen für einen Sportstättenleitplan.* Universitätsstadt Tübingen.

Gomà-i-Freixanet, M., Martha, C., & Muro, A. (2012). Does the Sensation Seeking trait differ among participants engaged in sports with different levels of physical risk? *anales de psicología, 28*(1), 223–232.

Göttert, R., & Kuhl, J. (1980). *LM-Fragebogen: Deutsche Übersetzung der AMS-Scale von Gjesme und Nygard. Unveröffentlichtes Manuskript.* Psychologisches Institut der Ruhr-Universität.

Heckhausen, J., & Heckhausen, H. (2018). *Motivation und Handeln* (5. Aufl.). Springer.

Hofer, J., & Hagemeyer, B. (2018). Soziale Anschlussmotivation: Affiliation und Intimität. In J. Heckhausen & H. Heckhausen (Hrsg.), *Motivation und Handeln* (S. 223–243). Springer.

Kämpfe, A. (2009). *Homo Sportivus Oeconomicus: Intrinsische und extrinsische Motivation im Verlauf von Spitzensportkarrieren.* Sportverlag Strauß.

Karabenick, S. A. (1972). Valence of success and failure as a function of achievement motives and locus of control. *Journal of Personality and Social Psychology, 21*(1), 101–110. https://doi.org/10.1037/h0031950

Lehnert, K., Sudeck, G., & Conzelmann, A. (2011). BMZI – Berner Motiv- und zielinventar im Freizeit- und Gesundheitssport. *Diagnostica, 57*(3), 146–159. https://doi.org/10.1026/0012-1924/a000043

Maslow, A. H. (1954). *Motivation and personality.* Harper.

McClelland, D. C. (1985). *Human motivation.* Cambridge University Press.

McClelland, D. C., Atkinson, J. W., Clark, R. A., & Lowel, E. L. (1953). *The achievement motive.* Appleton-Century-Crofts.

McClelland, D. C., Koestner, R., & Weiberger, J. (1989). How do self-attributed and implicit motives differ? *Psychological Review, 96*(4), 690–702. https://doi.org/10.1037/0033-295X.96.4.690

Murray, H. A. (1938). *Explorations in personality.* Oxford University Press.

Nicholls, J. G. (1984). Achievement motivation: Conceptions of ability, subjective experience, task choice, and performance. *Psychological Review, 91*(3), 328–346. https://doi.org/10.1037/0033-295X.91.3.328

Nitsch, J. R. (2001). Handlungstheoretische Grundlagen der Sportpsychologie. In J. R. Nitsch & R. Singer (Hrsg.), *Einführung in die Sportpsychologie. Teil 1: Grundthemen* (S. 43–164). Hofmann.

Nolting, H.-P., & Paulus, P. (2018). *Psychologie lernen. Eine Einführung und Anleitung* (15. vollst. überarb. Aufl.). Beltz.

Rheinberg, F., & Vollmeyer, R. (2019). *Motivation* (9. erw. u. überarb. Aufl.). Kohlhammer.

Roth, M., Schuhmacher, J., & Arnett, J. J. (2003). Die deutsche Version des Arnett Inventory of Sensation Seeking (AISS-D). In M. Roth & P. Hammelstein (Hrsg.), *Sensation-Seeking – Konzeption, Diagnostik und Anwendung* (S. 100–121). Hogrefe.

Scheffer, D., & Heckhausen, H. (2018). Eigenschaftstheorien der Motivation. In J. Heckhausen & H. Heckhausen (Hrsg.), *Motivation und Handeln* (5. Aufl., S. 49–82). Springer.

Schneider, K. (1973). *Motivation unter Erfolgsrisiko.* Hogrefe.

Schüler, J., & Wegner, M. (2015). Themenheft Implizite Motive im Sport. *Zeitschrift für Sportpsychologie, 22*(1). https://doi.org/10.1026/1612-5010/a000140

Schüler, J., Wegner, M., & Knechtle, B. (2014). Implicit motives and basic need satisfaction in extreme endurance sports. *Journal of Psychology & Exercise Psychology, 36*(3), 293–302. https://doi.org/10.1123/jsep.2013-0191

Seelig, H., & Fuchs, R. (2006). Messung der sport- und bewegungsbezogenen Selbstkonkordanz. *Zeitschrift für Sportpsychologie, 13*(4), 121–139. https://doi.org/10.1026/1612-5010.13.4.121

4

Sorrentino, R. M., & Sheppard, B. H. (1978). Effects of affiliation-related motive on swimmers in individual vs. group competition: A field experiment. *Journal of Personality and Social Psychology, 36*(7), 704–714. https://doi.org/10.1037/0022-3514.36.7.704

Stanton, S. J., & Schultheiss, O. C. (2009). The hormonal correlates of implicit power motivation. *Journal of Research in Personality, 43*(5), 942–949. https://doi.org/10.1016/j.jrp.2009.04.001

Sudeck, G., Lehnert, K., & Conzelmann, A. (2011). Motivbasierte Sporttypen. Auf dem Weg zur Personorientierung im zielgruppenspezifischen Freizeit- und Gesundheitssport. *Zeitschrift für Sportpsychologie, 18*(1), 1–17. https://doi.org/10.1026/1612-5010/a000032

Wegner, M., & Schüler, J. (2015). Implizite Motive – Perspektiven im Kontext Sport und Bewegung. *Zeitschrift für Sportpsychologie, 22*(1), 2–5. https://doi.org/10.1026/1612-5010/a000140

Wegner, M., & Teubel, T. (2014). The implicit achievement motive predicts match performance and the explicit motive predicts choices for target distances in team sports. *International Journal of Sport Psychology, 45*(1), 1–18. https://doi.org/10.7352/IJSP.2014.45.621

Weiner, B. (1974). *Achievement motivation and attribution theory*. General Learning.

Weiner, B., Frieze, I. H., Kulka, A., Reed, L., Rest, S., & Rosenbaum, R. M. (1971). Perceiving the causes of success and failure. In E. E. Jones, D. E. Kanouse, H. H. Kelley, R. E. Nisbett, S. Valins, & B. Weiner (Hrsg.), *Attribution: Perceiving the causes of behaviour* (S. 95–120). General Learning Press.

Wenhold, F., Meier, C., Elbe, A.-M., & Beckmann, J. (2008). *Informationen zum Fragebogen AMS-Sport auf dem Internetportal Sportpsychologie des BISp*.

Wiemeyer, J., Bernardi, A., Banzer, W., & Hänsel, F. (2016). Sportwissenschaftliche Grundlagen. In V. Oertel-Knöchel & F. Hänsel (Hrsg.), *Aktiv für die Psyche. Sport und Bewegungsinterventionen bei psychisch kranken Menschen* (S. 95–124). Springer.

Woodworth, R. S. (1918). *Dynamic psychology*. Columbia University.

Zuckermann, M. (1979). *Sensation seeking: Beyond the optimal level of arousal*. L. Erlbaum Associates.

Volition

Inhaltsverzeichnis

© Der/die Autor(en), exklusiv lizenziert durch Springer-Verlag GmbH, DE,
ein Teil von Springer Nature 2022
F. Hänsel et al., *Sportpsychologie*, https://doi.org/10.1007/978-3-662-63616-9_5

Zum Jahreswechsel 2013/14 gaben 52 % der Deutschen an, im kommenden Jahr mehr Sport treiben bzw. sich mehr bewegen zu wollen (DAK-Gesundheit und Forsa, 2013). Allerdings hielt nur jeder Zweite diese guten Vorsätze auch dauerhaft durch. Umgangssprachlich würde man hier vielleicht als Grund mangelnde Motivation anführen. Die Befragten gaben jedoch zu Beginn an, motiviert zu sein. Es scheint demnach einen Unterschied zwischen dem Vorsatz und der tatsächlichen Ausführung bzw. der Aufrechterhaltung der Aktivität zu geben (◘ Abb. 5.1). Die (Sport-)Psychologie versucht, dieses Verhalten anhand des **Konstrukts** *Volition* zu beschreiben und zu erklären. Im Folgenden werden hierzu einige ausgewählte theoretische Ansätze vorgestellt. Außerdem wird der Frage nachgegangen, inwieweit diese Ansätze helfen können, die Bindung an regelmäßiges Sporttreiben zu erhöhen.

Wie wir aus Alltagsbeobachtungen und aus den Ausführungen zu den Themen Motivation und Leistungsmotivation (▶ Kap. 4) wissen, reichen motivationale Prozesse nicht immer aus, um eine beabsichtigte Handlung in die Tat umzusetzen. Neben der oben beschriebenen Diskrepanz zwischen guten Vorsätzen und deren Umsetzung (*intention-behavior gap*; Sheeran, 2002) sind auch im (Leistungs-)Sport immer wieder Situationen zu beobachten, in denen einzelne Athletinnen und Athleten oder sogar ganze Mannschaften vor einem Wettkampf ein bestimmtes Verhalten planen, dieses dann aber im Wettkampf nicht in die Tat umsetzen. Dies geschieht, ohne dass die eigentliche Motivation für die Umsetzung des Verhaltens tatsächlich nachgelassen hätte (z. B. bei in einer Auszeit abgesprochenen taktischen Verhaltensweisen im Sportspiel, die nach Wiederanpfiff des Spiels „vergessen" zu sein scheinen). Es existieren somit offensichtlich neben der Motivation weitere Prozesse, die der Planung und Umsetzung von gefassten Handlungsabsichten dienen.

Als Volition kann kurz gefasst das bezeichnet werden, was sich – zeitlich gesehen – zwischen der Motivation und der Ausführung der Handlung abspielt.

◘ **Abb. 5.1**   Foto: Jan Ehlers

> ▶ **Beispiel**
>
> Ist ein Sportler motiviert, seinen nächsten Marathon unter 3 h zu laufen, wird er sich zunächst überlegen müssen, wie er diese Leistung überhaupt erbringen kann. Er wird daher in einem ersten Schritt eine Intention fassen, d. h. eine konkrete Handlung planen (z. B. seinen Trainingsumfang zu erhöhen). Im zweiten Schritt wird diese geplante Handlung dann (hoffentlich) auch in die Tat umgesetzt. Hierzu muss man sich „aufraffen" und beginnen. ◀

Motiviert kann man schließlich zu vielem sein, wie das Eingangsbeispiel der Neujahrsvorsätze zeigt. Ob und wann man dieser Motivation dann aber auch nachkommt, ist eine ganz andere Frage.

Volition

In der klassischen Psychologie wird Volition (Wille) als diejenige Form der Motivation verstanden, die sich auf das Streben nach Zielen bezieht (Ach, 1935; Lewin, 1926).

Achtziger und Gollwitzer (2018) beziehen in einer aktuellen Definition Volition auf Prozesse und Phänomene, die mit der konkreten Zielverwirklichung im Handeln einhergehen. Zentral ist dabei der Begriff der Intention, die im Zuge der Handlungsplanung und -ausführung gebildet, initiiert, realisiert und abschließend deaktiviert wird.

Kuhl (1983, 1987) grenzt volitionale Prozesse dagegen als Probleme der Handlungskontrolle ab, die dafür sorgen, dass die Realisierung einer Intention nicht durch interne Störfaktoren (z. B. konkurrierende Motive) oder externen Druck (z. B. sozialer Art) zu Fall gebracht wird.

Umgangssprachlich würde man hier von Wille oder Willenskraft sprechen. Die unzähligen Motivationssprüche und -trailer in Sportstätten, Fitnesseinrichtungen und Werbespots (z. B. „Go hard or go home", „Glory is nothing without passion") sprechen damit eigentlich Prozesse der Volition und weniger der Motivation an.

Obwohl bereits Lewin in den 1940er-Jahren auf die Relevanz des Willens (Volition) bei der Umsetzung einer Handlungsabsicht in die Tat hinwies, rückten diese Prozesse erst mit den Arbeiten von Kuhl (1983) und Heckhausen (1987) in den Fokus der psychologischen Forschung. Gegen Ende des letzten Jahrtausends wurden die entwickelten Theorien dann auch in der Sportpsychologie vermehrt aufgegriffen (u. a. Fuchs, 1997; Höner & Willimczik, 1998).

Nach Heckhausen und Heckhausen (2018) beschäftigt sich die Volitionsforschung primär mit drei Phänomenen:

1. *Handlungsinitiierung:* Aufnahme einer Handlung (z. B. zeitliche Zielkonflikte: abendliches Joggen vs. Champions League schauen)
2. *Persistenz einer Handlung:* Andauern der Handlungstendenz bis zur Zielerreichung (z. B. Aufrechterhaltung eines Lauftrainings über Monate hinweg)
3. *Überwindung von Handlungshindernissen:* Widerstände überwinden (z. B. Joggen trotz Regens)

Im Folgenden werden die beiden bekanntesten sportpsychologischen Volitionstheorien vorgestellt. Dies sind das Rubikon-Modell (Achtziger & Gollwitzer, 2018) sowie die Theorie der Handlungskontrolle nach Kuhl (1983, 2018). Beide beschäftigen sich in erster Linie damit, wie eine Handlungsabsicht (Intention) in eine Handlung überführt wird.

5.1 Das Rubikon-Modell

Der Name des Modells leitet sich aus einer historischen Begebenheit ab: Im Jahre 49 v. Chr. bildete der Fluss Rubikon die Grenze zwischen Italien und einer römischen Provinz. Die Überschreitung des Rubikons durch Cäsar und seine Truppen galt als Kriegserklärung gegenüber Pompeius. Es gab für Cäsar somit nach der Überquerung „kein Zurück mehr". Verdeutlicht wurde dies durch den heute noch verwendeten Ausspruch Cäsars: „Die Würfel sind gefallen" („Alea iacta est"; ☐ Abb. 5.2).

Die handelnde Person fällt im Rubikon-Modell mit dem „Schritt über den Rubikon" die Entscheidung für eine der Handlungsmöglichkeiten, ein „Zurück" ist an dieser Stelle nicht mehr möglich (Achtziger & Gollwitzer, 2018).

Im Rubikon-Modell der Handlungsphasen (☐ Abb. 5.3) wird der Handlungsverlauf in vier Phasen eingeteilt (Achtziger & Gollwitzer, 2018; Rudolph, 2007):

5

1. *Prädezisionale Phase* (Vor-Entscheidungs- oder auch Abwägungsphase): In dieser – noch dem motivationalen Bereich zuzuordnenden – Phase wird ein Motiv angeregt (z. B. körperliche Fitness steigern). Die verfügbaren Handlungsalternativen werden gegeneinander abgewogen (z. B. Besuch eines Fitnessstudios vs. regelmäßiges Joggen). Dabei wird der subjektive **Wert** der Handlungsalternativen ebenso berücksichtigt wie die

◘ Abb. 5.2   Foto: Sören D. Baumgärtner

Wahrscheinlichkeit, diese auch tatsächlich auszuführen (z. B. Joggen scheint attraktiver und besser realisierbar). Diese Phase endet mit der *Fazittendenz* (vom lateinischen *facit* für „es macht", „es ergibt"), durch die der Prozess des Abwägens abgeschlossen wird (z. B. „Ich werde regelmäßig joggen gehen"). Der Rubikon wird nun überschritten, indem eine Zielintention gebildet wird (konkrete Handlungsabsicht).

2. *Präaktionale Phase* (Vor-Handlungsphase): In der – nun dem volitionalen Bereich zuzuordnenden – Phase geht die handelnde Person in eine planende Bewusstseinslage über. Die Frage nach der Umsetzung bzw. Realisierung der Zielintention steht im Vordergrund (z. B. „Was brauche ich?", „Wo und wann gehe ich laufen?"). Diese Phase endet mit der *Fiattendenz* (vom lateinischen *fiat* für „es möge geschehen"), mit der die Entscheidung für einen konkreten Handlungsplan bezeichnet wird (z. B. „Ich kaufe am Wochenende Laufschuhe und gehe ab nächster Woche jeden Morgen vor der Arbeit 30 Minuten joggen!").

3. *Aktionale Phase* (Handlungsphase): Mit Beginn dieser Phase wird die Handlung ausgeführt. Der *Plan* wird mit den aktuellen Gegebenheiten ver-

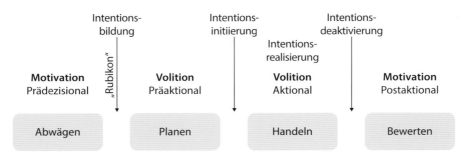

◘ Abb. 5.3   Das Rubikon-Modell der Handlungsphasen. (Adaptiert nach Achtziger & Gollwitzer, 2018, S. 358)

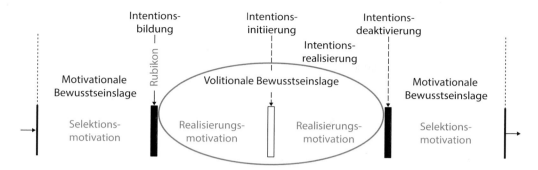

Abb. 5.4 Theorie der Handlungskontrolle. (Adaptiert nach Achtziger & Gollwitzer, 2010, S. 311)

glichen, um flexibel reagieren zu können (z. B. Reduzierung des Laufpensums wegen Überanstrengung am Anfang). Dies kann geschehen, indem die Anstrengung erhöht wird oder auch andere Handlungsgelegenheiten genutzt werden (z. B. Verschiebung des Laufens in die günstiger erscheinenden Abendstunden). Die Handlungsphase endet idealerweise mit dem erfolgreichen Abschluss und dem Erreichen des Ziels (z. B. „Hat sich nach einem Jahr regelmäßigen Joggens die körperliche Fitness stark verbessert?").

4. *Postaktionale Phase* (Nach-Handlungsphase): In dieser Phase wird der Vergleich zwischen dem Gewünschten und dem Erreichten – und damit der Rückkehr in den Motivationsbereich – vorgenommen (z. B. Wurde das Ziel, die körperliche Fitness zu verbessern, erreicht?). Als Endresultat dieser Phase werden die Handlungsergebnisse bewertet, und es kommt ggf. zu einer Neubewertung von Erwartung und Wert bezüglich der ursprünglichen Handlungsalternativen (z. B. soziale Bedürfnisse kommen beim einsamen Joggen im Park zu kurz).

5.2 Die Theorie der Handlungskontrolle

In Kuhls Theorie der Handlungskontrolle (1983, 1994) sind zwei Bewusstseinslagen der Handelnden im Fokus (■ Abb. 5.4). Diese sind in der Vor-Entscheidungs- und Nach-Handlungsphase eher motivational, in der Vor-Handlungs- und Handlungsphase dagegen eher volitional ausgerichtet. Kuhl geht davon aus, dass Prozesse der Handlungskontrolle nach der Selektion die Realisierung der Handlungsalternative ermöglichen. In seiner Theorie wird danach gefragt, was zwischen Intentionsbildung und Intentionsrealisierung geschieht. Die wesentliche Funktion der Handlungskontrolle ist es, Gedanken, die für die Ausführung der Handlung irrelevant sind oder sich störend auf sie auswirken, zu unterbinden. Volitionale Prozesse sind durch die kontrollierte Überwindung innerer und äußerer Widerstände gekennzeichnet. Die Handlungskontrolle umfasst daher alle Prozesse der *Selbstregulation*, die die Realisierung einer anstehenden Intention fördern (Achtziger & Gollwitzer, 2010).

Fragebögen zur Messung der Volition bzw. der Handlungskontrolle werden exemplarisch in ► Exkurs 5.1 und 5.2 vorgestellt.

5

Ein diagnostisches Instrument zur Messung der Volition im Sport ist der auf Basis der Theorie der Handlungskontrolle (Kuhl, 1983) entwickelte Fragebogen „Volitionale Komponenten im Sport" (VKS; Wenhold et al., 2009). Dieser erfasst in vier **Subskalen** sowohl die volitionale Fertigkeit der Selbstoptimierung als auch Defizite der Handlungssteuerung (Selbstblockierung, Aktivierungsmangel und Fokusverlust). Abgefragt werden die Subskalen über 60 **Items**, die auf einer vierstufigen Likert-Skala (von 0 = „trifft gar nicht zu" bis 3 = „trifft ausgesprochen zu") zu bewerten sind:

1. Die Subskala *Selbstoptimierung* (29 Items) erfasst, getrennt nach Training und Wettkampf, Fertigkeiten und Strategien, die dem Sportler bei der Verwirklichung einer Handlungsabsicht (z. B. Trainingsübung, Wettkampfplatzierung) helfen (Beispielitem Nr. 2: Bei fast allem, was ich im Sport tue, spüre ich, dass ich es freiwillig tue).

2. Die *Selbstblockierung* (9 Items) beeinträchtigt aufgrund negativer Gedanken und Emotionen die Realisierung von Handlungsabsichten im Training und Wettkampf. Es mangelt an geeigneten Strategien (z. B. über Selbstgesprächsregulation), diese Gedanken und Emotionen zu stoppen. Eigene Präferenzen und positive Anreize des Sporttreibens werden kaum oder nur unzureichend wahrgenommen (Beispielitem Nr. 3: Um mich beim Training zu motivieren, stelle ich mir vor, was im Wettkampf passiert, wenn ich nicht anständig trainiere).

3. Bei *Aktivierungsmangel* (13 Items) fehlen, wiederum getrennt nach Training und Wettkampf, Strategien, um eine Handlungsabsicht initiieren und realisieren zu können („sich aufraffen"). Dies gilt insbesondere, wenn Sportler mit Handlungen, die sie als unangenehm empfinden, beginnen sollen (Beispiel-

item Nr. 1: Ein anstrengendes Training beginne ich meist erst dann, wenn es sich nicht länger hinausschieben lässt).

4. Der *Fokusverlust* (9 Items) ist dadurch gekennzeichnet, dass volitionale Abschirmungstendenzen nicht funktionieren und es somit dem Sportler im Training und/oder Wettkampf nicht gelingt, störende Gedanken sowie ablenkende äußere Störfaktoren ausreichend auszublenden, um sich auf die aktuelle Handlungsrealisierung zu konzentrieren (Beispielitem Nr. 11: Beim Training muss ich oft an Dinge denken, die mit dem, was ich gerade tue, gar nichts zu tun haben).

Über die Summenwerte lassen sich anhand von Normtabellen (**Normierung**) die Ausprägungen der vier Fertigkeitsfaktoren bewerten (◘ Abb. 5.5).

◘ **Abb. 5.5** Foto: Alice Mattheß

⬛ **Tab. 5.1** Überblick über die Merkmale der Kontrollmodi Handlungs- und Lageorientierung

	Handlungsorientierung	Lageorientierung
Bei der Handlungsplanung	*Initiative* Bei der Handlungsrealisierung zügig voranschreiten, schnelle Entscheidungen treffen	*Zögern* Bei der Handlungsrealisierung lange zaudern und die Handlung nicht aufnehmen
Bei der Tätigkeitsausführung	*Ausdauer* Sich bei einer Tätigkeit ausdauern engagieren	*Unbeständigkeit* Vorzeitig von einer Tätigkeit zur nächsten springen, ablenken lassen
Nach **Misserfolgserfahrungen**	*Disengagement* Sich nach Eintreten eines negativen Ereignisses relativ bald neuen Intentionen zuwenden	*Präokkupation* Nicht mehr aufhören können, über bestimmte (negative) Ereignisse nachzudenken

Kuhl (2018) nimmt in seiner weiterführenden Theorie der *Persönlichkeits-System-Interaktion* (PSI-Theorie) weiterhin an, dass sich Personen in ihrer Fähigkeit unterscheiden, ihre Intentionen gegen äußere und innere Widerstände durchsetzen zu können. Dies stellt sich wiederum als entscheidend für die Effizienz von Handlungskontrollprozessen dar. Aus seiner Sicht existieren daher prinzipiell zwei verschiedene Formen der Handlungskontrolle, nämlich Handlungsorientierung und Lageorientierung:

1. *Handlungsorientierte Personen* drängen darauf, das Intendierte möglichst zügig in die Tat umzusetzen.
2. *Lageorientierte Personen* sind hingegen mit **perseverierenden** Kognitionen beschäftigt, die sich auf ihre gegenwärtige, zukünftige oder zurückliegende Lage beziehen.

Die Neigung zur Handlungs- bzw. Lageorientierung ist eher sozial **determiniert** (z. B. kann Lageorientierung durch Erziehungsstile gefördert werden, die dem Kind wenig Eigeninitiative überlassen) als genetisch veranlagt. Es zeigen sich zudem situative Einflüsse auf die Lageorientierung u. a. in Situationen, in denen gehäuft Misserfolg oder Unkontrollierbarkeit erlebt wird (Conzelmann et al., 2013, S. 288).

⬛ Tab. 5.1 gibt einen Überblick über die Merkmale der beiden sog. Kontrollmodi. Handlungsorientierte werden dabei in den drei Kategorien mit den Merkmalen *Initiative*, *Ausdauer* und *Disengagement* beschrieben, wohingegen Lageorientierten *Zögern*, *Unbeständigkeit* und *Präokkupation* zugeschrieben wird.

Die Auswirkungen der Kontrollmodi lassen sich nach Kuhl (2018, S. 408) wie folgt zusammenfassen:

- Lageorientierung **korreliert** mit dem Aufschieben von unerledigten Absichten (Beswick & Mann, 1994; Blunt & Pychyl, 1998; Fuhrmann & Kuhl, 1998; Kuhl & Fuhrmann, 1998; Kuhl & Goschke, 1994).
- Lageorientierte benötigen, insbesondere bei subjektiv unwichtigen Alternativen, für die Entscheidungsbildung mehr Zeit als Handlungsorientierte.
- Lageorientierte beachten weniger Informationen, obwohl sie mehr Zeit für ihre Entscheidung benötigen.
- Lageorientierte sind sich ihrer Entscheidungen weniger sicher (Stiensmeier-Pelster, 1994).

5

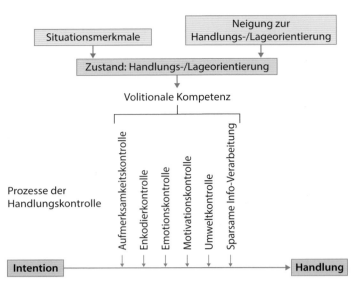

● **Abb. 5.6** Volitionale Kontrollprozesse der Handlungstheorie von Kuhl. (Adaptiert nach Fuchs, 1997, S. 148) (Aus Conzelmann et al., 2013, S. 286)

- Lageorientierte entwickeln komplexere Entscheidungskontexte (Jungermann et al., 1994).
- Lageorientierten gelingt es nicht so gut wie den Handlungsorientierten, die Anzahl der Entscheidungsalternativen im Verlauf des Entscheidungsprozesses zu verringern (Niederberger et al., 1987).

Eine zentrale Rolle in der Theorie der Handlungskontrolle spielt die *volitionale Kompetenz* (● Abb. 5.6). Sie kann als „Vermittler" zwischen der motivational geprägten Zielintention und der Handlung verstanden werden. Handlungsorientierung, als Zustand, unterstützt hier den Einsatz dieser volitionalen Prozesse und lenkt die Konzentration der Aufmerksamkeit auf handlungsrelevante Aspekte. Dadurch werden die Handlungsinitiierung und -durchführung erleichtert. Der Zustand der Lageorientierung kann dagegen dem Einsatz der volitionalen Kompetenz diametral gegenübergestellt werden, da der psychische Zustand des Sportlers auf die Analyse seiner zurückliegenden, aktuellen oder zukünftigen Lage ausgerichtet ist (Conzelmann et al., 2013, S. 288).

In Bezug auf den **Zusammenhang** zwischen Handlungskontrolle und sportlicher Leistung lässt sich die Befundlage wie folgt zusammenfassen (Gabler, 2004; vgl. auch Beckmann et al., 2009; Höner, 2005): Lageorientierte Personen zeigen eher schlechtere Leistungen als handlungsorientierte Personen, vor allem
- bei Aufgaben, die feinmotorische Koordination verlangen,
- hinsichtlich der Selbstregulation unter Belastung und Beanspruchung und
- hinsichtlich des angemessenen Einsatzes von Ressourcen (z. B. Kraft, Konzentration).

Als Ursache wird dabei vor allem die Lageorientierung nach Misserfolgserfahrungen angenommen (Präokkupation). Vereinzelte Untersuchungen zeigen allerdings auch, dass lageorientierte Personen bessere Leistungen bei Aufgaben bringen, die eine kurzfristige Maximalleistung verlangen (z. B. in der Leichtathletik). Außerdem gibt es Hinweise, dass sich eine Lageorientierung in Sportspielen günstig in der Spielmacherposition, nicht aber in der Torjägerposition auswirkt.

Exkurs 5.2: Aus der Praxis: *Fragebogen „Handlungsorientierung im Sport"* (HOSP)

Bei dem Fragebogen „Handlungsorientierung im Sport" (HOSP) handelt es sich um eine sportspezifische Version des *Fragebogens zur Handlungskontrolle nach Erfolg, Misserfolg und prospektiv 90* (HAKEMP-90; Kuhl, 1990) zur Einteilung von Sportlerinnen und Sportlern auf einem **Kontinuum** zwischen den Polen *handlungs- und lageorientiert*. Nach Wenhold et al. (2008) sind Athletinnen und Athleten mit einer hohen *Handlungsorientierung* in der Lage, alle mentalen Prozesse auf den Handlungsvollzug auszurichten, während Athletinnen und Athleten mit einer niedrigen Ausprägung (*Lageorientierung*) sich beim Handlungsvollzug über zukünftige, gegenwärtige und vergangene Dinge Gedanken machen.

Das 36 Items mit je zwei Antwortalternativen umfassende Verfahren misst die Handlungsorientierung in drei Subskalen nach Misserfolg (HOM; 12 Items), bei der Handlungsplanung/-entscheidung (HOP; 12 Items) und während der erfolgreichen Tätigkeitsausführung (HOT; 12 Items; Wenhold et al., 2008):

1. Sportlerinnen und Sportler mit einer hohen Ausprägung auf der Skala *Handlungsorientierung nach Misserfolg* können Misserfolge schnell ausblenden, um sich neuen Aufgaben zu widmen. Sportlerinnen und Sportler mit einer niedrigen Ausprägung fällt es hingegen schwer, sich von einem Misserfolg zu lösen, wodurch nachfolgende Aufgaben beeinträchtigt werden können. Zudem setzen sich diese Personen viel intensiver mit einem Misserfolg auseinander, was zu einer besseren Misserfolgsverarbeitung führen kann (Beckmann, 1994).

2. Eine hohe Ausprägung auf der Skala *Handlungsorientierung bei der Handlungsplanung* ist durch eine geringe Verarbeitung von Informationen und die Verwendung einfacher Entscheidungsregeln bei Entscheidungsprozessen gekennzeichnet (Kuhl & Beckmann, 1983). Diese Sportlerinnen und Sportler sind in der Lage, sich schnell zu entscheiden, und sind dadurch schneller handlungsbereit. Dagegen haben es Athletinnen und Athleten mit einer niedrigen Ausprägung schwer, sich zu etwas durchzuringen oder eine Entscheidung zu treffen, gehen aber Entscheidungs- und Planungsprozesse viel gründlicher an und beachten die verschiedensten Möglichkeiten.

3. Sportlerinnen und Sportler mit einer hohen Ausprägung auf der Skala *Handlungsorientierung bei der Tätigkeitsausführung* können in einer Handlung aufgehen und sich voll und ganz auf diese konzentrieren, ohne sich von äußeren Einflüssen und innerem Grübeln ablenken zu lassen. Eine hohe Ausprägung ist sowohl für die Aufrechterhaltung des Trainings als auch für sportliche Höchstleistungen im Wettkampf von großer Bedeutung (Beckmann, 1987). Sportlerinnen und Sportler mit einer geringen Ausprägung achten auf Dinge und Gedanken, die außerhalb der aktuellen Tätigkeit liegen und ggf. irrelevant sind.

Die einzelnen Antwortalternativen sind den drei Subskalen zugeordnet. Je höher die Summe in einem Bereich ausfällt, umso höher ist die entsprechende Handlungsorientierung. Darüber hinaus kann die Ausprägung anhand eines tabellarischen Vergleichs mit einer Normstichprobe eingeordnet werden.

Beispielitem Nr. 1: Wenn ich mich viele Wochen lang auf einen Wettkampf vorbereitet habe und ich dann wegen einer Verletzung nicht antreten kann,

– … dauert es lange, bis ich mich damit abfinde.

– … kann ich meine Aufmerksamkeit bald auf den nächsten Wettkampf richten.

5

Aus den Ausführungen zur Motivation (▶ Kap. 4) und Volition lässt sich für die sportpraktische Umsetzung (z. B. im Gesundheitssport) erkennen, dass zur Ausführung und langfristigen Aufrechterhaltung einer (sportlichen) Aktivität die einzelnen motivationalen und volitionalen Prozesse individuell aufeinander abgestimmt werden müssen. Zudem muss ihr Zusammenspiel an die jeweilige (Handlungs-)Situation angepasst werden. Fuchs (2007) beschreibt dieses Zusammenspiel im sog. MoVo-Modell (Motivations-Volitions-Modell). Zentral in diesem Modell ist die Annahme, dass die beiden Prozesse parallel agieren und sich die Prozessoptimierung daher sowohl auf die motivationale und volitionale Stärkung beziehen sollte als auch auf die Optimierung des Zusammenspiels. Hierzu werden die beteiligten (motivationalen und volitionalen) Prozesse den handlungsspezifischen Anforderungen zunächst angepasst (Seelig, 2004, S. 37). Bei der Optimierung des Zusammenspiels steht die Handlungssteuerung des Sportlers im Fokus (*Selbststeuerung*). Diese basiert wiederum auf den beiden Komponenten Selbstkontrolle und Selbstregulation (Gollwitzer, 1999):

1. Die *Selbstkontrolle* beschreibt die Unterdrückung oder Abschirmung von attraktiven Alternativzielen bzw. -bedürfnissen.
2. Die *Selbstregulation* zielt auf die emotional-motivationale Stützung der Handlungssteuerung mithilfe des Aufbaus von handlungsförderlichen Gedanken und Stimmungen ab, die ggf. auch durch externe Unterstützung erfolgen können (z. B. durch Mitspieler oder Trainer).

Nach Baumeister (2000) unterliegt die o. g. Selbststeuerung, er spricht von Selbstregulation, einer kapazitiven Begrenzung. In seiner Theorie der verminderten Selbstregulationskapazität (Ego-Depletion-Theorie) postuliert Baumeister, dass die Durchführung einer Aufgabe mit hohem Selbstregulationsanteil die Leistung in einer zweiten Aufgabe, die ebenfalls Selbstregulationskapazität erfordert, negativ beeinträchtigt (Achtziger & Gollwitzer, 2018, S. 379). Die für die Ausführung einer Aktivität benötigte Selbstkontrolle kann dann nur noch bedingt aufgebracht werden, da die zur Verfügung stehende Energie des Selbst sich als verringert darstellt. Dies wird als Ich-Erschöpfung (*ego-depletion*) bezeichnet (Baumann & Kuhl, 2013). Mithilfe von Vorsätzen können diese negativen **Effekte** der verminderten Selbstregulationskapazität allerdings überwunden werden (Bayer et al., 2010; Webb & Sheeran, 2003).

Die empirischen Befunde zur Ich-Erschöpfung sind allerdings widersprüchlich (Englert & Bertrams, 2021). Während sich in der sportpsychologischen Forschung, vermutlich aufgrund der größeren Lebensnähe der sportbezogenen Aufgaben, mittlere bis große Effekte zeigen (Giboin & Wolff, 2019; Brown et al., 2020), führen sozialwissenschaftliche (Grundlagen-)Studien mit „künstlichen" Laboraufgaben eher zu keinen Effekten (Hagger et al., 2016).

Das Praxisbeispiel in ▶ Exkurs 5.3 verdeutlicht entsprechend die Komponenten der Selbststeuerung.

Exkurs 5.3: Aus der Praxis: Selbstkontrolle und Selbstregulation als Komponenten der Selbststeuerung

Eine hohe Selbstkontrolle ist z. B. in folgenden Fällen vorhanden (Seelig, 2004, S. 37 f.):

— Der Sportler nimmt eine konkrete Zielplanung mit differenzierten Teilzielen vor.

— Er nutzt Erinnerungshilfen stützend.

— Er macht sich ausstehende (unerledigte) Aufgaben immer wieder bewusst.

— Er verarbeitet Misserfolge, Fehler oder Rückschläge, ohne dass es zu einer *Handlungslähmung* kommt.

— Er diszipliniert sich selbst (setzt sich ggf. selbst unter Druck) und zwingt sich, bei der Sache zu bleiben.

— Er steigert oder erhält die Motivation, indem er sich für den Versagensfall negative Konsequenzen bewusst macht.

Nimmt sich z. B. eine Person vor, aufgrund von sportlicher und gesundheitsorientierter Motivation regelmäßig mit einer Trainingsgruppe schwimmen zu gehen, können auftretende Probleme bzw. Hindernisse mit den in ◻ Tab. 5.2 beschriebenen Lösungen überwunden werden.

— Eine hohe Selbstregulation ist z. B. in folgenden Fällen vorhanden (Seelig, 2004, S. 37 f.):

— Der Sportler kann sich gut mit seinen gesetzten Zielen identifizieren.

— Er ist trotz unangenehmer Teilaspekte der Handlung (z. B. Wassertemperatur, große Anstrengung, möglicher Muskelkater) motiviert und sieht Positives im Handlungsergebnis.

◻ **Tab. 5.2** Selbstkontrolltechniken für exemplarische Handlungshindernisse. (Adaptiert nach Seelig, 2004, S. 37, mit freundlicher Genehmigung des Philippka-Sportverlags)

Problem	Lösung
Zeitdruck am Morgen	Sporttasche am Abend zuvor packen und bereits morgens auf dem Weg zur Arbeit ins Auto legen
Zu großer Hunger direkt vor dem Training	Erinnerung in den Kalender eintragen, früher und weniger zu essen
Potenzielle Terminkonflikte	Sich die Ladenöffnungszeiten des Sportgeschäfts bewusst machen, da eine neue Schwimmbrille gekauft werden muss
Sich einreden, dass es unter Umständen in Ordnung sei, nicht zum Training zu gehen	Auch wenn man es nicht rechtzeitig schafft, im Training erscheinen („Besser spät als nie")
Abschweifende Gedanken, andere Verlockungen	Sich sagen, dass man heute trainieren muss, um ein schlechtes Gewissen zu vermeiden und das Gefühl des durchgeführten Trainings zu genießen
Sich gehen lassen, mangelnde Zielvergegenwärtigung	Leistungseinbußen aufgrund des antizipierten Trainingsrückstands bewusst machen

- Er ist aufmerksam, um aufkommende Schwierigkeiten zu erkennen und zu beseitigen.
- Er kann sich gut aktivieren (positive Einstellung, Negatives ausblenden).
- Er kann die innere Anspannung (z. B. Ärger, Nervosität) gezielt abbauen (z. B. durch Entspannungstechniken).

- Er trifft anstehende Entscheidungen mit dem Gefühl, „das Richtige zu tun".
- Er bleibt auch bei langwierigen oder schwierigen Handlungen fokussiert.

Die in ❏ Tab. 5.3 beschriebenen Maßnahmen können das Training entsprechend unterstützen.

❏ **Tab. 5.3** Unterstützende Trainingsmaßnahmen. (Adaptiert nach Seelig, 2004, S. 38, mit freundlicher Genehmigung des Philippka-Sportverlags)

Ziel	Maßnahmen
Große Freude am Schwimmen und sich als Teil der Trainingsgruppe zu fühlen	Leistungsvergleiche innerhalb der Trainingsgruppe, gesellige Aktivitäten mit der Gruppe außerhalb des Trainings
Unliebsame Trainingsabschnitte (z. B. Intervalltraining) zur Leistungssteigerung meistern	Erläuterung der trainingsmethodischen Effekte durch den Trainingsverantwortlichen
Aufmuntern durch Selbststeuerungen in eintönigen oder besonders anstrengenden Übungen	Wasserdichten MP3-Player verwenden und Musik während dieser Übungen hören
Bei Kritik durch Mitglieder der Trainingsgruppe fokussiert bleiben und sich nicht ärgern	Trainingseinheiten gemeinsam reflektieren und wertschätzend kommunizieren
Verinnerlichen, dass eine Leistungssteigerung nur durch regelmäßiges Training erreicht werden kann	Die Trainingsgruppe dokumentiert Trainings- und Messdaten (z. B. Umfänge, Zeiten) und diskutiert über vorhandene Leistungssteigerungen

Für die erfolgreiche Ausführung und Aufrechterhaltung einer geplanten Handlung muss die handelnde Person keinesfalls über eine hohe Ausprägung in den beiden Komponenten der Selbststeuerung verfügen und somit alle Aspekte der Selbstkontrolle und Selbstregulation abdecken und diese aktiv einsetzen (▶ Exkurs 5.3). Es geht vielmehr um eine an die Handlung angepasste optimale Kombination von Aspekten.

Kommt es wiederholt zu einer erfolgreichen Umsetzung von gefassten Handlungsvorsätzen, werden künftige Hindernisse leichter überwunden (Seelig, 2004, S. 38).

5.3   Zusammenfassung

- ▪ **Realisierung von Handlungsvorsätzen**
- — Motivation allein reicht nicht immer aus, um einen Handlungsplan zu realisieren.
- — Volition beschreibt Willensprozesse zur Umsetzung von Handlungsabsichten.
- — Forschungsgegenstand sind vor allem die Handlungsinitiierung, die Persistenz einer Handlung und das Überwinden von Handlungshindernissen.
- — Ein Messinstrument ist der *Fragebogen „Volitionale Komponenten im Sport"* (VKS).

- **Das Rubikon-Modell – die Würfel sind gefallen**
- Die Umsetzung der Handlung wird in vier Phasen untergliedert: prädezisional, präaktional, aktional, postaktional.
- Handlungsoptionen werden zunächst hinsichtlich des subjektiven Werts und der Realisierbarkeit für die Handelnden abgewogen. Mit der Entscheidung für eine Handlungsmöglichkeit ist der Point of no Return erreicht, die Zielintention steht fest.
- Die Planung der Zielintention wird nun eingeleitet, am Ende steht ein konkreter Handlungsplan.
- Dieser Plan wird umgesetzt, mit situativen Umständen verglichen, und es erfolgt eine Beurteilung der Ziel- und Handlungsumsetzung.
- Die Bewertung des Handlungsergebnisses führt zu einer Neubewertung von Erwartungen.

- **Die Theorie der Handlungskontrolle**
- Die Theorie basiert auf dem Ansatz, bei der Handlungskontrolle zwischen motivationalen Prozessen (Selektionsmotivation) und volitionalen Prozessen (Realisierungsmotivation) zu unterscheiden.
- Hauptfunktion der volitionalen Prozesse der Handlungskontrolle ist die Abschirmung bzw. Überwindung des Handelnden vor internen und externen Einflüssen, die sich als störend, konkurrierend oder irrelevant für die Realisierung der Intention darstellen und alternative Handlungstendenzen hervorrufen können.
- Personen unterscheiden sich in ihrer Fähigkeit, diese Einflüsse zu überwinden. Man unterscheidet bei der Handlungskontrolle zwischen Handlungs- und Lageorientierung.
- Die Neigung zu einer dieser Orientierungen wird durch soziale Faktoren beeinflusst und ist weniger genetisch determiniert.

- Je nach Sportart und Spielposition kann sich die Orientierungsform günstig oder nachteilig auf den Sportler auswirken.
- In der Theorie der Handlungskontrolle agiert die Volition als Bindeglied zwischen Motivation und der Handlungsrealisierung.
- Nach dem Motivations-Volitions-Modell ist jedoch auch zu beachten, dass Motivation und Volition nicht als getrennte Prozesse zu betrachten sind, sondern gemeinsam agieren. Zudem kommt auch bei der Handlungsrealisierung der Abstimmung dieser beiden Prozesse eine entscheidende Rolle zu.
- Für die Optimierung dieses Zusammenspiels ist die Handlungssteuerung ein wichtiger Faktor. Diese basiert wiederum auf den beiden Komponenten Selbstkontrolle und Selbstregulation.

Literatur

Ach, N. (1935). Analyse des Willens. In E. Abderhalden (Hrsg.), *Handbuch der biologischen Arbeitsmethoden* (6. Aufl.). Urban & Schwarzberg.

Achtziger, A., & Gollwitzer, P. M. (2010). Motivation und Volition im Handlungsverlauf. In J. Heckhausen & H. Heckhausen (Hrsg.), *Motivation und Handeln* (S. 309–335). Springer.

Achtziger, A., & Gollwitzer, P. M. (2018). Motivation und Volition im Handlungsverlauf. In J. Heckhausen & H. Heckhausen (Hrsg.), *Motivation und Handeln* (5. Aufl., S. 355–388). Springer.

Baumann, N., & Kuhl, J. (2013). Selbstregulation und Selbstkontrolle. In W. Sarges (Hrsg.), *Management-Diagnostik* (4. vollst. überarb. Aufl., S. 263–270). Hogrefe.

Baumeister, R. F. (2000). Ego-depletion and the self's executive function. In A. Tesser & R. B. Felson (Hrsg.), *Psychological perspectives on self and identity* (S. 9–33). American Psychological Association.

Bayer, U. C., Gollwitzer, P. M., & Achtziger, A. (2010). Staying on track: Planned goal striving is protected from disruptive internal states. *Journal of Experimental Social Psychology, 46*(3), 505–514. https://doi.org/10.1016/j.jesp.2010.01.002

Beckmann, J. (1987). Höchstleistung als Folge missglückter Selbstregulation. In J.-P. Janssen, W. Schlicht, & H. Strang (Hrsg.), *Handlungskontrolle und soziale Prozesse im Sport* (S. 52–63). bps.

5

Beckmann, J. (1994). Volitional correlates of action and state orientations. In J. Kuhl & J. Beckmann (Hrsg.), *Volition and personality: Action and state orientation* (S. 155–166). Hogrefe.

Beckmann, J., Fröhlich, S., & Elbe, A.-M. (2009). Motivation und Volition. In W. Schlicht & B. Strauß (Hrsg.), *Grundlagen der Sportpsychologie* (Enzyklopädie der Psychologie, Serie 5: Sportpsychologie, Bd. 1, S. 511–562). Hogrefe.

Beswick, G., & Mann, L. (1994). State orientation and procrastination. In J. Kuhl & J. Beckmann (Hrsg.), *Volition and personality: Action versus state orientation* (S. 512). Hogrefe.

Blunt, A., & Pychyl, T. A. (1998). Volitional action and inaction in the lives of undergraduate students: State orientation, procrastination and proneness to boredom. *Personality and Individual Differences, 24*(6), 837–846. https://doi.org/10.1016/S0191-8869(98)00018-X

Brown, D. M. Y., Graham, J. D., Innes, K. I., Harris, S., Flemington, A., & Bray, S. R. (2020). Effects of prior cognitive exertion on physical performance: A systematic review and meta-analysis. *Sports Medicine, 50*(3), 497–529. https://doi.org/10.1007/s40279-019-01204-8

Conzelmann, A., Hänsel, F., & Höner, O. (2013). Individuum und Handeln – Sportpsychologie. In A. Güllich & M. Krüger (Hrsg.), *Sport – Das Lehrbuch für das Sportstudium* (S. 271–337). Springer.

DAK-Gesundheit, & Forsa. (2013). Die Mehrheit will weniger Stress. Gute Vorsätze 2014. https://www.dak.de/dak/bundesthemen/umfragen-und-studien-2091004.html#/.

Englert, C., & Bertrams, A. (2021). Again, no evidence for or against the existence of ego depletion: Opinion on „A multi-site preregistered paradigmatic test of the ego depletion effect". *Frontiers in Human Neuroscience, 15*(658890). https://doi.org/10.3389/fnhum.2021.658890

Fuchs, R. (1997). *Psychologie und körperliche Bewegung. Grundlagen für theoriegeleitete Interventionen* (Reihe Gesundheitspsychologie). Hogrefe.

Fuchs, R. (2007). Das MoVo-Modell als theoretische Grundlage für Programme der Gesundheitsverhaltensänderung. In R. Fuchs, W. Göhner, & H. Seelig (Hrsg.), *Aufbau eines körperlich aktiven Lebensstils* (S. 317–325). Hogrefe.

Fuhrmann, A., & Kuhl, J. (1998). Maintaining a healthy diet: Effects of personality and self-reward versus self-punishment on commitment to and enactment of self-chosen and assigned goals. *Psy-*

chology and Health, 13(4), 651–686. https://doi.org/10.1080/08870449808407423

Gabler, H. (2004). Motivationale Aspekte sportlicher Handlungen. In H. Gabler, J. R. Nitsch, & R. Singer (Hrsg.), *Einführung in die Sportpsychologie. Teil 1: Grundthemen* (4. unveränderte Aufl., S. 197–245). Hofmann.

Giboin, L.-S., & Wolff, W. (2019). The effect of ego depletion or mental fatigue on subsequent physical endurance performance: A meta-analysis. *Performance Enhancement & Health, 7*(1–2), 2211–2669. https://doi.org/10.1016/j.peh.2019.100150

Gollwitzer, P. M. (1999). Implementation intentions: Strong effect of simple plans. *American Psychologist, 54*(7), 493–503.

Hagger, M. S., Chatzisarantis, N. L. D., Alberts, H., Anggono, C. O., Batailler, C., Birt, A. R., et al. (2016). A multilab preregistered replication of the ego-depletion effect. *Perspectives on Psychological Science, 11*(4), 546–573. https://doi.org/10.1177/1745691616652873

Heckhausen, H. (1987). Wünschen – Wählen – Wollen. In H. Heckhausen, P. M. Gollwitzer, & F. E. Weinert (Hrsg.), *Jenseits des Rubikon: Der Wille in den Humanwissenschaften* (S. 3–9). Springer.

Heckhausen, J., & Heckhausen, H. (Hrsg.). (2018). *Motivation und Handeln* (5. Aufl.). Springer.

Höner, O. (2005). *Entscheidungshandeln im Sportspiel Fußball – Eine Analyse im Lichte der Rubikontheorie.* Hofmann.

Höner, O., & Willimczik, K. (1998). Mit dem Rubikon-Modell über das Handlungsloch – Zum Erklärungswert motivationaler und volitionaler Modellvorstellungen für sportliche Handlungen. *Psychologie und Sport, 5*, 56–68.

Jungermann, H., Pfister, H.-R., & May, R. S. (1994). Competing motivations or changing choices: Conjectures and some data on choice-action consistency. In J. Kuhl & J. Beckmann (Hrsg.), *Volition and personality: Action versus state orientation* (S. 195–208). Hogrefe.

Kuhl, J. (1983). *Motivation, Konflikt und Handlungskontrolle.* Springer.

Kuhl, J. (1987). Motivation und Handlungskontrolle: Ohne guten Willen geht es nicht. In H. Heckhausen, P. M. Gollwitzer, & F. E. Weinert (Hrsg.), *Jenseits des Rubikon: Der Wille in den Humanwissenschaften* (S. 101–120). Springer.

Kuhl, J. (1990). *Kurzanweisung zum Fragebogen HAKEMP-90.* Universität Osnabrück.

Kuhl, J. (1994). Motivation and volition. In G. d'Ydevalle, P. Bertelson, & P. Eelen (Hrsg.), *Current ad-*

vances in psychological science: An international perspective (S. 311–340). Erlbaum.

Kuhl, J. (2018). Individuelle Unterschiede in der Selbststeuerung. In J. Heckhausen & H. Heckhausen (Hrsg.), Motivation und Handeln (5. Aufl., S. 389–422). Springer.

Kuhl, J., & Beckmann, J. (1983). Handlungskontrolle und Umfang der Informationsverarbeitung: Wahl einer vereinfachten (nichtoptimalen) Entscheidungsregel zugunsten rascher Handlungsbereitschaft. Zeitschrift für Sozialpsychologie, 14, 241–250.

Kuhl, J., & Fuhrmann, A. (1998). Decomposing self-regulation and self-control: The volitional components checklist. In J. Heckhausen & C. S. Dweck (Hrsg.), Life span perspectives on motivation and control (S. 15–49). Erlbaum.

Kuhl, J., & Goschke, T. (1994). State orientation and the activation and retrieval of intentions from memory. In J. Kuhl & J. Beckmann (Hrsg.), Volition and personality: Action versus state orientation (S. 127–152). Hogrefe.

Lewin, K. (1926). Untersuchungen zur Handlungs- und Affekt-Psychologie, II.: Vorsatz, Wille und Bedürfnis. Psychologische Forschung – Zeitschrift für Psychologie und ihre Grenzwissenschaften, 7, 330–385.

Niederberger, U., Engemann, A., & Radtke, M. (1987). Umfang der Informationsverarbeitung bei Entscheidungen: Der Einfluss von Gedächtnisbelastung und Handlungsorientierung. Zeitschrift für Experimentelle und Angewandte Psychologie, 34, 80–100.

Rudolph, U. (2007). Motivationspsychologie (2. vollst. überarb. Aufl.). Beltz.

Seelig, H. (2004). Sich selbst motivieren. Volleyball Magazin, 9, 35–38.

Sheeran, P. (2002). Intention-behavior relations: A conceptual and empirical review. European Review of Social Psychology, 12(1), 1–36. https://doi.org/10.1080/14792772143000003

Stiensmeier-Pelster, J. (1994). Choice of decision-making strategies and action versus state orientation. In J. Kuhl & J. Beckmann (Hrsg.), Volition and personality: Action versus state orientation (S. 167–176). Hogrefe.

Webb, T. L., & Sheeran, P. (2003). Can implementation intentions help to overcome ego-depletion? Journal of Experimental Social Psychology, 39(3), 279–286. https://doi.org/10.1016/S0022-1031(02)00527-9

Wenhold, F., Meier, C., Elbe, A.-M., & Beckmann, J. (2008). Informationen zum Fragebogen HOSP auf dem Internetportal Sportpsychologie des BISp. http://www.bisp-sportpsychologie.de/SpoPsy/DE/Diagnostikportal/Motivation/Sportlerfrageboegen/hosp/hosp_Einfuehrung.html?nn=3014646. Zugegriffen am 25.11.2021.

Wenhold, F., Elbe, A.-M., & Beckmann, J. (2009). Volitionale Komponenten im Sport (VKS). Manual. Strauß.

Strukturen und Prozesse des psychischen Systems: *II. Personale Dispositionen*

Inhaltsverzeichnis

Persönlichkeit

Inhaltsverzeichnis

© Der/die Autor(en), exklusiv lizenziert durch Springer-Verlag GmbH, DE,
ein Teil von Springer Nature 2022
F. Hänsel et al., *Sportpsychologie*, https://doi.org/10.1007/978-3-662-63616-9_6

6

In Lehrplänen für das Schulfach Sport oder in Ankündigungen für Einstiegskurse in verschiedensten Sportarten wird immer wieder der positive Einfluss von Bewegung und Sport auf die Persönlichkeitsentwicklung hervorgehoben. Auch im Leitbild des deutschen Sports heißt es, das Sportangebot der Sportvereine und -verbände diene „dem Menschen zur bewegungs- und körperorientierten ganzheitlichen Entwicklung der Persönlichkeit" (Deutscher Sportbund, 2000, S. 2). Der deutsche Sport verpflichte sich darüber hinaus, „Beiträge zu leisten zur Persönlichkeitsentwicklung" (S. 5).

Im Bereich des Spitzensports wird in der Presse dagegen oft von „Sportlerpersönlichkeiten" berichtet, die sich z. B. durch Beharrlichkeit, Willenskraft oder auch Fair Play auszeichnen und denen damit häufig eine Vorbildfunktion zugesprochen wird.

Doch lassen sich diese angenommenen positiven Wirkungen des Sports auf die Persönlichkeit auch wissenschaftlich nachweisen? Gibt es Persönlichkeitsunterschiede zwischen erfolgreichen und weniger erfolgreichen Sportlerinnen und Sportlern? Oder treiben umgekehrt vielleicht gerade Menschen mit einer bestimmten Persönlichkeitsstruktur Sport? Was versteht man in der Psychologie überhaupt unter Persönlichkeit? Mit diesen und ähnlichen Fragestellungen beschäftigt sich das vorliegende Kapitel.

Zunächst werden in ▶ Abschn. 6.1 für das Verständnis der Persönlichkeitsforschung im Sport wesentliche Begriffe bestimmt. Danach werden Ansätze vorgestellt, mithilfe derer Persönlichkeit theoretisch erklärt wird (▶ Abschn. 6.2), bevor in ▶ Abschn. 6.3 verschiedene Annahmen über den Zusammenhang von Sport und Persönlichkeit beschrieben werden. Schließlich wird der empirische Forschungsstand zusammengefasst (▶ Abschn. 6.4).

6.1   Begriffsbestimmung

Fragestellungen, die sich mit der Persönlichkeit von Sportlerinnen und Sportlern beschäftigen, werden in der Sportpsychologie schon lange untersucht. Die verwendeten Theorien und Methoden waren dabei stets angelehnt an Erkenntnisse der Persönlichkeits- und der Differentiellen Psychologie. Die *Persönlichkeitspsychologie* beschäftigt sich mit den gemeinsamen Strukturen des Erlebens und Verhaltens, die trotz bestehender individueller Unterschiede auffindbar sind, während bei Fragestellungen der *Differentiellen Psychologie* **interindividuelle** (d. h. zwischen verschiedenen Personen oder Personengruppen liegende) Unterschiede im Erleben und Verhalten von Menschen im Vordergrund stehen (Conzelmann, 2009, S. 377).

Die aktuellen inneren Prozesse des psychischen Systems variieren in Abhängigkeit von der Person (Grundschema des psychischen Systems; ▶ Abschn. 1.3; s. auch ▶ Abschn. 3.2). Das bedeutet, dass kognitive Prozesse, Emotionen und Motivationsaspekte von Aspekten der Persönlichkeit beeinflusst werden und immer auch aus der Perspektive der Persönlichkeitsforschung betrachtet werden können. Mit Bezug auf die Leistungsmotivation erforscht die Differentielle Sportpsychologie z. B. die Frage, inwieweit sich Personen, die „Hoffnung auf Erfolg" oder „Furcht vor Misserfolg" zeigen, in ihrem Verhalten während eines sportlichen Wettkampfs unterscheiden (▶ Abschn. 4.2.3.1).

Bis heute lässt sich der Persönlichkeitsbegriff nicht allgemeingültig definieren. Bereits 1937 identifizierte Allport über 50 verschiedene Verwendungsweisen, die sich in der Weite (Wie eng oder weit wird der Begriff Persönlichkeit gefasst?) sowie in der Akzentsetzung (Welcher Aspekt von Persönlichkeit steht im Vordergrund?) unterscheiden. Als Minimalkonsens gilt die häufig zitierte Definition von Herrmann (1991).

Persönlichkeit

Persönlichkeit ist „ein bei jedem Menschen einzigartiges, relativ stabiles und den Zeitablauf überdauerndes Verhaltenskorrelat" (Herrmann, 1991, S. 29).

Der Begriff *Verhaltenskorrelat* meint, dass die Verhaltensweisen (d. h. auch die das Verhalten bedingenden inneren Prozesse des psychischen Systems) eines Menschen miteinander in Beziehung stehen und nicht isoliert voneinander auftreten. Die obige Definition macht deutlich, dass Gegenstand der Persönlichkeitsforschung nur solche Merkmale sind, die eine gewisse *Stabilität* über die Zeit aufweisen. Andererseits drückt die Verwendung des Worts *relativ* aus, dass diese Zeitstabilität mittelfristig zu verstehen ist, d. h., dass sich einzelne Persönlichkeitsaspekte erst mit der Zeit entwickeln und sich langfristig auch verändern können (Conzelmann, 2009, S. 378).

Persönlichkeitsunterschiede beziehen sich auf sehr unterschiedliche Bereiche. Neyer und Asendorpf (2018) nennen hier (auch ▶ Abschn. 1.3):

- Physische Merkmale
- Temperament und interpersonelle Stile (z. B. **Extraversion**; ▶ Abschn. 6.2.2)
- Fähigkeiten (z. B. Intelligenz, Kreativität)
- Handlungseigenschaften (z. B. Motive, **Interessen**)
- Bewertungs **dispositionen** (z. B. **Einstellungen**)
- Selbstkonzept (▶ Kap. 7) und Wohlbefinden

6.2 Theoretische Ansätze

Mithilfe von Persönlichkeitstheorien wird versucht, die Persönlichkeit des Menschen wissenschaftlich zu beschreiben, zu erklären und Verhaltensweisen vorherzusagen, die auf der Persönlichkeit eines Menschen beruhen. Es existiert eine Vielzahl sehr unterschiedlicher Ansätze, die sich u. a. im zugrunde liegenden Menschenbild sowie in der Frage unterscheiden, welche Phänomene mit der jeweiligen Theorie erklärt werden sollen. So kann bei einer Theorie z. B. die Struktur der Persönlichkeit im Mittelpunkt stehen, während für eine andere Theorie die Entstehung und Entwicklung dieser Persönlichkeit zentral sind (Gerrig, 2018, S. 506). Meist erfolgt die Systematisierung der Theorien anhand ihrer Zugehörigkeit zu bestimmten *Theoriefamilien* (z. B. Neyer & Asendorpf, 2018; Pervin et al., 2005; Rammsayer & Weber, 2016). Dabei stehen einzelne Vertreter beispielhaft für eine bestimmte Theoriefamilie. Allerdings erfolgen diese Systematisierungen keineswegs einheitlich und können je nach zugrunde liegender Literatur voneinander abweichen. Conzelmann (2001, S. 23) unterscheidet als „gemeinsamen Nenner" der unterschiedlichen Strukturierungsversuche folgende Ansätze (▶ Abschn. 1.4):

- Psychodynamische Ansätze (z. B. Sigmund Freud)
- Eigenschafts-/**Trait**-Konzepte bzw. **faktorenanalytische** Ansätze (z. B. Hans J. Eysenck)
- **Behavioristisch**-lerntheoretische Ansätze (z. B. Burrhus F. Skinner; ▶ Abschn. 13.2.2)
- Humanistische Ansätze (z. B. Abraham Maslow)
- Kognitive Ansätze (z. B. George A. Kelly)
- Dynamisch-**interaktionistische** Ansätze (z. B. Walter Mischel)

Neyer und Asendorpf (2018) dagegen gehen von den folgenden Theoriefamilien aus, die sie Paradigmen nennen:

- Eigenschaftsparadigma
- Informationsverarbeitungsparadigma
- Dynamisch-interaktionistisches Paradigma
- **Neurowissenschaftliches** Paradigma
- Molekulargenetisches Paradigma
- Evolutionspsychologisches Paradigma

Von diesen unterschiedlichen Ansätzen haben sich für die sportpsychologische Persönlichkeitsforschung insbesondere Eigenschafts- bzw. Trait-Konzepte durchgesetzt, die in ▶ Abschn. 6.2.2 näher erläutert werden.

6.2.1 Vorwissenschaftliche Vorstellungen und Typenlehre

Die Beschäftigung mit der Persönlichkeit des Menschen reicht allerdings noch viel weiter zurück. Schon in der Antike entwickelte der griechische Arzt Galenus von Pergamon, aufbauend auf der Viersäftelehre von Hippokrates, eine vorwissenschaftliche *Temperamentenlehre* (Maltby et al., 2011, S. 290). Danach ist je nach der Vorherrschaft bzw. je nach Mischungsverhältnis der vier Körpersäfte ein bestimmtes Temperament besonders ausgeprägt, sodass sich unterschiedliche „Typen" von Menschen ergeben (Wellhöfer, 1977, S. 6):

- *Blut:* Sanguiniker (heiter, aktiv)
- *Schleim:* Phlegmatiker (passiv, schwerfällig)
- *Gelbe Gallenflüssigkeit:* Choleriker (reizbar, erregbar)
- *Schwarze Gallenflüssigkeit:* Melancholiker (traurig, nachdenklich)

Auch wenn diese vorwissenschaftlichen Vorstellungen mittlerweile als überholt gel-

ten, wurden sie doch viele Jahrhunderte akzeptiert und bildeten die Grundlage für die wissenschaftliche Beschäftigung mit der Persönlichkeit.

Ebenfalls als überholt gilt die *Typenlehre*, die der US-Amerikaner William Sheldon in den 1940er-Jahren entwickelte (Sheldon & Stevens, 1942). Er unterteilte Menschen aufgrund ihres Körperbaus in drei unterschiedliche Kategorien und ordnete diesen Typen dann Charaktereigenschaften zu:

- *Endomorph* (übergewichtig, dick): Entspannt, gemütlich und gesellig
- *Mesomorph* (muskulös, athletisch): Körperbetont, aktiv und durchsetzungsfähig
- *Ektomorph* (dünn, hager): Introvertiert, intellektuell und gehemmt

Obwohl Sheldons Klassifikationsansatz in der Folgezeit aus methodischer Sicht immer wieder in der Kritik stand, wurde mit ihm bereits früh die wesentliche Frage nach der genetischen Grundlage der Persönlichkeit gestellt, die bis heute im Fokus des wissenschaftlichen Interesses steht (Rammsayer & Weber, 2016, S. 197 f.).

6.2.2 Eigenschaftstheorien

Die sportpsychologische Persönlichkeitsforschung wurde besonders von Eigenschafts- bzw. Trait-Theorien geprägt.

Eigenschaften

Eigenschaften (Traits) sind in der Persönlichkeitsforschung überdauernde (stabile) Merkmale und Eigenschaften, die eine Person dazu **disponieren**, sich über unterschiedliche Situationen hinweg konstant zu verhalten (Gerrig, 2018, S. 509; Rammsayer & Weber, 2016, S. 200).

Eigenschaften sind dabei nicht direkt beobachtbar, sondern sind als **Dispositionen** im Sinne einer Verhaltensbereitschaft oder einer Neigung zu verstehen. Disposition bedeutet also nicht, dass die Person sich *immer* in einer bestimmten Art und Weise verhält. So ist es z. B. wahrscheinlich, dass eine ängstliche Person eine Vielzahl unterschiedlicher Situationen (z. B. Sprechen vor einer großen Gruppe, Arztbesuch) als bedrohlich wahrnimmt und mit erhöhter Angst reagiert. Es kann jedoch auch ähnlich „bedrohliche" Situationen geben (z. B. das Demonstrieren einer sportlichen Bewegung vor der Trainingsgruppe), in denen die gleiche Person diese Reaktion nicht zeigt.

Die grundlegende Idee der Trait-Ansätze ist es, dass die Ausprägung einer bestimmten Persönlichkeitseigenschaft gemessen werden kann. Hierzu stehen verschiedene Methoden zur Verfügung, wobei am häufigsten *Selbsteinschätzungen* in Form von Fragebögen verwendet werden.

Auch in der Alltagssprache wird die Persönlichkeit von Menschen häufig mit Eigenschaftswörtern beschrieben. Zu den bedeutenden Fragestellungen der Eigenschaftstheoretiker gehört es nicht nur, diese Persönlichkeitseigenschaften inhaltlich zu definieren, sondern auch zu entscheiden, wie viele solcher Persönlichkeitsdimensionen nötig sind, um die grundlegende Persönlichkeitsstruktur eines Menschen ausreichend

beschreiben zu können (Rammsayer & Weber, 2016, S. 222).

Der Psychologe Hans Jürgen Eysenck entwickelte in den 1940er- und 1950er-Jahren ein *Drei-Faktoren-Modell* (Rammsayer & Weber, 2016, S. 225). Er identifizierte aufgrund **empirischer** Untersuchungen drei grundlegende Persönlichkeitsdimensionen (Extraversion, Neurotizismus sowie Psychotizismus), die jeweils eine hierarchische Binnenstruktur aufweisen sollen (s. beispielhaft für die Extraversion ◘ Abb. 6.1). Auf der untersten Ebene finden sich *spezifische Verhaltensweisen* in konkreten, alltäglichen Situationen, die zunächst nur einmal beobachtet werden und für eine Person charakteristisch sein können oder auch nicht (z. B. trainiert eine Boxerin in einer Trainingseinheit länger als ihre Teamkameradinnen, ◘ Abb. 6.2). Auf einer nächsthöheren Ebene lassen sich diese Verhaltensweisen dann zu *Gewohnheiten* zusammenfassen: Eine Person reagiert in ähnlichen Situationen auf die gleiche Weise. Die Verhaltensweisen zeichnen sich auf dieser Ebene also durch ein Minimum an Stabilität aus (z. B. zeigt die Boxerin auch in ähnlichen Situationen ein hohes Maß an ehrgeizigen Verhaltensweisen). Auf einer dritten Ebene kann man diese Gewohnheiten dann als Persönlichkeitsmerkmale (*Eigenschaften*) zusammenfassen (z. B. zeigt die Boxerin auch bei anderen Gelegen-

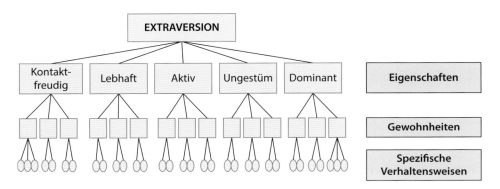

◘ **Abb. 6.1** Hierarchischer Aufbau der Persönlichkeitsdimensionen nach Eysenck am Beispiel der Extraversion. (Adaptiert nach Rammsayer & Weber, 2016, S. 225, mit freundlicher Genehmigung von Hogrefe)

◨ Abb. 6.2   Foto: Jan Ehlers

heiten ein ähnlich ehrgeiziges Verhalten, z. B. wenn es um ihre schulischen Leistungen geht). Hierbei handelt es sich um theoretische **Konstrukte**, die sich statistisch aus der **Interkorrelation** verschiedener Gewohnheiten ergeben (Faktoren erster Ordnung). Mehrere miteinander zusammenhängende Eigenschaften bilden dann jeweils die übergeordneten *Persönlichkeitsdimensionen* Extraversion, Neurotizismus und Psychotizismus. Statistisch beruhen diese wiederum auf den Interkorrelationen der Persönlichkeitseigenschaften (Faktoren zweiter Ordnung).

Eysenck (1952) charakterisierte diese drei grundlegenden Dimensionen, die Personen mit einer hohen Ausprägung in der jeweiligen Dimension auszeichnen, u. a. durch folgende Adjektive (in ◨ Abb. 6.1 sind diese Adjektive auf der dritten Hierarchieebene (Eigenschaften) angesiedelt):

Extraversion: Personen mit hohen Ausprägungen auf dieser Dimension sind kontaktfreudig, lebhaft, aktiv, ungestüm, dominant, durchsetzungsfähig, unbekümmert, erlebnishungrig und waghalsig.

Neurotizismus: Personen mit hohen Ausprägungen auf dieser Dimension sind ängstlich, deprimiert, haben Schuldgefühle, sind irrational, angespannt, haben einen geringen Selbstwert, sind schüchtern, launisch und emotional.

Psychotizismus: Personen mit hohen Ausprägungen auf dieser Dimension sind aggressiv, kalt, ich-bezogen, unpersönlich, dominant, unsozial, unempathisch, kreativ und kompromisslos.

Costa und McCrae (1997) entwickelten mit ihrem *Fünf-Faktoren-Modell* (*Big Five*) das derzeit wohl bekannteste eigenschaftstheoretische Persönlichkeitsmodell, das aber in der Sportpsychologie bislang eine eher untergeordnete Rolle spielt (▶ Abschn. 6.4.2). Sie werteten u. a. Wortlisten, die Begriffe zur Beschreibung von Persönlichkeit enthalten, mit einem statistischen Verfahren (Faktorenanalyse) aus. In zahlreichen Untersuchungen ließen sich kulturübergreifend und altersunabhängig immer wieder fünf Faktoren nachweisen, über deren Existenz in der Persönlichkeitsforschung mittlerweile weitgehender Konsens besteht. Diese fünf Faktoren werden u. a. durch folgende Merkmale charakterisiert (Rammsayer & Weber, 2016, S. 234; Neyer & Asendorpf, 2018, S. 108 f.):

- *Neurotizismus:* Personen mit hoher Ausprägung auf dieser Dimension neigen zu Ängstlichkeit, Nervosität, Unsicherheit und Gefühlsschwankungen.
- *Extraversion:* Personen mit hoher Ausprägung auf dieser Dimension sind gesellig, aktiv, gesprächig, herzlich und optimistisch.
- *Offenheit für Erfahrungen:* Personen mit hoher Ausprägung auf dieser Dimension sind wissbegierig, intellektuell neugierig, haben ein Gefühl für Kunst und Kreativität und schätzen neue Erfahrungen.
- *Verträglichkeit:* Personen mit hoher Ausprägung auf dieser Dimension zeigen sich im Umgang mit anderen freundlich, hilfsbereit, verständnisvoll, harmoniebedürftig und kooperativ.
- *Gewissenhaftigkeit:* Personen mit hoher Ausprägung auf dieser Dimension sind zuverlässig, ordentlich, beharrlich und arbeiten ausdauernd und hart.

Eigenschaftstheorien sind innerhalb der Persönlichkeitspsychologie bis heute dominierend. Die dem Ansatz zugrunde liegenden Annahmen der zeitlichen Stabilität und der transsituativen Konsistenz (d. h. gleiches oder ähnliches Verhalten in verschiedenartigen Situationen zu zeigen) sind empirisch jedoch nur teilweise nachweisbar. So zeigt sich eine nennenswerte Stabilität von Persönlichkeitseigenschaften erst im Erwachsenenalter. Zudem ist der **Zusammenhang** zwischen dem Wert, den eine Person etwa in einem Persönlichkeitsfragebogen (▶ Exkurs 6.1) erreicht, und ihrem Verhalten in einer konkreten Situation eher schwach, was nahelegt, dass die jeweilige Situation einen starken Einfluss auf das Verhalten hat. *Interaktionistische Ansätze*, die die Wechselwirkung von sportlicher Aktivität und Persönlichkeit berücksichtigen, tragen dieser Tatsache Rechnung (▶ Abschn. 6.4.2). Den meisten sportpsychologischen Untersuchungen, die sich mit Fragen der Persönlichkeitsforschung beschäftigen, lagen bislang jedoch Eigenschaftsansätze zugrunde (▶ Abschn. 6.4.1).

Exkurs 6.1: Aus der Praxis: Revised NEO Personality Inventory (NEO-PI-R)

Der bekannteste Fragebogen zur Erfassung der Big Five ist der NEO-PI-R („NEO-Persönlichkeitsinventar in der revidierten Fassung") nach Costa und McCrae (1997; deutsch Ostendorf & Angleitner, 2004). Er enthält insgesamt 240 Items, die auf einer fünfstufigen Antwortskala („starke Ablehnung" bis „starke Zustimmung") beantwortet werden (◘ Tab. 6.1). Die Bearbeitung dauert im Schnitt etwa 35 min. Die Auswertung kann nicht nur auf der Ebene der Hauptdimensionen Neurotizismus, Extraversion, Offenheit für Erfahrung, Verträglichkeit und Gewissenhaftigkeit, sondern auch auf der Ebene von Unterdimensionen dieser Facetten erfolgen (so werden für die Extraversion z. B. die Unterdimensionen Herzlichkeit, Geselligkeit, Durchsetzungsfähigkeit, Aktivität, Erlebnishunger und Frohsinn unterschieden). Der Fragebogen hat sich als **reliables** und **valides** Messinstrument erwiesen und ist **normiert**.

◘ **Tab. 6.1** Dimensionen und Beispielitems des NEO-PI-R. (Aus Ostendorf & Angleitner, 2004, mit freundlicher Genehmigung von Hogrefe)

Neurotizismus	Wenn ich unter starkem Stress stehe, fühle ich mich manchmal, als ob ich zusammenbreche.
Extraversion	Ich habe gerne viele Leute um mich herum.
Offenheit	Ich probiere oft neue und fremde Speisen aus.
Verträglichkeit	Ich versuche zu jedem, dem ich begegne, freundlich zu sein.
Gewissenhaftigkeit	Wenn ich eine Verpflichtung eingehe, so kann man sich auf mich bestimmt verlassen.

6.3 Annahmen über den Zusammenhang von Sport und Persönlichkeit

Die sportpsychologische Persönlichkeitsforschung wurde lange Zeit von folgenden zwei Theorieansätzen geprägt:

1. Die als *Sozialisationshypothese* bekannt gewordene Theorie geht davon aus, dass sich durch sportliche Aktivität positive Wirkungen auf die Persönlichkeit ergeben.
2. Die *Selektionshypothese* dagegen nimmt an, dass bestimmte Persönlichkeitsmerkmale dafür sorgen, dass und in welchem Maße eine Person sportlich aktiv ist bzw. dass diese Persönlichkeitsmerkmale über den sportlichen Erfolg (mit-)entscheiden.

Im Mittelpunkt der Sozialisationshypothese steht also die Frage, ob sich die Persönlichkeit von Menschen durch sportliche Aktivität verändert. Es wird ein Einfluss der **unabhängigen Variable** Sport auf die **abhängige Variable** Persönlichkeit postuliert. Die Selektionshypothese nimmt dagegen an, dass ein bestimmtes Muster von Persönlichkeitseigenschaften Individuen überhaupt erst dazu bringt, sich sportlich zu betätigen. Das Verhältnis von abhängiger und unabhängiger Variable ist demnach umgekehrt: Die unabhängige Variable Persönlichkeit beeinflusst die Aufnahme oder Aufrechterhaltung sportlicher Aktivität bzw. den sportlichen Erfolg (abhängige Variable).

Eine Bestätigung der Hypothesen würde unterschiedliche praktische Konsequenzen nach sich ziehen: Im Fall der Sozialisationshypothese ergäben sich insbesondere Auswirkungen auf „die pädagogische Begründung des Sports als positiven Erziehungsfaktor (z. B. im Rahmen des Schulsports oder der Jugendarbeit im Verein)" (Conzelmann, 2006, S. 106) oder die Talentförderung; im Fall der Selektionshypothese gäbe es vor allem Auswirkungen

◻ Abb. 6.3   Foto: Alice Mattheß

im Hinblick auf die Auswahl von Talenten im Bereich des Spitzensports.

Die sportpsychologische Persönlichkeitsforschung hat sich anfangs fast ausschließlich auf die beiden dargestellten Hypothesen konzentriert. Es sind aber weitere Annahmen über den Zusammenhang von Sport und Persönlichkeit denkbar (Conzelmann, 2009, S. 381; ◻ Abb. 6.3):

- „Sport und Persönlichkeit beeinflussen sich gegenseitig (*Interaktionshypothese*).
- Sport und Persönlichkeit beeinflussen sich nicht, beide **Variablen** werden jedoch von einer **Drittvariablen** beeinflusst.
- Sport beeinflusst Persönlichkeit, beide Variablen werden zusätzlich von einer Drittvariablen beeinflusst.
- Persönlichkeit beeinflusst Sport, beide Variablen werden zusätzlich von einer Drittvariablen beeinflusst.

- Sport und Persönlichkeit beeinflussen sich gegenseitig und werden zusätzlich von einer Drittvariablen beeinflusst."

Dabei wird vereinfachend von nur einer möglichen Drittvariable ausgegangen. Insbesondere die Interaktionshypothese hat in den letzten Jahren verstärkt Aufmerksamkeit erfahren. Vertreterinnen und Vertreter dieser Hypothese gehen davon aus, dass Sport und Persönlichkeit in einer dynamischen Wechselwirkung stehen: So könnten bestimmte Persönlichkeitsmerkmale die Aufnahme einer bestimmten sportlichen Aktivität zwar bestimmen oder zumindest begünstigen (Selektion). Die regelmäßige Ausübung dieser Aktivität könnte dann jedoch zu Veränderungen der Persönlichkeit führen (Sozialisation). Dies könnte im Anschluss wiederum Einfluss auf weitere Entscheidungsprozesse im Sport haben (Selektion), beispielsweise auf den Wechsel der Sportart oder den Übergang in den Leistungssport.

6.4 Empirische Befunde

Der Forschungsstand in Bezug auf Fragen des Zusammenhangs von Sport und Persönlichkeit lässt sich insgesamt als **heterogen** und wenig konsistent zusammenfassen. Im Folgenden kann lediglich ein grober Überblick über zentrale Ergebnisse gegeben werden. Ausführlichere Darstellungen finden sich bei Singer (2000) und Conzelmann (2009) sowie bei Vanden Auweele et al. (2001).

6.4.1 Eigenschaftstheorien

Die „Blütezeit" der sportpsychologischen Persönlichkeitsforschung liegt in den 1960er- und 1970er-Jahren (Singer, 2000, S. 229). Fisher (1984) identifiziert während dieser Zeit über 1000 englischsprachige Stu-

dien, die sich – meist aus eigenschaftstheoretischer Perspektive – mit Fragen der Persönlichkeit im Sport beschäftigen. Im Mittelpunkt dieser Untersuchungen steht vor allem der Vergleich der Persönlichkeit sportlich aktiver Personen mit der sportlich weniger oder gar nicht aktiver Personen, also die Frage, ob sich eine „*Sportlerpersönlichkeit*" nachweisen lässt (◘ Abb. 6.4). Bei der Mehrzahl dieser Untersuchungen handelt es sich um **Querschnittstudien**, d. h., dass Daten nur zu einem Messzeitpunkt erhoben wurden.

Die Ergebnisse dieser Studien zeigen zusammenfassend ein wenig einheitliches Bild. Neumann (1957) beispielsweise kommt zu dem Ergebnis, dass Personen, die Sport treiben, sich von sportlich inaktiven Personen in positiver Art und Weise u. a. durch eine hohe Vitalität, ein lebhaftes und anpassungs-

◘ **Abb. 6.4**   Foto: Holger Kaboth

fähiges Temperament, ein starkes Selbstvertrauen sowie eine gehobene Lebensgrundstimmung unterscheiden. Steinbach (1968) dagegen zeigt, dass sich Spitzensportlerinnen und Spitzensportler im Vergleich zu sportlich inaktiven Personen durch Introversion und neurotische Tendenzen auszeichnen. Er bescheinigt mehr als der Hälfte der von ihm untersuchten Sportlerinnen und Sportler eine „abnorme Persönlichkeit" (S. 45 f.). Schließlich finden sich auch Studien, die keine Persönlichkeitsunterschiede zwischen sportlich Aktiven und sportlich Inaktiven aufzeigen (z. B. Vanek & Hosek, 1977; Gabler, 1976).

Die inkonsistente Befundlage lässt sich auch nicht allein darauf zurückführen, dass zur Erfassung der Persönlichkeit in den verschiedenen Studien sehr unterschiedliche diagnostische Verfahren eingesetzt wurden:

Betrachtet man beispielsweise nur Studien, die auf dem Drei-Faktoren-Modell von Eysenck beruhen, finden sich hier ebenfalls uneinheitliche Befunde. So fanden Eysenck et al. (1982), dass Olympiaathleten im Vergleich zu Nichtathleten höhere Werte im Bereich der Extraversion und des Psychotizismus, dafür aber niedrigere Werte im Bereich des Neurotizismus aufweisen (▶ Exkurs 6.2). Diese Befunde konnten in anderen Studien (z. B. Jost, 1973; Knapp, 1965) allerdings nicht **repliziert** werden. Vanden Auweele et al. (1993) fanden in einer Metaanalyse von 25 Studien, die auf dem Drei-Faktoren-Modell beruhen, keine Unterschiede zwischen sportlich erfolgreichen und weniger erfolgreichen Athletinnen und Athleten hinsichtlich der Extraversion.

Exkurs 6.2: Aus der Forschung: Persönlichkeitseigenschaften von Olympiateilnehmern

Die Studie von Eysenck et al. (1982) kann beispielhaft für die Untersuchungen in der „Blütezeit" der sportpsychologischen Persönlichkeitsforschung angesehen werden.

Die Autoren nahmen an, dass erfolgreiche Sportler extravertierter seien als weniger erfolgreiche Sportler. Unter anderem erklärten sie diese Annahme damit, dass Extravertierte eher Sport treiben, weil sie kühner und risikofreudiger seien und weil sie Schmerzen, die mit hochintensivem Training einhergehen, besser tolerieren könnten. Bezüglich der Psychotizismus-Dimension sollen erfolgreiche Sportler höhere Ausprägungen aufweisen als weniger erfolgreiche, da in den meisten Sportarten Aggressivität und Konkurrenzorientierung zielführend sind. Für Neurotizismus wird angenommen, dass weder eine zu niedrige Ausprägung (die zu geringer Motivation führt) noch eine zu hohe (die zu hoher Ablenkung führt) mit Erfolg im Sport einhergeht.

192 männliche Olympiateilnehmer und 500 ebenfalls männliche Nichtsportler beantworteten einen Fragebogen, der die drei Faktoren Extraversion, Neurotizismus und Psychotizismus erfasste. Es zeigte sich, dass die Olympiateilnehmer, wie vorhergesagt, höhere Werte für Extraversion und Psychotizismus aufwiesen (◻ Tab. 6.2). Sie waren außerdem etwas weniger neurotisch als die Kontrollgruppe.

Obwohl die Werte sich **deskriptiv** nur gering unterscheiden, argumentieren die Autoren, dass alle Werte zusammengenommen dafür sprechen würden, dass sich die Persönlichkeitsprofile der Olympiateilnehmer deutlich von denen der Kontrollgruppe unterscheiden würden. Zudem kamen die befragten Olympioniken aus höchst unterschiedlichen Sportarten, sodass die Autoren davon ausgehen, dass sich bei einer Differenzierung nach Sportart auch größere Mittelwertsunterschiede zeigen würden.

□ Tab. 6.2 Persönlichkeitseigenschaften in Abhängigkeit von der Teilnahme an Olympischen Spielen. (Adaptiert nach Eysenck et al., 1982, S. 10, © 1982, with permission from Elsevier)

	Olympiateilnehmer		Nichtsportler	
	Mittelwert	Standardabweichung	Mittelwert	Standardabweichung
Extraversion	14,60	4,31	12,56	4,76
Psychotizismus	3,77	2,74	2,48	2,08
Neurotizismus	7,43	4,68	8,40	5,02

Zusammenfassend lässt sich festhalten, dass die Befunde der Studien, die Persönlichkeit im Sinne relativ globaler Traits erfassen, „so inkonsistent [sind], daß allgemeine Aussagen über ,die Sportlerpersönlichkeit' – selbst wenn man sie auf den Spitzensport oder auf einen bestimmten Altersbereich eingrenzt – kaum möglich erscheinen" (Singer, 2000, S. 308).

Etwas anders sieht die Befundlage aus, wenn man gemeinsame Persönlichkeitsmerkmale verschiedener Untergruppen von Sporttreibenden vergleicht. So scheinen z. B. Sportlerinnen und Sportler aus (Hoch-) Risikosportarten wie Fallschirmspringen, Felsklettern oder Snowboarden extrovertierter und weniger neurotizistisch zu sein als Sportlerinnen und Sportler anderer Sportarten bzw. sportlich nicht aktive Personen (McEwan et al., 2019).

Zudem liegen Hinweise darauf vor, dass sich Sportlerinnen und Sportler verschiedener *Disziplinen* (z. B. Sprint vs. längere Strecken im Schwimmen; Andersen, 1977) bzw. verschiedener *Spielpositionen* in ihrer Persönlichkeit unterscheiden. Dabei „erwiesen sich (…) Angriffsspieler [als] risikofreudiger, impulsiver, aggressiver und emotional instabiler als die zum Vergleich herangezogenen Spieler" (Singer, 2000, S. 312). Vergleichsgruppen waren dabei Abwehr-, Mittelfeld- oder Aufbauspielerinnen und -spieler z. B. im Volleyball, Feldhockey oder Fußball. Allerdings

existieren relativ wenige Studien, die sich mit dieser Frage beschäftigen, die teils auch zu gegenteiligen Ergebnissen gelangten. So stellte Sindik (2011) in einer Untersuchung im Basketball keine Unterschiede in den Big-Five-Persönlichkeitsdimensionen zwischen Personen auf unterschiedlichen Spielpositionen fest.

Schließlich finden sich Untersuchungen, die Persönlichkeitsunterschiede zwischen erfolgreichen und weniger erfolgreichen Athletinnen und Athleten nachzuweisen versuchen. Auch hier kommt Singer (2000) aber zu dem Fazit, dass „relativ allgemeine Persönlichkeitsvariablen (…) jeweils für sich genommen in der Regel – wenn überhaupt – nur in geringem Maße mit Unterschieden in der sportlichen Leistungsfähigkeit" (S. 316) einhergehen.

Zur Frage nach Zusammenhängen zwischen den typischen Persönlichkeitseigenschaften und körperlicher Aktivität liegen drei **Metaanalysen** vor (Rhodes & Smith, 2006; Sutin et al., 2016; Wilson & Dishman, 2015). Diese legen relativ konsistent einen negativen Zusammenhang zwischen körperlicher Aktivität und Neurotizismus sowie einen positiven zwischen körperlicher Aktivität und Gewissenhaftigkeit sowie Extraversion nahe; allerdings sind die **Effektstärken** durchweg klein. Auch zwischen Offenheit und körperlicher Aktivität zeigt sich in zwei der Metaanalysen ein signi-

6

fikanter Effekt, der allerdings noch geringer ausfällt. Verträglichkeit steht lediglich in einer der drei Metaanalysen in Zusammenhang mit der Häufigkeit körperlicher Aktivität (Sutin et al., 2016). Für **Moderatorvariablen** wie Geschlecht oder Alter zeigen sich keine signifikanten Effekte. Es scheint sich abzuzeichnen, dass für die Vorhersage körperlicher Aktivität sozial-kognitive Variablen wie Selbstwirksamkeit, Selbstregulationsstrategien, Konsequenzerwartungen, soziale Unterstützung oder die Freude an der körperlichen Aktivität deutlich bessere Prädiktoren sind als globale Persönlichkeitseigenschaften (Smith et al., 2017). Detailliertere Ausführungen zum Zusammenhang zwischen Persönlichkeit und körperlicher Aktivität finden sich bei Pfeffer (2020).

Die bisher berichteten Befunde beruhen auf Querschnittuntersuchungen. Diese sind jedoch nicht geeignet, Ursache-Wirkungs-Beziehungen zu prüfen. Um feststellen zu können, ob die Vorhersagen der Sozialisations- oder die der Selektionshypothese zutreffend sind, ob also Sport die Persönlichkeit oder umgekehrt die Persönlichkeit „den Sport" beeinflusst, sind **Längsschnittstudien** notwendig, d. h. die Erhebung von Daten zu mehreren Messzeitpunkten. Die wenigen Längsschnittstudien, denen ein eigenschaftstheoretischer Zugang zugrunde liegt, kommen auch hier zu sehr uneinheitlichen Befunden. Beispielsweise finden Stephan et al. (2018), dass die zum ersten Messzeitpunkt erhobene körperliche Inaktivität in Zusammenhang mit einer Abnahme der Ausprägung von Extraversion, Gewissenhaftigkeit, Verträglichkeit und Offenheit 20 Jahre später steht, wobei der Effekt gering ist. Insgesamt können die vorliegenden Studien weder die Annahmen der Sozialisations- noch die der Selektionshypothese stützen (Singer, 2000, S. 323; Brand & Schweizer, 2019, S. 76): „Although some evidence exists for both notions, neither has been convincingly demonstrated, most likely because both have an element of truth" (Weinberg & Gould, 2007, S. 48).

Dieser ersten Phase der sportpsychologischen Persönlichkeitsforschung in den 1960er- und 1970er-Jahren folgte eine „Phase methodologisch orientierter Sekundäranalysen" (Conzelmann, 2009), die sich etwa bis Mitte der 1980er-Jahre hinzog. In dieser Phase wurde versucht, Gründe für die sehr uneinheitliche Befundlage zum Zusammenhang von Sport und Persönlichkeit zu finden. Angeführt wurden u. a. (Conzelmann, 2009, S. 386):

- Unterschiedliche Fragestellungen
- Unterschiedliche Vorgehensweisen
- Unklare Begrifflichkeiten und **Operationalisierungen** („Sport", „Sportlerin" bzw. „Sportler", „Sportaktivität", „sportlicher Erfolg")
- Einseitige Orientierung an Eigenschaftsansätzen
- Keine fundierte Analyse der (persönlichkeits-)psychologisch relevanten Merkmale des Handlungsfelds Sport
- Fehlende Theorieorientierung
- Zu wenige Längsschnittstudien
- Weitere methodische Mängel, z. B. Stichprobenprobleme

Insgesamt besteht weitgehender Konsens darüber, dass ein Konzept von Persönlichkeit als relativ breite, generelle und über verschiedene Situationen hinweg konsistente Merkmale (wie es der Eigenschaftsansatz annimmt) für die Messung von Persönlichkeitsveränderungen im Sport nicht geeignet scheint. Aufgrund der Komplexität des Handlungsfelds Sport und im Eigenschaftsansatz nicht berücksichtigter Umwelteinflüsse sind **Effekte** in diesen globalen Persönlichkeitseigenschaften auch kaum zu erwarten (Conzelmann, 2006; Singer, 2000).

6.4.2 Neuere Ansätze

Nach einer „Phase des relativen Stillstands", die von etwa Mitte der 1980er- bis Mitte der 1990er-Jahre andauerte, orientierte sich die deutschsprachige sportpsychologische Persönlichkeitsforschung allmählich neu: Die *Kognitionspsychologie* (▶ Kap. 2) und der *dynamische Interaktionismus* rückten in den Blickpunkt (Conzelmann, 2009). Eine explizite Beschäftigung mit Persönlichkeitstheorien fand in dieser „Post-Trait-Phase" relativ selten statt. Daraus folgt auch, dass die Big-Five-Persönlichkeitsdimensionen, die erst in den 1990er-Jahren entstanden, im Handlungsfeld Sport nicht allzu häufig untersucht wurden (Conzelmann, 2009, S. 391), auch wenn in den letzten Jahren wieder einige Studien erschienen sind, die diesen Ansatz verfolgen. So zeigten z. B. Schwinger et al. (2013), dass vor allem Gewissenhaftigkeit und Neurotizismus indirekt auf die Schwimmleistung wirken, indem sie z. B. Zielorientierungen und Verhaltensweisen wie Durchhaltevermögen positiv (Gewissenhaftigkeit) bzw. negativ (Neurotizismus) beeinflussen. Für Verträglichkeit und Extraversion dagegen zeigten sich weder bei Wettkampf- noch bei Freizeitschwimmerinnen und -schwimmern direkte oder indirekte Effekte auf die Schwimmleistung.

Stattdessen werden Persönlichkeitsunterschiede heute häufiger implizit im Rahmen anderer Forschungsfelder untersucht (Van den Auweele et al., 2001, S. 239). Ein solches Forschungsfeld ist das des Zusammenhangs von Sport und Gesundheit. Untersucht wird u. a., ob und inwieweit sportliche Aktivität sich positiv auf das aktuelle oder **habituelle** (also relativ überdauernde) psychische Wohlbefinden (und damit indirekt auf die seelische Gesundheit) auswirkt. Damit stehen nun eher spezifischere Persönlichkeitsvariablen im Mittelpunkt des Interesses. Beispielsweise zeichnet sich recht deutlich ab, dass körperlich-sportliche Aktivität in einem positiven Zusammenhang mit subjektivem Wohlbefinden steht (Wiese et al., 2018) und depressive Symptome verringern kann (z. B. Josefsson et al., 2014).

Weiterhin erfolgte eine Verschiebung hin zu kognitiven Persönlichkeitsmerkmalen wie dem Körper- und Selbstkonzept, dessen Untersuchung ebenfalls als Weiterentwicklung der sportpsychologischen Persönlichkeitsforschung angesehen werden kann (▶ Kap. 7, s. auch Conzelmann & Schmidt, 2020).

Darüber hinaus untersucht wird das Sozialisationspotenzial sportlicher Aktivität auf spezifische positive Charaktereigenschaften wie Fairness oder sozial erwünschte **Wert**haltungen. Allerdings sprechen die bisherigen Befunde bislang gegen eine solche generell positive Wirkung (z. B. Bruner et al., 2021).

Schließlich ist nach wie vor die Frage von Interesse, ob und wie sich erfolgreiche von weniger erfolgreichen Sportlerinnen und Sportlern unterscheiden bzw. ob es Persönlichkeitsmerkmale gibt, die den sportlichen Erfolg vorhersagen können (◨ Abb. 6.5). Die wenigen vorliegenden Längsschnittuntersuchungen konzentrieren sich vorrangig auf jugendliche Personen im Nachwuchssport und nehmen sportspezifischere Merkmale wie die Wettkampforientierung oder das Leistungssportmotiv in den Blick (Beckmann & Elbe, 2008). So konnte etwa Seidel (2005) nachweisen, dass das Leistungssportmotiv bei Nachwuchs-Leichtathletinnen und -athleten umso höher ausgeprägt war, je besser die sportliche Leistung war. Erfolgreiche Jugendliche unterschieden sich zudem in Aspekten der Handlungskontrolle (▶ Abschn. 5.2) und der psychischen Belastbarkeit von weniger erfolgreichen. Hellandsig (1998) zeigte, dass eine hohe Wettkampforientierung und eine niedrige Gewinnorientierung (gemessen mit dem „Sport Orientation Questionnaire") bei jugendlichen Leistungssportlerinnen und -sportlern sportartübergreifend zukünftige hohe sportliche Leistungen über einen Zeitraum von drei Jahren vorhersagen.

Unterschiede zwischen erfolgreichen und weniger erfolgreichen Sportlerinnen und Sportlern lassen sich auch nachweisen, wenn man Befindlichkeitszustände, Kognitionen und Bewältigungsstrategien vor und während Wettkämpfen betrachtet. Neben

🔲 **Abb. 6.5**   Foto: Thomas Zöller

den Befunden zum *Profile of Mood States* und dem *Modell der Individual Zones of Optimal Functioning* (▶ Abschn. 3.3) konnten Vanden Auweele et al. (1993) u. a. nachweisen, dass Eliteathletinnen und -athleten

- ein höheres Selbstvertrauen,
- weniger Angst (sowohl vor dem Wettkampf als auch während des Wettkampfs),
- effektivere Angst-Bewältigungsstrategien,
- eine größere Konzentration auf aufgabenspezifische Ziele und Bewegungen,
- eine bessere Fähigkeit, mit unerwartet schlechten Leistungen umzugehen, und
- positivere Gedanken

aufweisen als weniger erfolgreiche Athletinnen und Athleten. Zusammenhänge zwischen der sportlichen Leistung und spezifischen Persönlichkeitsmerkmalen zeigen sich auch für mentale Stärke (*Mental Toughness*; Cowden, 2017) oder emotionale

Intelligenz (Laborde et al., 2016). Zudem können weitere kognitiv orientierte Ansätze, die an anderer Stelle in diesem Buch behandelt werden, aus der Perspektive der Persönlichkeitsforschung betrachtet werden. Dazu zählen etwa **Attributionsstile** (▶ Abschn. 11.3) oder Prozesse der Handlungskontrolle (▶ Abschn. 5.2).

Insgesamt lässt sich der aktuelle empirische Forschungsstand wie folgt zusammenfassen (Conzelmann, 2009, S. 391 f.):

- Generelle Persönlichkeitsunterschiede zwischen sportlich aktiven und sportlich inaktiven Personen („Sportlerpersönlichkeit") können nicht konsistent nachgewiesen werden.
- Erfolgreiche Athletinnen und Athleten unterscheiden sich auf dispositioneller Ebene nicht von weniger erfolgreichen. Sie scheinen aber besser in der Lage zu sein, ihre Emotionen im Wettkampf zu kontrollieren.

- Durch sportliche Aktivität sind kognitive Persönlichkeitsmerkmale und Variablen des aktuellen und habituellen Wohlbefindens eher beeinflussbar als globale Persönlichkeitseigenschaften.
- Die weit verbreitete Annahme, dass die bloße Teilnahme an sportlicher Aktivität automatisch zu einer positiven Persönlichkeitsentwicklung beitrage, konnte empirisch nicht bestätigt werden. Einigkeit besteht aber mittlerweile darüber, dass „Sport" durchaus sozialisatorische Wirkungen entfalten kann, wenn er in einer bestimmten Art und Weise und mit genau diesem Ziel inszeniert wird. Entsprechende Interventionen (▶ Kap. 16) zeigen vielversprechende Erfolge (z. B. Sygusch, 2007).

Für die Zukunft der sportpsychologischen Persönlichkeitsforschung sieht Conzelmann (2001) eine (Neu-)Strukturierung des Gegenstands „Persönlichkeit" mit spezifischem Bezug zum Handlungsfeld Sport sowie eine Differenzierung des Begriffs „Sport" als notwendig an. Vor allem aber steht die Forderung nach einem dynamisch-interaktionistischen Zugang im Vordergrund (Conzelmann, 2009; Conzelmann & Schmidt, 2020). Dieser berücksichtigt den wechselseitigen Einfluss von sportlicher Aktivität und Persönlichkeit. Allerdings ist der Ansatz einer direkten empirischen Überprüfung nur eingeschränkt zugänglich, weil eine experimentelle Herangehensweise hier nicht möglich ist (Neyer & Asendorpf, 2018, S. 47 f.). Personen müssten dazu nämlich zufällig einer Experimental- und einer Kontrollgruppe zugewiesen werden und in der Experimentalgruppe müsste anschließend eine Umwelt- oder Persönlichkeitseigenschaft gezielt verändert werden. Man muss daher auf bereits geschaffene Fakten zurückgreifen (z. B. Vergleich der Persönlichkeitseigenschaften von Jugendlichen, die aus dem Vereinssport ausgestiegen sind, und

solchen, die dabei blieben). Kausalaussagen sind hier also nur eingeschränkt möglich. Einen guten Überblick über die Interaktion von Person und Situation im Sport liefern Geukes et al. (2020).

Conzelmann (2009; Conzelmann & Schmidt, 2020) plädiert abschließend dafür,
- sich in der Zukunft auf Teilfragestellungen zu konzentrieren,
- unterschiedliche methodische Zugänge zu kombinieren (z. B. variablenzentrierte Ansätze, Einzelfallforschung, **retrospektive** Designs, Lebenslaufforschung, Längsschnittuntersuchungen),
- auch personorientierte Ansätze zu verfolgen, in denen eine ganzheitliche Perspektive eingenommen und der einzelne Mensch als zentrale Untersuchungseinheit angesehen wird und (damit einhergehend)
- die Berücksichtigung des dynamisch-interaktionistischen Paradigmas in der Sportwissenschaft voranzutreiben (z. B. Musteranalysen).

6.5 Zusammenfassung

- **Begriffsbestimmung**
- Persönlichkeit bezeichnet die in Wechselwirkung stehenden Verhaltensweisen, die bei jedem Individuum einzigartig, relativ stabil und den Zeitverlauf überdauernd sind.

- **Theoretische Ansätze**
- Sowohl die antike Temperamentenlehre (Beziehung zwischen Körpersäften und Temperament) als auch die Typenlehre aus den 1940er-Jahren (Beziehung zwischen Körperbau und Charaktereigenschaften) hat nur noch historische Bedeutung.
- Innerhalb der Sportpsychologie orientieren sich Theorien und Methoden heute an Erkenntnissen der Persönlichkeitspsychologie und der Differentiellen Psychologie.

6

- Persönlichkeitstheorien lassen sich verschiedenen Theoriefamilien zuordnen, von denen der Eigenschafts- bzw. Trait-Ansatz die größte Bedeutung für die Sportpsychologie hat.
- Bei Eigenschaften handelt es sich um stabile Merkmale, die eine Person dazu disponieren, sich über unterschiedliche Situationen hinweg konstant zu verhalten.
- Das Drei-Faktoren-Modell von Eysenck unterscheidet die drei grundlegenden, hierarchisch aufgebauten Dimensionen Extraversion, Neurotizismus und Psychotizismus, die sich aus miteinander zusammenhängenden Eigenschaften zusammensetzen.
- Das neuere Fünf-Faktoren-Modell von Costa und McCrae beinhaltet die fünf Dimensionen Neurotizismus, Extraversion, Offenheit für Erfahrungen, Verträglichkeit und Gewissenhaftigkeit, über deren Existenz in der Persönlichkeitsforschung mittlerweile weitgehender Konsens herrscht.

- **Annahmen über den Zusammenhang von Sport und Persönlichkeit**
- Die Sozialisationshypothese nimmt an, dass sportliche Aktivität sich positiv auf die Persönlichkeit auswirkt.
- Die Selektionshypothese geht davon aus, dass die Persönlichkeit die sportliche Aktivität bzw. den sportlichen Erfolg bestimmt.
- Neuere Hypothesen gehen von einer Wechselwirkung zwischen sportlicher Aktivität und Persönlichkeit aus (Interaktionshypothese) oder beziehen Drittvariablen ein.

- **Empirische Befunde**
- Der Mehrzahl der Untersuchungen zur Sozialisations- und Selektionshypothese, die vor allem in den 1960er- und 1970er-Jahren entstanden, liegt der Eigenschaftsansatz zugrunde.
- Weder für die Sozialisations- noch für die Selektionshypothese konnten bislang

überzeugende empirische Befunde vorgelegt werden, was durch eine Reihe theoretischer und methodischer Mängel begründet wird.
- Aktuell stehen spezifischere und eher kognitiv orientierte Aspekte im Vordergrund der Forschung, wobei die aufgeführten Studien eher implizit der Persönlichkeitsforschung zugeordnet werden können.
- Durch sportliche Aktivität scheinen eher kognitive Variablen und das Wohlbefinden beeinflusst zu werden als globale Persönlichkeitseigenschaften.
- Für die Zukunft der sportpsychologischen Persönlichkeitsforschung steht vor allem die Forderung nach einem dynamisch-interaktionistischen Zugang im Vordergrund, der den wechselseitigen Einfluss von sportlicher Aktivität und Persönlichkeit berücksichtigt.

Literatur

Allport, G. W. (1937). *Personality: A psychological interpretation*. Holt, Rinehart & Winston.

Andersen, P. A. (1977). Personality differences in U.S. men's Olympic, national and non-national finalist swimmers. *Swimming Technique, 13*(4), 107–111.

Beckmann, J., & Elbe, A.-M. (2008). Talent und Talententwicklung. In J. Beckmann & M. Kellmann (Hrsg.), *Anwendungen der Sportpsychologie* (Enzyklopädie der Psychologie, Serie 5: Sportpsychologie, Bd. 2, S. 257–309). Hogrefe.

Brand, R., & Schweizer, G. (2019). *Sportpsychologie* (2. vollst. überarb. u. erw. Aufl.). Springer.

Bruner, M. W., McLaren, C. D., Sutcliffe, J. T., Gardner, L. A., Lubans, D. R., Smith, J. J., & Vella, S. A. (2021). The effect of sport-based interventions on positive youth development: A systematic review and meta-analysis. *International Review of Sport and Exercise Psychology*. Advance online publication. https://doi.org/10.1080/17509 84X.2021.1875496

Conzelmann, A. (2001). *Sport und Persönlichkeitsentwicklung. Möglichkeiten und Grenzen von Lebenslaufanalysen*. Hofmann.

Conzelmann, A. (2006). Persönlichkeit. In M. Tietjens & B. Strauß (Hrsg.), *Handbuch Sportpsychologie* (S. 104–117). Hofmann.

Conzelmann, A. (2009). Differentielle Sportpsychologie – Sport und Persönlichkeit. In W. Schlicht & B. Strauß (Hrsg.), *Grundlagen der Sportpsychologie* (Enzyklopädie der Psychologie, Serie 5: Sportpsychologie, Bd. 1, S. 375–439). Hogrefe.

Conzelmann, A., & Schmidt, M. (2020). Persönlichkeitsentwicklung durch Sport. In J. Schüler, M. Wegner, & H. Plessner (Hrsg.), *Sportpsychologie* (S. 337–354). Springer.

Costa, P. T. J., & McCrae, R. R. (1997). Stability and change in personality assessment: The revised NEO Personality Inventory in the year 2000. *Journal of Personality Assessment, 68*(1), 86–94. https://doi.org/10.1207/s15327752jpa6801_7

Cowden, R. G. (2017). Mental toughness and success in sport: A review and prospect. *The Open Sports Sciences Journal, 10*, 1–14. https://doi.org/10.2174/1875399X01710010001

Deutscher Sportbund. (2000). *Einheit in der Vielfalt – Leitbild des deutschen Sports.* http://www.dosb.de/fileadmin/fm-dsb/arbeitsfelder/wiss-ges/Dateien/Leitbild_des_deutschen_Sports.pdf. Zugegriffen am 14.01.2016.

Eysenck, H. J. (1952). *The scientific study of personality.* Routledge & Kegan Paul.

Eysenck, H. J., Nias, D. K. B., & Cox, D. N. (1982). Sport and personality. *Advances in Behaviour Research and Therapy, 4*(1), 1–56. https://doi.org/10.1016/0146-6402(82)90004-2

Fisher, A. C. (1984). New directions in sport personality research. In J. M. Silva & R. S. Weinberg (Hrsg.), *Psychological foundations of sport* (S. 70–80). Human Kinetics.

Gabler, H. (1976). Zur Entwicklung von Persönlichkeitsmerkmalen bei Hochleistungssportlern. Eine empirische Längsschnittuntersuchung im Schwimmsport. *Sportwissenschaft, 6*(3), 247–276.

Gerrig, R. J. (2018). *Psychologie* (21. aktualisierte Aufl.). Pearson.

Geukes, K., Hanrahan, S. J., & Back, M. D. (2020). Person, Situation und Person-Situation-Interaktion im Sport. In J. Schüler, M. Wegner, & H. Plessner (Hrsg.), *Sportpsychologie* (S. 309–336). Springer.

Hellandsig, E. T. (1998). Motivational predictors of high performance and discontinuation in different types of sports among talented teenage athletes. *International Journal of Sport Psychology, 29*(1), 27–44.

Herrmann, T. (1991). *Lehrbuch der empirischen Persönlichkeitsforschung* (6. unveränd. Aufl.). Hogrefe.

Josefsson, T., Lindwall, M., & Archer, T. (2014). Physical exercise intervention in depressive disorders: Meta-analysis and systematic review. *Scandinavian Journal of Medicine & Science in Sports, 24*, 259–272. https://doi.org/10.1111/sms.12050

Jost, A. (1973). *Zur Persönlichkeit der Spitzensportler in der Schweiz.* Eidgenössische Turn- und Sportschule.

Knapp, B. N. (1965). The personality of lawn tennis players. *Bulletin of the British Psychology Society, 18*(61), 21–32.

Laborde, S., Dosseville, F., & Allen, M. S. (2016). Emotional intelligence in sport and exercise: A systematic review. *Scandinavian Journal of Medicine & Science in Sports, 26*, 862–874. https://doi.org/10.1111/sms.12510

Maltby, J., Day, L., & Macaskill, A. (2011). *Differentielle Psychologie, Persönlichkeit und Intelligenz* (2. aktualisierte Aufl.). Pearson.

McEwan, D., Boudreau, P., Curran, T., & Rhodes, R. (2019). Personality traits of high-risk sport participants: A meta-analysis. *Journal of Research in Personality, 79*, 83–93. https://doi.org/10.1016/j.jrp.2019.02.006

Neumann, O. (1957). *Sport und Persönlichkeit.* Barth.

Neyer, F. J. & Asendorpf, J. B. (2018). *Psychologie der Persönlichkeit* (6., vollst. überarb. Aufl.). Springer.

Ostendorf, F., & Angleitner, A. (2004). *NEO-Persönlichkeitsinventar nach Costa und McCrae (NEO-PI-R).* Hogrefe.

Pervin, L. A., Cervone, D., & John, O. P. (2005). *Persönlichkeitstheorien* (5. vollständig überarb. u. erw. Aufl.). Reinhardt.

Pfeffer, I. (2020). Körperliche Aktivität über die Lebensspanne – Persönlichkeit und körperliche Aktivität. In J. Schüler, M. Wegner, & H. Plessner (Hrsg.), *Sportpsychologie* (S. 355–378). Springer.

Rammsayer, T., & Weber, H. (2016). *Differentielle Psychologie – Persönlichkeitstheorien* (2. korr. Aufl.). Hogrefe.

Rhodes, R. E., & Smith, N. E. I. (2006). Personality correlates of physical activity: A review and meta-analysis. *British Journal of Sports Medicine, 40*(12), 958–965. https://doi.org/10.1136/bjsm.2006.028860

Schwinger, M., Olbricht, S., & Stiensmeier-Pelster, J. (2013). Der Weg von der Persönlichkeit zu sportlichen Leistungen – Ein hierarchisches Modell. *Zeitschrift für Sportpsychologie, 20*(3), 81–93.

Seidel, I. (2005). *Nachwuchsleistungssportler an Eliteschulen des Sports: Analyse ausgewählter Persönlichkeitsmerkmale in der Leichtathletik, im Handball und im Schwimmen.* Strauß.

Sheldon, W. H., & Stevens, S. S. (1942). *The varieties of temperament: A psychology of constitutional differences.* Harper & Brothers.

Sindik, J. (2011). Differences between top senior basketball players from different team positions in big five personality traits. *Acta Kinesiologica, 5*(2), 31–35.

Singer, R. (2000). Sport und Persönlichkeit. In H. Gabler, J. Nitsch, & R. Singer (Hrsg.), *Ein-*

6

führung in die Sportpsychologie – Teil 1: Grund-themen (3. erw. u. überarb. Aufl., S. 289–336). Hofmann.

Smith, G., Williams, L., O'Donnell, C., & McKechnie, J. (2017). The influence of social-cognitive constructs and personality traits on physical activity in healthy adults. *International Journal of Sport and Exercise Psychology, 15*, 540–555. https://doi.org/10.1080/1612197X.2016.1142459

Steinbach, M. (1968). *Pathocharakterologische Motivation sportlicher Höchstleistungen bei mehrdimensionaler Betrachtung maßgeblicher Bedingungen.* Universität Mainz.

Stephan, Y., Sutin, A. R., Luchetti, M., Bosselut, G., & Terracciano, A. (2018). Physical activity and personality development over twenty years: Evidence from three lonfitudinal samples. *Journal of Research in Personality, 73*, 173–179. https://doi.org/10.1016/j.jrp.2018.02.005

Sutin, A. R., Stephan, Y., Lucchetti, M., Artese, A., Oshio, A., & Terracciano, A. (2016). The five-factor model of personality and physical inactivity: A meta-analysis of 16 samples. *Journal of Research in Personality, 63*, 22–28. https://doi.org/10.1016/j.jrp.2016.05.001

Sygusch, R. (2007). *Psychosoziale Ressourcen im Sport. Ein sportartenorientiertes Förderkonzept für Schule und Verein.* Hofmann.

Vanden Auweele, Y., De Cuyper, B., Van Mele, V., & Rzewnicki, R. (1993). Elite performance and personality: From description and prediction to diagnosis and intervention. In R. N. Singer, M. Murphey, & L. K. Tennant (Hrsg.), *Handbook of research on sport psychology* (S. 257–289). Macmillan.

Vanden Auweele, Y., Nys, K., Rzewnicki, R., & Van Mele, V. (2001). Personality and the athlete. In R. Singer, H. Hausenblas, & C. Janelle (Hrsg.), *Handbook of sport psychology* (2. Aufl., S. 239–268). Wiley.

Vanek, M., & Hosek, V. (1977). *Zur Persönlichkeit des Sportlers: Untersuchung diagnostischer Methoden zur Erforschung der Persönlichkeit des Sportlers.* Hofmann.

Weinberg, R. S., & Gould, D. (2007). *Foundations of sport and exercise psychology* (4. Aufl.). Human Kinetics.

Wellhöfer, P. R. (1977). *Grundstudium Persönlichkeitspsychologie.* Enke.

Wiese, C. W., Kuykendall, L., & Tay, L. (2018). Get active? A meta-analysis of leisure-time physical activity and subjective well-being. *The Journal of Positive Psychology, 13*, 57–66. https://doi.org/10.1080/17439760.2017.1374436

Wilson, K., & Dishman, R. (2015). Personality and physical activity: A systematic review and meta-analysis. *Personality and Individual Differences, 72*, 230–242. https://doi.org/10.1016/j.paid.2014.08.023

Selbst

Inhaltsverzeichnis

F. Hänsel et al., *Sportpsychologie*, https://doi.org/10.1007/978-3-662-63616-9_7

Bei „Jugend trainiert für Olympia" siegen, das Deutsche Sportabzeichen bestehen, zum ersten Mal nach langer Sportpause 30 min am Stück laufen können – zahlreiche Beispiele legen nahe, dass sportliche Aktivität zu einer positiven **Einstellung** gegenüber der eigenen Person führt. Bei einem Marathon vorzeitig aufgeben müssen, in der Schule als letztes Kind in die Mannschaft gewählt werden, in einem Sportkurs für ältere Menschen nicht mehr alle Übungen mitmachen können – all dies sind dagegen Beispiele, die zeigen, dass sportliche Aktivität auch einen negativen Einfluss auf die Bewertung der eigenen Person haben kann.

Welchen Einfluss hat sportliche Aktivität also auf die Selbstbeschreibung und -bewertung oder allgemeiner auf das Selbst? Was versteht man eigentlich unter dem Selbst? Was sind die typischen Elemente der Selbstbeschreibung und -bewertung? Wie ist das Selbst strukturiert? Wie wird der Einfluss sportlicher Aktivität auf das Selbst erklärt? Haben sportlich aktive Personen ein höheres Selbstvertrauen? Die Untersuchung solcher Fragen erfolgt im Rahmen der Selbstkonzeptforschung, die als Teilgebiet der Persönlichkeitspsychologie (▶ Kap. 6) angesehen werden kann.

Dabei können zwei grundsätzliche Perspektiven der Forschung zum Selbst unterschieden werden, und zwar die **epistemische** und die funktionale Perspektive. Fragen wie „Wer bin ich?", „Wer möchte ich sein?" oder „Was halte ich von mir?" sind existenzieller Natur. Sie sind Thema antiker (Sokrates, Heraklit) und neuzeitlicher Philosophen (Kant, Hegel), aber auch früher psychologischer Forschung (James, 1890/1950). Dieses grundsätzliche Erkenntnisinteresse an der eigenen Person wird auch als *epistemische* Perspektive des Selbst bezeichnet.

Für die Sportpsychologie ist dagegen von besonderem Interesse, wie das Selbst die Steuerung von Erleben und Verhalten beeinflusst. Diese Frage wird als *funktionale* Perspektive des Selbst bezeichnet. So wird im Rahmen des Schulsports, des Gesundheitssports oder des freizeitorientierten Kinder-

und Jugendsports üblicherweise unterstellt und/oder gefordert, dass über die sportliche Aktivität und die damit verbundenen Erfahrungen das Selbst „bestärkt" wird (sog. Sozialisationshypothese; ▶ Abschn. 6.3).

Diese Positivierung des Selbst wird umgangssprachlich als Selbstvertrauen, Selbstbewusstsein oder positives Selbstwertgefühl bezeichnet (Asendorpf & Neyer, 2018; Simon & Trötschel, 2014). Auch in der Wissenschaft werden für das Selbst unterschiedliche Begriffe teilweise synonym, teilweise mit unterschiedlichen Bedeutungen verwendet, z. B. Identität, Selbstkonzept, Selbstschema, Selbstwert, Selbstwertgefühl und Selbstwirksamkeit. Dies wird einerseits durch unterschiedliche wissenschaftliche Traditionen begründet: Der Begriff des Selbst ist nordamerikanischen Ursprungs, während der Begriff der Identität europäischen Ursprungs ist (Simon & Trötschel, 2014). Zum anderen liegen den verschiedenen Begriffen auch unterschiedliche inhaltliche Schwerpunkte zugrunde. Für die *Identität* werden häufig Aspekte der Gruppenzugehörigkeit und Intergruppenbeziehungen als besonders bedeutend angenommen. *Selbstkonzepte* und *Selbstschemata* bezeichnen relativ stabile und verallgemeinerte Wissensinhalte und Überzeugungen zur eigenen Person (▶ Abschn. 7.1). Der Begriff *Selbstwert(gefühl)* betont vor allem den wertenden Charakter (positiv, negativ) der Einstellungen zur eigenen Person und spiegelt die Zufriedenheit mit sich selbst wider (Asendorpf & Neyer, 2018, S. 208). Bei der *Selbstwirksamkeit* (▶ Abschn. 7.2.3) steht die Überzeugung, ein bestimmtes Verhalten ausführen zu können, im Mittelpunkt (Hänsel & Ennigkeit, 2019).

Im Folgenden wird die *Gesamtheit aller Kognitionen* (▶ Kap. 2) *zur eigenen Person* als *Selbst* bezeichnet. Unter *Selbstaspekten* werden die *Teilbereiche des Selbst* verstanden. Wenn auf einzelne theoretische Ansätze Bezug genommen wird, wird die **Terminologie** dieser Ansätze allerdings beibehalten. Dabei sind die Begriffe „Selbst", „allgemeines/globales/ generelleres Selbstkonzept" und „Selbstwert"

◘ Abb. 7.1   Foto: Jan Ehlers

7.1 Das Selbst als Wissenssystem

> **Selbst**
>
> Das Selbst ist ein *dynamisches System*, das einerseits auf die *jeweilige Person bezogene Überzeugungs- und Erinnerungsinhalte* in hochstrukturierter Form und andererseits die mit diesen Inhalten und Strukturen *operierenden Prozesse und Mechanismen* umfasst (Hervorhebungen v. Verf.) (Greve, 2000, S. 17).

Unter dem Begriff des Selbst werden sowohl das *Wissen* um die eigene Person als auch die personeninternen *Prozesse*, die das selbstbezogene Wissen verarbeiten, zusammengefasst. Das Selbst kann als Abbild der eigenen Person im Gedächtnis verstanden werden. Diese *Gedächtnisrepräsentation* beinhaltet Propositionen (Aussagen) zur eigenen Person, etwa in Form von (Hannover, 1997)

- *Prädikaten* („Ich treibe Sport"),
- *Episoden* („Ich habe den letzten Wettkampf gewonnen") oder
- *Attributen* („Ich bin ein guter Sportler").

Die verschiedenen Propositionen stehen dabei nicht isoliert nebeneinander, sondern sind miteinander mehr oder weniger eng verknüpft. Bereiche bzw. Kategorien verknüpfter Propositionen werden *Selbstaspekte* (oder eben auch Selbstkonzepte) genannt. Die o. g. Propositionen können beispielsweise in die Selbstaspekte Sportlichkeit und Körper integriert werden.

Während Prädikate und Episoden eher Fakten wiedergeben (**deskriptive** Komponente des Selbst), weisen Attribute häufig einen wertenden Charakter auf (**evaluative** Komponente des Selbst). Eine andere Differenzierung unterscheidet drei Propositionsformen. Dabei wird neben der kognitiven und der emotionalen Komponente die konative Komponente (Konation = Streben,

vergleichbar und von den Begriffen „Selbstaspekt" oder „spezifisches Selbstkonzept" zu unterscheiden, die Teilbereiche selbstbezogener Kognitionen bezeichnen (z. B. das physische Selbstkonzept; ▶ Abschn. 7.2.1.2).

Im *Grundschema des psychischen Systems* (▶ Abschn. 1.3) lässt sich das Selbst als ein Merkmal der Person einordnen, das die aktuellen inneren Prozesse beeinflusst und von diesen beeinflusst wird und das außerdem mit Faktoren der Situation in Wechselwirkung steht. Im Folgenden wird zunächst das Selbst als Wissenssystem beschrieben (▶ Abschn. 7.1), bevor in ▶ Abschn. 7.2 theoretische Ansätze zu Struktur und Inhalt des Selbst sowie zu theoretisch angenommenen Beziehungen zwischen sportlicher Aktivität und Selbst dargestellt werden. Abschließend wird der empirische Forschungsstand zusammengefasst (▶ Abschn. 7.3) (◘ Abb. 7.1).

zielgerichtete Aktivität) genannt. Diese letzte Komponente beinhaltet Handlungsabsichten bzw. -tendenzen („Ich werde mehr trainieren").

Wichtig ist zu bedenken, dass sowohl bei der deskriptiven als auch der evaluativen Komponente nicht unbedingt realitätsadäquate Informationen abgebildet werden, sondern subjektive und möglicherweise falsche Bewertungen („rosa Brille"). Beispielsweise kann die Selbsteinschätzung, eine gute Sportlerin zu sein, durchaus unrealistisch sein.

Wie entwickelt sich das eigene Selbst? Nach Filipp (1979) stehen für den Aufbau und die Entwicklung des Selbstkonzepts potenziell fünf Quellen zur Verfügung:

1. *Direkte Prädikatenzuweisungen* durch andere Personen (z. B. Bewertung durch die Sportlehrerin) fließen nach einer subjektiven Umdeutung in das Selbstmodell ein.
2. *Indirekte Prädikatenzuweisungen* werden aus dem Verhalten anderer Personen geschlossen (z. B. kann ein Schüler schlussfolgern, dass ein Lehrer seine Fähigkeiten niedrig einschätzt, wenn er ihn bei einer leichten Aufgabe lobt).
3. Bei *komparativen Prädikaten-Selbstzuweisungen* vergleicht sich die Person aktiv hinsichtlich bestimmter Merkmale mit anderen Personen (soziale **Bezugsnorm**, etwa wenn eine Schülerin ihre Leistung im Weitsprung mit der ihrer Mitschüler vergleicht).
4. *Reflexive Prädikaten-Selbstzuweisungen* bezeichnen Rückschlüsse auf die eigenen Fähigkeiten, die aus der Selbstbeobachtung des eigenen Verhaltens gezogen werden (z. B. die Korrektur einer falschen Selbstwahrnehmung durch Videofeedback).
5. **Ideationale** *Prädikaten-* Selbstzuweisungen entstehen durch das Nachdenken über die eigene Person, wobei sowohl vergangene als auch antizipierte (gedanklich vorweggenommene) Selbst-

erfahrungen hinzugezogen werden und die eigene Person bewertet wird.

In der Forschung werden verschiedene Realitätsgrade des Selbstkonzepts unterschieden, z. B. das Real-Selbst, das mögliche Selbst, das Ideal-Selbst oder das „gesollte" Selbst (Greve, 2000).

— Das *Real-Selbst* bezeichnet die Vorstellungen einer Person davon, wie sie tatsächlich ist.

> ► **Beispiel**
> Eine Nachwuchsschwimmerin nimmt sich wahr als eher klein, zielstrebig, überdurchschnittlich talentiert in Bezug auf ihre Schwimmtechnik, aber mit Verbesserungsbedarf im Bereich der Ausdauer und beschreibt sich entsprechend selbst. ◄

— Das *mögliche Selbst* beschreibt Vorstellungen einer Person davon, wie sie zukünftig sein könnte. Dies können sowohl ein positives oder auch negatives mögliches Selbst sein („So will ich auf keinen Fall werden").

> ► **Beispiel**
> Für einen sportlich aktiven Mann Ende 40 ist die Vorstellung von sich selbst als inaktive, sozial isolierte Person ein negatives mögliches Selbst. ◄

— Das *Ideal-Selbst* kann als Sonderfall eines möglichen Selbst aufgefasst werden und beschreibt die Vorstellungen davon, wie eine Person im Idealfall gerne wäre.

> ► **Beispiel**
> Für eine bisher wenig sportlich aktive Frau ist es Teil ihres Ideal-Selbst, in der Lage zu sein, regelmäßig dreimal die Woche einen Kurs im Fitnessstudio zu besuchen. ◄

— Der Begriff des *„gesollten" Selbst* bezieht sich auf die subjektiven Vorstellungen einer Person davon, wie sie nach der Vorstellung anderer sein sollte.

Eine junge Frau in der Schwangerschaft entwickelt durch Darstellungen in den Medien und Aussagen aus ihrem Bekanntenkreis die Idee, sie müsse quasi sofort nach der Geburt wieder ihre alte Figur erreichen. ◄

Des Weiteren wird dem Selbst eine gewisse Funktionalität unterstellt, die durch bestimmte Motive **determiniert** wird. Es wird angenommen, dass das Selbst einerseits auf ein reales Abbild abzielt, um in wechselnden Kontexten handlungsfähig zu sein („Realitätsprinzip"); andererseits strebt das Selbst nach einem positiven und/oder konsistenten Selbstbild („Lustprinzip").

◻ **Abb. 7.2**   Foto: Alice Mattheß

Das *Realitätsprinzip* äußert sich beispielsweise darin, dass auch negative (selbstwertbedrohende) Rückmeldungen zur eigenen Person akzeptiert werden. Das *Lustprinzip* zeigt sich unter Umständen in vielfältigen Stabilisierungs- und Verteidigungsmechanismen, wie der Wahrnehmungsvermeidung, der Umdeutung, der Neutralisierung oder der Immunisierung gegenüber selbstwertbedrohlichen oder inkonsistenten Informationen (Greve, 2000). Bei der Immunisierung wird beispielsweise die Quelle einer selbstwertbedrohlichen Information abgewertet, also etwa eine Person, die eine negative Rückmeldung gegeben hat, als unglaubwürdig eingestuft. Folgerichtig kann dann die negative Rückmeldung zurückgewiesen werden. Eine andere, aktive Form der Verteidigung eines positiven und/oder konsistenten Selbstbilds stellen bestimmte Formen der Selbstdarstellung dar (Impression Management; Goffman, 1959; Martin Ginis et al., 2007; Mummendey, 1995) (◻ Abb. 7.2 und 7.3).

◻ **Abb. 7.3**   Foto: Jan Ehlers

Die genannten Aspekte des Selbst im Wechselspiel zwischen Realitäts- und Lustprinzip sind insgesamt nicht als Maxima, sondern als Optima zu betrachten. Es ist weder sinnvoll, selbstwertbedrohende Rückmeldungen *immer* abzuwehren, noch, diese *immer* zuzulassen. Wehrt man beispielsweise die Information, körperlich doch weniger fit zu sein als gedacht, vollständig ab, so wird dadurch keine Veränderung in diesem Bereich möglich sein. Lässt man sie vollständig zu, dürfte ein hohes Maß an Selbstzweifel entstehen, und zukünftige Selbsteinschätzungen würden infrage gestellt. Insgesamt ist aus persönlichkeits- und gesundheitspsychologischer Sicht also nicht nur ein positives Selbst anzustreben, sondern auch ein relativ realitätsnahes und konsistentes Selbst.

7.2   Theoretische Ansätze

Im Folgenden wird zunächst ein in der Sportpsychologie weit verbreitetes hierarchisches Modell des Selbst vorgestellt (▶ Abschn. 7.2.1.1), bevor mit dem physischen Selbstaspekt der Teilbereich des Selbst dargestellt wird, der am engsten mit sportlicher Aktivität verbunden ist (▶ Abschn. 7.2.1.2). Um theoretische Annahmen zur Wirkung sportlicher Aktivität auf das Selbst geht es in ▶ Abschn. 7.2.2. Die Frage, wie umgekehrt Aspekte des Selbst (insbesondere Selbstvertrauen und Selbstwirksamkeit) das Sportverhalten beeinflussen, wird in ▶ Abschn. 7.2.3 behandelt.

7.2.1   Struktur und Inhalt des Selbst

Die grundlegende Annahme zur Struktur des Selbst ist, dass das selbstbezogene Wissen nicht ungeordnet vorliegt, sondern in irgendeiner Form organisiert ist (Filipp & Mayer, 2005). Beispielsweise werden aufgrund der Ähnlichkeit von Informationen diese einem Bereich bzw. einer Kategorie zugeordnet (z. B. der Kategorie „Sportlerin"). Die Kategorien können ebenfalls Bezüge aufweisen und wiederum zu einer umfassenderen Kategorie zusammengefasst werden (z. B. „Sportler" und „Studierender" zu „Karriere"). Es existieren verschiedene Vorstellungen, wie das Selbst organisiert ist, etwa als Netzwerk (Hannover, 1997) oder als mehrdimensionale hierarchische Struktur. In der Sportpsychologie wird überwiegend auf die letztgenannte Organisationsform Bezug genommen.

7.2.1.1   Multidimensional-hierarchisches Modell des Selbst

Das multidimensional-hierarchische Modell von Shavelson et al. (1976) ist in der Sportpsychologie prominent. In diesem Modell werden in Anlehnung an Intelligenzmodelle aufeinander aufbauende Ebenen unterschieden, die voranschreitend eine Generalisierung des Selbst widerspiegeln (◘ Abb. 7.4). Auf der höchsten Ebene steht das allgemeine Selbstkonzept, in dem das die gesamte Person umfassende Selbst abgebildet wird. Dieses globale Selbst speist sich aus dem akademischen und dem nicht-akademischen Selbstkonzept. Das nicht-akademische Selbstkonzept unterteilt sich nochmals in das soziale, emotionale und physische Selbstkonzept. Auf der nächsten Ebene finden sich weitere Unterteilungen. Beispielsweise werden für das physische Selbstkonzept die physischen Fähigkeiten und die physische Erscheinung angenommen. Diese Unterbereiche differenzieren sich auf den nachfolgenden Ebenen immer weiter aus bis zu einzelnen Situationen, in denen selbstrelevantes Verhalten gezeigt wird.

Beispiele für Aussagen zu den einzelnen Selbstkonzepten sind (Burrmann, 2004; Stiller & Alfermann, 2007):

- *Allgemeines Selbstkonzept:* „Die meisten Dinge, die ich anpacke, mache ich gut."
- *Soziales Selbstkonzept:* „Ich bin bei Jungen/Mädchen sehr beliebt."
- *Physisches Selbstkonzept:* „Körperlich gesehen fühle ich mich wohl."
- *Physische Fähigkeiten* (Sportkompetenz): „Ich habe gute sportliche Fähigkeiten."
- *Physische Erscheinung:* „Ich sehe gut aus."

Neben der Annahme der multidimensionalen und hierarchischen Organisation des Selbst werden in dem Modell weitere **Postulate** formuliert, u. a., dass die Stabilität des Selbst mit

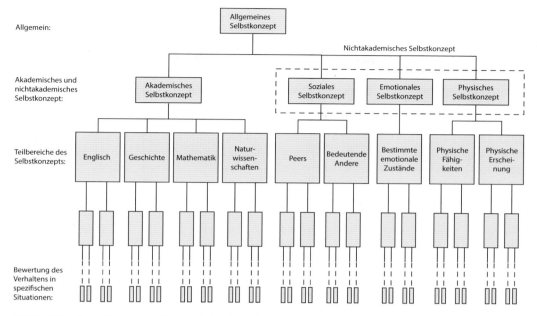

Allgemein: Allgemeines Selbstkonzept

Nichtakademisches Selbstkonzept

Akademisches und nichtakademisches Selbstkonzept: Akademisches Selbstkonzept · Soziales Selbstkonzept · Emotionales Selbstkonzept · Physisches Selbstkonzept

Teilbereiche des Selbstkonzepts: Englisch · Geschichte · Mathematik · Naturwissenschaften · Peers · Bedeutende Andere · Bestimmte emotionale Zustände · Physische Fähigkeiten · Physische Erscheinung

Bewertung des Verhaltens in spezifischen Situationen:

◼ **Abb. 7.4** Multidimensional-hierarchisches Modell von Shavelson et al. (1976, S. 413). (Adaptiert nach Hänsel, 2012, S. 147, mit freundlicher Genehmigung von Hogrefe)

der Höhe der Ebenen (also der Generalisierung) zunimmt und dass sich das Selbst über das Alter voranschreitend ausdifferenziert, und zwar bis in das Erwachsenenalter (vgl. Stiller & Alfermann, 2008).

Empirische Befunde stützen die Annahmen des Modells nur teilweise (Stiller & Alfermann, 2008; Hänsel, 2008; Tietjens, 2009). Die mehrdimensionale Struktur des Selbst ist empirisch hinreichend belegt. Die hierarchische Struktur des Selbst ist dagegen nicht zufriedenstellend nachgewiesen. Es wird vermutet, dass diese hierarchische Struktur das Selbst im Kindesalter abbildet, ab dem Jugendalter aber zunehmend Veränderungen unterliegt. Die Inhalte bzw. Selbstaspekte variieren in Abhängigkeit vom Alter. Die Orientierung an Schulfächern legt nahe, dass das Modell am ehesten Gültigkeit für das Kindes- und Jugendalter aufweist. Die Ausprägung des Selbst und des physischen Selbst variiert zudem mit dem Geschlecht. Mädchen und Frauen berichten in der Regel geringere Werte als Jungen und Männer.

7.2.1.2 Physischer Selbstaspekt

Es wird angenommen, dass in westlichen Gesellschaften körperlichen Aspekten eine immer bedeutendere Rolle bei der Entwicklung des Selbst zukommt. Der Körper wird identitätsstiftend, indem er als Medium für Authentizitätserfahrungen, Selbstvergewisserung und Selbstdarstellung dient (Verkörperung des Selbst; Mrazek, 1984).

Unter der Kategorie des physischen Selbstaspekts werden solche selbstrelevanten Informationen zusammengefasst, die einen Bezug zum eigenen Körper aufweisen, beispielsweise Aussagen zur Funktionalität, zur Erscheinung oder zu Fähigkeiten des Körpers. Wie für das globale Selbst werden für diesen Selbstaspekt unterschiedliche Begriffe verwendet, z. B. physisches Selbstkonzept, Körperkonzept, Körperbild, Körperschema, Körpererleben und Körpererfahrung (Bielefeld & Baumann, 1991; Stiller et al., 2004) (◘ Abb. 7.5).

Ein Grund für diese begriffliche **Heterogenität** sind die unterschiedlichen Forschungsfragen, die sich mit diesem **Konstrukt** verbinden. Tietjens (2009) nennt die Untersuchung von veränderten Körperschemata bei Essstörungen, Adipositas, chronischen Erkrankungen oder Behinderungen (Klinische Psychologie), von geschlechtsspezifischen Rollenerwartungen im Umgang mit dem Körper (Geschlechterforschung), von Entwicklungsveränderungen Jugendlicher durch sportliche Aktivität ((sport-)soziologische Jugendforschung; ► Exkurs 7.1) oder von positiven Veränderungen des Selbst durch sportliche Aktivität ((sport-)psychologische Gesundheitsforschung; ► Abschn. 7.2.2). Darüber hinaus ist aber auch an eine Umkehrung der letztgenannten Forschungsfrage zu denken, nämlich inwiefern das Selbst die sportliche Aktivität beeinflusst, insbesondere wenn man verwandte Konstrukte berücksichtigt (► Abschn. 7.2.3).

Beispielsweise wird der Einfluss des Selbstvertrauens oder der Selbstwirksamkeit auf die Erbringung sportlicher Leistung im Wettkampf, auf das Erlernen komplexer sportmotorischer Bewegungsaufgaben oder die langfristige Bindung an gesundheitlich orientierte Bewegungsangebote untersucht.

Der physische Selbstaspekt wird in den beiden prominenten Ansätzen von Fox und Corbin (1989) sowie Marsh et al. (1994) ebenfalls multidimensional-hierarchisch vorgestellt. Im letztgenannten Ansatz wird das physische Selbstkonzept in die physische Attraktivität und die allgemeine Sportlichkeit unterschieden. Die allgemeine Sportlichkeit ist auf der nächsten Ebene wiederum in die Selbstkonzepte Kraft, Ausdauer, Beweglichkeit und Koordination unterteilt (◘ Abb. 7.6).

Zur Messung des physischen Selbstaspekts haben Marsh et al. (1994) in Erweiterung dieses Ansatzes den Physical Self Description Questionnaire (PSDQ) entwickelt (► Exkurs 7.2).

◘ **Abb. 7.5**   Foto: Julia M. Kornmann

○ **Abb. 7.6** Modell des physischen Selbstaspekts nach Marsh und Redmayne (1994, republished with permission of Human Kinetics, Inc., Copyright 1994; permission conveyed through Copyright Clearance Center, Inc.)

Exkurs 7.1: Aus der Forschung: Einfluss sportlicher Aktivität auf die Selbstkonzeptentwicklung Jugendlicher

Burrmann (2004) untersuchte in einer **Längs-schnittstudie**, ob sich generelle sportliche Aktivität (Häufigkeit des Sporttreibens) sowie die Teilnahme am organisierten Sport (Vereinsmitgliedschaft) positiv auf die Ent-wicklung des physischen sowie des all-gemeinen Selbstkonzepts auswirken. 403 Jugendliche (Durchschnittsalter: 12,5 Jahre) beantworteten Fragen zum physischen, zum sozialen und zum generellen Selbstkonzept. Knapp vier Jahre später (Durchschnittsalter: ca. 16 Jahre) bearbeiteten sie dieselben Frage-bögen noch einmal. Es zeigte sich, dass sich sportliche Aktivität vor allem auf das physi-sche Selbstkonzept positiv auswirkt: Sport-lich aktive Jugendliche schätzten sich zum zweiten Messzeitpunkt als sportlich fitter und kompetenter ein und waren mit ihrem Kör-per zufriedener als sportlich wenig Aktive. Die Entwicklung des sozialen Selbstkonzepts (hier: positive Beziehungen zu Gleichaltrigen) wurde dagegen weniger durch die Häufigkeit des Sporttreibens an sich, sondern durch eine Sportvereinsmitgliedschaft positiv beein-flusst. Für das generelle Selbstkonzept sind eher wechselseitige Prozesse anzunehmen (Sporttreiben beeinflusst das generelle Selbst-konzept, aber das generelle Selbstkonzept hat auch Einfluss auf die sportliche Aktivität). Da bereits zum ersten Messzeitpunkt Selbst-konzeptunterschiede zwischen sportlich akti-ven und nicht aktiven Jugendlichen gefunden wurden, schlägt die Autorin vor, zukünftige längsschnittliche Untersuchungen bereits im Kindesalter zu beginnen.

Exkurs 7.2: Aus der Praxis: Physical Self-Description Questionnaire (PSDQ)

Der Physical Self-Description Question-naire (Marsh et al., 1994; deutsche Version von Stiller & Alfermann, 2007) erfasst As-pekte des physischen Selbstkonzepts bei Jugendlichen und jungen Erwachsenen. Er besteht aus 70 **Items**, die sich elf Dimen-sionen zuordnen lassen: Ausdauer, Kraft, Koordination, Beweglichkeit, Gesundheit, Körperfett, Sportkompetenz, körperliche Aktivität, körperliche Erscheinung sowie die globalen Dimensionen physischer Selbstwert und globaler Selbstwert (○ Tab. 7.1). Die Items werden auf einer sechsstufigen Skala von „trifft gar nicht zu" bis „trifft sehr zu" beantwortet.

□ Tab. 7.1   Dimensionen der deutschen Version des PSDQ mit Beispielitems (Aus Stiller & Alfermann, 2007, S. 150, mit freundlicher Genehmigung von Hogrefe)

Dimension	Beispielitem
Ausdauer	Ich kann eine lange Zeit körperlich aktiv sein, ohne müde zu werden.
Kraft	Ich kann leicht schwere Dinge hochheben.
Koordination	Ich kann meine Bewegungen gut koordinieren.
Beweglichkeit	Mein Körper ist beweglich.
Gesundheit	Ich bin fast nie krank.
Körperfett	Ich habe Übergewicht.
Sportkompetenz	Ich habe gute sportliche Fähigkeiten.
Körperliche Aktivität	Ich bin mindestens dreimal die Woche körperlich aktiv (z. B. Jogging, Tanzen, Radfahren, Aerobic, Gymnastik oder Schwimmen).
Körperliche Erscheinung	Ich sehe gut aus.
Physischer Selbstwert	Körperlich gesehen fühle ich mich wohl.
Globaler Selbstwert	Die meisten Dinge, die ich anpacke, mache ich gut.

7.2.2 Wirkung sportlicher Aktivität auf das Selbst

Hinter dem Interesse an einer Veränderung des Selbst durch sportliche Aktivität stehen in der Sportpsychologie vor allem die Annahmen, dass ein positives Selbst Ausdruck psychischer Gesundheit ist, dass es zum Wohlbefinden beiträgt und dass es den Aufbau von Stressresistenz unterstützt.

Für die Wirkung sportlicher Aktivität auf das Selbst werden in der Regel vier aufeinander aufbauende Annahmen (**Prämissen**) formuliert (Hänsel, 2008):

1. *Funktional-somatische Verbesserung:* Sportliche Aktivität führt zu einer Verbesserung der physischen Fitness.
2. *Selbstwahrnehmung:* Die verbesserte physische Fitness wird von der Person auch als solche wahrgenommen.
3. *Selbstbewertung:* Die wahrgenommene Verbesserung der physischen Fitness wird zur Beurteilung des sportbezogenen Selbstaspekts herangezogen.
4. *Generalisierung:* Die veränderte Bewertung des sportbezogenen Selbstaspekts „breitet sich aus" auf andere Teilaspekte des Körpers (z. B. die Gesundheit und Attraktivität) und wird schließlich in eine veränderte generelle Bewertung des Selbst integriert.

Eine sportlich aktive Person nimmt sich in der Bewältigung von sportlichen Aufgaben, den damit einhergehenden somatischen Anpassungsprozessen und den funktionalen Verbesserungen also beispielsweise als sportlicher, kräftiger, ausdauernder, beweglicher wahr; infolgedessen und darüber hinaus auch als physisch kompetenter, fitter und weiter auch als gesünder und attraktiver. Dies führt wiederum dazu, dass sich diese sportlich aktive Person insgesamt positiver bewertet und als wertvoll wahrnimmt.

Ein für die Sportpsychologie leitender Ansatz ist das Exercise-and-Self-Esteem-Modell (EXSEM) von Sonstroem und Morgan (1989), in dem der **Zusammenhang** zwischen sportlicher Aktivität und einer Positivierung des Selbst theoretisch begründet wird (◘ Abb. 7.7).

Es wird angenommen, dass die durch sportliche Aktivität verbesserte (und durch motorische Tests erfassbare) Leistungsfähigkeit zu der Überzeugung beiträgt, vergleichbare sportliche Leistungen auch in Zukunft zeigen zu können. Diese *physische Selbstwirksamkeit* (► Abschn. 7.2.3) ist noch stark an konkrete Erfahrungen gebunden. Im nächsten Schritt wirkt sich die physische Selbstwirksamkeit positiv auf die subjektive Bewertung der physischen Kompetenz im Allgemeinen aus. Die *physische Kompetenz* wiederum beeinflusst auch die

Zufriedenheit mit verschiedenen Körperaspekten insgesamt, die *physische Akzeptanz*. Die physische Kompetenz und die physische Akzeptanz tragen im letzten Schritt zu einem verbesserten *Selbstwert* bei.

In einer später entwickelten Variante des Ansatzes wird zudem die Self-Enhancement-Hypothese vertreten (Sonstroem, 1998). Dabei wird die Umkehrung des Zusammenhangs zwischen sportlicher Aktivität und Selbst diskutiert, nämlich dass das Selbstwertgefühl auch die sportliche Aktivität beeinflusst, etwa indem ein höherer Selbstwert die Aufnahme einer sportlichen Aktivität begünstigt.

7.2.3 Wirkung des Selbst auf die sportliche Aktivität

Weit verbreitet ist die Annahme, dass Selbstvertrauen im leistungssportlichen Wettkampf bei ansonsten gleichen Voraus-

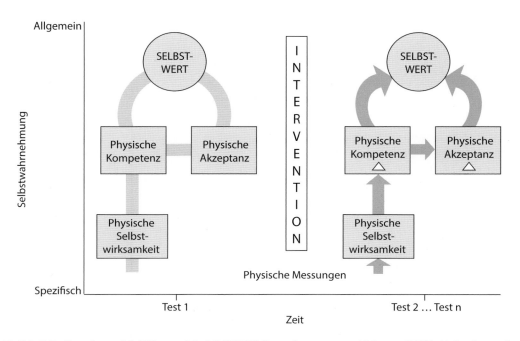

◘ **Abb. 7.7** Exercise-and-Self-Esteem-Modell (EXSEM) von Sonstroem und Morgan (1989). (Adaptiert nach Hänsel, 2012, S. 149, mit freundlicher Genehmigung von Hogrefe)

setzungen über Sieg und Niederlage entscheidet. Aber auch bei Lernprozessen, beispielsweise im Schulsport, oder bei der Förderung sportlicher Aktivitäten im Rahmen des Gesundheitssports wird dem Selbstvertrauen eine wichtige Rolle zugesprochen.

In der Forschung wird ebenfalls – wie oben schon mit der Self-Enhancement-Hypothese erwähnt – angenommen, dass Personen mit einem positiven Selbst auch eher sportliche Lern- und Leistungssituationen aufsuchen und erfolgreicher bewältigen.

Eine Untersuchung von Marsh und Perry (2005) an 257 Schwimmern mit internationalem Leistungsniveau illustriert diesen **reziproken Effekt**. Es zeigt sich, dass das in der Untersuchung erhobene Leistungsselbstkonzept neben der persönlichen Bestzeit am besten die Leistung in zwei internationalen Wettkämpfen voraussagt. Allerdings sind Studien dieser Art eher die Ausnahme. Vielmehr werden bei der Frage

nach der Wirkung des Selbst auf sportliche Aktivität andere Konstrukte herangezogen, die auf Teilaspekte selbstbezogenen Wissens Bezug nehmen, nämlich das Selbstvertrauen und die Selbstwirksamkeitserwartung (Beattie et al., 2004).

Selbstvertrauen und Selbstwirksamkeiterwartung sind als subjektive Einschätzung der eigenen Kompetenz wichtige personale Ressourcen in der Auseinandersetzung mit schwierigen Situationen bzw. Aufgaben. Der Grundgedanke dabei ist, dass die in einer Situation gestellten Anforderungen gegen die eigenen Kompetenzen abgewägt werden und erst dann eine Entscheidung für eine bestimmte Verhaltensweise getroffen wird. Der Begriff des Selbstvertrauens wird vorwiegend in der angloamerikanischen Forschung verwendet, während im deutschsprachigen Raum der Begriff der Selbstwirksamkeit(serwartung) verbreiteter ist (◘ Abb. 7.8).

◘ **Abb. 7.8**   Foto: Benjamin Heller

Selbstvertrauen

Mit Selbstvertrauen wird die Erwartung bezeichnet, eine gewünschte Handlung auch erfolgreich ausführen zu können (Weinberg & Gould, 2019). Sportbezogenes Selbstvertrauen ist nach Vealey (1986) die Überzeugung oder der Grad der Sicherheit, die Fähigkeit aufzuweisen, im Sport erfolgreich zu sein.

Dabei wird davon ausgegangen, dass das Selbstvertrauen sowohl im Sinne eines relativ stabilen Persönlichkeitsmerkmals (**Trait**) als auch als relativ variables und verhaltens- bzw. situationsspezifisches Konstrukt (**State**) verstanden werden kann (Feltz, 2007; Vealey & Chase, 2008; Weinberg & Gould, 2019).

Der Begriff der Selbstwirksamkeit bzw. Selbstwirksamkeitserwartung (*self-efficacy*) wurde von Albert Bandura (1977, 1997) im Rahmen seiner sozial-kognitiven Lerntheorie entwickelt und hat eine weite Verbreitung in der sportpsychologischen Forschung gefunden (Feltz et al., 2008).

Selbstwirksamkeitserwartung

Selbstwirksamkeitserwartung ist „die Überzeugung einer Person, in der Lage zu sein, ein bestimmtes Verhalten mit Hilfe eigener Ressourcen organisieren und ausführen zu können, insbesondere in Situationen, die neue, unvorhersehbare, schwierige oder stressreiche Elemente enthalten" (Bandura, 1997; zit. nach Fuchs, 1997, S. 191).

Auch bei der Selbstwirksamkeitserwartung existieren Ansätze, die von einer situationsspezifischen (State) oder einer generalisierten (Trait) Selbstwirksamkeitserwartung ausgehen (Fuchs, 1997). Ähnlich wie das Selbstvertrauen bezieht sich die Selbstwirksamkeitserwartung – beide können natürlich mehr oder weniger realistisch sein – nicht so sehr darauf, bestimmte Fähigkeiten zu besitzen, sondern auf den Glauben, diese in einer Situation wie gewollt einsetzen zu können. In der angloamerikanischen Literatur wird die Selbstwirksamkeitserwartung auch als ein Ansatz zur Untersuchung von Selbstvertrauen aufgefasst (Weinberg & Gould, 2019). Bandura (1997) grenzt allerdings die beiden Begriffe voneinander ab. Er betont, dass mit der Selbstwirksamkeitserwartung nicht nur die Erwartungsstärke gemeint ist, sondern auch die Höhe der wahrgenommenen Kompetenz.

▶ **BeisZpiel**

Nach einem Gesundheitssportkurs wird bei einer bisher sportlich inaktiven Person die Erwartung erfragt, in Zukunft regelmäßig Walking zu betreiben. Dazu ist erstens die Erwartung zu erfragen, über welchen Zeitraum, wie häufig, wie lange und wie intensiv pro Woche ein Walkingprogramm von ihr durchgeführt werden kann (Höhe der wahrgenommenen Kompetenz), und zweitens wie sicher sie ist, diese Aktivität auch tatsächlich auszuführen (Erwartungsstärke). Eine Aussage mit hoher Selbstwirksamkeitserwartung wäre: „Ich bin mir sehr sicher, dass ich das nächste halbe Jahr dreimal in der Woche eine Stunde in einer moderaten Intensität mein Walkingprogramm durchführe." (◻ Abb. 7.9). ◀

Eine andere Variante zur Erfassung der Selbstwirksamkeitserwartung fragt nach Verhaltenserwartungen bei auftretenden Schwierigkeiten, z. B. „Ich bin mir sicher, eine geplante Sportaktivität auch dann noch ausüben zu können, wenn ich müde bin" (Fuchs, 1997, S. 197; vgl. auch Feltz et al., 2008, S. 25 f.).

Bedeutsam ist auch die Unterscheidung von Bandura zwischen Selbstwirksamkeits- und Konsequenzerwartung. Die *Konsequenzerwartung* bezieht sich nicht auf die Bewertung der Verhaltensmöglichkeiten, sondern auf die Voraussage der durch das Verhalten zu erzielenden Ergebnisse. Erwartungen über Ver-

7

□ **Abb. 7.9**   Foto: Stefan Tretner

haltensergebnisse werden in vielen Theorien zur Erklärung von Verhalten herangezogen, beispielsweise in Erwartungs-Wert-Theorien oder in Rotter (1966) sozialer Lerntheorie. Für das eben beschriebene Beispiel könnten das Erwartungen sein, wie durch das regelmäßige Walking Gewicht zu verlieren, fitter zu werden oder gesund zu bleiben. Konsequenzerwartungen werden häufig als Wenn-dann-Bezüge verbalisiert: „Wenn ich regelmäßig Walking betreibe, dann bleibe ich gesund."

Die Selbstwirksamkeitserwartung beeinflusst die Auswahl von Verhaltensweisen bzw. ihren Schwierigkeitsgrad, die investierte Anstrengung bis zur Zielerreichung sowie die Ausdauer angesichts von Schwierigkeiten und Hindernissen (Persistenz). Indirekt wird damit auch das Ausmaß des Erfolgs einer

Verhaltensweise bestimmt (Feltz, 2007). Im oben beschriebenen Beispiel wählt die Person nicht nur einen für sportlich Inaktive relativ hohen Schwierigkeitsgrad, sondern es ist zu vermuten, dass sie sich während des Walkens anstrengt, ihre eigenen Vorgaben hinsichtlich Dauer und Intensität zu erfüllen (investierte Anstrengung), und auch bei schlechtem Wetter oder beruflichen Belastungen ihr Walkingprogramm durchführt (Persistenz).

7.3   Empirische Befunde

Im Folgenden werden einige zentrale empirische Befunde zur Beziehung von sportlicher Aktivität und Selbst sowie zur Beziehung von Selbstvertrauen bzw. Selbstwirksamkeitserwartung und sportlicher Aktivität zusammenfassend vorgestellt (Hänsel, 2008, 2012; Stiller & Alfermann, 2008; Tietjens, 2009).

Zum Zusammenhang von *sportlicher Aktivität und Selbst* sind folgende Befunde zentral:

- Eine Übersichtsarbeit von Ekeland et al. (2004) untersucht die Effekte sportlicher Aktivität auf das globale Selbst bei *Kindern und Jugendlichen*. 23 Studien gehen in die Analyse ein. Die Ergebnisse sind sehr heterogen, im Mittel zeigt sich aber ein moderater **Effekt** des Sporttreibens auf das globale Selbst ($d = 0,49$). Der Effekt ist unabhängig von der Art (aerob, anaerob) sowie von der Häufigkeit des Trainings. Die Effekte sind stärker für Kinder und Jugendliche aus klinischen Stichproben bzw. mit Verhaltensauffälligkeiten.
- Für *Erwachsene* zeigt eine **Metaanalyse** von Spence et al. (2005) einen relativ kleinen, positiven Effekt sportlicher Aktivität auf das globale Selbst ($d = 0,23$), der über alle 116 berücksichtigten Studien relativ homogen ist. Im Einklang mit dem EXSEM (▶ Abschn. 7.2.2) führen **signifikante** Veränderungen in der körperlichen Fitness zu einer größeren Veränderung des globalen Selbst ($d = 0,32$) als unveränderte körperliche Fitness ($d = 0,16$). Die Effekte sind unabhängig von Art und Häufigkeit der sportlichen Aktivität.
- Netz et al. (2005) fassen in einer Metaanalyse 36 Studien zusammen, die den Einfluss sportlicher Aktivität auf das globale Selbst bei *Älteren* ($M = 66,4$ Jahre) untersuchen. Es ergibt sich ein kleiner Effekt von $d = 0,16$. Auch hier zeigt sich kein Einfluss der Häufigkeit oder Dauer des Trainings.
- Für den *physischen Selbstaspekt* zeigt sich in einer Metaanalyse (35 analysierte Studien) von Reel et al. (2007) ein moderater Effekt sportlicher Aktivität ($d = 0,45$), der über die Studien hinweg recht homogen ist. Der Effekt ist stärker bei anaeroben Sportarten (im Vergleich zu aeroben) und bei Personen unter 25 Jahren (im Vergleich zu älteren). Eine zweite Metaanalyse (Campbell & Hausenblas, 2009, 57 Studien) ergibt für diesen Zusammenhang einen kleinen, aber relativ homogenen *Effekt* ($d = 0,29$).
- Der Zusammenhang zwischen *tatsächlicher und wahrgenommener physischer Fitness* (wie ihn das EXSEM als Voraussetzung für den Einfluss sportlicher Aktivität auf das Selbst postuliert; ▶ Abschn. 7.2.2) kann als moderat bezeichnet werden ($r_g = 0,38$; Germain & Hausenblas, 2006). Der Zusammenhang ist bei älteren stärker als bei jüngeren Versuchspersonen.

Zur Beziehung zwischen *Selbstvertrauen bzw. Selbstwirksamkeitserwartung und sportlicher Leistung* ist festzustellen:

- In zwei verschiedenen Metaanalysen zeigt sich konsistent eine positive, wenn auch niedrige, Beziehung zwischen *Selbstvertrauen* und sportlicher Leistung ($r = 0,24$ und $r = 0,25$; Vealey & Chase, 2008).
- Auch für die *Selbstwirksamkeitserwartung* zeigt sich eine positive Beziehung, wobei die Stärke des Zusammenhangs recht heterogen ist ($0,19 \leq r \geq 0,73$; $Md = 0,54$; Weinberg & Gould, 2019). Eine Metaanalyse bestätigt einen kleinen bis moderaten positiven Zusammenhang ($r = 0,38$; Vealey & Chase, 2008).
- Für die Wahl von Verhaltensweisen, Ausdauer und Anstrengung in Abhängigkeit von Selbstvertrauen oder Selbstwirksamkeitserwartung zeigen sich konsistent positive Effekte (Feltz et al., 2008). Beispielsweise lässt sich über die Selbstwirksamkeitserwartung recht eindeutig die Sportteilnahme voraussagen (Feltz, 2007; Fuchs, 1997).

Insgesamt legt die Befundlage also nahe, dass sportliches Training zu einer Positivierung sowohl des physischen Selbstaspekts als auch des globalen Selbst führt. Allerdings müssen einige Einschränkungen beachtet werden: Gegenstand der Metaanalysen ist nicht die sportliche Aktivität insgesamt, sondern standardisierte Interventionen (▶ Kap. 16) im Sinne eines geplanten und strukturierten Trainingsprozesses. In den meisten Studien wird dies durch ein aerobes Training realisiert, das über einen Zeitraum von zehn bis 20 Wochen zwei- bis dreimal pro Woche für je 30–60 min durchgeführt wird. Die Befunde beziehen sich außerdem nur auf Messungen des Selbst direkt im Anschluss an das Trainingsprogramm; längerfristige Effekte werden nicht betrachtet.

Die Heterogenität der Begriffe, Modelle und Perspektiven erschwert eine Vergleichbarkeit und Zusammenführung der Forschung. Ein übergreifendes (Meta-)Modell wäre hier wünschenswert. Zusätzlich unterliegt das Selbst auch anderen Einflussgrößen, die zu Variationen der Beziehung von sportlicher Aktivität und Selbst beitragen. Offensichtliche **Moderatorvariablen** beziehen sich auf die Person (Geschlecht, Alter, soziale Schicht, organische Faktoren), das Treatment (Art, Intensität und Dauer **habitueller** und aktueller sportlicher Aktivität) oder sind methodischer Natur (Untersuchungsdesign, Messinstrumente; Hänsel, 2012).

Weniger offensichtlich, aber aktuell stärker diskutiert, sind kognitive Aspekte der Person, die sich beispielsweise mit der Frage beschäftigen, welchen Einfluss die Wichtigkeit (Zentralität) eines Selbstaspekts hat oder welche Rolle die Vergleichsgruppe bei der Bewertung des Selbst spielt (Hänsel, 2008).

7.4   Zusammenfassung

■ **Das Selbst als Wissenssystem**
- Das Selbst kann als Gedächtnisrepräsentation der eigenen Person verstanden werden.
- Als dynamisches System umfasst es auf die eigene Person bezogene Überzeu-

gungs- und Erinnerungsinhalte sowie die mit diesen Inhalten und Strukturen operierenden Prozesse und Mechanismen.
- Man unterscheidet verschiedene Realitätsgrade des Selbst.
- Dem Selbst wird weiterhin eine gewisse *Funktionalität* unterstellt: Einerseits zielt es auf ein reales Abbild, um in wechselnden Kontexten handlungsfähig zu sein („Realitätsprinzip"), andererseits strebt es nach einem positiven und/oder konsistenten Selbstbild („Lustprinzip").

■ **Theoretische Ansätze**
- Für die Struktur des Selbst ist in der Sportpsychologie das multidimensionalhierarchische Modell von Shavelson et al. (1976) prominent.
- In diesem Modell werden aufeinander aufbauende Ebenen unterschieden, die voranschreitend eine Generalisierung des Selbst widerspiegeln.
- Der auf der dritten Ebene angesiedelte physische Selbstaspekt beinhaltet alle selbstrelevanten Informationen, die einen Bezug zum eigenen Körper aufweisen.
- Auch für den physischen Selbstaspekt wird ein mehrdimensionaler, hierarchischer Aufbau angenommen.
- Die Wirkung sportlicher Aktivität auf das Selbst wird durch vier Schritte erklärt: funktional-somatische Verbesserung, Selbstwahrnehmung, Selbstbewertung und Generalisierung.
- Bei der Frage der Wirkung des Selbst auf die sportliche Aktivität werden vor allem Konstrukte herangezogen, die auf Teilaspekte selbstbezogenen Wissens Bezug nehmen: Selbstvertrauen und Selbstwirksamkeitserwartung.
- Selbstvertrauen und Selbstwirksamkeitserwartung beziehen sich auf den Glauben, bestimmte Fähigkeiten in einer Situation wie gewollt einsetzen zu können.
- Die Selbstwirksamkeitserwartung beeinflusst die Auswahl von Verhaltensweisen bzw. ihren Schwierigkeitsgrad, die investierte Anstrengung bis zur Ziel-

erreichung sowie die Ausdauer angesichts von Schwierigkeiten und Hindernissen (Persistenz).

- **Empirische Befunde**
- Sportliches Training führt zu einer Positivierung des globalen Selbst (kleine bis mittlere Effekte).
- Kinder und Jugendliche profitieren dabei stärker als Erwachsene und Ältere.
- Bei Erwachsenen scheint hier die tatsächliche Verbesserung der körperlichen Fitness vorteilhaft zu sein.
- Für die Art und Häufigkeit des Trainings ergeben sich dagegen keine nachweisbaren Effekte.
- Auch für den physischen Selbstaspekt zeigen sich kleine bis annähernd mittlere Effekte sportlicher Aktivität.
- Für den Effekt sportlicher Aktivität auf den physischen Selbstaspekt scheint die Art der sportlichen Aktivität (aerob vs. anaerob) eine Rolle zu spielen.

Literatur

Asendorpf, J. B., & Neyer, F. J. (2018). *Psychologie der Persönlichkeit* (6. vollst. überarb. Aufl.). Springer.

Bandura, A. (1977). Self-efficacy: Toward a unifying theory of behavioral change. *Psychological Review, 84*(2), 191–215. https://doi.org/10.1037/0033-295X.84.2.191

Bandura, A. (1997). *Self-efficacy: The exercise of control*. Freeman.

Beattie, S., Hardy, L., & Woodman, T. (2004). Precompetition self-confidence: The role of the self. *Journal of Sport & Exercise Psychology, 26*(3), 427–441.

Bielefeld, J., & Baumann, S. (1991). *Körpererfahrung: Grundlagen menschlichen Bewegungsverhaltens* (2. Aufl.). Hogrefe.

Burrmann, U. (2004). Effekte des Sporttreibens auf die Entwicklung des Selbstkonzepts Jugendlicher. *Zeitschrift für Sportpsychologie, 11*(2), 71–82. https://doi.org/10.1026/1612-5010.11.2.71

Campbell, A., & Hausenblas, H. A. (2009). Effects of exercise interventions on body image: A meta-analysis. *Journal of Health Psychology, 14*(6), 780–793. https://doi.org/10.1177/1359105309338977

Ekeland, E., Heian, F., Hagen, K. B., Abbott, J. M., & Nordheim, L. V. (2004). Exercise to improve self-esteem in children and young people (Review). *Cochrane Database of Systematic Reviews, 2004*, 1.

Feltz, D. L. (2007). Self-confidence and sports performance. In D. Smith & M. Bar-Eli (Hrsg.), *Essential readings in sport and exercise psychology* (S. 278–294). Human Kinetics.

Feltz, D. L., Short, S. E., & Sullivan, P. J. (2008). *Self-efficacy in sport*. Human Kinetics.

Filipp, S. H. (Hrsg.). (1979). Selbstkonzept-Forschung. Probleme, Befunde, Perspektiven. Klett.

Filipp, S.-H., & Mayer, A.-K. (2005). Selbstkonzept-Entwicklung. In J. B. Asendorpf (Hrsg.), *Soziale, emotionale und Persönlichkeitsentwicklung* (Enzyklopädie der Psychologie, Serie 5: Entwicklungspsychologie, Bd. 3, S. 259–334). Hogrefe.

Fox, K. R., & Corbin, C. B. (1989). The physical self-perception profile: Development and preliminary validation. *Journal of Sport & Exercise Psychology, 11*(4), 408–430.

Fuchs, R. (1997). *Psychologie und körperliche Bewegung. Grundlagen für theoriegeleitete Interventionen* (Reihe Gesundheitspsychologie). Hogrefe.

Germain, J. L., & Hausenblas, H. A. (2006). The relationship between perceived and actual physical fitness: A meta-analysis. *Journal of Applied Sport Psychology, 18*(4), 283–296. https://doi.org/10.1080/10413200600944066

Goffman, E. (1959). *The presentation of self in everyday life*. Doubleday.

Greve, W. (Hrsg.). (2000). *Psychologie des Selbst*. Beltz.

Hannover, B. (1997). *Das dynamische Selbst. Die Kontextabhängigkeit selbstbezogenen Wissens*. Huber.

Hänsel, F. (2008). Kognitive Aspekte. In A. Conzelmann & F. Hänsel (Hrsg.), *Sport und Selbstkonzept: Struktur, Dynamik und Entwicklung* (S. 26–44). Hofmann.

Hänsel, F. (2012). Sportliche Aktivität und Selbstkonzept. In R. Fuchs & W. Schlicht (Hrsg.), *Seelische Gesundheit und sportliche Aktivität* (S. 142–163). Hogrefe.

Hänsel, F., & Ennigkeit, F. (2019). Selbst und Indentität. In A. Güllich & M. Krüger (Hrsg.), *Sport in Kultur und Gesellschaft*. Springer. https://doi.org/10.1007/978-3-662-53385-7_52-1

James, W. (1890/1950). *The principles of psychology*. Dover.

Marsh, H. W., & Perry, C. (2005). Self-concept contributes to winning gold medals: Casual ordering of self-concept and elite swimming performance. *Journal of Sport & Exercise Psychology, 27*(1), 71–91.

Marsh, H. W., & Redmayne, R. S. (1994). A multidimensional physical self-concept and its relations to multiple components of physical fitness. *Journal of Sport & Exercise Psychology, 16*(1), 43–55.

Marsh, H. W., Richards, G. E., Johnson, S., Roche, L., & Tremayne, P. (1994). Physical self-description questionnaire: Psychometric properties and a multitrait-multimethod analysis of relations to existing instruments. *Journal of Sport & Exercise Psychology, 16*(3), 270–305.

Martin Ginis, K. A., Lindwall, M., & Prapavessis, H. (2007). Who cares what other people think? Self-presentation in exercise and sport. In G. Tenenbaum & R. C. Eklund (Hrsg.), *Handbook of sport psychology* (3. Aufl., S. 136–157). Wiley & Sons.

Mrazek, J. (1984). Zufriedenheit mit dem eigenen Körper. In W. Decker & M. Lämmer (Hrsg.), *Kölner Beiträge zur Sportwissenschaft 12* (S. 155–174). Richarz.

Mummendey, H. D. (Hrsg.). (1995). *Psychologie der Selbstdarstellung* (2. Aufl.). Hogrefe.

Netz, Y., Wu, M.-J., Becker, B. J., & Tenenbaum, G. (2005). Physical activity and psychological well-being in advanced age: A meta-analysis of intervention studies. *Psychology and Aging, 20*(2), 272–284. https://doi.org/10.1037/0882-7974.20.2.272

Reel, J. J., Greenleaf, C., Baker, W. K., Aragon, S., Bishop, D., Cachaper, C., et al. (2007). Relations of body concerns and exercise behavior: A meta-analysis. *Psychological Reports, 101*(3), 927–942. https://doi.org/10.2466/PR0.101.7.927-942

Rotter, J. B. (1966). General expectancies for internal versus external control of reinforcement. *Psychological Monographs, 80*(1), 1–28. https://doi.org/10.1037/h0092976

Shavelson, R. J., Hubner, J. J., & Stanton, G. C. (1976). Self-concept: Validation of construct interpretations. *Review of Educational Research, 46*(3), 407–441. https://doi.org/10.2307/1170010

Simon, B., & Trötschel, R. (2014). Das Selbst und die soziale Identität. In K. Jonas, W. Stroebe, & M. Hewstone (Hrsg.), *Sozialpsychologie* (6. vollst. überarb. Aufl., S. 147–186). Springer.

Sonstroem, R. J. (1998). Physical self-concept: Assessment and external validity. *Exercise and Sport Sciences Reviews, 26*(1), 133–164. https://doi.org/10.1249/00003677-199800260-00008

Sonstroem, R. J., & Morgan, W. P. (1989). Exercise and self-esteem: Rationale and model. *Medicine and Science in Sports and Exercise, 21*(3), 329–337. https://doi.org/10.1249/00005768-198906000-00018

Spence, J. C., McGannon, K. R., & Poon, P. (2005). The effect of exercise on global self-esteem: A quantitative review. *Journal of Sport & Exercise Psychology, 27*(3), 311–334.

Stiller, J., & Alfermann, D. (2007). Die deutsche Übersetzung des Physical Self-Description Questionnaire (PSDQ). *Zeitschrift für Sportpsychologie, 14*(4), 149–161. https://doi.org/10.1026/1612-5010.14.4.149

Stiller, J., & Alfermann, D. (2008). Inhalte und Struktur des physischen Selbstkonzepts. In A. Conzelmann & F. Hänsel (Hrsg.), *Sport und Selbstkonzept: Struktur, Dynamik und Entwicklung* (S. 14–25). Hofmann.

Stiller, J., Würth, S., & Alfermann, D. (2004). Die Messung des physischen Selbstkonzepts (PSK): Zur Entwicklung der PSK-Skalen für Kinder, Jugendliche und junge Erwachsene. *Zeitschrift für Differentielle und Diagnostische Psychologie, 25*(4), 239–257. https://doi.org/10.1024/0170-1789.25.4.239

Tietjens, M. (2009). *Physisches Selbstkonzept im Sport*. Czwalina.

Vealey, R. S. (1986). Conceptualization of sport-confidence and competitive orientation: Preliminary investigation and instrument development. *Journal of Sport Psychology, 8*(3), 221–246.

Vealey, R. S., & Chase, M. A. (2008). Self-confidence in sport. In T. S. Horn (Hrsg.), *Advances in sport psychology* (3. Aufl., S. 65–97). Human Kinetics.

Weinberg, R. S., & Gould, D. (2019). *Foundations of sport and exercise psychology* (7. Aufl.). Human Kinetics.

7

Strukturen und Prozesse des psychischen Systems: *III. Situative Einflüsse*

Inhaltsverzeichnis

Gruppe

Inhaltsverzeichnis

Teile dieses Kapitels sind bereits erschienen in Conzelmann, A., Hänsel, F., & Höner, O. (2013). Individuum und Handeln – Sportpsychologie. In A. Güllich, & M. Krüger (Hrsg.), *Sport – Das Lehrbuch für das Sportstudium* (S. 269–335). Berlin: Springer.

Im Sport treten ganz unterschiedliche Gruppierungen von Personen auf, z. B. Lauftreffs, Rückenschulkurse, Schulklassen, Fußballmannschaften, Zuschauende eines Tennismatchs, Mitglieder eines Sportvereins. Doch nicht alle Ansammlungen von Personen bzw. sozialen Aggregaten werden als *Gruppe* bezeichnet.

Der Begriff der Gruppe wird vielfältig und unterschiedlich definiert, bestimmte Merkmale werden jedoch immer wieder aufgeführt.

Gruppe

Eine (Klein-)Gruppe besteht in der Regel aus zwei bis 20 Personen, die miteinander interagieren, sich selbst der Gruppe zugehörig beschreiben (Selbstkategorisierung) und sich der anderen Gruppenmitglieder bewusst sind.

Weitere gruppentypische Merkmale, z. B. gemeinsame Ziele, Normen und **Einstellungen** sowie ein Gefühl des Zusammenhalts (Wir-Gefühl), ergeben sich nach einer gewissen Zeit als Folge sozialer Interaktionen (Alfermann & Strauß, 2001, S. 80; Jonas et al., 2014, S. 411; Bierhoff, 2006, S. 489). Unter *sozialer Interaktion* wird die Wechselbeziehung zwischen zwei oder mehreren Interaktionspartnern verstanden. Interaktionspartner können generell Individuen (z. B. die Spieler einer Handballmannschaft) oder soziale Einheiten (z. B. Sportorganisationen wie der Handballverein) sein, die in irgendeiner Art und Weise miteinander in Beziehung treten. Diese Beziehung umfasst jegliche Vorgänge zwischen den Interaktionspartnern, die Einfluss auf sie nehmen – intendiert oder unbeabsichtigt.

Von Gruppen sind *Massen* (z. B. ein jubelndes Fußballpublikum) oder *Kategorien* (z. B. die Gruppe der Sportlehrkräfte) zu unterscheiden, da diese ein wesentliches Merkmal – die wechselseitige Einflussnahme der Interaktionspartner – nicht erfüllen.

Zudem werden für *Sportmannschaften* (*sport teams*) im Vergleich zu anderen Gruppen einige Spezifika genannt (Carron & Eys, 2012, S. 14 f.). Sportmannschaften orientieren sich eher an leistungsbezogenen Zielen, sind zeitlich und personell stabiler und durch strukturierte Interaktionsmuster gekennzeichnet.

In diesem Kapitel werden zunächst Modelle vorgestellt, die die Entstehung und Entwicklung von Gruppen beschreiben (▶ Abschn. 8.1). Anschließend wird ein konzeptioneller Rahmen zur Erforschung von Sportgruppen präsentiert, anhand dessen die empirischen Befunde zur Gruppenproduktivität dargeboten werden. Es wird aufgezeigt, welchen Einfluss die Gruppengröße, die Gruppenzusammensetzung und der Gruppenzusammenhalt auf die Gruppenleistung haben (▶ Abschn. 8.2).

Die in diesem Kapitel behandelten Inhalte sind im *Grundschema des psychischen Systems* (▶ Abschn. 1.3) der Situation zugeordnet.

8.1 Modelle zur Entstehung und Entwicklung von Gruppen

Gruppen sind keine statischen Gebilde. Wenn sich Personen zum Sporttreiben zusammenfinden, z. B. auf dem Fußballplatz oder zu Beginn eines Rückenschulkurses, so bilden sie zunächst noch keine Gruppe im obigen Sinne. Erst im Laufe der Zeit entwickeln sich Merkmale wie die Selbstkategorisierung oder gemeinsame Normen.

Die Entstehung und Entwicklung von Gruppen wird in verschiedenen Modellen beschrieben. Diese lassen sich in drei Kategorien unterteilen (Carron & Hausenblas, 1998, S. 114): in *lineare Stufenmodelle*, in *Life-Cycle-Modelle* und in *Pendelmodelle* (◘ Abb. 8.1).

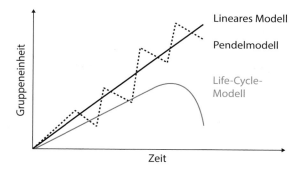

◘ Abb. 8.1 Modelle der Gruppenentwicklung. (Adaptiert nach Carron & Hausenblas, 1998, S. 114, © Fitness Information Technology, Inc.)

8.1.1 Lineare Stufenmodelle

Die *linearen Stufenmodelle* postulieren, dass Gruppen sukzessive verschiedene Phasen durchlaufen (◘ Abb. 8.1). Ein bekanntes Modell stammt von Tuckman (1965; Tuckman & Jensen, 1977). In dem Modell werden die fünf Phasen *forming*, *storming*, *norming*, *performing* und *adjourning* der Gruppenentwicklung angenommen, die nacheinander durchlaufen werden und jeweils unterschiedlich lange sein können (Jonas et al., 2014, S. 426 f.):

Herausbilden (*forming*): Diese Orientierungsphase ist durch ein gegenseitiges Kennenlernen, die Bestimmung der Gruppenaufgabe und Unsicherheit gekennzeichnet.

▶ **Beispiel**

Wenn ein neues Semester beginnt und die Hochschulsportkurse starten, besuchen immer viele Neue das Training der Jazztanzgruppe. Nachdem sich alle vorgestellt haben, macht die Übungsleiterin darauf aufmerksam, dass es sich um eine fortgeschrittene Tanzgruppe handelt, die mehrere Auftritte im Jahr hat.

In den folgenden Trainingseinheiten beobachten sich die Tänzerinnen gegenseitig, um die eigenen Fähigkeiten und Fertigkeiten sowie die der anderen einschätzen zu können. ◄

Stürmen (*storming*): Es folgt eine Phase der Auseinandersetzung und Konflikte zwischen den Mitgliedern oder der Führungs-person. Es treten Widerstände auf in Bezug auf die Lösung der Gruppenaufgabe und die Vorgehensweise. Individuelle Ziele stehen im Vordergrund. Die Atmosphäre ist angespannt.

▶ **Beispiel**

Einige Tänzerinnen der Tanzgruppe sind verärgert, dass die Übungsleiterin Teile der Choreografie ständig wiederholt, nur weil verschiedene Gruppenteilnehmerinnen nicht regelmäßig zum Training kommen. Außerdem gibt es Streitigkeiten über die Aufstellung. Eine der Neuen lehnt es ab, in der letzten Reihe tanzen zu müssen. ◄

Normenbilden (*norming*): Die vorige Phase wird abgelöst durch die Bildung einer Gruppenstruktur. Es entwickeln sich Werte und Normen, die Mitglieder übernehmen verschiedene Rollen. Der Gruppenzusammenhalt und das Wir-Gefühl steigen, kooperatives Verhalten steht im Vordergrund.

▶ **Beispiel**

Ein langjähriges Gruppenmitglied spricht die Probleme im Training an, und die Gruppe diskutiert mit der Übungsleiterin. Sie treffen eine Übereinkunft: Die Übungsleiterin versichert, keine Inhalte mehr zu wiederholen. Sollten Lücken in der Choreografie bestehen, so müssen sich die Tänzerinnen an andere Mitglieder der Gruppe wenden und die Sequenz nacharbeiten. Die regelmäßige Anwesenheit sowie gegenseitige Unterstützung werden zur normativen Erwartung. Ferner stehen die sichersten Tänzerinnen bei der Aufstellung in der ersten Reihe. Die Vorbereitung auf den Auftritt steht nun an erster Stelle. ◄

Leisten (*performing*): Diese Phase ist von einer starken Aufgaben- und Zielorientierung der Mitglieder geprägt. Die Mitglieder kooperieren und arbeiten auf das Gruppenziel hin.

▶ Beispiel

Die Tänzerinnen halten sich an die festgelegten Regeln und Vereinbarungen. Die Gruppe bereitet sich konzentriert auf den nächsten Auftritt vor. ◄

Abschließen (*adjourning*): Die Gruppe löst sich auf, oder Mitglieder verlassen die Gruppe. Das Erreichte wird bewertet, und entsprechende Gefühle wie Erleichterung oder Enttäuschung treten auf.

▶ Beispiel

Der Auftritt zum Abschluss des Semesters war ein voller Erfolg. Einige Mitglieder verlassen die Tanzgruppe, da sie ihr Studium abgeschlossen haben, einige neue kommen hinzu ( Abb. 8.2). ◄

In Trainingsgruppen und Sportmannschaften kommt es nicht immer zur Neugründung und/oder vollständigen Auflösung von Gruppen. Vielmehr führt ein stetiger Wechsel von Gruppenmitgliedern (Drop-out oder Neuzugänge) dazu, dass in der Gruppenentwicklung nicht alle Phasen neu durchlaufen werden.

8.1.2 Life-Cycle-Modelle

Life-Cycle-Modelle gehen davon aus, dass sich die Entwicklung ähnlich dem Verlauf des Lebens – Geburt, Wachstum und Tod – vollzieht ( Abb. 8.1). Life-Cycle-Modelle stammen originär aus

◘ **Abb. 8.2**   Foto: Jan Ehlers

dem Bereich der Psychotherapie und sozialen Arbeit, in denen Gruppen nur für relativ kurze Zeit bestehen. Ausgangspunkt dieser Modelle ist die Annahme, dass sich die Gruppe in ihrer Entstehung bereits psychologisch auf ihre Auflösung vorbereitet (Carron et al., 1998 S. 116). Garland et al. (1965) postulieren z. B. folgende fünf Stadien:

1. *Orientierung* (*pre-affiliation*): Die Gruppenmitglieder lernen sich gegenseitig kennen.
2. *Machtkampf und Kontrolle* (*power and control*): Die Mitglieder offenbaren ihre Stärken und Schwächen und ringen um ihre Rolle innerhalb der Gruppe.
3. *Vertrautheit und Nähe* (*intimacy*): Die Gruppenmitglieder akzeptieren sich gegenseitig und zeigen Bereitschaft zu gemeinsamen Aktivitäten.
4. *Differenzierung* (*differentiation*): In der Gruppe herrscht Harmonie und ein starkes Wir-Gefühl entsteht.
5. *Trennung* (*termination – separation*): Die Gruppe löst sich auf.

Life-Cycle-Modelle eignen sich insbesondere zur Beschreibung von Aerobic, Yoga- oder Rückenschulkursen, die meist auf eine begrenzte Anzahl von Wochen beschränkt sind (Weinberg & Gould, 2007, S. 162).

8.1.3 Pendelmodelle

Pendelmodelle beschreiben die Gruppenentwicklung in Form von sich wiederholenden Zyklen (◘ Abb. 8.1). Sie gehen davon aus, dass sich Phasen des Zusammenhalts und Phasen der Auseinandersetzung abwechseln. Feinstein (1987) beschreibt z. B. in seinem Buch *A Season on the Brink* das Auf und Ab des US-amerikanischen Basketballteams Indiana Hoosiers über eine Saison hinweg.

8.2 Empirische Befunde: Effekte auf die Gruppenproduktivität

Gruppen verfügen über eine Qualität und Dynamik, die über die der einzelnen Gruppenmitglieder hinausgehen. So wird die Produktivität von Gruppen in der Regel nicht nur höher eingeschätzt als die Leistungsfähigkeit einer einzelnen Person, sondern die Produktivität einer Gruppe ist unter Umständen sogar höher als die Summe der Leistungen der einzelnen Gruppenmitglieder. Einerseits wird häufig die sinngemäße Aussage „Das Ganze ist mehr als die Summe seiner Teile" von Aristoteles (384–322 v. Chr.) zitiert. Andererseits werden jedoch auch Bedenken gegenüber der Leistungsfähigkeit von Gruppen geäußert, was in der bekannten Redewendung „Viele Köche verderben den Brei" zum Ausdruck kommt.

Carron und Eys (2012, S. 19 f.) schlagen einen *konzeptionellen Rahmen zur Erforschung von Sportgruppen* vor (◘ Abb. 8.3). Demnach sind zur Analyse von Sportgruppen *Input-*, *Output-* und *Prozessvariablen* zu unterscheiden. Zu den *Inputvariablen* gehören die Merkmale der Gruppenmitglieder (z. B. unterschiedliche Leistungsniveaus in der Gruppenzusammensetzung) sowie die Gruppenumgebung (z. B. Gruppengröße und territoriale Aspekte wie der Heimvorteil). Bei den *Prozessvariablen* werden die Gruppenstruktur (z. B. Rollen und Normen), die **Kohäsion** und verschiedene Gruppenprozesse (z. B. Interaktion, Kooperation und Kommunikation) unterschieden. Die *Outputvariablen* wie Leistung und Zufriedenheit lassen sich als individuelle und als kollektive Produkte betrachten. Im Folgenden steht die Gruppenleistung als Outputvariable im Mittelpunkt.

Steiner (1972) weist darauf hin, dass die Gruppenleistung von der Art der Aufgabe beeinflusst wird, und unterscheidet daher

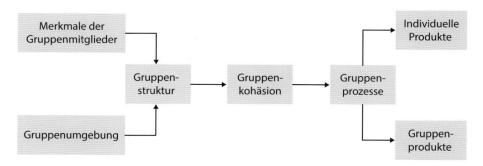

◘ **Abb. 8.3** Konzeptioneller Rahmen zur Erforschung von Sportgruppen nach Carron und Eys (2012, S. 20). (Aus Conzelmann et al., 2013, S. 310)

sieben verschiedene *Aufgabentypen*. Einige Aufgabentypen finden sich auch im Sport wieder (◩ Tab. 8.1). So differieren z. B. Tennis-, Ruder- und Basketballmannschaften in der Art und Weise, wie sich aus den Einzelleistungen die Mannschaftsleistung zusammensetzt (◩ Abb. 8.4). Additive, konjunktiv nicht unterteilbare und konjunktiv unterteilbare Aufgabentypen unterscheiden sich zudem in der Art und Weise der Zusammenarbeit. Bei additiven Aufgaben agieren die Mannschaftsmitglieder unabhängig voneinander. Die Einzelleistungen werden zur Mannschaftsleistung addiert. Bei konjunktiv nicht unterteilbaren Aufgaben müssen die Mitglieder koagieren, d. h. zusammen handeln. Die Mannschaftsleistung setzt sich entsprechend aus der Gesamtleistung aller Mitglieder zusammen. Bei konjunktiv unterteilbaren Aufgaben müssen die Mann-

◩ **Tab. 8.1**   Aufgabentypen im Sport. (Adaptiert nach Steiner, 1972, © Academic Press)

Aufgabentyp	Mannschaftsleistung	Beispiele
Additiv	Addition der Einzelleistungen	Mannschaftswettkämpfe im Bowling, Tennis, Gerätturnen oder Staffelläufe
Konjunktiv nicht unterteilbar	Gesamtleistung der Mitglieder; eine Aufgabenteilung ist nicht möglich	Rudern, Kanu oder Tauziehen
Konjunktiv unterteilbar	Gesamtleistung der Mitglieder; eine Aufgabenteilung ist möglich	Fußball, Handball oder Basketball

◩ **Abb. 8.4**   Foto: Benjamin Heller

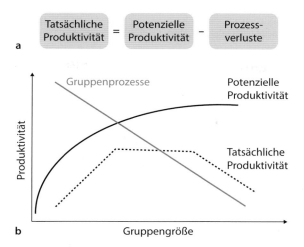

a

| Tatsächliche Produktivität | = | Potenzielle Produktivität | – | Prozess- verluste |

Gruppenprozesse

Potenzielle Produktivität

Produktivität

Tatsächliche Produktivität

b

Gruppengröße

◘ **Abb. 8.5** Produktivität von Gruppen nach Steiner (1972). (Adaptiert nach Carron & Eys, 2012, S. 16, 64, © Fitness Information Technology, Inc.)

schaftsmitglieder interagieren, d. h wechselseitig handeln und auf die Handlungen der anderen reagieren. Auch hier ist die Mannschaftsleistung die kombinierte Leistung aller Mitglieder.

8.2.1 Gruppengröße

Der Einfluss der Gruppengröße auf die *Produktivität* von Gruppen wird eher in der sozialpsychologischen Forschung, beispielsweise bei Arbeitsgruppen, untersucht. Im Sport wird die Gruppengröße meist über das Regelwerk der Sportart festgelegt (Carron & Eys, 2012, S. 60). Bei der Zusammenstellung eines Kaders, einer Trainingsgruppe im Leistungssport oder von Übungsgruppen im Freizeit- und Gesundheitssport ist die Gruppengröße allerdings prinzipiell variabel. Steiner (1972) unterscheidet die *potenzielle* von der *tatsächlichen Produktivität* einer Gruppe (◘ Abb. 8.5a). Dabei stellt die *potenzielle Produktivität* die Leistung dar, die eine Gruppe aufgrund der individuellen Ressourcen der Gruppenmitglieder hypothetisch erbringen könnte. Steiner nimmt an, dass die Produktivität einer Gruppe mit steigender Gruppengröße zunächst wächst. Erreicht die

Gruppe jedoch eine bestimmte Grenze, so kommt es zu einer Leistungsstagnation oder sogar zu einer Leistungsverschlechterung, wenn weitere Mitglieder hinzukommen. Der Grund dafür sind sog. *Prozessverluste*, also Störungen, die durch mangelnde Zusammenarbeit entstehen (◘ Abb. 8.5b).

Ein Grund für Prozessverluste ist eine mangelhafte Koordination. Ringelmann (1913) zeigte z. B., dass beim Tauziehen mit zunehmender Gruppengröße die Spanne zwischen potenzieller und tatsächlicher Produktivität immer größer wird, die Prozessverluste also aufgrund mangelnder Koordination zunehmen. Erreichen die Teilnehmenden in einer Einzelsituation durchschnittlich eine Zugkraft von 63 kg, so steigt die tatsächliche Gruppenleistung zwar insgesamt an (2 Personen: 118 kg; 3 Personen 160 kg; 8 Personen: 248 kg); die Einzelleistung sinkt jedoch deutlich (1 Person: 100 %; 2 Personen: 93 %; 3 Personen: 85 %; 8 Personen: 49 %), und die Prozessverluste nehmen zu (2 Personen: 14 %; 3 Personen: 45 %; 8 Personen: 40,8 %). Dieser **Effekt** der Gruppengröße wird auch als *Ringelmann-Effekt* bezeichnet.

Ein weiterer Grund für Prozessverluste besteht in einer niedrigen Motivation

(▶ Kap. 4). Ein Motivationsverlust kann unter folgenden Umständen entstehen (Piontkowski, 2011, S. 144):

- *Soziales Faulenzen:* Es wird kein persönlicher Gewinn oder keine persönliche Verantwortlichkeit für das Ergebnis vermutet.
- *Trittbrettfahren:* Eine Person sieht keinen Zusammenhang zwischen ihrer Leistung und der Gruppenleistung.
- *Gimpel-Effekt:* Eine Person vermutet, dass andere Mitglieder die eigene Leistungsbereitschaft ausnutzen.

Motivationsverluste treten insbesondere bei konjunktiven nicht unterteilbaren Aufgaben auf, da hier die eigene Leistung nur schwer zu identifizieren ist (zsf. Hardy, 1990). So strengt sich möglicherweise ein Ruderer in einem Ruderachter weniger an, da er seinen eigenen Beitrag nicht als wesentlich erachtet und sich somit für die Mannschaftsleistung nicht verantwortlich fühlt. Allerdings zeigte sich dieser Effekt auch bei additiven Aufgaben, so z. B. bei einer Sprint-Staffel (Huddleston et al., 1985) und einer Schwimmstaffel (Williams et al., 1989).

Jonas et al. (2014, S. 454 f.) weisen andererseits auch auf mögliche Motivationsgewinne bei Gruppen hin, ausgelöst durch sozialen Wettbewerb, soziale Kompensation oder den *Köhler-Effekt.* Letztgenannter Effekt besagt, dass sich schwächere Gruppenmitglieder in der Gruppe mehr anstrengen, um eine möglicherweise schwache Gruppenleistung nicht verantworten zu müssen. Der Köhler-Effekt zeigte sich z. B. bei einer leicht leistungsheterogenen Gruppe, die eine Gewichthebeaufgabe zu absolvieren hatte (Köhler, 1926), und einer gemischtgeschlechtlichen Tauziehgruppe (Hart & Harrel, 2001). In einer Metaanalyse von Weber und Hertel (2007), in der 17 Studien berücksichtigt wurden, zeigte sich insgesamt ein positiver moderater Effekt (g = 0,60). Dabei konnte bei physischen Aufgaben (g = 0,82) ein größerer Köhler-Effekt verzeichnet werden als bei kognitiven Aufgaben (g = 0,38).

Die Gruppengröße hat nicht nur einen Effekt auf die Produktivität, sondern auch auf psychologische Variablen wie die Kohäsion und Zufriedenheit (◘ Abb. 8.6).

Zusammenfassend zeigen die Forschungsergebnisse bei einem zu großen Anstieg der Gruppengröße negative Effekte (Carron & Eys, 2012, S. 70 ff.; Carron, 1990). So konnten z. B. Carron und Spink (1995) zeigen, dass kleinere Fitnesssportgruppen für die Kohäsion förderlicher sind. Zudem berichten Carron et al. (1990) für Fitnesssportgruppen und Widmeyer et al. (1990) für das Basketballspielen bei steigender Gruppengröße eine Abnahme der individuellen Zufriedenheit. Als mögliche Ursachen gelten u. a. die zunehmende Schwierigkeit, mit allen Mitgliedern gleichermaßen zu interagieren (Interaktionsdichte wird geringer) sowie sämtliche Bedürfnisse und Ziele zu vereinbaren (Carron & Eys, 2012, S. 70 ff.).

Für den Freizeit- und Gesundheitssport empfehlen Alfermann und Würth (2009), S. 727 f.) kleinere Gruppen, z. B. zehn bis 20 Personen für Fitnesssportgruppen. Aber auch im Wettkampfsport sollte der Mannschaftskader nicht zu groß sein. Besteht z. B. der Kader einer Volleyballmannschaft nur aus sechs Spielerinnen, so reicht dies nicht aus, um flexibel auf verschiedene Spielsituationen reagieren und mögliche Verletzungen ausgleichen zu können. Zusätzliche Spielerinnen sind daher sinnvoll, um die Ressourcen zu erhöhen und den Bedarf an Spezialistinnen und Auswechselspielerinnen zu decken. Eine zu große Anzahl an Spielerinnen würde jedoch zu immer geringeren Einsatzchancen der einzelnen Spielerinnen und vermutlich zu wachsender Unzufriedenheit im Kader führen.

8.2.2 Gruppenzusammensetzung

Auch die Gruppenzusammensetzung beeinflusst die Produktivität einer Gruppe maßgeblich. Die Gruppenzusammensetzung bezieht sich auf Merkmale der

Abb. 8.6 Foto: Jan Ehlers

Gruppenmitglieder wie z. B. Alter, Motivation, Fähigkeiten oder Leistungsstand. Dabei interessieren das *Ausmaß der durch die Gruppenmitglieder eingebrachten Ressourcen*, die **Heterogenität** und die *Komplementarität*. Es stellen sich Fragen wie: Ist von einer Gruppe mit leistungsstärkeren Personen eine bessere Gruppenleistung zu erwarten? Wie ähnlich oder unähnlich sollten sich die Gruppenmitglieder sein? Es zeigt sich, dass eine mittlere positive Beziehung zwischen der Summe der individuellen sportartbezogenen Fähigkeiten und Fertigkeiten und der Mannschaftsleistung existiert ($r = 0,30$ bis $r = 0,94$): Leistungsfähigere Gruppenmitglieder tragen zu einer besseren Gesamtleistung bei, wenn auch nicht ausschließlich (Widmeyer, 1990). Dagegen lässt sich kein eindeutiger Zusammenhang zwischen der durchschnittlichen Leistungsmotivation der Gruppenmitglieder und der Mannschaftsleistung feststellen (Widmeyer et al., 2002).

Die Befunde weisen zudem darauf hin, dass sich Heterogenität positiv auf die Mannschaftleistung auswirkt: Leistungsheterogene Gruppen sind erfolgreicher als homogene (Widmeyer, 1990). Allerdings ist hier eher von einem Optimum als von einem Maximum an Heterogenität auszugehen. Die optimale Variabilität einer Gruppe scheint maßgeblich vom Aufgabentyp abhängig zu sein. Bei additiven Aufgaben, bei denen die Einzelleistungen summiert werden, sowie bei konjunktiv nicht unterteilbaren Aufgaben, bei denen die Gesamtleistung vom schlechtesten Mitglied abhängt, ist davon auszugehen, dass eine leistungshomogene Gruppe leistungsstärker ist. Über den Aspekt der Heterogenität hinausgehend stellt sich die Frage nach der Komplementarität der Gruppenmitglieder, also die Frage, inwieweit sich Gruppenmitglieder ergänzen. So ist vor allem bei konjunktiv unterteilbaren Aufgaben anzunehmen, dass in Bezug auf Fähigkeiten und Fertigkeiten heterogene und komplementäre Gruppenmitglieder sowie in Bezug auf das Leistungsniveau homogene Gruppenmitglieder zu einer besseren Produktivität beitragen (Widmeyer, 1990; Widmeyer et al., 2002). Heterogenität ermöglicht es, „Spezialistinnen und Spezialisten" entsprechend ihrer Qualitäten im Spiel einzusetzen. Spieler einer Fußballmannschaft haben z. B. in Abhängigkeit ihrer Position (z. B. Innenverteidiger oder linker Flügelstürmer) unterschiedliche Aufgaben zu erfüllen. So sollten Innenverteidiger möglichst kopfballstark sein, um bei Eckbällen oder Freistößen im gegnerischen Strafraum optimal verteidigen zu können.

Insbesondere in Trainingsgruppen kann ein heterogenes Leistungsniveau vorteilhaft sein (Spillover-Effekt). Trainieren Personen mit unterschiedlichem Leistungsniveau gemeinsam, so kann dies zum einen für die Motivation förderlich sein, zum anderen profitieren Schwächere, indem sie von Leistungsstärkeren lernen können (Carron & Eys, 2012, S. 131).

8.2.3 Kohäsion

Zum Einfluss der Kohäsion auf die Produktivität einer Gruppe existieren vergleichsweise viele Studien, deren Ergebnisse bereits in mehreren **Metaanalysen** zusammengefasst wurden (Carron et al., 2002; Evans & Dion, 1991; Filho et al., 2014; Mul-

len & Copper, 1994). Mit Kohäsion wird der Gruppenzusammenhalt bezeichnet, also das Bestreben einer Gruppe, vereint zu bleiben und zueinanderzuhalten, um gemeinsame Ziele zu erreichen und die einzelnen Gruppenmitglieder zufriedenzustellen (Carron et al., 1998, S. 213) (▶ Exkurs 8.1). In der Metaanalyse von Carron et al. (2002) (46 Studien) zeigt sich insgesamt ein positiver moderater bis großer **Zusammenhang** zwischen Kohäsion und sportlicher Leistung ($ES = 0{,}66$). Carron et al. (2002) berichten von ähnlich hohen Zusammenhängen für interagierende Sportarten (z. B. Sportspiele, $ES = 0{,}66$) und koagierende Sportarten (z. B. Rudern, $ES = 0{,}77$). Filho et al. (2014) konnten in einer neueren Metaanalyse (16 Studien) einen moderaten Zusammenhang zwischen der Kohäsion und der Leistung ($r = 0{,}34$) finden. Der Zusammenhang war dabei für die Aufgabenkohäsion größer ($r = 0{,}45$) als für die Sozialkohäsion ($r = 0{,}11$) (◘ Abb. 8.7).

Auch wenn der Zusammenhang zwischen Kohäsion und Leistung ein relativ robuster Befund ist, ist die Wirkungsrichtung noch nicht abschließend geklärt. So zeigen Carron et al. (2002), dass sportlicher Erfolg in wesentlich stärkerem Maße zu einer hohen Kohäsion führt als umgekehrt eine hohe Kohäsion zu sportlichem Erfolg. Im Prinzip ist also eine zirkuläre Beziehung zwischen Kohäsion und Gruppenproduktivität anzunehmen.

Exkurs 8.1: Aus der Praxis: Group Environment Questionnaire (GEQ)

Der Group Environment Questionnaire (GEQ) zur Erfassung der Mannschaftkohäsion wurde von Carron et al. (1985) entwickelt. Sie unterscheiden vier Dimensionen der Kohäsion: Die Kohäsion beinhaltet einerseits die Geschlossenheit der Gruppe (GI: *group integration*) und andererseits die individuelle Identifikation mit der Gruppe (ATG: *individual attraction to the group*). Die

Geschlossenheit und Identifikation beziehen sich dabei entweder auf aufgabenbezogene (T: *task*) oder soziale Aspekte der Gruppe (S: *social*). Die Aufgabenkohäsion wird durch die Ausrichtung an dem gemeinsamen Ziel bestimmt, die Sozialkohäsion durch die gegenseitige Sympathie (im Sinne der Sepp-Herberger-Erfolgsformel „Elf Freunde müsst ihr sein"). Der Fragebogen liegt von Wilhelm

(2001) (GEQ-D) sowie Ohlert et al. (2015) in einer deutschsprachigen Fassung vor. Der Kohäsionsfragebogen für Individual- und Teamsport – Leistungssport (KIT-L2) von Ohlert et al. (2015) umfasst 18 **Items**, die auf einer neunstufigen Skala von „stimme überhaupt nicht zu" bis „stimme voll und ganz zu" einzuschätzen sind (Tab. 8.2).

Zudem gibt es modifizierte Varianten des GEQ, die speziell für den Kinder- und Jugendbereich (z. B. Child Sport Cohesion Questionnaire von Martin et al., 2012 oder der Youth Sport Environment Questionnaire von Eys et al., 2009) oder den Freizeit- und Gesundheitssport (z. B. KIT-FG von Kleinknecht et al., 2014) entwickelt wurden.

 Tab. 8.2 Dimensionen des Group Environment Questionnaire (GEQ) mit Beispielitems aus der deutschen Fassung von Ohlert et al. (2015) (KIT-L2)

Dimension	Beispielitem
Aufgabenzugehörigkeit (ATG-T) (4 Items)	Ich bin unzufrieden mit dem Ausmaß des Siegeswillens in dieser Mannschaft.
Aufgabengeschlossenheit (GI-T) (5 Items)	Unsere Mannschaft ist sich einig in dem Versuch, ihre Leistungsziele zu erreichen.
Soziale Zugehörigkeit (ATG-S) (5 Items)	Ich freue mich immer auf das Training, weil ich dort meine Mannschaftskollegen sehen kann.
Soziale Geschlossenheit (GI-S) (4 Items)	Unsere Mannschaftsmitglieder haben während des Trainings Spaß miteinander.

 Abb. 8.7 Foto: Julia M. Kornmann

Das heuristische Konzept zur Erforschung von Sportgruppen von Carron und Eys (2012, S. 19 f.) veranschaulicht die Komplexität von Gruppen und verdeutlicht, dass ihre Produktivität von einer Vielzahl von Einflussfaktoren abhängt. Die empirischen Befunde bestätigen insgesamt, dass die Gruppengröße und -zusammensetzung, in Abhängigkeit vom Aufgabentyp, Einfluss auf die Mannschaftsleistung haben und dass Kohäsion und Leistung positiv zusammenhängen.

Was bedeutet dies nun für die Praxis? Wie können Trainerinnen und Trainer die Leistung von Sportmannschaften steigern? Und wie können die Motivation und Zufriedenheit der Mitglieder sowie der Zusammenhalt gefördert werden? Eine Möglichkeit bieten *Teambuilding-Maßnahmen* (► Exkurs 8.2). Eine zusammenfassende Darstellung verschiedener Maßnahmen ist bei Birrer und Seiler (2008) sowie Carron und Eys (2012, S. 367 ff.) zu finden.

8

Exkurs 8.2: Aus der Praxis: Teambuilding

Teambuilding ist eine Methode, um die Effektivität eines Teams zu steigern, die Bedürfnisse der Teammitglieder zu befriedigen und die Arbeitsbedingungen zu verbessern (Brawley & Paskevich, 1997, S. 13). Carron und Eys (2012, S. 368) unterscheiden vier verschiedene Aspekte von Teambuilding-Maßnahmen, die entweder allein oder in Kombination eingesetzt werden:
1. Zielsetzung
2. Interpersonelle Beziehungen
3. Rollenzuweisung
4. Führungsverhalten

Hinsichtlich der Umsetzung unterscheiden Carron und Eys (2012, S. 371 f.) zwei Formen von Interventionen. Bei *direkten Interventionen* arbeiten Sportpsychologinnen und Sportpsychologen direkt mit der Mannschaft, bei *indirekten Interventionen* wird die Trainerin oder der Trainer zuvor von Expertinnen und Experten geschult, die dann die erlernten Maßnahmen im Training umsetzen.

Martin et al. (2009) untersuchten in ihrer Metaanalyse den Effekt von Teambuilding-Maßnahmen im Sport. Sie integrierten n = 17 Studien und berichten von einem moderaten positiven Effekt der Interventionen ($g = 0,43$). Die größte Wirkung haben Interventionen dabei auf die Leistung ($g = 0,71$) sowie psychologische Variablen wie die Zufriedenheit und das Selbstvertrauen der Athletinnen und Athleten ($g = 0,79$). Am erfolgreichsten sind Interventionen mit Inhalten zur Zielsetzung ($g = 0,71$). Dabei sind direkte sowie indirekte Interventionen gleichermaßen geeignet. Die Länge der Intervention sollte aber mindestens zwei Wochen betragen.

Auf Basis dieser empirischen Befunde geben Paradis und Martin (2012) Empfehlungen und Beispiele für erfolgreiche Teambuilding-Maßnahmen im Sport.

8.3   Zusammenfassung

■ **Der Gruppenbegriff**

— Eine Gruppe besteht aus mindestens zwei Personen, die wechselseitig interagieren, sich selbst der Gruppe zugehörig fühlen und sich der anderen Gruppenmitglieder bewusst sind.

— Typische Gruppen sind demnach gesundheits- und fitnessorientierte Sportgruppen oder leistungsorientierte Sportmannschaften.

■ **Entstehung von Gruppen**

— Gruppen sind dynamisch. Ihre Entstehung und Entwicklung wird in linearen Stufenmodellen, in Life-Cycle-Modellen oder Pendelmodellen beschrieben.

- **Effekte auf die Gruppenproduktivität**
- Das heuristische Konzept zur Erforschung von Sportgruppen von Carron und Kollegen verdeutlicht, dass Gruppen äußerst komplex sind und ihre Produktivität von einer Vielzahl von Einflussfaktoren abhängt.
- Insgesamt bestätigen die empirischen Befunde, dass die Gruppengröße und -zusammensetzung, in Abhängigkeit vom Aufgabentyp, Einfluss auf die Mannschaftsleistung haben.
- Es zeigt sich zudem ein positiver Zusammenhang zwischen Kohäsion und Leistung.

- **Konsequenzen für die Praxis**
- Eine Möglichkeit, die Effektivität einer Gruppe zu steigern, bieten Teambuilding-Maßnahmen.

Literatur

Alfermann, D., & Strauß, B. (2001). Soziale Prozesse im Sport. In J. Gabler, J. R. Nitsch, & R. Singer (Hrsg.), *Einführung in die Sportpsychologie. Teil 2: Anwendungsfelder* (2. erw. u. überarb. Aufl., S. 73–108). Hofmann.

Alfermann, D., & Würth, S. (2009). Gruppenprozesse und Interaktionen. In W. Schlicht & B. Strauß (Hrsg.), *Grundlagen der Sportpsychologie* (Enzyklopädie der Psychologie, Serie 5: Sportpsychologie, Bd. 1, S. 719–777). Hogrefe.

Bierhoff, H.-W. (2006). *Sozialpsychologie* (6. überarb. u. erw. Aufl.). Kohlhammer.

Birrer, D., & Seiler, R. (2008). Gruppendynamik und Teambuilding. In J. Beckmann & M. Kellmann (Hrsg.), *Anwendungen der Sportpsychologie* (Enzyklopädie der Psychologie, Serie 5: Sportpsychologie, Bd. 2, S. 311–392). Hogrefe.

Brawley, L. R., & Paskevich, D. M. (1997). Conducting team building research in the context of sport and exercise. *Journal of Applied Sport Psychology, 9*(1), 11–40. https://doi.org/10.1080/10413209708415382

Carron, A. V. (1990). Group size in sport and physical activity: Social psychology and performance consequences. *International Journal of Sport Psychology, 21*(4), 286–304.

Carron, A. V., & Eys, M. A. (2012). *Group dynamics in sport* (4. Aufl.). Fitness Information Technology.

Carron, A. V., & Hausenblas, H. A. (1998). *Group dynamics in sport* (2. Aufl.). Fitness Information Technology.

Carron, A. V., & Spink. (1995). The group size-cohesion relationship in minimal groups. *Small Group Research, 26*(1), 86–105. https://doi.org/10.1177/1046496495261005

Carron, A. V., Widmeyer, W. N., & Brawley, L. R. (1985). The development of an instrumentation to assess cohesion in sport teams: The Group Environment Questionnaire. *Journal of Sport Psychology, 7*(3), 244–266.

Carron, A. V., Brawley, L. R., & Widmeyer, W. N. (1990). The impact of group size in an exercise setting. *Journal of Sport & Exercise Psychology, 12*(4), 376–387.

Carron, A. V., Brawley, L. R., & Widmeyer, W. N. (1998). The measurement of cohesiveness in sport groups. In J. L. Duda (Hrsg.), *Advances in sport and exercise psychology measurement* (S. 213–226). Fitness Information Technology.

Carron, A. V., Colman, M. M., Wheeler, J., & Stevens, D. (2002). Cohesion and performance in sport: A meta analysis. *Journal of Sport & Exercise Psychology, 24*(2), 168–188.

Conzelmann, A., Hänsel, F., & Höner, O. (2013). Individuum und Handeln – Sportpsychologie. In A. Güllich & M. Krüger (Hrsg.), *Sport – Das Lehrbuch für das Sportstudium* (S. 271–337). Springer.

Evans, C. R., & Dion, K. L. (1991). Group cohesion and performance: A meta-analysis. *Small Group Research, 22*(2), 175–186. https://doi.org/10.1177/1046496491222002

Eys, M., Loughead, T., & Carron, A. (2009). Development of a cohesion questionnaire for youth: The youth sport environment questionnaire. Journal of Sport and Exercise Psychology, 31(3), 390–408. https://doi.org/10.1123/jsep.31.3.390

Feinstein, J. (1987). *A season on the brink*. Simon & Schuster.

Filho, E., Dobersek, U., Gershgoren, L., Becker, B., & Tenenbaum, G. (2014). The cohesion–performance relationship in sport: A 10-year retrospective meta-analysis. *Sport Sciences for Health, 10*, 165–177. https://doi.org/10.1007/s11332-014-0188-7

Garland, J., Kolodny, R., & Jones, H. (1965). A model for stages of development in social work groups. In S. Bernstein (Hrsg.), *Exploration in group work: Essays in theory and practice*. Milford House.

Hardy, C. J. (1990). Social loafing: Motivational losses in collective performance. *International Journal of Sport Psychology, 21*(4), 305–327.

Hart, S., & Harrel, K. D. (2001). A closer look at the social loafing phenomenon: Investigating the individual effort of females as members of gender-specific groups. *Research Quarterly for Exercise and Sport, 72*(1 Suppl), A-88.

Huddleston, S., Doody, S. G., & Ruder, M. K. (1985). The effect of prior knowledge of the social loafing phenomenon on performance in a group. *International Journal of Sport Psychology, 16*(3), 176–182.

Jonas, K., Stroebe, W., & Hewstone, M. (2014). *Sozialpsychologie* (6. vollst. überarb. Aufl.). Springer.

Kleinknecht, C., Kleinert, J., & Ohlert, J. (2014). Erfassung von „Kohäsion im Team von Freizeit- und Gesundheitssportgruppen" (KIT-FG). *Zeitschrift für Gesundheitspsychologie, 22*(2), 68–78.

Köhler, O. (1926). Kraftleistungen bei Einzel-und Gruppenarbeit. *Industrielle Psychotechnik, 3,* 274–282.

Martin, L., Carron, A. V., Eys, M. A., & Loughead, T. M. (2012). Development of a cohesion inventory for children's sport teams. *Group Dynamics: Theory, Research, and Practice, 16,* 68–79. https://doi.org/10.1037/a0024691

Martin, L. J., Carron, A. V., & Burke, S. M. (2009). Team building interventions in sport: A meta-analysis. *Sport & Exercise Psychology Review, 5*(2), 3–18.

Mullen, B., & Copper, C. (1994). The relation between group cohesiveness and performance: An integration. *Psychological Bulletin, 115*(2), 210–227. https://doi.org/10.1037/0033-2909.115.2.210

Ohlert, J., Kleinknecht, C., & Kleinert, J. (2015). Group cohesion reworded – Measuring group cohesion feelings in sport. *Sportwissenschaft, 45*(3), 116–126. https://doi.org/10.1007/s12662-015-0364-1

Paradis, K. F., & Martin, L. J. (2012). Team building in sport: Linking theory and research to practical application. *Journal of Sport Psychology in Action, 3*(3), 159–170. https://doi.org/10.1080/21520704.2011.653047

Piontkowski, U. (2011). *Sozialpsychologie*. Oldenbourg Verlag.

Ringelmann, M. (1913). Recherches sur les moteurs animés. Travail de l'homme. *Annales de l'Institut National Agronomique, 2*(tom 12), 1–40.

Steiner, I. D. (1972). *Group processes and group productivity*. Academic.

Tuckman, B. W. (1965). Developmental sequences in small groups. *Psychological Bulletin, 63*(6), 384–399. https://doi.org/10.1037/h0022100

Tuckman, B. W., & Jensen, M. A. C. (1977). Stages of small group development revisited. *Group and Organizational Studies, 2*(4), 419–427. https://doi.org/10.1177/105960117700200404

Weber, B., & Hertel, G. (2007). Motivation gains of inferior group members: A meta-analytical review. *Journal of Personality and Social Psychology, 93*(6), 973–993. https://doi.org/10.1037/0022-3514.93.6.973

Weinberg, R. S., & Gould, D. (2007). *Foundations of sport and exercise psychology* (4. Aufl.). Human Kinetics.

Widmeyer, W. N. (1990). Group composition in sport. *International Journal of Sport Psychology, 21*(4), 264–285.

Widmeyer, W. N., Brawley, L. R., & Carron, A. V. (1990). The effects of group size in sport. *Journal of Sport & Exercise Psychology, 12*(2), 177–190.

Widmeyer, W. N., Brawley, L. R., & Carron, A. V. (2002). Group dynamics in sport. In T. S. Horn (Hrsg.), *Advances in sport psychology* (2. Aufl., S. 285–308). Human Kinetics.

Wilhelm, A. (2001). *Im Team zum Erfolg*. Pabst.

Williams, K. K., Nida, S. A., Baca, L. D., & Latané, B. (1989). Social loafing and swimming: Effects of indentifiability on individual and relay performance of intercollegiate swimmers. *Basic an Applied Social Psychology, 10*(1), 73–81. https://doi.org/10.1207/s15324834basp1001_7

8

Führung

Inhaltsverzeichnis

Teile dieses Kapitels sind bereits erschienen in Conzelmann, A., Hänsel, F., & Höner, O. (2013). Individuum und Handeln – Sportpsychologie. In A. Güllich, & M. Krüger (Hrsg.), *Sport – Das Lehrbuch für das Sportstudium* (S. 269–335). Berlin: Springer.

Ein Trainer gibt in der Kabine seinen Spielern letzte taktische Anweisungen, eine Übungsleiterin korrigiert die Bewegungsausführung einer Teilnehmerin, eine Lehrerin lobt die Leistung eines Schülers. Diese Beispiele aus der sportlichen Praxis beschreiben typische Interaktionen zwischen Trainerinnen und Trainern und ihren Athletinnen und Athleten oder auch zwischen Lehrenden und ihren Schülerinnen und Schülern (◻ Abb. 9.1). Sie werden häufig als Führung bezeichnet.

Führung

„(Personale) Führung lässt sich als eine unmittelbare, absichtliche und zielbezogene Einflussnahme von bestimmten Personen auf andere Personen mit Hilfe der Kommunikationsmittel verstehen" (von Rosenstiel, 2006, S. 335).

Die zielbezogene Einflussnahme, z. B. um eine Verbesserung der sportlichen Leistung der Athletinnen und Athleten zu erreichen, weist zwei Dimensionen auf:

1. Die *fachliche Dimension* („Was") bezieht sich auf die Anwendung und Umsetzung trainings- und bewegungswissenschaftlicher Inhalte wie die Wahl der Trainingsmethoden. Diese Dimension des Verhaltens soll hier keine weitere Rolle spielen, denn sie ist vornehmlich Thema der Trainings- und Bewegungswissenschaft.
2. Die *soziale Dimension* des Verhaltens („Wie") ist gekennzeichnet durch Aspekte wie den Aufbau zwischenmenschlicher Beziehungen, die Art der Entscheidungsfindung, die Häufigkeit von Instruktionen und Feedback sowie die Vermittlung von Wissen.

Im Folgenden wird die soziale Dimension des Führungsverhaltens behandelt.

◻ **Abb. 9.1**   Foto: Alice Mattheß

Doch welches Führungsverhalten von Trainerinnen und Trainern bzw. Lehrenden ist erfolgreich, um die gesteckten Ziele zu erreichen?

In diesem Kapitel werden zunächst Führungstheorien und -modelle vorgestellt, die versuchen, Faktoren für den Führungserfolg zu bestimmen. Ergänzend dazu werden zwei sportspezifische Führungsmodelle ausführlich beschrieben (► Abschn. 9.1). Anschließend werden die empirischen Befunde zu den Effekten von Führung präsentiert (► Abschn. 9.2).

Die Ausführungen beziehen sich vornehmlich auf das Führungsverhalten von Trainerinnen und Trainern, sind aber auch auf andere Führungssituationen, z. B. den Sportunterricht, übertragbar. Für Besonderheiten der Führung im Sportunterricht wird auf das Lehrbuch von Auweele (2007) verwiesen.

Im Grundschema des psychischen Systems (► Abschn. 1.3) sind die hier behandelten Inhalte der Situation zugeordnet.

9.1 Führungstheorien und -modelle

Immer wieder ist zu beobachten – so auch beim „Sommermärchen" Fußballweltmeisterschaft 2006 –, wie Trainerinnen und Trainer junge, unerfahrene Mannschaften mit viel Elan und Herzblut zu einem unerwartet großen Erfolg führen. Im Sport, sowie in vielen anderen Bereichen (z. B. Psychologie, Soziologie, Pädagogik oder Wirtschaftswissenschaften), beschäftigt sich die Forschung seit jeher mit solchen Führungsphänomenen, und zwar vor allem mit dem Ziel, Faktoren für den Führungserfolg zu bestimmen. Dabei können drei prinzipielle Forschungsrichtungen unterschieden werden: der eigenschaftsorientierte Ansatz (► Abschn. 9.1.1), der verhaltensorientierte Ansatz (► Abschn. 9.1.2) und der situationsorientierte Ansatz (► Abschn. 9.1.3).

9.1.1 Eigenschaftsorientierter Ansatz: „Zur Führungsperson geboren!"

Der eigenschaftsorientierte Ansatz dominierte in den Anfängen der Führungsforschung. Er erklärt den Erfolg von Führungspersonen mit bestimmten Persönlichkeitseigenschaften. Diese Eigenschaften werden als zeitlich überdauernde, situationsunabhängige und stabile **Dispositionen** verstanden und zeichnen eine sozusagen geborene Führungsperson aus („Theorie des großen Mannes"). Vor allem Eigenschaften wie Intelligenz, Willenskraft, Durchsetzungsvermögen und Zuverlässigkeit wurden für den Erfolg verantwortlich gemacht (Neuberger, 2002, S. 228).

Die Forschungsergebnisse wurden in **Metaanalysen** (z. B. Lord et al., 1986; Tett et al., 1991) und **Reviews** (z. B. Stogdill, 1948; Mann, 1959; McCall, 1998; Gebert & Rosenstiel, 2002; von Rosenstiel et al., 2005) zusammengefasst. Lord et al. (1986) ermittelten z. B. für Intelligenz und Führungserfolg einen mittleren **Zusammenhang** von $r = 0{,}52$. Für verschiedene nicht kognitive Persönlichkeitseigenschaften wie die sogenannten Big Five der Persönlichkeit (Neurotizismus bzw. emotionale Stabilität, Extraversion, Offenheit für Erfahrungen, Verträglichkeit, Gewissenhaftigkeit) (► Kap. 6) berichten Barrick et al. (2001) in ihrer Metasynthese, in der sie 15 Metaanalysen integrierten, folgende Zusammenhänge mit dem beruflichen Erfolg: emotionale Stabilität ($r = 0{,}15$), Extraversion ($r = 0{,}15$), Offenheit für Erfahrungen ($r = 0{,}07$), Verträglichkeit ($r = 0{,}11$) und Gewissenhaftigkeit ($r = 0{,}24$).

Auch in der sportwissenschaftlichen Forschung wurden entsprechende Eigenschaften von Trainerinnen und Trainern untersucht (z. B. Ogilvie & Tutko, 1966, 1970). Weinberg und Gould (2019, S. 228) nennen zusammenfassend folgende Persönlichkeitseigenschaften, die Trainerinnen und

Trainer haben sollten: überdurchschnittliche Fähigkeiten, Intelligenz, Optimismus, Empathie und intrinsische Motivation.

Allerdings zeigt sich insgesamt, dass weder im Allgemeinen noch für den Sport im Speziellen eine konsistente Zusammenstellung der Persönlichkeitseigenschaften möglich ist, die eine generalisierbare und zuverlässige Prognose des Führungserfolgs zulässt. So können die o. g. Eigenschaften zwar vorteilhaft und hilfreich sein, dass sie aber eine hinreichende Bedingung des Führungserfolgs darstellen, konnte nicht nachgewiesen werden (Weinberg & Gould, 2019, S. 228).

9.1.2 Verhaltensorientierter Ansatz: „Zur Führungsperson gemacht!"

Im verhaltensorientierten Ansatz werden Führungspersonen danach unterschieden, welches Verhalten sie typischerweise in bestimmten Situationen zeigen. Diese Verhaltensweisen werden im Gegensatz zu den Persönlichkeitseigenschaften als veränderbar und trainierbar angenommen.

Bekannt geworden ist die Unterscheidung von Lewin et al. (1939), in der die drei folgenden Führungsstile jeweils eine bestimmte Kommunikationsstruktur abbilden:
1. *Autokratisch* (auch autoritär): Die Führungsperson trifft Entscheidungen allein; sie gibt Anweisungen und Aufgaben, ohne die Geführten einzubeziehen. Die Führungsperson erwartet Gehorsam der Geführten (z. B. den Angestellten oder Sportlerinnen und Sportlern), ansonsten folgen Strafen.
2. *Demokratisch* (auch kooperativ): Die Führungsperson trifft Entscheidungen in Absprache mit ihren Geführten. Diskussionen und fachliche Anmerkungen und Unterstützung sind gewünscht. Bei Schwierigkeiten und Fehlern hilft die Führungsperson eher, als dass sie bestraft.
3. *Laisser-faire:* Die Führungsperson lässt den Geführten viele Freiheiten. Sie bestimmen Aufgaben selbst. Die Führungsperson greift nicht in das Geschehen ein, sie hilft oder bestraft auch nicht.

Die Forschungsergebnisse weisen insgesamt darauf hin, dass ein demokratischer Führungsstil zu einer größeren Zufriedenheit führt; eine Überlegenheit hinsichtlich der Leistung lässt sich aber nicht feststellen (von Rosenstiel, 2006, S. 367 f.).

Eine Forschungsgruppe aus Ohio (u. a. Fleishman, 1953) unterscheidet zwei Dimensionen des Führungsverhaltens:
1. *Rücksichtnahme* (*consideration*, C): Die Führungsperson zeigt ein freundliches und auf die Angestellten rücksichtnehmendes und besorgtes Verhalten.
2. *Planungsinitiative* (*initiating structure*, IS): Die Führungsperson zeigt ein strukturiertes und aufgaben- und zielorientiertes Verhalten.

Angenommen wird, dass sich eine hohe Ausprägung auf beiden Verhaltensdimensionen positiv auf den Führungserfolg auswirkt. Allerdings konnte diese Annahme **empirisch** nicht bestätigt werden; es zeigte sich lediglich eine positive Beziehung zwischen Rücksichtnahme und Arbeitszufriedenheit (von Rosenstiel, 2006, S. 368 f.).

In sportwissenschaftlichen Studien wird meist über Verhaltensbeobachtungen oder **qualitative** Interviews versucht, typische Verhaltensweisen berühmter und erfolgreicher Trainerinnen und Trainer abzuleiten (z. B. Tharp & Gallimore, 1976; Bloom et al., 1999). Die Studien zeigen überwiegend übereinstimmend, dass erfolgreiche Trainerinnen und Trainer viele technische, taktische und generelle Instruktionen sowie unterstützendes und bekräftigendes Feedback geben. Allerdings sind die genannten Verhaltensweisen zwar für diese Personen typisch, sie diskriminieren jedoch nicht zwischen guten und schlechten Trainerinnen und Trainern. Mit anderen Worten: Die

Verhaltensweisen sind wiederum keine hinreichende Bedingung für den Führungserfolg.

9.1.3 Situationsorientierter Ansatz: „Es kommt drauf an!"

Im situationsorientierten Ansatz wird angenommen, dass Führungsverhalten je nach Situation verschieden sein muss, um erfolgreich zu sein. Eine erfolgreiche Führungsperson zeigt in verschiedenen Situationen das jeweils angemessene Verhalten. Das Kontingenzmodell von Fiedler (1967) unterscheidet einen mitarbeiter- und einen aufgabenorientierten Führungsstil. Um die Ausprägung des Führungsstils zu messen, wird in diesem Modell das sog. LPC-Maß (LPC = *least preferred coworker*) verwendet. Die Führungsperson wird gebeten, anhand mehrerer **Items**, die Person zu bewerten, die

sie am wenigsten schätzt und mit der sie nicht mehr zusammenarbeiten möchte. Je positiver diese eingeschätzt wird (hoher LPC-Wert), desto mitarbeiterorientierter, je negativer (niedriger LPC-Wert), desto aufgabenorientierter ist die Führungsperson. Es wird angenommen, dass die Wirkung des Führungsverhaltens von den Situationsaspekten Führungsperson-Geführten-Beziehung, der Strukturiertheit der Aufgabe und der Positionsmacht der Führungsperson abhängig ist.

Auf Grundlage seiner Untersuchungsergebnisse empfiehlt Fiedler (1967), in besonders ungünstigen und besonders günstigen Situationen aufgabenorientierte, in eher mäßig günstigen Situationen ein mitarbeiterorientiertes Führungsverhalten (◘ Abb. 9.2). Von *günstigen Situationen* ist die Rede, wenn alle Situationsaspekte positiv ausgeprägt sind, d. h. die Führungsperson gute Beziehungen zu den Angestellten

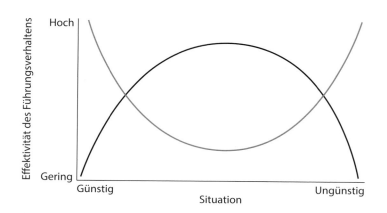

Führungsperson-Geführten-Beziehung	Gut	Gut	Gut	Gut	Schlecht	Schlecht	Schlecht	Schlecht
Strukturiertheit der Aufgabe	Strukturiert		Unstrukturiert		Strukturiert		Unstrukturiert	
Positionsmacht der Führungsperson	Stark	Schwach	Stark	Schwach	Stark	Schwach	Stark	Schwach

◘ **Abb. 9.2** Zusammenfassende Untersuchungsergebnisse von Fiedler (1967). Rote Linie: niedriger LPC-Wert der Führungsperson (aufgabenorientiert); schwarze Linie: hoher LPC-Wert der Führungsperson (mitarbeiterorientiert). (Adaptiert nach Chelladurai, 1999, S. 168, © Human Kinetics, Inc.)

9

Abb. 9.3 Foto: Tobias Behringer

pflegt, eindeutige und strukturierte Aufgaben bearbeitet werden müssen und die Führungsperson eine hohe formale Macht besitzt. *Ungünstige Situationen* dagegen sind durch eine negative Ausprägung der Aspekte gekennzeichnet. Die empirischen Befunde ließen sich allerdings bisher nicht hinreichend bestätigen (Gebert & Rosenstiel, 2002, S. 200 f.).

Weitere Theorien, die das Führungsverhalten in Abhängigkeit der Situation betrachten, sind die Path-Goal-Theorie von House (1971) und die Life-Cycle-Theorie von Hersey und Blanchard (1972).

Die genannten Theorien wurden vorwiegend in pädagogischen und wirtschaftswissenschaftlichen Kontexten eingesetzt. Es wurde zwar versucht, einige dieser Theorien auf den Sport zu übertragen, jedoch nur mit geringem Erfolg (Horn, 2002, S. 310). Im Zuge dessen wurden einzelne

sportspezifische Führungsmodelle entwickelt. In Anlehnung an die situationsorientierten Ansätze erklären die zwei im Sport dominierenden Führungsmodelle – das Mediationsmodell (▶ Abschn. 9.1.4) und das multidimensionale Modell (▶ Abschn. 9.1.5) – effektives Verhalten von Trainerinnen und Trainern im Kontext situativer Gegebenheiten (◘ Abb. 9.3).

9.1.4 Mediationsmodell der Führung

Das Mediationsmodell der Führung ist ein **heuristisches** Modell, das in den 1970er-Jahren von der Arbeitsgruppe um Ronald E. Smith und Frank L. Smoll entwickelt wurde (Smith et al., 1977; erweitertes Modell bei Smoll & Smith, 1989). Das Modell beinhaltet drei grundlegende Bausteine,

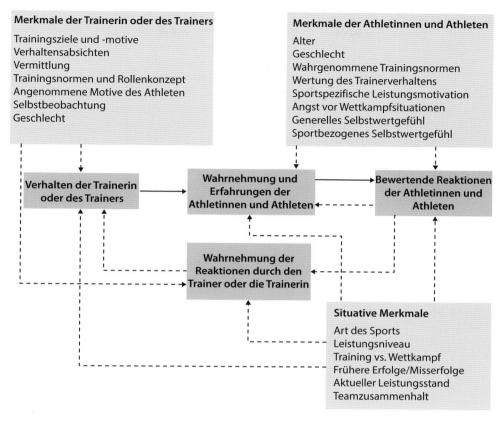

Merkmale der Trainerin oder des Trainers

Trainingsziele und -motive
Verhaltensabsichten
Vermittlung
Trainingsnormen und Rollenkonzept
Angenommene Motive des Athleten
Selbstbeobachtung
Geschlecht

Merkmale der Athletinnen und Athleten

Alter
Geschlecht
Wahrgenommene Trainingsnormen
Wertung des Trainerverhaltens
Sportspezifische Leistungsmotivation
Angst vor Wettkampfsituationen
Generelles Selbstwertgefühl
Sportbezogenes Selbstwertgefühl

Verhalten der Trainerin oder des Trainers

Wahrnehmung und Erfahrungen der Athletinnen und Athleten

Bewertende Reaktionen der Athletinnen und Athleten

Wahrnehmung der Reaktionen durch den Trainer oder die Trainerin

Situative Merkmale

Art des Sports
Leistungsniveau
Training vs. Wettkampf
Frühere Erfolge/Misserfolge
Aktueller Leistungsstand
Teamzusammenhalt

⬛ **Abb. 9.4** Das Mediationsmodell der Führung von Smoll und Smith (1989). (Nach Conzelmann et al., 2013, S. 308)

die miteinander interagieren: das *Verhalten der Trainerinnen und Trainer*, die *subjektive Wahrnehmung der Athletinnen und Athleten* sowie die *Reaktionen der Athletinnen und Athleten* (⬛ Abb. 9.4).

Smoll und Smith (1989) gehen davon aus, dass das Führungsverhalten einerseits durch individuelle Merkmale der Trainerin oder des Trainers bestimmt wird, andererseits durch situative Bedingungen. Das gezeigte Verhalten wird von den Athletinnen und Athleten, je nach individuellen Merkmalen und den situativen Bedingungen, unterschiedlich wahrgenommen. Die bewertende Reaktion der Athletinnen und Athleten auf das Führungsverhalten ist von der Wahrnehmung dieses Verhaltens abhängig. Ein weiterer Aspekt ist die Wahrnehmung der Reaktion durch die

Trainerin oder den Trainer. Diese wird erneut durch individuelle und situative Merkmale beeinflusst und beeinflusst wiederum das tatsächliche Verhalten.

Auf diesem Modell aufbauend entwickelten Smith et al. (1977; Smoll et al., 1978) das Coaching Behavior Assessment System (CBAS; ▶ Exkurs 9.1). Mit diesem Messinstrument werden einerseits das Führungsverhalten mittels direkter Verhaltensbeobachtung, anderseits die Selbstwahrnehmung und die Wahrnehmung durch die Athletinnen und Athleten mittels Fragebogen erfasst. Beim Führungsverhalten wird dabei zwischen *reaktivem* (z. B. Ermutigung nach einem Fehler) und *spontanem* Verhalten (z. B. generelle Anweisungen) differenziert.

9

Das Coaching Behavior Assessment System (CBAS) wurde von Smith et al. (1977; Smoll et al., 1978) entwickelt, um das Verhalten von Trainerinnen und Trainern erfassen zu können. Sie unterscheiden zwei Klassen: reaktives Verhalten als Antwort auf das Verhalten der Athletinnen und Athleten und spontanes, vom Trainer oder der Trainerin selbst ausgehendes Verhalten, mit insgesamt zwölf Verhaltenskategorien (Smith et al., 1977, S. 402 ff.) (◻ Tab. 9.1).

Das Führungsverhalten wird gemessen, indem ein oder mehrere Personen das Verhalten im Training oder Wettkampf beobachten und im Kategoriensystem notieren, wie häufig die beschriebenen Verhaltensweisen gezeigt werden.

Um die subjektive Wahrnehmung der Sportlerinnen und Sportler sowie die Wahrnehmung der Trainerin oder des Trainers zu erfassen, wird ein Fragebogen eingesetzt, der eine Beschreibung der zwölf Kategorien und jeweils ein Beispiel enthält. Alle beurteilen auf einer siebenstufigen Skala (von „nie" bis „fast immer") die Auftretenshäufigkeit der Verhaltensweisen.

Die bewertende Reaktion der Athletinnen und Athleten, d. h. ihre Einstellung gegenüber der Trainerin oder dem Trainer, wird mit einem weiteren Fragebogen erfasst. Dieser umfasst elf Fragen (z. B. „Wie viel weiß dein Trainer über deine Sportart?", „Wie gerne hättest du ihn in der nächsten Saison wieder als Trainer?"), die auf einer siebenstufigen Skala beantwortet werden müssen (Smith et al., 1979).

Ausführlichere Beschreibungen des Messinstruments CBAS (z. B. zur **Reliabilität** und **Validität**) sind bei Chelladurai und Riemer (1998) nachzulesen.

◻ **Tab. 9.1**   Kategorien des Coaching Behavior Assessment System. (Aus Smith et al., 1977, mit freundlicher Genehmigung von Taylor & Francis Ltd, ▶ http://www.tandfonline.com)

Klasse 1		Beispiel
Reaktives Verhalten auf *erwünschtes* Verhalten der Athletinnen und Athleten	Positive Bestärkung (R)	Lob oder Schulterklopfen nach einer guten Leistung
	Keine Bestärkung (NR)	Keine Reaktion
Reaktives Verhalten auf *fehlerhaftes* Verhalten der Athletinnen und Athleten	Ermutigung (EM)	Zuspruch und Ermunterung nach einem Fehler
	Instruktion (TIM)	Fehlerbezogene technische oder taktische Anweisung
	Bestrafung (P)	Abwertende Bemerkung oder Ermahnung
	Bestrafung und Instruktion (TIM+P)	Fehlerbezogene technische oder taktische Anweisung mit bestrafendem Charakter
	Ignorieren des Fehlers (IM)	Keine Reaktion
Schlechtes Benehmen der Athletinnen oder Athleten	Bewahren der Kontrolle (KC)	Reaktionen auf mangelnde Disziplin und Unaufmerksamkeit

Klasse 2		Beispiel
Spontanes Verhalten, das sportbezogen ist	Allgemeine Instruktion (TIG)	Technische oder taktische Anweisung und Erklärungen
	Allgemeine Ermutigung (EG)	Zuspruch und Ermunterung
	Organisation (O)	Informationen und Mitteilungen zum Wettkampf/Spiel
Spontanes Verhalten, das nicht sportbezogen ist	Allgemeine Kommunikation (GC)	Gespräche über Schule/Arbeit, Freizeitaktivitäten, Familie

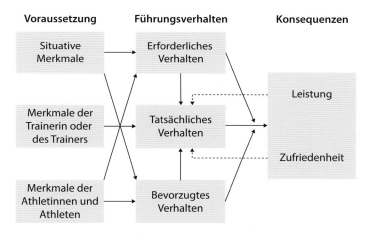

☐ **Abb. 9.5** Das multidimensionale Modell der Führung im Sport von Chelladurai (1990). (Nach Conzelmann et al., 2013, S. 309)

9.1.5 Multidimensionales Modell der Führung im Sport

In dem ebenfalls heuristischen multidimensionalen Modell der Führung im Sport von Chelladurai (1978; weiterentwickelt, Chelladurai, 1990) wird die Wirkung des Führungsverhaltens auf die Leistung und Zufriedenheit der Sportlerinnen und Sportler beschrieben. Die Wirkung ist dabei vom Grad der Übereinstimmung (*Kongruenz*) der drei Dimensionen des Führungsverhaltens abhängig, nämlich *dem in der Situation er-*forderlichen, *dem von den Athletinnen und Athleten bevorzugten* und *dem tatsächlich gezeigten (aktuellen) Verhalten* (☐ Abb. 9.5). Die drei Dimensionen werden durch situative Merkmale (z. B. Ziele, Organisationsstrukturen, die Sportart, soziale Normen), Merkmale der Trainerin oder des Trainers (z. B. Persönlichkeitseigenschaften, Fähigkeiten, Erfahrungen) und Merkmale der Athletinnen und Athleten (z. B. Alter, Leistungsstand, Bedarf an sozialer Unterstützung) beeinflusst. Weiterhin wird angenommen, dass auch umgekehrt die Leistung und Zufriedenheit der Sportlerinnen und Sportler auf das Führungsverhalten zurückwirken.

Chelladurai und Saleh (1978, 1980) entwickelten mit der Leadership Scale for Sports (LSS) einen entsprechenden Fragebogen (► Exkurs 9.2). Anhand von den fünf Dimensionen *Instruktionen bzw. fachliche Unterweisung, demokratisches Verhalten, autokratisches Verhalten, soziale Unterstützung* und *positives Feedback* schätzen einerseits die Trainerin oder der Trainer selbst ihr aktuelles Verhalten ein, andererseits werden das tatsächliche sowie bevorzugte Verhalten von den Athletinnen und Athleten beurteilt. Eine Weiterentwicklung

der LSS wurde von Zhang et al. (1997) vorgenommen und eine deutsche leicht veränderte Fassung von Alfermann et al. (1997) veröffentlicht.

Für eine detaillierte Beschreibung dieser beiden Modelle sowie weiterer sportspezifischer Ansätze und Messinstrumente (z. B. das Normative Model of Decision Styles in Coaching, Chelladurai & Haggerty, 1978; das Percieved Motivational Climate in Sport Questionnaire-2, Duda & Whitehead, 1998, das 3+1 C Modell von Jowett & Poczwardowski, 2007) sind die Übersichten von Horn (2002), Chelladurai (1993, 2007) oder Alfermann (2010) zu empfehlen.

Exkurs 9.2: Aus der Praxis: Leadership Scale for Sports (LSS)

Die Leadership Scale for Sports (LSS) wurde von Chelladurai und Saleh (1978, 1980) entwickelt. Der Fragebogen umfasst insgesamt 40 Items, die fünf Dimensionen repräsentieren und auf einer fünfstufigen Skala (von „immer" bis „nie") bewertet werden (◘ Tab. 9.2).

In unterschiedlichen Varianten des Fragebogens (veränderte Formulierung) können

die Sportlerinnen und Sportler das tatsächliche und das bevorzugte Führungsverhalten sowie die Trainerin bzw. der Trainer das eigene Verhalten beurteilen.

Ausführlichere Beschreibungen des Messinstruments LSS (z. B. zur Reliabilität und Validität) sind bei Chelladurai und Riemer (1998) nachzulesen.

◘ **Tab. 9.2** Dimensionen der Leadership Scale for Sports. (Aus Chelladurai & Saleh, 1980, republished with permission of Human Kinetics, Inc., Copyright 1980; permission conveyed through Copyright Clearance Center, Inc.)

Dimension	Beispielitem
Training und Instruktionen (13 Items)	Meine Trainerin erklärt jedem die Techniken und Taktiken im Sport.*
Demokratisches Verhalten (9 Items)	Mein Trainer fragt nach unserer Meinung zu wichtigen Trainingsinhalten.*
Autokratisches Verhalten 5 (Items)	Mein Trainer erklärt sein Handeln nicht.
Soziale Unterstützung (8 Items)	Meine Trainerin hilft uns bei persönlichen Problemen.*
positives Feedback (5 Items)	Mein Trainer lobt einzelne für ihre Leistung vor den anderen.*

*(Aus der deutschen Fassung von Alfermann et al., 1997)

9.2 Empirische Befunde zu den Effekten von Führung

Welche Wirkung hat das Führungsverhalten von Trainerinnen und Trainern auf ihre Athletinnen und Athleten (◘ Abb. 9.3)? Im Folgenden werden empirische Befunde zu den **Effekten** von Führung im Sport vorgestellt (in Anlehnung an Chelladurai, 1990, 1993, 2007; Alfermann, 2006, 2010; Horn, 2002). Dabei werden weniger die Leistungen der Sportlerinnen und Sportler untersucht als vielmehr psychologische **Variablen**, die eine positive Leistungsentwicklung bedingen sollen.

9.2.1 Leistung

Das Ziel von Trainerinnen und Trainern ist es, durch ihr Verhalten positiven Einfluss auf Athletinnen und Athleten zu nehmen und somit den Erfolg wahrscheinlicher zu machen. Es besteht daher großes Interesse, die Auswirkungen zu ermitteln, die ihr Verhalten auf die Leistung der Sportlerinnen und Sportler hat. Die Wirkung des Führungsverhaltens auf die Leistung wurde allerdings in weniger Studien untersucht, als man vermuten würde. Es ist aber insgesamt ein Einfluss des Führungsverhaltens festzustellen, allerdings mit widersprüchlichen Befunden. So zeigt sich ein Zusammenhang zwischen den fünf Dimensionen der LSS und der Mannschaftsleistung. Allerdings stellen einige Studien z. B. zwischen sozialer Unterstützung und der Leistung einen positiven Zusammenhang fest (z. B. Horne & Carron, 1985), andere dagegen einen negativen (z. B. Serpa et al., 1991; Weiss & Friedrichs, 1986). Prati und Pietrantoni (2013) konnten einen positiven Zusammenhang zwischen Kongruenz von wahrgenommener und bevorzugter sozialer Unterstützung und der Leistung feststellen.

Erklärungen für die inkonsistenten Ergebnisse sind zum einen unterschiedliche Messungen der Leistung (z. B. Leistungsmessung als Verhältnis von Sieg und Nieder-

lage oder als individuell wahrgenommene Leistung) und zum anderen moderierende Situationsmerkmale (z. B. die Sportart) oder Merkmale der Athletinnen und Athleten (z. B. ihr bevorzugtes Führungsverhalten). Alfermann et al. (Pfeffer et al., 2004; Alfermann et al., 2005) konnten zeigen, dass Sportlerinnen und Sportler aus Individual- und Mannschaftssportarten von unterschiedlichem Verhalten profitieren. Bei Individualsportarten sind Instruktionen sowie positives Feedback förderlich für die Leistungsentwicklung, bei Mannschaftssportarten ist ein hohes Maß an sozialer Unterstützung bedeutsam.

9.2.2 Zufriedenheit

Die *Zufriedenheit* von Athletinnen und Athleten wird durch das Führungsverhalten beeinflusst. So zeigt Chelladurai (1984) mithilfe der LSS, dass die Kongruenz von bevorzugtem und tatsächlichem Verhalten die Zufriedenheit der Sportlerinnen und Sportler erhöht (vgl. Andrew, 2009; Horne & Carron, 1985). Allerdings wird das in anderen Studien nicht bestätigt (z. B. Riemer & Toon, 2001). In vielen Studien sind die Athletinnen und Athleten aber zufriedener, wenn die Trainerin oder der Trainer viele Instruktionen, positives Feedback und soziale Unterstützung gibt (zsf. Chelladurai, 2007) oder ein aufgabenorientiertes Teamklima (gegenüber einem wettbewerbsorientierten) herrscht (Roberts et al., 2007). Allerdings ist auch hier zu vermuten, dass die Berücksichtigung **moderierender** Situationsmerkmale (Sportart, Größe der Trainingsgruppe, Leistungsniveau) bedeutsam ist (vgl. Pfeffer et al., 2004).

9.2.3 Motivation

Auch die *Motivation* von Athletinnen und Athleten und die Fortdauer der sportlichen Aktivität (Verhinderung von Drop-out) scheint durch das Führungsverhalten beeinflusst zu werden (Vallerand & Losier, 1999). Dabei wirken sich ein demokratischer Führungsstil und ein aufgabenorientiertes Teamklima positiv auf die intrinsische Motivation aus (Amorose & Horn, 2000, 2001; Seifriz et al., 1992; Hollembeak & Amorose, 2005).

9.2.4 Einstellungen und Selbstwahrnehmung

Die **Einstellung** und *Selbstwahrnehmung* von Sportlerinnen und Sportlern werden ebenfalls durch das Führungsverhalten beeinflusst. Kinder und Jugendliche bewerten Trainerinnen und Trainer positiv, die häufig positiv bekräftigen, nach Fehlern ermutigen und technische Anweisungen geben (zsf. Smoll & Smith, 1989, 2002). Die Kinder und Jugendlichen zeigen mehr Freude am Training, eine positivere Einstellung gegenüber der Trainerin oder dem Trainer, den Teammitgliedern und dem Sport sowie ein höheres Selbstwertgefühl (▶ Kap. 7, ◘ Abb. 9.6). In ähnlicher Weise haben die Art und das Ausmaß von Instruktionen und Feedback Auswirkungen auf die Selbstwahrnehmung (z. B. die Einschätzung der eigenen Fähigkeiten) (z. B. Allen & Howe, 1998; Horn, 1985) und die Selbstwirksamkeit (z. B. Escarti & Guzman, 1999).

Ferner fördert ein aufgabenorientiertes Teamklima (gegenüber einem wettbewerbsorientierten Teamklima) die Freude am Sport und die Ansicht, dass Anstrengung und Bemühung zum Erfolg führen (z. B. Seifriz et al., 1992).

9.2.5 Kohäsion

Des Weiteren wirkt das Führungsverhalten auf die **Kohäsion**, also den Zusammenhalt in einer Mannschaft (▶ Exkurs 8.1). Die Aufgabenkohäsion wird z. B. durch Instruktionen, positives Feedback, soziale

◘ Abb. 9.6   Foto: Julia M. Kornmann

Unterstützung und demokratisches Verhalten positiv beeinflusst (z. B. Gardener et al., 1996; Trail, 2004). Shields et al. (1997) konnten zudem einen positiven Zusammenhang zwischen Kongruenz von wahrgenommenem und bevorzugtem Führungsverhalten und der Mannschaftskohäsion nachweisen.

Insgesamt zeigt sich, dass die Identifikation eindeutiger Zusammenhänge schwierig ist. Unter anderem ist das – wie oben bereits erwähnt – auf moderierende Effekte der Situation sowie individuelle Merkmale der Trainerinnen und Trainer sowie der Athletinnen und Athleten zurückzuführen. Nicht nur das Führungsverhalten wird je nach Situation und Sportlerin bzw. Sportler unterschiedlich wahrgenommen und interpretiert, sondern auch die Merkmale der Trainerin oder des Trainers wie z. B. die Erwartungen, Zielsetzungen oder Stereotype nehmen Einfluss.

Was bedeutet dies nun für Trainerinnen und Trainer in der Praxis? Wie können sie die Effektivität ihres Verhaltens steigern? Smith et al. (1979) haben z. B. Verhaltensrichtlinien für Trainerinnen und Trainer im

Jugendbereich zusammengestellt und darauf aufbauend ein Verhaltenstraining konzipiert, mit dessen Hilfe sie das Verhalten verbessern konnten. Im deutschsprachigen Raum hat die Heidelberger Arbeitsgruppe um Treutlein et al. (1989, 1992) Verfahren zur Diagnose und Veränderung des Führungsverhaltens entwickelt (▶ Exkurs 9.3). Auf die Aktualität und Bedeutsamkeit des Themas weisen Thiel und Cachay (2006; Cachay et al., 2007) hin. Sie fordern eine vermehrte Integration von Ausbildungsinhalten zum Thema Sozialkompetenz in die Aus- und Weiterbildung von Trainerinnen und Trainern.

Exkurs 9.3: Aus der Praxis: Verhaltenstraining für Trainerinnen und Trainer

Das Verhaltenstraining von Smith, Smoll und Curtis

Im Rahmen der Entwicklung des Coaching Behavior Assessment System (CBAS) konzipierten Smith et al. (1979; Smoll & Smith, 1993) ein Verhaltenstraining für Trainerinnen und Trainer. Sie verfolgen das Ziel, ihr Verhalten zu verbessern, zu beurteilen und die Effekte zu messen. Das Verhaltenstraining besteht aus drei Teilen:

1. *Workshop* (ca. 2,5 h): Die Trainerinnen und Trainer werden über die bisherigen empirischen Befunde aufgeklärt. Daraufhin werden ihnen Verhaltensrichtlinien vorgestellt (verbal und in schriftlicher Form), die auf der Basis der Befunde erstellt wurden. Um diese zu verinnerlichen, wird der Einsatz von Rollenspielen und Gruppenaufgaben empfohlen, bei denen die Trainerinnen und Trainer potenzielle Probleme diskutieren und lösen sollen.

2. *Verhaltensfeedback:* Um das Bewusstsein der Trainerinnen und Trainer über ihre Verhaltensweisen zu verbessern, ist Feedback entscheidend. In früheren Untersuchungen setzten Smith et al. (1979) geschulte Beobachter ein, die Trainerinnen und Trainer im Training und bei Spielen (mit dem CBAS) beobachteten. Da eine solche Fremdbeobachtung sehr aufwendig und kostenintensiv ist, wird empfohlen, auf Rückmeldungen von z. B. Co-Trainern, Athletinnen und Funktionären zurückzugreifen.

3. *Selbstbeobachtung:* Durch Selbstbeobachtung sollen die Trainerinnen und Trainer für ihr eigenes Verhalten sensibilisiert werden. Sie erhalten einen Selbstbeobachtungsbogen, den sie am Ende des Trainings und nach Spielen ausfüllen sollen. Diese Bögen enthalten ausschließlich Aspekte des erwünschten Verhaltens.

Die empirischen Ergebnisse bestätigen, dass ein solches Training das Verhalten positiv im Sinne der Verhaltensrichtlinien verändert und Athletinnen und Athleten die geschulten Trainerinnen und Trainer sowie ihre Mannschaftsmitglieder positiver bewerten. Ein Unterschied in der Leistung der Sportlerinnen und Sportler konnte allerdings nicht festgestellt werden.

Das Heidelberger Verfahren zur Diagnose und Veränderung von Trainerverhalten (HDVT)

Das HDVT ist ein Lehrverhaltenstraining, das eine Verhaltensänderung von Trainerinnen und Trainern anstrebt, indem sie sich über ihre eigenen emotionalen und kognitiven Prozesse bewusst werden (Treutlein et al., 1989, 1992).

Beim HDTV wird zwischen einer Diagnosephase und einer Trainingsphase unterschieden:

1. *Diagnosephase*
   - Erfassung handlungsleitender Kognitionen und Emotionen mithilfe von Selbstbefragungen (strukturierter Dialog) zu Ereignissen, die die Traine-

rin oder der Trainer als kritischer Vorfall eingestuft haben (die Selbstbefragung wird über einen längeren Zeitraum nach dem Training und Wettkampf durchgeführt)

- Als Ergänzung Sammlung von früheren kritischen Vorfällen
- Analyse der eigenen Wahrnehmungen und Handlungen anhand von Videosimulationen der kritischen Ereignisse
- Auswertung der Selbstbefragungen und der Sammlung früherer kritischer Vorfälle
- Festlegung von Trainingsschwerpunkten, d. h. Identifizierung von

Problempunkten, an denen die Verhaltensänderung ansetzen soll

2. *Trainingsphase*
- Bearbeitung von Trainingsmaterialien z. B. zu Aspekten der Situationswahrnehmung, Bedeutungsbeimessung, Ursachenerklärung sowie zu Handlungszielen und -möglichkeiten
- Einübung einer differenzierten Wahrnehmung und reflektierter Handlungen

Empirische Ergebnisse zur Wirkung des HDTV existieren nicht; es wird lediglich von positiven Erfahrungen berichtet.

9.3   Zusammenfassung

- **Der Führungsbegriff**
- Führung ist eine unmittelbare, absichtliche und zielbezogene Einflussnahme von bestimmten Personen auf andere Personen wie z. B. von Trainerinnen und Trainern auf ihre Athletinnen und Athleten.

- **Führungstheorien**
- Verschiedene eigenschafts-, verhaltens- und situationsorientierte Führungstheorien versuchen Faktoren zu bestimmen, die eine Führungsperson erfolgreich machen.
- Es gibt zwei sportspezifische Führungsmodelle – das Mediationsmodell der Führung und das multidimensionale Modell der Führung im Sport –, die die Wirkung des Verhaltens beschreiben und so versuchen, Führungserfolg zu erklären.

- **Empirische Befunde**
- Resümierend ist festzustellen, dass die Führungsforschung keine generellen Aussagen über erfolgreiches Führungsverhalten liefern konnte. Die empirischen Befunde verdeutlichen, dass es kein allgemeingültiges, effektives Führungsverhalten gibt, sondern Erfolg eine Passung des Verhaltens mit den situativen Bedingungen und individuellen Merkmalen der Athletinnen und Athleten voraussetzt.
- Die Untersuchungsergebnisse weisen jedoch darauf hin, dass bestimmte Verhaltensweisen eine positive Wirkung auf die Leistung, Zufriedenheit, Motivation, Einstellung und Kohäsion haben können.

- **Konsequenzen für die Praxis**
- Die soziale Dimension des Verhaltens sollte thematisch in der Aus- und Weiterbildung von Trainerinnen und Trainern behandelt werden.
- Spezielle Trainingsprogramme können zu einem effektiveren Führungsverhalten führen.

Literatur

Alfermann, D. (2006). Führung im Sport. In H. Haag & B. Strauß (Hrsg.), *Themenfelder der Sportwissenschaft* (S. 79–90). Hofmann.

Alfermann, D. (2010). Trainer- und Trainerinnenverhalten. In O. Stoll, I. Pfeffer, & D. Alfermann (Hrsg.), *Lehrbuch Sportpsychologie* (S. 149–172). Huber.

Alfermann, D., Saborowski, C., & Würth, S. (1997). *Entwicklung und Überprüfung der deutschsprachigen Meßinstrumente im Projekt „Soziale Einflüsse auf die Karriereübergänge bei jugendlichen Athletinnen und Athleten in Großbritannien und den neuen Bundesländern"* (DFG Az. Al 305/5-1). Unveröffentlichtes Manuskript, Sportwissenschaftliche Fakultät, Universität Leipzig.

Alfermann, D., Lee, M. J., & Würth, S. (2005). Perceived leadership behavior and motivational climate as antecedents of athletes' skill development. *Athletic Insight – The Online Journal of Sport Psychology, 7*(2), 14–36.

Allen, J. B., & Howe, B. (1998). Player ability, coach feedback, and female adolescent athletes' perceived competence and satisfaction. *Journal of Sport & Exercise Psychology, 20*(3), 280–299.

Amorose, A. J., & Horn, T. S. (2000). Intrinsic motivation: Relationships with collegiate athletes' gender, scholarship status, and perceptions of their coaches' behavior. *Journal of Applied Sport Psychology, 22*, 63–84.

Amorose, A. J., & Horn, T. S. (2001). Pre- to postseason changes in the intrinsic motivation of firstyear college athletes: Relationship with coaching behavior and scholarship status. *Journal of Applied Sport Psychology, 13*(4), 355–373.

Andrew, D. P. S. (2009). The impact of leadership behavior on satisfaction of college tennis players: A test of the leadership behavior congruency hypothesis of the multidimensional model of leadership. *Journal of Sport Behavior, 32*(3), 261–277.

Auweele, Y. (2007). *Psychology for physical educators* (2. Aufl.). Human Kinetics.

Barrick, M. R., Mount, M. K., & Judge, T. A. (2001). Personality and performance at the beginning of the new millennium: What do we know and where do we go next? *International Journal of Selection and Assessment, 9*(1–2), 9–30. https://doi.org/10.1111/1468-2389.00160

Bloom, G. A., Crumpton, R., & Anderson, J. (1999). A systematic observation study of the teaching behaviors of an expert basketball coach. *Sport Psychologist, 13*(2), 157–170.

Cachay, K., Borggrefe, C., & Thiel, A. (2007). „Ich muss etwas vermitteln, ich muss überzeugen" – Sozialkompetenz von Trainerinnen und Trainern im Spitzensport. *Leistungssport, 37*(1), 5–10.

Chelladurai, P. (1978). *A contingency model of leadership in athletics.* Unpublished doctoral dissertation, University of Waterloo, Canada.

Chelladurai, P. (1984). Discrepancy between preferences and perceptions of leadership behavior and satisfaction of athletes in varying sports. *Journal of Sport Psychology, 6*(1), 27–41.

Chelladurai, P. (1990). Leadership in sports: A review. *International Journal of Sport Psychology, 21*(4), 328–354.

Chelladurai, P. (1993). Leadership. In R. N. Singer, M. Murphey, & L. K. Tennant (Hrsg.), *Handbook of research on sport psychology* (S. 647–671). MacMillan.

Chelladurai, P. (1999). *Human resource management in sport and recreation.* Human Kinetics.

Chelladurai, P. (2007). Leadership in sports. In G. Tenenbaum & R. C. Ekland (Hrsg.), *Handbook of sport psychology* (3. Aufl., S. 113–135). Wiley.

Chelladurai, P., & Haggerty, T. R. (1978). A normative model of decision styles in coaching. *Athletic Administrator, 13*(2), 6–9.

Chelladurai, P., & Riemer, H. A. (1998). Measurement of leadership in sport. In J. L. Duda (Hrsg.), *Advances in sport and exercise psychology* (S. 227–253). Fitness Information Technology.

Chelladurai, P., & Saleh, S. D. (1978). Preferred leadership in sports. *Canadian Journal of Applied Sport Sciences, 3*, 85–92.

Chelladurai, P., & Saleh, S. D. (1980). Dimensions of leadership behavior in sports: Development of a leadership scale. *Journal of Sport Psychology, 2*(1), 34–45.

Conzelmann, A., Hänsel, F., & Höner, O. (2013). Individuum und Handeln – Sportpsychologie. In A. Güllich & M. Krüger (Hrsg.), *Sport – Das Lehrbuch für das Sportstudium* (S. 271–337). Springer.

Duda, J. L., & Whitehead, J. (1998). Measurement of goal perspectives in the physical domain. In J. L. Duda (Hrsg.), *Advances in sport and exercise psychology measurement* (S. 21–48). Fitness Information Technology.

Escarti, A., & Guzman, J. F. (1999). Effects of feedback on self-efficacy, performance and choice in an athletic task. *Journal of Applied Sport Psychology, 11*(1), 83–96. https://doi.org/10.1080/10413209908402952

Fiedler, F. E. (1967). *A theory of leadership effectiveness.* McGraw Hill.

Fleishman, E. (1953). Leadership climate, human relations training, and supervisory behavior. *Personnel Psychology, 6*(2), 205–222. https://doi.org/10.1111/j.1744-6570.1953.tb01040.x

Gardener, D. E., Shields, D. L. L., Bredemeier, B. J. L., & Bostrom, A. (1996). The relationship between perceived coaching behaviors and team cohesion among baseball and softball players. *The Sport Psychologist, 10*, 367–381.

Gebert, D., & von Rosenstiel, L. (2002). *Organisationspsychologie* (5. aktual. u. erw. Aufl.). Kohlhammer.

Hersey, P., & Blanchard, K. (1972). *Management of organization behavior*. Prentice Hall.

Hollembeak, J., & Amorose, A. J. (2005). Perceived coaching behaviors and college athletes' intrinsic motivation: A test of self-determination theory. *Journal of Applied Sport Psychology, 17*(1), 20–36. https://doi.org/10.1080/10413200590907540

Horn, T. S. (1985). Coaches' feedback and changes in children's perceptions of their physical competence. *Journal of Educational Psychology, 77*(2), 174–186. https://doi.org/10.1037/0022-0663.77.2.174

Horn, T. S. (2002). Coaching effectiveness in the sport domain. In T. S. Horn (Hrsg.), *Advances in sport psychology* (2. Aufl., S. 309–354). Human Kinetics.

Horne, T., & Carron, A. V. (1985). Compatibility in coach-athlete relationship. *Journal of Sport Psychology, 7*(2), 137–149.

House, R. J. (1971). A path-goal theory of leader effectiveness. *Administrative Science Quarterly, 16*, 321–338.

Jowett, S., & Poczwardowski, A. (2007). Understanding the coachathlete relationship. In S. Jowett & D. Lavallee (Hrsg.), *Social psychology in sport* (S. 3–14). Human Kinetics.

Lewin, K., Lippitt, R., & White, R. K. (1939). Patterns of aggressive behavior in experimentally created „social climates". *Journal of Social Psychology, 10*(2), 271–299. https://doi.org/10.1080/00224545.1939.9713366

Lord, R. G., De Vader, C. L., & Alliger, G. M. (1986). A meta-analysis of the relation between personality traits and leadership perceptions: An application of validity generalization procedures. *Journal of Applied Psychology, 71*(3), 402–410. https://doi.org/10.1037/0021-9010.71.3.402

Mann, R. D. (1959). A review of the relationship between personality and performance in small groups. *Psychological Bulletin, 56*(4), 214–270. https://doi.org/10.1037/h0044587

McCall, M. W. J. (1998). *High flyers. Developing the next generation of leaders*. Havard Business School Press.

Neuberger, O. (2002). *Führen und führen lassen* (6. völlig neu bearb. u. erw. Aufl.). Lucius & Lucius.

Ogilvie, B. C., & Tutko, T. A. (1966). *Problem athletes and how to handle them*. Palham Books.

Ogilvie, B. C., & Tutko, T. A. (1970). Self-perceptions as compared with measured personality of selected male physical educators. In G. S. Kenyon (Hrsg.), *Contemporary psychology of sport* (S. 73–78). Athletic Institute.

Pfeffer, I., Würth, S., & Alfermann, D. (2004). Die subjektive Wahrnehmung der Trainer-Athlet-Interaktion in Individualsportarten und Mannschaftsspielen. *Zeitschrift für Sportpsychologie, 11*(1), 24–32. https://doi.org/10.1026/1612-5010.11.1.24

Prati, G., & Pietrantoni, L. (2013). The effects of congruency and discrepancy of sport leadership behaviors on objektive perfromance. *International Journal of Sport Psychology, 44*(6), 546–564. https://doi.org/10.7352/IJSP2013.44.546

Riemer, H. A., & Toon, K. (2001). Leadership and satisfaction in tennis: Examination of congruence, gender, and ability. *Research Quarterly for Exercise and Sport, 72*(3), 243–256. https://doi.org/10.1080/02701367.2001.10608957

Roberts, G. C., Treasure, D. C., & Conroy, D. E. (2007). Understanding the dynamics of motivation in sport and physical activity. An achievement goal interpretation. In G. Tenenbaum & R. C. Ekland (Hrsg.), *Handbook of sport psychology* (3. Aufl., S. 3–30). Wiley.

von Rosenstiel, L. (2006). Führung. In H. Schuler (Hrsg.), *Lehrbuch der Personalpsychologie* (S. 354–379). Hogrefe.

von Rosenstiel, L., Molt, W., & Rüttinger, B. (2005). *Organisationspsychologie* (9. vollst. überarb. u. erw. Aufl.). Kohlhammer.

Seifriz, J. J., Duda, J. L., & Chi, L.-K. (1992). The relationship of perceived motivation climate to intrinsic motivation and beliefs about success in basketball. *Journal of Sport & Exercise Psychology, 14*(4), 375–391.

Serpa, S., Pataco, V., & Santos, F. (1991). Leadership patterns in handball international competition. *International Journal of Sport Psychology, 22*(1), 78–89.

Shields, D. L. L., Gardener, D. E., Bredemeier, B. J. L., & Bostro, A. (1997). The relationship between leadership behaviors and group cohesion in team sports. *Journal of Psychology, 131*(2), 196–210. https://doi.org/10.1080/00223989709601964

Smith, R. E., Smoll, F. L., & Hunt, E. (1977). A system for the behavioral assessment of athletic coaches. *Research Quarterly, 48*(2), 401–407. https://doi.org/10.1080/10671315.1977.10615438

Smith, R. E., Smoll, F. L., & Curtis, B. (1979). Coach effectiveness training: A cognitive-behavioral approach to enhancing relationship skills in youth sport coaches. *Journal of Sport Psychology, 1*(1), 59–75.

Smoll, F. L., & Smith, R. E. (1989). Leadership behaviors in sport: A theoretical model and research paradigm. *Journal of Applied Social Psychology, 19*(18), 1522–1551. https://doi.org/10.1111/j.1559-1816.1989.tb01462.x

Smoll, F. L., & Smith, R. E. (1993). Educating youth sport coaches: An applied sport psychology perspective. In J. M. Williams (Hrsg.), *Applied sport psychology: Personal growth to peak performance* (2. Aufl., S. 36–57). Mayfield.

9

Smoll, F. L., & Smith, R. E. (2002). Coaching behavior research and intervention in youth sports. In F. L. Smoll & R. E. Smith (Hrsg.), *Children and youth in sport* (2. Aufl., S. 211–233). Kendall/Hunt.

Smoll, F. L., Smith, R. E., Curtis, B., & Hunt, E. (1978). Toward a mediational model of coach-player relationship. *Research Quarterly, 49*(4), 528–541. https://doi.org/10.1080/10671315.1978.10615567

Stogdill, R. M. (1948). Personal factors associated with leadership. *Journal of Psychology, 25*(1), 35–71. https://doi.org/10.1080/00223980.1948.9917362

Tett, R. P., Jackson, D. N., & Rothstein, M. (1991). Personality measures as predictors of job performance: A meta-analytic review. *Personnel Psychology, 44*(4), 703–742. https://doi.org/10.1111/j.1744-6570.1991.tb00696.x

Tharp, R. G., & Gallimore, R. (1976). What a coach can teach a teacher. *Psychology Today, 9*(8), 74–78.

Thiel, A., & Cachay, K. (2006). *Sozialkompetenz von Trainerinnen und Trainern im Spitzensport.* http://www.bisp.de/cln_051/. Zugegriffen am 15.07.2010.

Trail, G. T. (2004). Leadership, cohesion, and outcomes in scholastic sports. *International Journal of Sport Management, 5*(2), 111–132.

Treutlein, G., Janalik, H., & Hanke, U. (1989). *Wie Trainer wahrnehmen, denken, fühlen und handeln.* Strauß.

Treutlein, G., Hanke, U., & Janalik, H. (1992). Das Heidelberger Verfahren zur Diagnose und Veränderung von Trainerverhalten (HDVT). *Leistungssport, 22*(6), 59–64.

Vallerand, R. J., & Losier, G. F. (1999). An integrative analysis of intrinsic and extrinsic motivation in sport. *Journal of Applied Sport Psychology, 11*(1), 142–169. https://doi.org/10.1080/10413209908402956

Weinberg, R. S., & Gould, D. (2019). *Foundations of sport and exercise psychology* (7. Aufl.). Human Kinetics.

Weiss, M. R., & Friedrichs, W. D. (1986). The influence of leader beahviors, coach attributes, and institutional variables on performance and satisfaction of collegiate basketball teams. *Journal of Sport Psychology, 8*(4), 332–346.

Zhang, J., Jensen, B. E., & Mann, B. L. (1997). Modification and revision of the leadership scale for sport. *Journal of Sport Behavior, 20*(1), 105–122.

Zuschauende

Inhaltsverzeichnis

F. Hänsel et al., *Sportpsychologie*, https://doi.org/10.1007/978-3-662-63616-9_10

Ein klatschendes Publikum, grölende Fans oder im Stillen mitfiebernde Sportbegeisterte sind typische Bilder bei Sportereignissen. Seit jeher gibt es Personen, die Sportveranstaltungen besuchen und beim Sporttreiben zuschauen.

Zuschauende

Zuschauende sind nach Strauß (1999, S. 8) Beobachter, die „(1) während des Ereignisses, das sie beobachten, nicht immanenter Bestandteil des beobachteten Geschehens sind und in diesem Sinne inaktiv bleiben, (2) im Wesentlichen aus personeninternen Gründen und nicht aus personenexternen Gründen beobachten und (3) relevante Kosten für das Beobachten aufwenden müssen".

10

Personen, die sich Wettkämpfe, Spiele oder Turniere ansehen, sind als Sportzuschauende zu bezeichnen. Sie haben Interesse und Freude am Sportgeschehen (*personeninterne Gründe*) und müssen Zeit und meist auch Geld aufwenden (*relevante Kosten*), um eine Sportveranstaltung ansehen zu können. Sie sind zwar häufig aktiv in dem Sinne, dass sie Jubeln und Anfeuern, greifen jedoch nicht direkt in das sportliche Geschehen ein (*inaktiv*).

Zuschauende sind folglich von Personen zu unterscheiden, die aus beruflichen Gründen Sportgeschehen beobachten (z. B. Schiedsrichter oder Sportjournalistinnen). Zudem werden Personen, die zeitgleich dieselbe Tätigkeit ausüben, im Folgenden nicht als Zuschauende aufgefasst. Dies können Koakteure sein, die sich im Wettbewerb zu den Sportlerinnen und Sportlern befinden (z. B. Konkurrentinnen bei einem Marathonlauf) oder andere sportlich Aktive (z. B. Läufer, die nicht in der gleichen Altersklasse starten; Strauß, 1999, S. 9 ff.).

Die Anwesenheit von Zuschauenden wird grundsätzlich als positiv bewertet (❏ Abb. 10.1). Fragt man Sportlerinnen und Sportler, Trainerinnen und Trainer oder die Zuschauenden selbst, so sind sie davon überzeugt, dass ein jubelndes Publikum einen positiven Einfluss auf die sportliche Leistung nimmt (siehe z. B. Fothergill et al., 2014). Die Fans der Heimmannschaft werden sogar als der 12. Mann bezeichnet. Doch welchen Einfluss haben Zuschauende tatsächlich? Ist der Einfluss immer förderlich für die sportliche Leistung? Und wie lässt sich der Einfluss erklären?

In diesem Kapitel werden zunächst verschiedene Erklärungsansätze zum Einfluss von Zuschauenden vorgestellt (▶ Abschn. 10.1). Anschließend werden die empirischen Befunde zur Wirkung von Zuschauenden präsentiert. Es wird beschrieben, wie sich die bloße Anwesenheit von Zuschauenden auf die sportliche Leistung auswirkt und aufgezeigt, welche Merkmale von Zuschauenden die sportliche Leistung beeinflussen (▶ Abschn. 10.2).

Die hier behandelten Inhalte sind im Grundschema des psychischen Systems (▶ Abschn. 10.3) der Situation zugeordnet.

10.1 Erklärungsansätze zum Einfluss von Zuschauenden

Ausgangspunkt der Erklärungsansätze zum Einfluss von Zuschauenden waren die uneinheitlichen Ergebnisse zur Wirkung weiterer anwesender oder koagierender Personen. Triplett (1898) beobachtete z. B., dass Radrennfahrer bei Begleitung eines Tempomachers bis zu 25 % schneller fuhren als ohne Tempomacher (s. a. Moede, 1920; Allport, 1924). In anderen Studien wurde jedoch ein leistungshemmender Einfluss festgestellt (z. B. Husband, 1931).

Die 1960er- und 1970er-Jahre waren hauptsächlich von aktivationstheoretischen Ansätzen geprägt, die versucht haben, die inkonsistenten Befunde zu erklären, z. B. die *Generalized-Drive-Hypothese* von Zajonc

Abb. 10.1   Foto: Julia M. Kornmann

(1965) und die *Learned-Drive-Hypothese* von Cottrell (1968) (▶ Abschn. 10.1.1). Später wurden vermehrt Modelle zur Erklärung herangezogen, die Aspekte der Aufmerksamkeit fokussierten, z. B. die *Ablenkungs-Konflikt-Hypothese* von Sanders et al. (1978) und die *Overload-Hypothese* von Baron (1986) (▶ Abschn. 10.1.2). Einen weiteren Erklärungsansatz bietet das *Choking under Pressure* von Baumeister (1984) (▶ Abschn. 10.1.3).

10.1.1 Aktivationstheoretische Erklärungsansätze

In der *Generalized-Drive-Hypothese* von Zajonc (1965) wird angenommen, dass die Anwesenheit anderer Personen mit einer Erhöhung des Aktivierungsniveaus (*activation* oder *arousal*) einhergeht. Diese Erhöhung des Aktivierungsniveaus wird als angeborene Reaktion des Organismus betrachtet, um auf potenzielle und unvorhersehbare Aktionen anderer reagieren zu können. Zajonc (1965) postuliert, dass durch die erhöhte Aktivierung die Auftretenswahrscheinlichkeit von dominanten Reaktionen gesteigert und die von nichtdominanten Reaktionen herabgesetzt wird. Dominante Reaktionen sind Reaktionen, die in bestimmten Situationen gegenüber anderen häufiger auftreten. Personen reagieren demnach bei einfachen oder gut gelernten Aufgaben häufiger mit der richtigen Lösung (*dominante Reaktion*), bei komplexen oder schlecht gelernten Aufgaben dagegen eher mit einer falschen Lösung (*nichtdominante Reaktion*). Nach der *Generalized-Drive-Hypothese* ist die Anwesenheit von Zuschauenden dem-

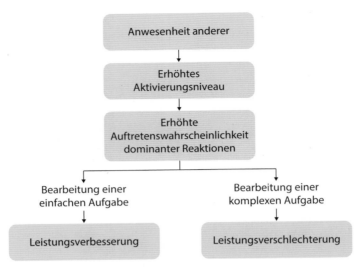

Abb. 10.2 Generalized-Drive-Hypothese von Zajonc (1965). (Adaptiert nach Strauß, 1999, S. 28, mit freundlicher Genehmigung von Pabst Science Publishers)

nach bei leichten Aufgaben förderlich, bei komplexen Aufgaben dagegen eher nachteilig (■ Abb. 10.2).

Eine Modifikation dieses Erklärungsansatzes liefert Cottrell (1968) mit der *Learned-Drive-Hypothese*. Er geht davon aus, dass das erhöhte Aktivierungsniveau nicht allein auf die Anwesenheit von Zuschauenden zurückzuführen ist. Vielmehr wird es durch die Erwartung der Athletinnen und Athleten begründet, dass ihre Leistung durch die Zuschauenden bewertet wird.

10.1.2 Aufmerksamkeitstheoretische Erklärungsansätze

Die *Ablenkungs-Konflikt-Hypothese* von Sanders et al. (1978) geht davon aus, dass die Anwesenheit von Zuschauenden zu einem Aufmerksamkeitskonflikt führt. Die Athletinnen und Athleten sind abgelenkt und können daher ihre Aufmerksamkeit nicht mehr vollständig auf die eigentliche Aufgabe richten. Dieser Aufmerksamkeitskonflikt zieht zunächst einmal eine Leistungsverschlechterung nach sich. Infolge größerer Anstrengung steigt jedoch auch das Aktivierungsniveau, was vorteilhaft sein kann. Ähnlich wie Zajonc (1965) postulieren Sanders et al. (1978) bei komplexen Aufgaben Leistungseinbußen, bei einfachen Aufgaben dagegen Leistungsverbesserungen oder -verschlechterungen, je nach Höhe der Aktivierung (■ Abb. 10.3).

Eine Modifikation dieses Erklärungsansatzes liefert Baron (1986) mit der *Overload-Hypothese*. Er nimmt an, dass der Aufmerksamkeitskonflikt nicht zu einer erhöhten Aktivierung, sondern zu einer kognitiven Überlastung führt, die den Aufmerksamkeitsfokus einschränkt. Bei komplexen Aufgaben, die eine Konzentration auf eine Vielzahl relevanter **Stimuli** erfordern, reicht die Aufmerksamkeitskapazität daher nicht mehr aus, und die Leistung verschlechtert sich. Bei leichten Aufgaben, die durch weniger relevante Stimuli gekennzeichnet sind, kann sich der Aufmerksamkeitsfokus ungehindert auf das Wesentliche der Aufgabe richten.

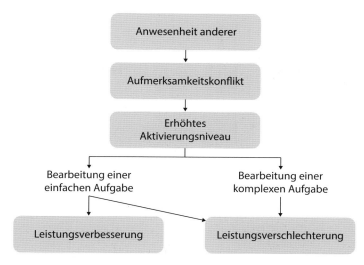

◙ Abb. 10.3 Ablenkungs-Konflikt-Hypothese von Sanders et al. (1978, © 1978, with permission from Elsevier)

10.1.3 **Choking under pressure**

Unter Choking under Pressure werden Leistungsverschlechterungen unter Druckbedingungen verstanden. Druck entsteht, wenn eine Athletin oder ein Athlet einer guten Leistung eine hohe Bedeutung zuschreibt. Erhöhter Druck kann z. B. durch eine Wettkampfsituation, die Erwartung negativer Konsequenzen, durch öffentliche Erwartungen oder eben auch durch die Anwesenheit von Zuschauenden erzeugt werden (Baumeister, 1984; Baumeister & Showers, 1986).

Für Leistungseinbußen unter Druckbedingungen werden verschiedene Erklärungen herangezogen. Einerseits wird diskutiert, dass z. B. Zuschauende die Athletinnen und Athleten von der Aufgabenbearbeitung ablenken (▶ Abschn. 10.1.2), andererseits wird angenommen, dass durch Druckbedingungen die Selbstaufmerksamkeit der Athletinnen und Athleten gesteigert wird. Durch die Hinwendung der Aufmerksamkeit auf die Bewegungsausführung kommt es insbesondere bei gut gelernten, also hoch automatisierten Fertigkeiten zur

Leistungsverschlechterung (Strauß, 1999, S. 76 f; Schlicht & Strauß, 2003, S. 173).

10.2 **Empirische Befunde zum Einfluss von Zuschauenden**

In der sozialpsychologischen Forschung werden schwerpunktmäßig zwei zentrale Fragen untersucht:

1. Welchen Einfluss hat die bloße Anwesenheit von Zuschauenden auf die sportliche Leistung? Diese Frage der indirekten Einflussnahme von Zuschauenden wird vorwiegend im Rahmen der *Social Facilitation-Forschung* zu klären versucht.

2. Welchen Einfluss haben bestimmte Merkmale von Zuschauenden auf die sportliche Leistung? Diese Frage der direkten Einflussnahme von Zuschauenden wird intensiv im Rahmen der *Heimvorteil-Forschung* untersucht (◙ Abb. 10.4).

Im Folgenden werden die empirischen Befunde zu beiden Fragen vorgestellt.

☐ **Abb. 10.4**   Foto: Julia M. Kornmann

10.2.1 Die bloße Anwesenheit von Zuschauern

Bond und Titus (1983) integrierten in ihre **Metaanalyse** 241 Studien, die den **Effekt** anwesender Zuschauenden auf die Ausführung kognitiver sowie auch motorischer Aufgaben untersuchten. Sie differenzierten die Effekte erstens nach einfachen und komplexen Aufgaben und zweitens nach der Art der Leistungsmessung, d. h., sie unterschieden, ob die Leistung quantitativ (z. B. die Zeit) oder qualitativ (z. B. Fehler) gemessen wurde. Für einfache Aufgaben, deren Leistung quantitativ erfasst wurde, berichten sie die größte Leistungsverbesserung durch die Anwesenheit von Zuschauenden ($d = 0{,}32$). Bei den einfachen Aufgaben, die qualitativ beurteilt wurden, fiel der positive Effekt geringer aus ($d = 0{,}11$). Bei komplexen Aufgaben wurde eine Leistungsverschlechterung festgestellt. Der negative Effekt war bei qualitativer Leistungsmessung

etwas höher ($d = -0{,}36$) als bei quantitativer Leistungsmessung ($d = 0{,}20$). Die Ergebnisse bestätigen zwar einen Einfluss von Zuschauenden auf die Leistung, die Effekte sind jedoch über alle Studien hinweg äußerst gering.

Strauß (1999, 2002b) fasst in einem **Review** die Befunde zu sportmotorischen Aufgaben zusammen. Er unterteilt diese in Aufgaben mit hohen Anforderungen im konditionellen Bereich (z. B. Laufen, Radfahren), im koordinativen Bereich (z. B. Schießen, Golf) und in beiden Bereichen (z. B. Fußball, Gerätturnen). Obwohl die Ergebnisse teilweise diskrepant sind, zieht Strauß (1999, S. 157 f.) folgende Schlussfolgerungen:

- Bei motorischen Aufgaben mit konditioneller Komponente wirkt sich die Anwesenheit von Zuschauenden positiv aus.
- Bei Aufgaben mit koordinativer Komponente scheint die Anwesenheit von Zu-

schauenden die Leistung der Athletinnen und Athleten dagegen eher negativ zu beeinflussen. Die Leistung verschlechtert sich.

- Bei motorischen Aufgaben, die konditionelle und koordinative Fähigkeiten fordern, zeigen sich insgesamt keine Effekte. Bei getrennter Betrachtung der Komponenten scheint die Anwesenheit von Zuschauenden jedoch zu einer Verbesserung der quantitativen Leistungsaspekte (z. B. erhöhter Laufweg eines Fußballers) und zu einer Verschlechterung der qualitativen Leistungsaspekte (z. B. mehr Ballverluste) zu führen.

Insgesamt bleibt festzuhalten, dass es von der Art der Aufgabe abhängt, ob sich der Einfluss der Zuschauenden positiv oder negativ auswirkt.

10.2.2 Der Heimvorteil: Der Einfluss von Zuschauermerkmalen

Die Existenz des Heimvorteils, also die erhöhte Wahrscheinlichkeit eines Siegs in der heimischen Sportstätte, ist **empirisch** gut belegt. Courneya und Carron (1992) berichten in ihrem Review, dass im Rahmen der großen Sportspiele wie Fußball, Basketball, Baseball und American Football die Mannschaften über 50 %, also überzufällig oft, ihre Heimspiele gewinnen. In ihrer Metaanalyse bestätigen Courneya und Carron (1992) den positiven Effekt der heimischen Sportstätte, wobei die ermittelten **Effektstärken** gering sind (z. B. Fußball: $ES = 0{,}38$; Basketball: $ES = 0{,}29$; Baseball: $ES = 0{,}07$; American Football: $ES = 0{,}15$). In einer neueren Metaanalyse von Jamieson (2010, n = 30) wurde der Heimvorteil ebenso gefunden. Es zeigte sich, dass die Heimmannschaft ca. 60 % der Spiele gewinnt. Neuere Befunde weisen zudem darauf hin, dass der Effekt des Heimvorteils

je nach Sportart, zwischen verschiedenen Ländern sowie in Abhängigkeit des Geschlechts variiert (Goumas, 2013; Jones, 2018; Pollard et al., 2017).

Obwohl ein Heimvorteil vielfach nachgewiesen werden konnte, sind die Ursachen unzureichend geklärt: Neben dem Einfluss der Zuschauenden (These der sozialen Unterstützung) werden die lange Anreise der gegnerischen Mannschaft, die Vertrautheit mit dem heimischen Territorium oder auch die Parteilichkeit von Schiedsrichterinnen und Schiedsrichtern diskutiert (Carron et al., 2005; Carron & Eys, 2012). Nachstehend werden die bisherigen Ergebnisse zum Einfluss von Zuschauenden im Überblick vorgestellt (vgl. Courneya & Carron, 1992; Strauß, 1999).

Zur Erklärung des Heimvorteils wurde vielfach der Zusammenhang zwischen der absoluten Anzahl der Zuschauenden oder der Dichte der Zuschauenden (Anwesende geteilt durch die Anzahl der Plätze) mit dem Spielausgang überprüft. Die Ergebnisse zeigen insgesamt keine bis geringe Zusammenhänge (zsf. Strauß, 1999, Strauß & Bierschwale, 2008; Pollard & Armatas 2017). Allerdings weisen die Ergebnisse von Goumas (2013) auf einen logarithmischen Zusammenhang zwischen der Anzahl der Zuschauenden und dem Heimvorteil im Fußball hin: Je größer die Anzahl der Zuschauenden, desto größer ist der Heimvorteil; die Zunahme dieses positiven Einflusses wird jedoch mit steigender Anzahl immer geringer.

In einigen wenigen Studien wurde der Einfluss des Verhaltens der Zuschauenden auf den Heimvorteil untersucht (◘ Abb. 10.5). Zusammenfassend betrachtet konnte die postulierte leistungssteigernde Wirkung von unterstützendem Verhalten wie Klatschen und Anfeuern (Salminen, 1993; Strauß, 1999; Strauß, 2002a) sowie die leistungsmindernde Wirkung von antisozialem Verhalten wie Buhrufen und Auspfeifen nicht bestätigt werden (Greer, 1983; Thirer & Rampey, 1979). In einer Stu-

10

▢ **Abb. 10.5**   Foto: Julia M. Kornmann

die von Epting et al. (2011) zeigt sich allerdings, dass die Effekte von der Sportart, der
geforderten motorischen Aufgabe und dem
spezifischen Verhalten der Zuschauenden
(Buhrufen, Beifall oder nur anwesend) abhängig sein könnten.

Insgesamt deuten die Befunde darauf
hin, dass die Zuschauenden nicht ausschlaggebend für den Heimvorteil einer
Sportmannschaft sind. Hierfür sprechen
z. B. auch die Ergebnisse von van de Ven
(2011), die einen Heimvorteil auch bei
Fußballspielen ohne Publikum nachweisen
konnten.

10.3 Zusammenfassung

■ **Der Zuschauendenbegriff**
— Sportzuschauende sind Personen, die
sich Wettkämpfe, Spiele oder Turniere
ansehen.

■ **Erklärungsansätze zum Einfluss von
Zuschauenden**
— Generell wird angenommen, dass Zu-
schauende einen positiven Effekt auf die
Leistung der Sportlerinnen und Sportler
haben, allerdings wird teilweise auch eine
negative Wirkung beobachtet.
— Aktivationstheoretische Ansätze wie die
Generalized-Drive-Hypothese und die
Learned-Drive-Hypothese sowie auf-
merksamkeitstheoretische Ansätze wie die
Ablenkungs-Konflikt-Hypothese und die
Overload-Hypothese versuchen, diese in-
konsistenten Beobachtungen zu erklären.

■ **Empirische Befunde**
— Insgesamt bestätigen die empirischen
Befunde, dass Zuschauende Einfluss
nehmen, die Effekte aber allgemein sehr
gering sind.
— Das Ausmaß sowie die Richtung der Effekte von Zuschauenden scheinen von

verschiedenen Größen abzuhängen, z. B. der Aufgabenkomplexität, der Art der motorischen Aufgabe und der Leistungsstärke.

- Die allgemeine These, dass Zuschauende aufgrund ihrer sozialen Unterstützung Leistungsvorteile bringen, konnte empirisch nicht bestätigt werden. Die Zuschauenden scheinen nicht ausschlaggebend für den Heimvorteil zu sein.
- Zuschauende können vielmehr im Sinne des Choking under Pressure auch Druck ausüben, der zu Leistungseinbußen führen kann.

Literatur

Allport, F. H. (1924). *Social psychology*. Houghton Mifflon.

Baron, R. S. (1986). Distraction-conflict theory. In L. Berkowitz (Hrsg.), *Advances in experimental social psychology* (S. 1–39). Academic Press.

Baumeister, R. F. (1984). Choking under pressure: Self-consciousness and paradoxical effects of incentives on skillful performance. *Journal of Personality and Social Psychology, 46*(3), 610–620. https://doi.org/10.1037/0022-3514.46.3.610

Baumeister, R. F., & Showers, C. J. (1986). A review of paradoxical performance effects: Choking under pressure in sports and mental tests. *European Journal of Social Psychology, 16*(4), 361–383. https://doi.org/10.1002/ejsp.2420160405

Bond, C. F., & Titus, L. J. (1983). Social facilitation: A meta-analysis of 241 studies. *Psychological Bulletin, 94*(2), 265–292. https://doi.org/10.1037/0033-2909.94.2.265

Carron, A. V., & Eys, M. A. (2012). *Group dynamics in sport* (4. Aufl.). Fitness Information Technology.

Carron, A. V., Loughhead, T., & Bray, S. R. (2005). The home advantage in sport competitions: Courneya and Carron's (1992) conceptual framework a decade later. *Journal of Sports Sciences, 23*(4), 395–407. https://doi.org/10.1080/02640410400021542

Cottrell, N. B. (1968). Performance in the presence of other human beings: Mere presence and affiliation effects. In E. C. Simmel, R. A. Hoppe, & G. A. Milton (Hrsg.), *Social facilitation and imitative behavior* (S. 91–110). Allyn.

Courneya, K. S., & Carron, A. V. (1992). The home advantage in sport competitions: A literature review. *Journal of Sport & Exercise Psychology, 14*(1), 13–27.

Epting, L. K., Riggs, K. N., Knowles, J. D., & Hanky, J. J. (2011). Cheers vs. jeers: Effects of audience feedback on individual athletic performance. *North American Journal of Psychology, 13*(2), 299–312.

Fothergill, M., Wolfson, S., & Little, L. (2014). A qualitative analysis of perceptions of venue: Do professional soccer players and managers concur with the conceptual home advantage framework? *International Journal of Sport and Exercise Psychology, 12*(4), 316–332. https://doi.org/10.1080/1612197X.2014.932826

Goumas, C. (2013). Home advantage and crowd size in soccer: A worldwide study. *Journal of Sport Behavior, 36*(4), 387–399.

Greer, D. L. (1983). Spectator booing and the home advantage: A study of social influence in the basketball arena. *Social Psychology Quarterly, 46*(3), 252–261. https://doi.org/10.2307/3033796

Husband, R. W. (1931). Analysis of methods in human maze learning. *Journal of Genetic Psychology, 39*(2), 258–278. https://doi.org/10.1080/08856559.1931.10532308

Jamieson, J. P. (2010). The home field advantage in athletics: A meta-analysis. *Journal of Applied Social Psychology, 40*, 1819–1848. https://doi.org/10.1111/j.1559-1816.2010.00641.x

Jones, M. B. (2018). Differences in home advantage between sports. *Psychology of Sport and Exercise, 34*, 61–69. https://doi.org/10.1016/j.psychsport.2017.07.012

Moede, W. (1920). *Experimentelle Massenpsychologie*. Hirzel.

Pollard, R., & Armatas, V. (2017). Factors affecting home advantage in football World Cup qualification. *International Journal of Performance Analysis in Sport, 17*(1–2), 121–135. https://doi.org/10.1080/24748668.2017.1304031

Pollard, R., Prieto, J., & Gomez, M.-A. (2017). Global differences in home advantage by country, sport and sex. *International Journal of Performance Analysis in Sport, 17*(4), 586–599. https://doi.org/10.1080/24748668.2017.1372164

Salminen, S. (1993). The effect of the audience on the home advantage. *Perceptual and Motor Skills, 76*(3), 1123–1128. https://doi.org/10.2466/pms.1993.76.3c.1123

Sanders, G. S., Baron, R. S., & Moore, D. L. (1978). Distraction and social comparison as mediators of social facilitation effects. *Journal of Experimental Social Psychology, 14*(3), 291–303. https://doi.org/10.1016/0022-1031(78)90017-3

Schlicht, W., & Strauß, B. (2003). *Sozialpsychologie des Sports*. Hogrefe.

Strauß, B. (1999). *Wenn Fans ihre Mannschaft zur Niederlage klatschen*. Pabst.

Strauß, B. (2002a). The impact of supportive spectator behavior on performance in team sports. *International Journal of Sport Psychology, 32*(4), 372–390.

Strauß, B. (2002b). Social facilitation in motor tasks: A review of research and theory. *Psychology of Sport and Exercise, 3*(3), 237–256. https://doi.org/10.1016/S1469-0292(01)00019-X

Strauß, B., & Bierschwale, J. (2008). Zuschauer und der Heimvorteil in der Handballbundesliga. *Zeitschrift für Sportpsychologie, 15*, 96–101. https://doi.org/10.1026/1612-5010.15.3.96

Thirer, J., & Rampey, M. (1979). Effects of abusive spectators' behavior on the performance of home and visiting intercollegiate basketball teams. *Per-ceptual and Motor Skills, 48*(3), 1047–1053. https://doi.org/10.2466/pms.1979.48.3c.1047

Triplett, N. (1898). The dynamogenic factors in pace-making and competition. *The American Journal of Psychology, 9*(4), 507–533. https://doi.org/10.2307/1412188

van de Ven, N. (2011). Supporters are not necessary for the home advantage: Evidence from same-stadium derbies and games without an audience. *Journal of Applied Social Psychology, 41*(12), 2785–2792. https://doi.org/10.1111/j.1559-1816.2011.00865.x

Zajonc, R. B. (1965). Social facilitation. *Science, 149*, 269–274. https://doi.org/10.1126/science.149.3681.269

10

Soziale Kognitionen

Inhaltsverzeichnis

© Der/die Autor(en), exklusiv lizenziert durch Springer-Verlag GmbH, DE,
ein Teil von Springer Nature 2022
F. Hänsel et al., *Sportpsychologie*, https://doi.org/10.1007/978-3-662-63616-9_11

Kunstturn-WM in Tokio, 13. Oktober 2011, kurz vor 13 Uhr deutscher Zeit: Die US-Amerikanerin Jordyn Wieber gewinnt den Mehrkampftitel denkbar knapp mit 0,033 Punkten Vorsprung vor der Russin Viktoria Komova. Noch während die Siegerehrung im Livestream übertragen wird, überschlagen sich in internationalen Internetforen die Kommentare: Die einen sind der festen Überzeugung, dass Wieber am Pferdsprung eine zu hohe, Komova dagegen eine zu niedrige Wertung erhalten habe; andere meinen gesehen zu haben, dass Wieber für das Verlassen der Bodenfläche nicht regelgerecht bestraft wurde; wieder andere bemühen sich um einen objektiven Vergleich aller Übungen der beiden Turnerinnen. Als Komova auf dem Siegerpodest kaum lächelt und auf dem Weg aus der Wettkampfhalle ihre Silbermedaille abnimmt, bezeichnen sie einige als schlechte Verliererin, während an-

dere dieses Verhalten lediglich als Zeichen ihrer Enttäuschung über ihr eigenes Abschneiden deuten. Obwohl alle Zuschauer dieselbe Übertragung (dasselbe Ereignis) gesehen hatten, scheint es, als ob jeder einen anderen Wettkampf wahrgenommen hat (z. B. Hastorf & Cantril, 1954) (▶ Exkurs 11.1).

Soziale Kognitionen

Soziale Kognitionen (*social cognition*) bezeichnen die Art und Weise, wie Menschen sich selbst und ihre soziale Umwelt „konstruieren" (d. h., wie sie soziale Informationen aufnehmen, verarbeiten, erinnern und einsetzen). Soziale Informationen sind dabei oft durch eine hohe Komplexität und Vagheit gekennzeichnet (im Gegensatz etwa zu „harten" physikalischen Fakten).

Exkurs 11.1: Aus der Forschung: „They saw a game"

Eine vielzitierte Studie, die das Phänomen der sozialen Kognition im Bereich des Sports verdeutlicht, stammt bereits aus dem Jahr 1954. Hastorf und Cantril untersuchten die Wahrnehmung eines Football-Spiels zwischen den Universitätsmannschaften von Dartmouth und Princeton. Es war ein hart umkämpftes Match mit einer Reihe von Unsportlichkeiten und Regelverstößen sowie mehreren Verletzungen, aus dem Princeton am Ende als Sieger hervorging.

Eine Woche nach dem Spiel befragten die Autoren Studierende der beiden Universitäten. Es zeigte sich, dass 86 % der Princeton-Studierenden die Mannschaft der Dartmouth-Universität als verantwortlich für den heftigen Spielverlauf ansahen. Allerdings waren nur 36 % der Dartmouth-Studierenden der gleichen Ansicht (53 % waren der Meinung, dass beide Mannschaften gleichermaßen verantwortlich waren). Außerdem bezeichneten 93 % der Princeton-Studierenden,

aber nur 42 % der Dartmouth-Studierenden das Spiel als „grob und unsportlich". 52 % der Studierenden aus Dartmouth meinten dagegen, dass das Spiel entweder „grob und fair" oder „sauber und fair" gewesen sei.

Obwohl alle Studierenden also dasselbe Footballspiel gesehen hatten, konstruierten sie sich unterschiedliche „Wahrheiten" über dieses Ereignis, die durch ihre Zugehörigkeit zu einer der beiden Universitäten beeinflusst wurden. Die Autoren schlussfolgerten daraus: „The data here indicate that there is no such ‚thing' as a ‚game' existing ‚out there' in its own right which people merely ‚observe'. The ‚game' ‚exists' for a person and is experienced by him only insofar as certain happenings have significances in terms of his purpose. Out of all the occurrences going on in the environment, a person selects those that have some significance for him from his own egocentric position in the total matrix" (Hastorf & Cantril, 1954, S. 133).

Im Rahmen der Forschung zur sozialen Kognition werden einerseits Fragestellungen der Kognitionsforschung (▶ Kap. 2) auf *soziale Inhalte* angewandt (z. B. Welchen Einfluss haben soziale Vorurteile auf den Informationsabruf aus dem Gedächtnis?), andererseits wird der Einfluss einer tatsächlichen, vorgestellten oder erwarteten *Präsenz anderer Individuen* auf kognitive Prozesse untersucht (z. B. Wie beeinflusst das Zuschauerverhalten die Entscheidungen von Schiedsrichterinnen und Schiedsrichtern?). Die Forschung zur sozialen Kognition fragt aber nicht nur danach, wie Personen „ihre" soziale Welt konstruieren, sondern auch, welchen Einschränkungen und Verzerrungen sie dabei unterliegen (▶ Exkurs 11.2). Da es nur wenige Sportsituationen gibt, die nicht gleichzeitig auch soziale Situationen sind, bietet der Sport sowohl Forschungsfeld als auch Anwendungsgebiet für solche Fragestellungen (Unkelbach et al., 2009, S. 681).

Im *Grundschema des psychischen Systems* (▶ Abschn. 1.3) handelt es sich bei den in diesem Kapitel behandelten Themen um solche Prozesse, die sich aus der Wechselwirkung zwischen inneren Prozessen (hier Kognitionen) und der Situation (hier sozialen Einflüssen) ergeben.

Exkurs 11.2: Aus der Forschung: Beeinflusst die Trikotfarbe Schiedsrichterentscheidungen?

Frank und Gilovich (1988) gingen der Frage nach, ob die Trikotfarbe Foul-Entscheidungen von Schiedsrichtern beeinflusst. Die Forscher untersuchten, ob Schiedsrichter schwarz gekleidete Mannschaften als aggressiver wahrnehmen und dadurch häufiger bestrafen. Tatsächlich stellten sie über 17 Saisons hinweg zunächst fest, dass in den amerikanischen Profiligen (Football und Eishockey) Mannschaften in schwarzen Trikots häufiger und härter für aggressives Verhalten bestraft wurden als Mannschaften mit anderer Trikotfarbe. Die Autoren erklärten diesen Befund damit, dass die Farbe Schwarz kulturunabhängig eher mit dem Bösen und dem Tod – und damit implizit auch mit aggressivem Verhalten – verbunden wird.

Lag dieses Ergebnis nun aber an der Wahrnehmung der Schiedsrichter, oder verhielten sich die Mannschaften mit den schwarzen Trikots tatsächlich aggressiver?

Um dies herauszufinden, nahmen Frank und Gilovich (1988) Spielzüge, die den Regeln nach grenzwertig waren, zweimal auf: Einmal trug die zu beobachtende Mannschaft schwarze, einmal weiße Trikots. Auch in dieser Studie zeigte sich, dass Fouls von schwarz gekleideten Teams mit einer höheren Wahrscheinlichkeit von Schiedsrichtern bestraft wurden als Fouls von Teams in Weiß – und das, obwohl sich die zu bewertenden Situationen (abgesehen von der Trikotfarbe der Mannschaften) nicht unterschieden.

Diese Studie legt nahe, dass Schiedsrichterinnen und Schiedsrichter in ihren Urteilen auch durch äußere Faktoren wie die Farbe der Sportkleidung beeinflusst werden. Sie können sich diesen Einflüssen kaum entziehen, da diese auf vorbewussten **Effekten** beruhen. Allerdings ließen sich diese Effekte in späteren Studien nicht immer **replizieren** (z. B. Caldwell & Burger, 2011).

11.1 Soziale Informationsverarbeitung

Wie konstruieren Menschen nun ihre soziale Umwelt? Drei Faktoren spielen hierfür eine Rolle (Greifeneder et al., 2017, S. 17):

1. Bestimmte Reizereignisse (aus der Umwelt)
2. Gedächtnisinhalte der „konstruierenden" Person
3. Die informationsverarbeitenden Prozesse selbst.

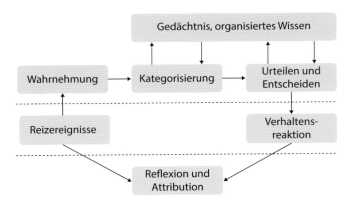

◻ Abb. 11.1   Stufen der sozialen Informationsverarbeitung. (Adaptiert nach Greifeneder et al., 2017, S. 26, © Taylor & Francis Ltd, ▶ http://www.tandfonline.com)

◻ Abb. 11.1 zeigt ein Rahmenmodell für die Stufen der sozialen Informationsverarbeitung.

Ein Beispiel soll die Prozesse verdeutlichen, die in den einzelnen Stufen des Modells (◻ Abb. 11.1) ablaufen.

> ▶ **Beispiel**

Ein Fußballfan sieht auf dem Weg ins Stadion eine Gruppe von Männern (*Wahrnehmung* eines *Reizereignisses*). Er gibt diesem Ereignis eine Bedeutung, indem er die Männer als „Hooligans" einordnet (*Kategorisierung*). Dabei greift er auf bereits vorhandene *Gedächtnisinhalte* zurück (z. B. „Hooligans halten sich in der Nähe von Fußballstadien auf" oder „Die Männer sehen gewaltbereit aus"). Aufgrund der Kategorisierung und des bereits vorhandenen Wissens kommt er zu dem Urteil (*Urteilen und Entscheiden*), dass er den Männern besser aus dem Weg gehen sollte (*Verhaltensreaktion*). Zusätzlich speichert er das Ereignis und dessen Bewertung im Gedächtnis ab, wodurch wiederum Informationsverarbeitungsprozesse in der Zukunft beeinflusst werden. Er wählt einen anderen Weg zum Stadion (Verhaltensreaktion). Dabei denkt er über das Ereignis nach. Er erklärt sein eigenes Verhalten damit, dass er grundsätzlich ein eher ängstlicher Mensch ist (*Reflexion und Attribution*; ▶ Abschn. 11.3). ◄

Häufig werden die verschiedenen Stufen der sozialen Informationsverarbeitung nach dem Grad der mentalen Kontrolle unterschieden, wobei die Übergänge fließend sind (Unkelbach et al., 2009, S. 682):

— *Wahrnehmungs- und Kategorisierungsprozesse* laufen zum größten Teil automatisch und unbewusst ab und sind deshalb schwer zu kontrollieren.

— *Urteils- und Entscheidungsprozesse* lassen sich auf einem **Kontinuum** zwischen automatisch (unbewusst) und kontrolliert (bewusst) einordnen.

— *Reflexions- und Attributionsprozesse* (▶ Abschn. 11.3) schließlich sind meist durch einen hohen Grad an mentaler Kontrolle gekennzeichnet und laufen bewusst ab.

Das Rahmenmodell in ◻ Abb. 11.1 macht deutlich, dass die einzelnen Stufen trotz logischer Abfolge (z. B. kann ohne Wahrnehmung keine Kategorisierung stattfinden) durch wechselseitige Abhängigkeiten und eine hohe Komplexität gekennzeichnet sind. Es ist deshalb offensichtlich, dass im Rahmen der sozialen Kognitionsforschung eine Vielzahl von Theorien und Phänomenen untersucht wird. Daher werden im Folgenden zwei für die Sportpsychologie bedeutsame Themenkomplexe fokussiert: Urteils- und Entscheidungsprozesse (▶ Abschn. 11.2) sowie Attributionen (▶ Abschn. 11.3).

11.2 Urteilen und Entscheiden

Urteils- und Entscheidungsprozesse spielen im Bereich des Sports eine zentrale Rolle: Menschen entscheiden sich, Sport zu treiben oder damit aufzuhören, Lehrkräfte vergeben Noten im Schulsport, Trainerinnen und Trainer entscheiden sich zwischen verschiedenen Trainingsinhalten und -methoden, Personen in Kampf- und Schiedsgerichten bewerten Wettkampfleistungen (◘ Abb. 11.2). Die Reihe ließe sich beliebig fortsetzen. Dennoch hat sich die Thematik erst in den letzten Jahren zu einem eigenständigen Forschungsbereich entwickelt und fußt derzeit noch auf unterschiedlichen theoretischen Fundierungen (neben der sozialen Kognitionsforschung ist dies die klassische Entscheidungsforschung). Aus der Fülle der möglichen Theorien und Befunde wird hier nur der Bereich der Urteilsheuristiken herausgegriffen.

▶ Abschn. 11.2.1 und ▶ Abschn. 11.2.2 behandeln dabei klassische Urteilsheuristiken aus der Psychologie. In ▶ Abschn. 11.2.3 werden einige neuere Heuristiken vorgestellt, die heute im Zentrum der sportpsychologischen Forschung stehen. Einen guten Überblick über weitere Themen und Erkenntnisse der Urteils- und Entscheidungsforschung im Sport liefern Unkelbach et al. (2009), Raab et al. (2018), Musculus et al. (2020) sowie Schweizer und Plessner (2020). Raab et al. (2019) systematisieren bisherige Forschungsansätze zudem und geben einen Ausblick auf weiterführende Forschung.

11.2.1 Urteilsheuristiken

Ein Mann, der an einem Heimspieltag des FC Bayern München mit einem rot-weißen Schal durch die Stadt läuft, ist vermutlich ein Bayern-Fan; eine junge Sportgymnastin, die wegen ihres Sports sehr auf ihre Ernährung achtet, leidet bestimmt unter einer Essstörung: Oftmals fällen wir im Alltag Urteile, ohne lange darüber nachzudenken.

Urteilsheuristiken

Urteilsheuristiken (vom altgriechischen *heureka* für „Ich hab's gefunden") sind vereinfachende Problemlöseroutinen („Daumenregeln"), die schnelle Urteile erlauben und die die Komplexität der Urteilsfindung reduzieren. Sie beschreiben deshalb manchmal auch Entscheidungen unter Ungewissheit, weil häufig gar nicht alle notwendigen Informationen für das Treffen der „richtigen" Entscheidung vorliegen.

◘ **Abb. 11.2**   Foto: © ALAIN VERMEULEN/Fotolia

In den meisten Fällen führen Heuristiken zu zweckdienlichen Urteilen und sind äußerst nützlich, da sie den Informationsverarbeitungsprozess vereinfachen. In der komplexen sozialen Welt, in der wir leben, wären wir kognitiv stark überfordert, wenn alle unsere Urteile auf formalen Analysen beruhen würden. Wie die folgenden Beispiele andeuten, sind auf der Grundlage von Heuristiken gefällte Urteile aber auch anfällig für Fehler (▶ Abschn. 11.3.4).

Man unterscheidet klassischerweise vier Arten von Urteilsheuristiken (z. B. Schlicht & Strauß, 2003, S. 56):

— *Verfügbarkeitsheuristik:* Die Urteilsbildung gründet auf Informationen, die im Gedächtnis leicht verfügbar sind.

> ▶ **Beispiel**
>
> Die Wahrscheinlichkeit, beim Fallschirmspringen zu verunglücken, wird höher eingeschätzt, wenn ein solches Unglück gerade die Schlagzeilen in den Medien beherrscht. ◀

— *Repräsentationsheuristik:* Die Urteilsbildung gründet auf der Frage, wie ähnlich ein **Stimulus** einem Prototyp ist bzw. wie repräsentativ die Merkmale eines Objekts für eine Kategorie sind.

> ▶ **Beispiel**
>
> Von einer großen, schlanken Athletin wird angenommen, dass sie Hochsprung betreibt. ◀

— *Ankerheuristik:* Die Urteilsbildung wird von vorgegebenen, willkürlichen Ankern oder Standards beeinflusst.

> ▶ **Beispiel**
>
> Der Eintrittskartenpreis für das Basketball-Endspiel bei den Olympischen Spielen wird als teurer empfunden, wenn man kürzlich (günstige) Karten für ein Regionalliga-Spiel gekauft hat, als wenn man kurz vorher die (teure) Reise zu den Olympischen Spielen gebucht hat. ◀

— *Simulationsheuristik:* Die Urteilsbildung gründet auf der Vorstellungskraft einer Person, indem reale Begebenheiten mental simuliert werden.

> ▶ **Beispiel**
>
> Der Ausgang eines Boxkampfes wird von einem Experten vorhergesagt (weiteres Beispiel in ▶ Abschn. 11.2.2). ◀

11.2.2 Simulationsheuristiken: Kontrafaktische Gedanken

Simulationsheuristiken haben eine besondere Bedeutung für den Bereich des Sports. Wie hätte die Leistungsentwicklung einer Wimbledon-Siegerin ausgesehen, wenn sie nicht wenige Wochen nach ihrem Sieg auf dem Höhepunkt ihrer Karriere zurückgetreten wäre? Hätte man das Training eines Spitzenschwimmers anders gestalten und damit seinen Rücktritt aufgrund zu hoher psychischer Belastung verhindern können? Die Simulation der Beantwortung solcher Fragen bezeichnet man als *kontrafaktische Gedanken*, die als das bekannteste Beispiel für Simulationsheuristiken im Sport angesehen werden können.

> **Kontrafaktische Gedanken**
>
> Kontrafaktische Gedanken beschäftigen sich mit der mentalen Simulation nicht eingetretener Ereignisse („Was wäre gewesen, wenn …?"), indem Aspekte der Vergangenheit mental verändert werden.

Schlicht und Strauß (2003, S. 54) unterscheiden drei Dimensionen kontrafaktischer Gedanken:

1. *Additive oder subtraktive Gedanken:* Es können Bedingungen addiert werden, die tatsächlich nicht vorhanden waren („Wäre ich schneller gewesen, wenn ich meine eigenen Spikes dabei gehabt hätte?"), oder es werden tatsächlich vorhandene Bedingungen subtrahiert

("Wäre ich schneller gewesen, wenn es nicht geregnet hätte?").

2. *Referenz:* Kontrafaktische Gedanken können sich auf die Person selbst ("Hätte ich verloren, wenn ich mir den Kampfstil meines Gegners vorher nicht auf Video angeschaut hätte?") oder auf andere Objekte und Personen beziehen ("Hätte ich mich für die Deutsche Meisterschaft qualifiziert, wenn ich beim Qualifikationsturnier eine andere Auslosung bekommen hätte?").

3. *Gerichtetheit:* In Bezug auf das eingetretene Ergebnis können kontrafaktische Gedanken aufwärtsgerichtet ("Wäre ich Erster geworden, wenn ich mehr trainiert hätte?") oder abwärtsgerichtet sein ("Wäre ich nur Vierter geworden, wenn ich weniger trainiert hätte?").

Die wohl bekannteste Studie zu Kontrafakten im Sport stammt von Medvec et al. (1995). In dieser Studie wurden Fotos von olympischen Silber- und Bronzemedaillengewinnern direkt nach dem Wettbewerb und auf dem Siegerpodest analysiert. Es stellte sich heraus, dass Personen, die eine Bronzemedaille gewonnen hatten, glücklicher aussehen als Personen, die auf den zweiten Platz kamen. Erklärt wurde dies durch den Einfluss der Gerichtetheit kontrafaktischer Gedanken auf Emotionen. Gewinnerinnen und Gewinner einer Silbermedaille würden eher aufwärtsgerichtete Kontrafakten bilden ("Was wäre gewesen, wenn ich Olympiasieger geworden wäre?"), was zu negativen Emotionen führe, während Personen auf dem dritten Platz durch abwärtsgerichtete Kontrafakten ("Was wäre gewesen, wenn ich nur Vierter geworden wäre?") positive Emotionen erleben sollen. Die Studie zog allerdings vor allem in Bezug auf die Untersuchungsmethodik Kritik nach sich. So konnte z. B. Strauß (2000) in einer eigenen Untersuchung den **Effekt** nicht replizieren.

11.2.3 Urteilsheuristiken in der sportpsychologischen Forschung

Da die einfache Anwendung klassischer Heuristiken im Feld des Sports zu keinem nachweisbaren Gewinn für den Sport selbst führt, werden zunehmend auch Heuristiken aus sportbezogenen Entscheidungen entwickelt (Raab, 2012, 2014; Bennis & Pachur, 2006; vgl. auch Raab & Gigerenzer, 2015). Dieser Ansatz ist noch relativ jung. Zu den bisher am meisten untersuchten Heuristiken gehören:

- *Take-the-First-Heuristik:* Erfahrene Athletinnen und Athleten wählen in Entscheidungssituationen oft die erste Option, die ihnen in den Sinn kommt. Diese intuitiv entstandene Option hat sich in vielen Fällen als vorteilhafter erwiesen als Alternativen, die erst nach längerem Nachdenken entstanden sind (Johnson & Raab, 2003). Ein Beispiel aus dem Handball wird in ► Exkurs 11.3 dargestellt.

- *Hot-Hand-Heuristik:* Das Hot-Hand-Phänomen beschreibt den Glauben an einen „Lauf" oder eine Erfolgsserie einer Spielerin oder eines Spielers in den Spielsportarten (z. B. Basketball, Volleyball; ◻ Abb. 11.3). Angenommen wird, dass Personen bei einer Aktion wieder erfolgreich sein werden, wenn ihre letzten Aktionen ebenfalls zu Erfolgen geführt haben. Diese Überzeugung stellt die Grundlage für die Hot-Hand-Heuristik dar: Spielerinnen und Spieler sowie Trainerinnen und Trainer entscheiden sich dafür, Athletinnen oder Athleten mit einem „Lauf" öfter den Ball zuzuspielen bzw. eine bessere Abwehr gegen diese Person zu organisieren. Inwieweit diese Heuristik tatsächlich zu „besseren" Entscheidungen führt, ist allerdings bisher nicht geklärt. Während sich das

■ **Abb. 11.3**   Foto: Julia M. Kornmann

Hot-Hand-Phänomen in einer Studie im Basketball nicht nachweisen ließ, erwiesen sich Entscheidungen, die aufgrund von Hot-Hand-Heuristiken zustande kamen, in einer Untersuchung im Volleyball als nützlich (Raab et al., 2012).

— *Take-the-Best-Heuristik:* Diese Heuristik besagt, dass entscheidungsrelevante Kriterien in einer bestimmten Reihenfolge „abgeklopft" werden, und zwar so lange, bis sich ein relevanter Unterschied zwischen den Handlungsoptionen ergibt. Diese Strategie erlaubt es, nur bestimmte Informationen für eine Entscheidung heranzuziehen und den Rest zu ignorieren (z. B. Gigerenzer et al., 2011). Zur Vorhersage der siegreichen Mannschaft eines Fußballspiels könnten einem z. B. zwei Informationen zur Verfügung stehen: die Anzahl der Spiele, die die beiden Mannschaften in der bisherigen Saison gewonnen haben, und der Halbzeitstand. Die meisten Personen ziehen als erstes Kriterium den bisherigen Saisonverlauf heran und tippen auf die Mannschaft, die bisher deutlich besser war als die andere. Nur wenn sich die beiden Mannschaften in diesem Kriterium nicht unterscheiden, wird als zweites Kriterium der Halbzeitstand herangezogen, und die Entscheidung fällt zugunsten der Mannschaft, die zur Halbzeit führt.

Exkurs 11.3: Aus der Forschung: Take-the-First-Heuristik

Johnson und Raab (2003) untersuchten die Take-the-First-Heuristik bei 85 jugendlichen Handballspielern mittleren Leistungsniveaus aus Deutschland und Brasilien. Den Sportlern wurden 31 etwa 10 s lange Videoszenen präsentiert, die Spielsituationen aus dem Handball zeigten. Danach wurde das Video an einer Stelle eingefroren, an der für die gezeigte Situation mehrere Lösungsmöglichkeiten denkbar waren. Die Spieler sollten sich in den Handballer hineinversetzen, der zum Zeitpunkt des Videostopps den Ball hatte. Danach sollten sie

1. so schnell wie möglich die erste Entscheidung nennen, die ihnen in den Sinn kam,
2. so viele alternative Optionen generieren wie möglich (z. B. ob und wie sie auf das Tor oder zu einem Mitspieler spielen würden) und
3. sich dann für die beste aller genannten Optionen entscheiden.

Danach wurden die generierten Handlungsoptionen durch vier Experten hinsichtlich ihrer Angemessenheit für die gezeigte Spielsituation bewertet.

Die untersuchten Handballspieler nannten nach der ersten, intuitiv getroffenen Entscheidung im Durchschnitt nur noch 2,30 weitere Optionen und hielten überwiegend die erste Option für die beste. Es zeigte sich, dass früher generierte Optionen tatsächlich mit höherer Wahrscheinlichkeit auch angemessener, also „besser" für die jeweilige Situation waren. Außerdem waren die weiteren generierten Optionen für eine gute Lösung der Situation umso unangemessener, je später sie genannt wurden (Less-is-more-Effekt). Zudem zeigte sich, dass auch das Leistungsniveau der Spieler die Entscheidungswahl beeinflusste: Spieler, deren Leistung von den Experten als besser eingeschätzt wurde, entschieden sich häufiger für die beste Option als weniger erfahrene Spieler.

11.3 Attributionen

„Zuerst hatten wir kein Glück, und dann kam auch noch Pech dazu." Auch wenn diese Formulierung Jürgen Wegmanns (ehemaliger deutscher Fußballspieler) nach einem verlorenen Spiel seiner Mannschaft auf den ersten Blick vor allem amüsiert, ist sie doch ein Beispiel dafür, dass Menschen häufig versuchen, Ereignisse zu erklären – und das nicht nur im Bereich des Sports.

> **Attributionen**
>
> Attributionen sind *Ursachenzuschreibungen*, mit denen Individuen alltägliche Ereignisse erklären. Diese wahrgenommenen Ursachen müssen dabei nicht mit den tatsächlichen übereinstimmen. Schreibt eine Person dem Ereignis X die Ursache Y zu, so sagt man: Die Person attribuiert das Ereignis X auf die Ursache Y.

Attribuieren wir nach jedem Ereignis? Attributionen zählen zu den späten Prozessen der Informationsverarbeitung, die der mentalen Kontrolle unterliegen. Schon deshalb kann man sich vorstellen, dass eine Attribution aller Ereignisse, die um uns geschehen, schnell zu einer mentalen Überforderung führen würde. Die Forschung hat gezeigt, dass Menschen insbesondere unerwarteten (z. B. dem Sieg eines Außenseiters), negativen (z. B. schlechten Trainingsleistungen) und wichtigen (z. B. der Teilnahme an den Olympischen Spielen) Ereignissen Ursachen zuschreiben (Schlicht & Strauß, 2003, S. 50 f.).

11.3.1 Theoretische Ansätze

Die Motivationspsychologie unterscheidet Attributionstheorien von attributionalen Theorien (z. B. Rudolph, 2009, S. 112) (◻ Abb. 11.4).

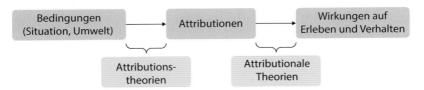

Abb. 11.4   Attributionstheorien und attributionale Theorien. (Adaptiert nach Rudolph, 2009, S. 112, ©
Beltz)

> **Attributionstheorien**
>
> Mithilfe von Attributionstheorien wird
> eine Antwort auf die Frage gegeben, wie
> Individuen zu Erklärungen für ihr eige-
> nes Verhalten oder das Verhalten ande-
> rer kommen, d. h. Attributionen (als ab-
> hängige   Variable)   werden   durch
> Umweltgegebenheiten und kognitive
> oder motivationale Prozesse des Indivi-
> duums bestimmt.

> **Attributionale Theorien**
>
> Attributionale Theorien beschäftigen
> sich mit dem Einfluss von Attributionen
> (als unabhängige Variable) auf mensch-
> liches Erleben und Verhalten (z. B. auf
> Emotionen und Motivation).

Bedeutende Attributionstheorien stammen
u. a. von Heider, Kelley und Weiner, wobei
Weiners Theorie nach obiger Definition
auch Vorhersagen im Sinne einer attributionalen Theorie macht (▶ Abschn. 11.3.2).

Fritz Heider (1944, 1958) wird als Begründer der Attributionstheorien angesehen. In seiner naiven Handlungsanalyse
nahm er an, dass der Mensch als „naiver
Wissenschaftler" nach Erklärungen sucht,
um sein eigenes Verhalten und das anderer
Individuen verstehen und vorhersagen zu
können. Dazu schließe er von beobacht-
barem Verhalten auf nicht beobachtbare
Ursachen, was zu einem Eindruck von Vor-
hersagbarkeit und Kontrolle führe. Nach
Heider (1977, S. 181) wird „diejenige Bedingung (…) für eine Wirkung als ver-

antwortlich angesehen, die vorhanden ist,
wenn die Wirkung vorhanden ist, und fehlt,
wenn die Wirkung fehlt". Heider prägte die
wichtige Unterscheidung von **internalen**,
also in der Person selbst liegenden Ursachen
(bei ihm *Personkraft* genannt) und **externalen**, also in der Situation liegenden Ursachen (*Umweltkraft*).

Nach Heider setzt sich die Personkraft
(internale Ursachen) aus dem Bemühen und
der Fähigkeit zusammen, wobei er das Bemühen (man könnte auch Motivation sagen)
als Produkt von Intention (was man tun
will) und Anstrengung (wie intensiv man es
zu erreichen sucht) definiert (▪ Abb. 11.5).
Die multiplikative Verbindung drückt aus,
dass Intention bzw. Anstrengung alleine
nicht ausreichend dafür sind, dass es zu
einer Handlung kommt (wenn einer der beiden Faktoren null ist, ist das Bemühen ebenfalls null). Während das Bemühen eine variable Komponente der Personkraft ist, ist
die Fähigkeit eine konstante Komponente.
Auf der Umweltseite stellt die Schwierigkeit, die auf dem Weg zum Ziel zu überwinden ist, die konstante Hauptgröße dar.
Diese Umweltkomponente wird von der
Personkomponente Fähigkeit subtrahiert,
um das Können zu definieren. Aus der un-
spezifizierten Beziehung von Bemühen und
Können ergibt sich schließlich die Handlung
bzw. deren Ergebnis, die bzw. das letztlich
durch die o. g. Faktoren erklärt werden
kann.

Kelley (1967, 1973) Kovariationsmodell
ist die Ursachenzuschreibung das Ergebnis
eines rationalen und logischen Bewertungsprozesses. Einem Ereignis wird diejenige
Ursache zugeschrieben, mit der es über die

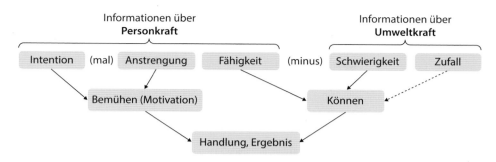

◻ Abb. 11.5 Attributionsmodell von Heider (1977). (Adaptiert nach Heckhausen & Heckhausen, 2018, S. 465)

◻ Tab. 11.1 Attributionsmuster. (Adaptiert nach Kelley, 1967, reprinted from *Nebraska Symposium on Motivation, Vol. 15* edited by David Levine by permission of the University of Nebraska Press. Copyright 1967 by the University of Nebraska Press; Kelley, 1973, Copyright © 1973 by the American Psychological Association. This material originally appeared in English, translated and adapted with permission. The American Psychological Association is not responsible for the quality or accuracy of this translation. This translation cannot be reproduced or distributed further without prior written permission.)

| Information | | | |
Konsistenz	Konsens	Distinktheit	Ursache
Hoch	Niedrig	Niedrig	Person
Niedrig	Niedrig	Hoch	Umstände
Hoch	Hoch	Hoch	Entität

Zeit hinweg (bei mehreren Beobachtungen) kovariiert, d. h. gemeinsam auftritt. Ursachen können dabei in der *Person*, den *Umständen* oder in der *Entität* (d. h. dem Ziel oder Objekt der Handlung) liegen (◻ Tab. 11.1).

Auf welche dieser drei Ursachen attribuiert wird, hängt dabei von folgenden Informationen ab:

1. *Konsistenz:* Verhält sich eine Person über verschiedene Zeitpunkte hinweg in derselben Situation konsistent (tritt also dasselbe Verhalten wiederholt als Reaktion auf ähnliche Situationen auf)? Die Konsistenz ist hoch, wenn das Verhalten über verschiedene Zeitpunkte hinweg auftritt, und gering, wenn das Verhalten nur zu wenigen Zeitpunkten auftritt.

2. *Konsens:* Verhalten sich andere Personen in derselben Situation in gleicher Weise? Der Konsens ist hoch, wenn viele andere Personen ähnlich reagieren wie die beobachtete Person, und niedrig, wenn es nur wenige andere Personen sind.

3. *Distinktheit:* Verhält sich die Person auf denselben oder einen ähnlichen Reiz bei anderen Gelegenheiten in gleicher Weise? Die Distinktheit ist hoch, wenn sich die Person nur in wenigen Situationen so verhält, und niedrig, wenn sich die Person auch in vielen anderen Situationen so verhält.

Aus diesen Informationen ergeben sich nach Kelley (1967, 1973) „ideale" Informationsmuster, die zu Attributionen auf die Person, die Umstände oder die Entität führen.

Zwei Beispiele sollen die Ursachenzuschreibung im Kovariationsmodell verdeutlichen.

▶ Beispiel

Zu erklärendes Ereignis: Tom fällt beim Schlittschuhlaufen hin.
1. Tom fällt regelmäßig hin (hohe Konsistenz).
2. Die anderen Kinder in seiner Gruppe fallen nicht hin (niedriger Konsens).
3. Tom ist auch auf Inlineskates und Skiern unsicher (niedrige Distinktheit).

Es liegt der Schluss nahe, dass die Ursache für das Hinfallen in der Person Tom liegt. ◀

▶ Beispiel

Zu erklärendes Ereignis: Jana feuert eine bestimmte Mannschaft an.
1. Jana feuert diese Mannschaft immer an, wenn sie ein Spiel dieser Mannschaft besucht (hohe Konsistenz).
2. Alle anderen in ihrer Umgebung feuern ebenfalls diese Mannschaft an (hoher Konsens).
3. Jana feuert selten andere Mannschaften an (hohe Distinktheit).

In diesem Fall scheint es sehr plausibel, dass die Ursache für Janas Verhalten in der Entität (der spezifischen Mannschaft) begründet ist. ◀

Kelleys Modell hat allerdings eher **normativen** Charakter, d. h., es beschreibt, wie Ursachenzuschreibungen erfolgen sollten, nicht, wie sie im Alltag tatsächlich erfolgen (Heckhausen & Heckhausen, 2018, S. 470).

Besondere Bedeutung für die Sportpsychologie hat Bernard Weiners (1994; Weiner et al. 1971) Attributionstheorie für Leistungssituationen erlangt. Im Mittelpunkt seiner Überlegungen stehen wahrgenommene Ursachen von Erfolg und Misserfolg. Diese Ursachen lassen sich erstens danach einordnen, ob sie durch die Person selbst oder durch äußere Umstände zu-

◻ **Tab. 11.2** Kausalfaktoren. (Adaptiert nach Weiner et al., 1971, © General Learning Press)

	Stabil	Variabel
Internal	Fähigkeit	Anstrengung
External	Aufgabenschwierigkeit	Zufall

stande kommen (*Lokationsdimension*), sowie zweitens danach, ob sie zeitlich konstant oder variabel auftreten (*Stabilitätsdimension*). In einer Weiterentwicklung des Modells wurde schließlich noch danach unterschieden, ob die Person die Ursache selbst kontrollieren kann oder nicht (*Kontrollierbarkeitsdimension*). ◻ Tab. 11.2 zeigt das ursprüngliche Vierfelderschema mit zwei Dimensionen sowie den zugeordneten Ursachen- oder Kausalfaktoren.

Weiners Theorie hat sich als geeignet erwiesen, von Probanden genannte Ursachen zu kategorisieren (z. B. Jong et al., 1988).

11.3.2 Sportspezifische Ausweitung

In der Folge wurde Weiners Vierfelderschema häufig unkritisch sportpsychologischen Untersuchungen zugrunde gelegt. Dabei entstanden allerdings Probleme:

- Die vier Kausalfaktoren scheinen für den Bereich des Sports nicht ausreichend zu sein: Bei Iso-Ahola (1977) wurde z. B. „Trainingsrückstand" häufiger als Grund für Misserfolg angegeben als „Aufgabenschwierigkeit" oder „Zufall".
- Die Zuordnung der vier Faktoren zu den Dimensionen scheint nicht eindeutig: Die Aufgabenschwierigkeit mag in Sportarten wie der Rhythmischen Sportgymnastik oder dem Gewichtheben relativ stabil sein, in Spiel- oder Kampfsportarten variiert sie jedoch durch die Gegnereinwirkung in hohem Maße.

11

◘ Tab. 11.3 Kausalfaktoren im Sport. (Adaptiert nach Möller, 1994a, S. 85, © psychologie und sport)

	Stabil		Variabel	
	Kontrollierbar	Nicht kontrollierbar	Kontrollierbar	Nicht kontrollierbar
Internal	Konstante eigene Anstrengung Trainingsfleiß	Eigene Fähigkeit, Veranlagung, Erfahrung	Momentane eigene Anstrengung Kontrollierbare eigene Leistung	Psychische/körperliche Verfassung Nicht kontrollierbare eigene Leistung Eigene Tagesform
External	Konstante Anstrengung anderer Trainingsfleiß anderer	Fähigkeit, Veranlagung, Erfahrung anderer Überdauernde Trainings- und Wettkampfbedingungen Generelle Aufgabenschwierigkeit	Momentane Anstrengung anderer Kontrollierbare Leistungen anderer Beeinflussbare Trainingsbedingungen	Psychische/körperliche Verfassung anderer Nicht kontrollierbare Leistungen anderer Tagesform anderer Spezifische Wettkampfbedingungen Glück, Pech, Zufall Momentane Aufgabenschwierigkeit

◘ Abb. 11.6 Konsequenzen von Attributionen. (Adaptiert nach Schlicht & Strauß, 2003, S. 51, mit freundlicher Genehmigung von Hogrefe)

Nötig schien also eine sportspezifische Ausweitung der Ursachenfaktoren, die auf Grundlage **empirischer** Analysen von Möller (Möller, 1994a, b; ähnlich auch Gabler, 2004) vorgelegt wurde. Die Kontrollierbarkeit wird als zusätzliche Dimension bereits berücksichtigt (◘ Tab. 11.3).

11.3.3 Effekte von Attributionen

Attributionen können unsere Erwartungen (und damit unsere Motivation; ▶ Kap. 4), unsere Emotionen (▶ Kap. 3) und unser Verhalten beeinflussen. Weiner (1986) sagt in seinem Modell Konsequenzen voraus, die sich aus verschiedenen Arten von Attributionen ergeben (◘ Abb. 11.6).

Danach führen Attributionen auf der Lokationsdimension zu Emotionen (▶ Kap. 3) wie etwa Stolz und sind damit besonders selbstwertrelevant („Ich war für den Sieg über meinen Angstgegner verantwortlich und bin stolz darauf"). Wird auf der Kontrollierbarkeitsdimension attribuiert, kann dies einerseits zu Emotionen wie Scham oder Schuld, auf andere Personen bezogen aber auch zu Gefühlen

□ **Abb. 11.7**   Foto: Alice Mattheß

wie Ärger, Dankbarkeit oder Mitgefühl führen („Mir ist nichts passiert, weil meine Freundin mich vor dem instabil aufgebauten Stufenbarren gewarnt hat"; □ Abb. 11.7). Attributionen auf der Stabilitätsdimension schließlich bestimmen zukünftige Erfolgs- bzw. Misserfolgserwartungen („Ich habe verloren, weil ich unfähig bin") und erzeugen dadurch längerfristig Gefühle der Hoffnung bzw.

der Hoffnungslosigkeit, wodurch wiederum die Leistungsmotivation (► Abschn. 4.2.3) beeinflusst wird.

Weiners Vorhersagen werden durch Forschungsergebnisse im Bereich des Sports allerdings nur teilweise gestützt: Ein Ereignis kann auch unmittelbar (ohne dass attribuiert wird) Emotionen auslösen, und Emotionen im Sport werden in höherem Maße durch Erfolgserwartungen und Zufriedenheit mit dem Ergebnis bestimmt als durch Attributionen (Biddle et al., 2001). Auch bezüglich des **Zusammenhangs** zwischen Attributionen auf der Stabilitätsdimension und Erfolgserwartungen existieren widersprüchliche Befunde.

Eine Anwendung der empirisch gewonnenen Erkenntnisse zur Beeinflussung des Attributionsprozesses in Trainings oder Interventionen (► Kap. 16) hat bislang nur punktuell stattgefunden (z. B. Attributionstraining; ► Exkurs 11.4).

11

Exkurs 11.4: Aus der Praxis: Attributionstraining

Dysfunktionale Attributionen können die Leistungsmotivation negativ beeinflussen. Wenn beispielsweise Misserfolge dauerhaft auf internale, stabile Faktoren („Ich habe verloren, weil ich einfach nicht genügend Talent habe") und Erfolge auf externale, variable Faktoren („Ich habe gewonnen, weil das Kampfgericht eine Fehlentscheidung getroffen hat") zurückgeführt werden, wird dies langfristig die Leistungsmotivation (► Abschn. 4.2.3) und damit auch die **Einstellung** zum Wettkampfsport beeinflussen. In einem solchen Fall kann versucht werden, diese dysfunktionalen Attributionsmuster in funktionale umzuwandeln. Nach Stoll et al. (2010, S. 80 f.) sieht der idealtypische Ablauf eines solchen Attributionstrainings, das in der Regel mit Unterstützung durch einen erfahrenen Sportpsychologen oder eine erfahrene Sportpsychologin durchgeführt werden sollte, wie folgt aus:

1. Das Problem wird erkannt (Verhaltensanalyse).
2. Das Problem wird bewusst beschrieben, und es wird analysiert, unter welchen Bedingungen die dysfunktionalen Attributionen vorwiegend auftreten (z. B. auch unter Zuhilfenahme von Videoaufzeichnungen von Wettkämpfen).
3. Es werden alternative und funktionale Attributionen entwickelt. So können z. B. Visualisierungstechniken helfen, Misserfolgssituationen und die damit verbundenen Attributionen bereits frühzeitig zu antizipieren (gedanklich vorwegzunehmen). Die entwickelten funktionalen Attributionen werden dann zunächst im „Trockentraining" erlernt, d. h., die Athletin bzw. der Athlet stellt sich z. B. eine konkrete Misserfolgserfahrung vor

und übt die neue, funktionale Ursachenzuschreibung.

4. Die neu erlernten Attributionsmuster werden zunächst in die Trainings- und anschließend in die Wettkampfpraxis umgesetzt.

Einige Studien im Sport (z. B. im Basketball und Tennis) zeigen, dass (dysfunktionale) Attributionsmuster erfolgreich verändert werden können. In den meisten Untersuchungen lag dabei der Fokus auf der Ver-

änderung von Attributionen nach Misserfolgen. Die neu erlernten, funktionalen Attributionsmuster führten in der Folge auch dazu, dass sich nach dem Training weitere **Variablen** in eine positive Richtung entwickelten, z. B. zeigten die Athletinnen und Athleten nach dem Attributionstraining auch eine größere Erfolgszuversicht, positivere Emotionen, eine höhere intrinsische Motivation (▶ Abschn. 4.2.1) und sogar bessere sportliche Leistungen (Hanrahan & Biddle, 2008, S. 110).

11.3.4 Fehler und Verzerrungen im Attributionsprozess

Menschliches Verhalten lässt sich fast immer mehrfach plausibel erklären. Welche Erklärung gewählt wird, wird sowohl von kognitiven Prozessen (z. B. Erwartungen) als auch von motivationalen Prozessen (z. B. Schutz des eigenen Selbstwerts) beeinflusst. Aus diesen Überlegungen ergibt sich, dass Attributionen häufig nicht auf rationalen Analysen beruhen, sondern Fehlern und Verzerrungen unterliegen können (Jonas et al., 2014, S. 92). Für die Sportpsychologie besonders interessant sind dabei:

— *Selbstwertdienliche Verzerrungen:* Um den eigenen Selbstwert zu schützen, werden Erfolge auf internale und stabile Faktoren attribuiert, Misserfolge dagegen auf externe und variable. Dies gilt sowohl für die Athletinnen und Athleten selbst (▶ Exkurs 11.5) als auch für Fans und Medien. Für die Athletinnen und Athleten wird die Existenz dieses Phäno-

mens im Sport durch eine **Metaanalyse** von Allen et al. (2020) bestätigt: Sowohl persönlicher (mittlere Effektstärke der standardisierten Mittelwertdifferenz von 0,62) als auch Mannschaftserfolg (mittlere Effektstärke der standardisierten Mittelwertdifferenz von 0,63) wurde auf internale Faktoren zurückgeführt, während Misserfolge auf externale Faktoren attribuiert wurden. Zusätzlich wurden als Ursachen für Erfolg eher stabile und kontrollierbare Faktoren berichtet.

— *Fundamentaler Attributionsfehler* (besser: Korrespondenzverzerrung): Der Einfluss stabiler Persönlichkeitsfaktoren wird überschätzt, der Einfluss der Situation wird unterschätzt. Allerdings ist dieser Effekt abhängig vom Kontext, z. B. zeigen sich kulturelle Unterschiede.

— *Actor-Observer-Bias:* Akteurinnen bzw. Akteure attribuieren ihre eigenen Handlungsergebnisse auf situative Faktoren, Beobachter attribuieren die Handlungsergebnisse anderer auf deren **dispositionelle** (Persönlichkeits-)Faktoren.

Exkurs 11.5: Aus der Forschung: Selbstwertdienliche Verzerrungen

In einer Studie von Riess und Taylor (1984) wurden 116 alpine Skifahrerinnen und 141 Skifahrer (Slalom und Riesenslalom) unterschiedlicher Leistungsniveaus nach zwei Rennabfahrten gebeten, auf einer siebenstufigen Skala einzuschätzen, wie stark die folgenden Faktoren ihre Leistung in zwei Rennabfahrten beeinflussten:

- Fähigkeit (z. B. Kraft, Schnelligkeit, technische Fertigkeiten)
- Anstrengung (z. B. Trainingsumfang, konditioneller Zustand, Konzentration)
- Aufgabenschwierigkeit (z. B. Pistenbeschaffenheit, Wetter, Bedingungen der Abfahrt)
- Zufall (z. B. Startnummer, Skiwachs, Stürze von Konkurrenten)

Es zeigte sich, dass die Einschätzungen dieser Faktoren davon abhingen, wie erfolgreich die Skifahrerinnen und Skifahrer im Rennen gewesen waren: Erfolgreiche Athletinnen und Athleten maßen den internalen Faktoren Fähigkeit und Anstrengung **signifikant** mehr Bedeutung bei als diejenigen, die in den Rennen weniger erfolgreich abgeschnitten hatten. Bei der Beurteilung der externalen Faktoren Aufgabenschwierigkeit und Zufall ergaben sich keine Unterschiede zwischen erfolgreichen und weniger erfolgreichen Fahrerinnen und Fahrern. Außerdem attribuierten Männer signifikant öfter internal als Frauen, unabhängig von der Leistung in der Abfahrt.

Dass sich für externale Attributionen kein Einfluss des sportlichen Erfolgs zeigte, erklären die Autoren u. a. damit, dass sich sportliche Situationen als Leistungssituationen durch eine generell höhere Bedeutung von internalen Faktoren auszeichnen. Außerdem würde eine häufige Nutzung von externalen Attributionen bedeuten, dass Sportlerinnen und Sportler ihre Leistungsergebnisse weitestgehend externalen Einflüssen zuschreiben und weniger ihrer eigenen Leistungsfähigkeit, was wiederum ihre Existenz als Leistungssportlerinnen und Leistungssportler infrage stellen würde.

11.4　Zusammenfassung

- **Soziale Kognitionen und soziale Informationsverarbeitung**
- Soziale Kognitionen bezeichnen die Art und Weise, wie Menschen ihre (soziale) Umwelt aus sozialen Informationen „konstruieren", die durch eine hohe Komplexität und Vagheit gekennzeichnet sind.
- Zur sozialen Informationsverarbeitung zählen Wahrnehmungs- und Kategorisierungsprozesse, Urteils- und Entscheidungsprozesse sowie Reflexions- und Attributionsprozesse, die sich wechselseitig beeinflussen.
- Da beinahe jede Sportsituation auch eine soziale Situation ist, bietet der Sport sowohl Forschungs- als auch Anwendungsfelder für Fragestellungen der sozialen Kognitionsforschung.

- Für viele Prozesse (z. B. Wahrnehmung) liegen aus dem Bereich des Sports allerdings bislang nur Einzelbefunde vor.
- Am besten untersucht ist der Bereich der Attributionen, für den eine Reihe sportspezifischer Befunde vorliegt.

- **Urteilen und Entscheiden: Urteilsheuristiken**
- Urteilsheuristiken stehen hier beispielhaft für ein Forschungsgebiet aus dem Bereich der Urteils- und Entscheidungsforschung.
- Sie sind vereinfachende Problemlöseroutinen, die schnelle Urteile erlauben.
- Auf der Grundlage von Heuristiken gefällte Urteile sind nützlich, gleichzeitig jedoch auch fehleranfällig.
- In der Psychologie unterscheidet man klassischerweise die Verfügbarkeits-, die

Repräsentations-, die Anker- und die Simulationsheuristik.

- Einen Sonderfall der Simulationsheuristik stellen kontrafaktische Gedanken dar, die sich mit der mentalen Simulation nicht eingetretener Ereignisse beschäftigen.
- Innerhalb der Sportpsychologie sind in jüngerer Zeit sportspezifische Urteilsheuristiken entwickelt worden, darunter die Take-the-First-, die Hot-Hand- sowie die Take-the-Best-Heuristik, die bisher vor allem im Bereich der Sport- und Rückschlagspiele untersucht wurden.

- **Attributionen**
- Attributionen bezeichnen Ursachenzuschreibungen, mit denen Personen eingetretene Ereignisse erklären.
- Man unterscheidet Attributionstheorien (Welche Faktoren beeinflussen Attributionen von Individuen?) von attributionalen Theorien (Wie wirken sich Attributionen auf andere Faktoren aus?).
- In Heiders naiver Handlungsanalyse, die als erste Attributionstheorie gilt, wird die Unterscheidung von internalen (Personkraft) und externalen (Umweltkraft) Ursachen eingeführt.
- Nach Kelleys Kovariationsmodell können Ereignisse aufgrund von Informationen über Konsistenz, Konsens und Distinktheit als Folge eines rationalen Bewertungsprozesses auf die Person, die Umstände oder die Entität attribuiert werden.
- Weiners Attributionsmodell für Leistungssituationen unterscheidet die drei Attributionsdimensionen Lokation, Stabilität und Kontrollierbarkeit; es wurde von Möller sportspezifisch ausgeweitet.
- Nach Weiner wirken sich Attributionen auf den drei Dimensionen unterschiedlich auf Emotionen und Erfolgserwartungen (und darüber hinaus auch auf die Motivation) aus.

- Im Bereich des Sports lassen sich diese Vorhersagen allerdings nur teilweise empirisch belegen.
- Im Sport häufig vorkommende Fehler und Verzerrungen im Attributionsprozess sind selbstwertdienliche Verzerrungen, der fundamentale Attributionsfehler sowie der Actor-Observer-Bias.

Literatur

Allen, M. S., Robson, D. A., Martin, L. J., & Laborde, S. (2020). Systematic review and meta-analysis of self-serving attribution biases in the competitive context of organized sport. *Personality and Social Psychology Bulletin, 46*, 1027–1043. https://doi.org/10.1177/0146167219893995

Bennis, W. M., & Pachur, T. (2006). Fast and frugal heuristics in sports. *Psychology of Sport and Exercise, 7*(6), 611–629. https://doi.org/10.1016/j.psychsport.2006.06.002

Biddle, S. J. H., Hanrahan, S. J., & Sellars, C. N. (2001). Attributions. Past, present, and future. In R. N. Singer, H. A. Hausenblas, & C. M. Janelle (Eds.), *Handbook of sport psychology* (2nd ed., pp. 444–471). : Wiley.

Caldwell, D. F., & Burger, J. M. (2011). On thin ice: Does uniform color really affect aggression in professional hockey? *Social Psychological and Personality Science, 2*(3), 306–310. https://doi.org/10.1177/1948550610389824

Frank, M. G., & Gilovich, T. (1988). The dark side of self- and social perception: Black uniforms and aggression in professional sports. *Journal of Personality and Social Psychology, 54*(1), 74–85. https://doi.org/10.1037/0022-3514.54.1.74

Gabler, H. (2004). Motivationale Aspekte sportlicher Handlungen. In H. Gabler, J. R. Nitsch, & R. Singer (Hrsg.), *Einführung in die Sportpsychologie. Teil 1: Grundthemen* (4. unveränderte Aufl., S. 197–245). Schorndorf: Hofmann.

Gigerenzer, G., Hertwig, R., & Pachur, T. (Hrsg.). (2011). *Heuristics: The foundations of adaptive behavior*. Oxford University Press.

Greifeneder, R., Bless, H., & Fiedler, K. (2017). *Social cognition – How individuals construct social reality* (5. Aufl.). Psychology Press.

Hanrahan, S. J., & Biddle, S. J. H. (2008). Attributions and perceived control. In T. S. Horn (Hrsg.), *Advances in sport psychology* (3. Aufl., S. 99–114). Human Kinetics.

Hastorf, A. H., & Cantril, H. (1954). They saw a game: A case study. *Journal of Abnormal and So-*

11

cial Psychology, 49(1), 129–134. https://doi.org/10.1037/h0057880

Heckhausen, J., & Heckhausen, H. (2018). *Motivation und Handeln* (5. überarb. u. erw. Aufl.). Berlin: Springer.

Heider, F. (1944). Social perception and phenomenal causality. *Psychological Review, 51*(6), 358–374. https://doi.org/10.1037/h0055425

Heider, F. (1958). *The psychology of interpersonal relations.* Wiley.

Heider, F. (1977). *Psychologie der interpersonalen Beziehungen.* Klett.

Iso-Ahola, S. E. (1977). Immediate attributional effects of success and failure in the field: Testing some laboratory hypotheses. *European Journal of Social Psychology, 7*(3), 275–296. https://doi.org/10.1002/ejsp.2420070303

Johnson, J. G., & Raab, M. (2003). Take the first: Option-generation and resulting choices. *Organizational Behavior and Human Decision Processes, 91*(2), 215–229. https://doi.org/10.1016/S0749-5978(03)00027-X

Jonas, K., Stroebe, W., & Hewstone, M. (2014). *Sozialpsychologie* (6. vollst. überarb. Aufl.). Heidelberg: Springer.

Jong, P. F. D., Koomen, W., & Mellenbergh, G. J. (1988). Structure of causes for success and failure: A multidimensional scaling analysis of preference judgements. *Journal of Personality and Social Psychology, 55*(5), 718–725. https://doi.org/10.1037/0022-3514.55.5.718

Kelley, H. H. (1967). Attribution theory in social psychology. In D. Levine (Hrsg.), *Nebraska symposium on motivation* (S. 192–238). University of Nebraska Press.

Kelley, H. H. (1973). The process of causal attribution. *American Psychologist, 28*(2), 107–128. https://doi.org/10.1037/h0034225

Medvec, V. H., Madey, S. F., & Gilovich, T. (1995). When less is more: Counterfactual thinking and satisfaction among Olympic medalists. *Journal of Personality and Social Psychology, 69*(4), 603–310. https://doi.org/10.1037/0022-3514.69.4.603

Möller, J. (1994a). Attributionsforschung im Sport – ein Überblick (Teil 1). *Psychologie und Sport, 1,* 82–93.

Möller, J. (1994b). Attributionsforschung im Sport – ein Überblick (Teil 2). *Psychologie und Sport, 1,* 149–156.

Musculus, L., Werner, K., Lobinger, B., & Raab, M. (2020). Entscheiden und Problemlösen. In A. Güllich & M. Krüger (Hrsg.), *Sport in Kultur und Gesellschaft.* Springer. https://doi.org/10.1007/978-3-662-53385-7_30-1

Raab, M. (2012). Simple heuristics in sports. *International Review of Sport and Exercise Psychology, 5*(2), 104–120. https://doi.org/10.1080/1750984X.2012.654810

Raab, M. (2014). Entscheidungstraining im Sport. In K. Zentgraf & J. Munzert (Hrsg.), *Kognitives training im sport* (S. 192–212). Hogrefe.

Raab, M., & Gigerenzer, G. (2015). The power of simplicity: A fast-and-frugal heuristics approach to performance science. *Frontiers of Psychology, 6.* https://doi.org/10.3389/fpsyg.2015.01672

Raab, M., Gula, B., & Gigerenzer, G. (2012). The hot hand exists in volleyball and is used for allocation decisions. *Journal of Experimental Psychology: Applied, 18*(1), 81–94. https://doi.org/10.1037/a0025951

Raab, M., MacMahon, C., Avugos, S., & Bar-Eli, M. (2018). Heuristics, biases, and decision making. In M. Williams & R. Jackson (Hrsg.), *Anticipation and decision making in sport* (S. 215–231). Routledge.

Raab, M., Bar-Eli, M., Plessner, H., & Araújo, D. (2019). The past, present and future of research on judgement and decision making in sport. *Psychology of Sport and Exercise, 42,* 25–32.

Riess, M., & Taylor, J. (1984). Ego-involvement and attributions for success and failure in a field setting. *Personality and Social Psychology Bulletin, 10*(4), 536–543. https://doi.org/10.1177/0146167284104006

Rudolph, U. (2009). *Motivationspsychologie. Workbook* (2. vollst. überarb. Aufl.). Weinheim: Beltz.

Schlicht, W., & Strauß, B. (2003). *Sozialpsychologie des Sports.* Hogrefe.

Schweizer, G., & Plessner, H. (2020). Urteilen und Entscheiden im Sport. In J. Schüler, M. Wegner, & H. Plessner (Hrsg.), *Sportpsychologie* (S. 89–113). Springer.

Stoll, O., Pfeffer, I., & Alfermann, D. (2010). *Lehrbuch Sportpsychologie.* Huber.

Strauß, B. (2000). Sind Silbermedaillengewinner doch glücklicher als Bronzemedaillengewinner? *Psychologie und Sport, 7*(3), 90–94.

Unkelbach, C., Plessner, H., & Haar, T. (2009). Soziale Kognitionen im Sport. In W. Schlicht & B. Strauß (Hrsg.), *Grundlagen der Sportpsychologie* (Enzyklopädie der Psychologie, Serie 5: Sportpsychologie, Bd. 1, S. 681–717). Hogrefe.

Weiner, B. (1986). *An attributional theory of motivation and emotion.* Springer.

Weiner, B. (1994). *Motivationspsychologie.* Weinheim.

Weiner, B., Frieze, I. H., Kulka, A., Reed, L., Rest, S., & Rosenbaum, R. M. (1971). Perceiving the causes of success and failure. In E. E. Jones, D. E. Kanouse, H. H. Kelley, R. E. Nisbett, S. Valins, & B. Weiner (Hrsg.), *Attribution: Perceiving the causes of behaviour* (S. 95–120). General Learning Press.

Strukturen und Prozesse des psychischen Systems: *IV. Personale Veränderungen*

Inhaltsverzeichnis

Entwicklung

Inhaltsverzeichnis

© Der/die Autor(en), exklusiv lizenziert durch Springer-Verlag GmbH, DE,
ein Teil von Springer Nature 2022
F. Hänsel et al., *Sportpsychologie*, https://doi.org/10.1007/978-3-662-63616-9_12

Welche Konzentrationsleistung kann ein Trainer von einer fünfjährigen Turnerin erwarten? Wie lange sollte eine Fußballhalbzeit bei einem Spiel der U8 dauern (◙   Abb. 12.1)? Inwieweit beeinflusst ein sportpsychologisches Training die Leistungsentwicklung im Tennis? Wie beeinflussen kognitive oder emotionale Veränderungen im Laufe des Lebens die Sportaktivität, und wie wirkt sich Bewegung umgekehrt langfristig auf Kognitionen oder Emotionen aus? Welche Rolle spielt körperliche Aktivität im Alter? Wie sollte ein (längerfristiges) Bewegungsangebot für übergewichtige Kinder gestaltet sein, um deren Entwicklung günstig zu beeinflussen?

Solche und viele ähnliche Fragen machen deutlich, dass Aspekte der Entwicklung im Sport eine wichtige Rolle spielen. Im *Grundschema des psychischen Systems* (▶ Abschn. 1.3) finden sich Entwicklungsprozesse auf der vertikalen Achse und gehören damit zu den Vorgängen, die situationsübergreifende Veränderungen innerhalb der Person mit sich bringen.

Im Folgenden sollen zunächst einige grundlegende Begriffe und Konzepte der Entwicklungspsychologie dargestellt werden (▶ Abschn. 12.1, 12.2, 12.3), bevor in ▶ Abschn. 12.4 ein kurzer Überblick über theoretische Ansätze gegeben wird. In ▶ Abschn. 12.5 werden die Leistungsmotivation sowie die Entwicklung sportlicher Höchstleistung als ausgewählte Aspekte der Entwicklungspsychologie näher betrachtet. Die manchmal in sportpsychologischen Werken ebenfalls behandelte (sport-)motorische Entwicklung (z. B. Wilimczik, 2009) wird hier bewusst ausgeklammert, da sie häufig auch Gegenstand bewegungs- (und teilweise trainings-)wissenschaftlicher Grundlagenwerke ist. Für aktuelle Monografien zur motorischen Entwicklung wird auf Baur et al. (2009) sowie Schott und Munzert (2010) verwiesen.

12.1 Der Entwicklungsbegriff

Was genau unter Entwicklung zu verstehen ist, hat im Laufe der über 100-jährigen Geschichte der Entwicklungspsychologie vielfältige Wandlungen erfahren.

In einer traditionellen Auffassung gelten nur solche Veränderungen als Entwicklung, die u. a.
- in enger Beziehung zum *Lebensalter* stehen,
- *universell* sind (d. h. für alle Individuen unabhängig von ihrer Lebensumwelt gelten),
- sich in eine Reihe von *Veränderungsschritten* oder -stufen einordnen lassen, wobei jeder Schritt aus dem vorherigen hervorgeht, und
- auf einen *Endzustand* abzielen, der gegenüber dem Ausgangszustand höherwertig ist (Montada, 2008, S. 3 ff.).

◙ **Abb. 12.1**   Foto: Alice Mattheß

Vor allem im Kindes- und Jugendalter lassen sich viele Beispiele für Entwicklungsprozesse finden, die diese Kriterien erfüllen; etwa die Entwicklung des Laufens über das Sitzen, Krabbeln und Stehen.

Am Ende dieser engen Begriffsauffassung steht ein funktionstüchtiger, erwachsener Mensch, dessen Entwicklung weitgehend abgeschlossen ist. Aus diesem Grund behandelte die Entwicklungspsychologie ursprünglich vorwiegend die Kindheit und Jugend, sodass Themen, die zeitlich nach Berufseintritt oder Familiengründung stehen, nicht Gegenstand dieser Disziplin waren (Langfeldt & Nothdurft, 2015, S. 70 f.).

Eine ganze Reihe von Gründen, die sich unter dem Stichwort „gesellschaftlicher Wandel" zusammenfassen lassen (ausführlich in Faltermaier et al., 2014, S. 18 ff. sowie Montada, 2008, S. 4 f.), führte schließlich zu einem Perspektivenwechsel, aus dem ein eher weiter Gegenstandsbereich der Entwicklungspsychologie hervorging.

Entwicklungspsychologie

Entwicklungspsychologie beschäftigt sich mit *Veränderungen* und *Stabilitäten* im *Lebenslauf* bzw. im Zusammenhang mit dem *Lebensalter* (Montada, 2008, S. 17).

Ein solch weiter Entwicklungsbegriff schließt die gesamte Lebensspanne ein (► Abschn. 12.4.2) und erlaubt zudem, auch Veränderungen zu betrachten, die nicht alterstypisch und nicht universell sind (*intraindividuelle Veränderungen*), z. B. solche, die auf individuellen Erfahrungen, Lebensereignissen, Training oder Erziehung beruhen (Nolting & Paulus, 2018, S. 88). In diesem Sinne umfasst Entwicklung auch Veränderungen, die durch Lernprozesse zustande kommen (► Kap. 13).

Auch wenn Entwicklung immer Veränderung bedeutet, ist es nicht sinnvoll, *jede* Veränderung einer Person als Ent-

wicklung zu bezeichnen. Trautner (2003, S. 28) schlägt vor, vor allem solche Veränderungen zu betrachten, die relativ überdauernd, also langfristig sind und die in einer mehr oder weniger engen Beziehung zum Lebensalter stehen. Nach wie vor dient das Lebensalter als Orientierungsraster für die Beschreibung von Entwicklungsverläufen. Das ist allein schon deshalb sinnvoll, weil im Alltag das Lebensalter oft als Entscheidungsgrundlage oder als Orientierungshilfe dient. Beispiele sind **Norm**bereiche für Körpergewicht und -größe im Rahmen von Kindervorsorgeuntersuchungen, der Eintritt in Kindergarten und Schule, der Führerscheinerwerb, die Strafmündigkeit oder die Übernahme eines politischen Amts. Auch im Sport ist die Unterteilung der Athletinnen und Athleten in verschiedene Altersklassen weit verbreitet (insbesondere im Kinder- und Jugendbereich, oft aber auch bei älteren Erwachsenen, z. B. bei Ü30-Wettkämpfen).

Zur Strukturierung der Entwicklungspsychologie dienen aufgrund der besseren Vergleichbarkeit und Verständigung bis heute häufig *Lebensabschnitte*, deren Einteilung allerdings in Abhängigkeit der zugrunde liegenden Quelle variiert und unterschiedlich feine Abstufungen aufweist. ◘ Tab. 12.1 zeigt exemplarisch eine solche Klassifikation.

Ergänzt wird ◘ Tab. 12.1 um Beispiele für sog. *Entwicklungsaufgaben*, die auf Havighurst (1948) zurückgehen. Er formulierte mit dem Ziel, „entwicklungspsychologisches Wissen und Denken zur Förderung pädagogisch kompetenten Handelns zu vermitteln" (Oerter & Dreher, 2008, S. 279), typische Aufgaben, die Individuen im Laufe ihres Lebens bewältigen müssen (vgl. auch Langfeldt & Nothdurft, 2015, S. 73 ff.). Die Entwicklungsaufgaben bieten u. a. einen guten Ausgangspunkt für die Formulierung von Forschungsfragen, wobei man aber immer bedenken sollte, dass es sich lediglich um eine theoretische Konzeption handelt, die zudem stark kulturabhängig ist.

◼ Tab. 12.1 Überblick über verschiedene Lebensabschnitte sowie Beispiele für Entwicklungsaufgaben. (Adaptiert nach Gerrig, 2018, S. 382, © Pearson; Havighurst, 1948, © McKay)

Altersabschnitt	Lebensabschnitt	Beispiele für Entwicklungsaufgaben
Empfängnis bis Geburt	Pränatale Phase	–
Geburt bis 18 Monate	Säuglingsalter	Gehen lernen (◼ Abb. 12.2)
18 Monate bis 6 Jahre	Frühe Kindheit	Sprechen lernen Geschlechtsunterschiede erlernen
6 bis 11 Jahre	Späte Kindheit	Lernen, mit Gleichaltrigen zurechtzukommen Entwicklung grundlegender Fertigkeiten im Lesen, Schreiben und Rechnen Erreichen persönlicher Unabhängigkeit
11 bis 20 Jahre	Adoleszenz	Akzeptieren der eigenen körperlichen Erscheinung und effektive Nutzung des Körpers **Werte** und ein ethisches System erlangen, das als Leitfaden für das Verhalten dient
20 bis 40 Jahre	Frühes Erwachsenenalter	Auswahl eines Partners bzw. einer Partnerin Gründung einer Familie Berufseinstieg
40 bis 65 Jahre	Mittleres Erwachsenenalter	Erreichen und Aufrechterhalten einer befriedigenden Berufsausübung Akzeptieren physischer Veränderungen des mittleren Lebensalters, um sich darauf einzustellen
65 Jahre und älter	Spätes Erwachsenenalter	Anpassung an die Abnahme der physischen Kraft und Gesundheit Anpassung an Ruhestand und reduziertes Einkommen

12

Bei der Betrachtung von Altersabschnitten muss man immer im Hinterkopf behalten, dass das Alter zwar mit bestimmten Entwicklungsverläufen zusammenhängt, dass es aber nicht *Ursache* für diese Veränderungen ist. Das Alter an sich hat keinen Erklärungswert, sondern kann bei der Beschreibung von Entwicklungsverläufen lediglich helfen (Trautner, 2003, S. 32 f.), indem es einen groben Orientierungsrahmen bietet. Betrachtet man Kinder innerhalb einer Schulklasse, die in der Regel alle demselben Altersabschnitt zuzuordnen sind, stellt man teilweise erhebliche Unterschiede in Bezug auf Entwicklungstempo und -niveau fest.

Zusammenfassend lässt sich festhalten, dass „neuere Hand- und Lehrbücher der Entwicklungspsychologie (…) nicht mehr [versuchen], eine verbindliche Definition des Entwicklungsbegriffs zu liefern" (Trautner, 2003, S. 27), sondern dass die Bedeutung des Begriffs in Abhängigkeit von zugrunde liegenden Theorien und Fragestellungen jeweils neu abgegrenzt wird.

12.2 Klassifikation von Veränderungen

Forschende, die auf dem Gebiet der Entwicklungspsychologie arbeiten, können den Veränderungsprozess selbst nicht messen. Be-

◼ Abb. 12.2   Foto: Julia M. Kornmann

obachtbar sind immer nur die jeweiligen Produkte des Entwicklungsprozesses zu verschiedenen Zeitpunkten. Es ist offensichtlich, dass man nicht *die* menschliche Entwicklung an sich erforschen und beschreiben kann, sondern dass jeweils eine Beschränkung auf einen ganz bestimmten Inhaltsbereich getroffen werden muss. Die Darstellung der Inhalte des Forschungsgebiets erfolgt in den meisten Fällen entweder nach *Altersabschnitten* (▶ Abschn. 12.1) und/oder nach *Funktionsbereichen*. Bedeutsame Funktionsbereiche, deren Entwicklung häufig untersucht wird, sind

- die körperlich-motorische Entwicklung (inkl. der **Psychomotorik** und Wahrnehmung; ▶ Abschn. 2.1.2),
- die kognitive (▶ Kap. 2) Entwicklung, teilweise mit verschiedenen Unterkategorien (▶ Abschn. 12.4.1),
- die Entwicklung des Sprachgebrauchs,

- die soziale Entwicklung,
- die Entwicklung der Moral,
- die Persönlichkeits- (▶ Kap. 6) und/oder Selbstkonzeptentwicklung (▶ Kap. 7) und
- die Entwicklung von Motivation (▶ Kap. 4; Beispiel in ▶ Abschn. 12.5.1) und Emotionen (▶ Kap. 3).

Abgesehen von der Strukturierung der betrachteten Entwicklungsbereiche lassen sich auch die Entwicklungen selbst nach verschiedenen Gesichtspunkten klassifizieren. Diese beziehen sich z. B. darauf, ob die Entwicklung (Conzelmann & Gabler, 2001, S. 31)

- **quantitativ** (z. B. Körpergröße) oder **qualitativ** sichtbar (z. B. Bewegungsfluss) wird,
- kontinuierlich (z. B. Spracherwerb) oder diskontinuierlich (z. B. koordinative Entwicklung in der Pubertät) verläuft,
- als regelhafte Abfolge aufeinanderfolgender Verhaltensformen (z. B. Erwerb des Laufens) oder als unregelmäßige Abfolge innerhalb einer **Variablen** aufgefasst werden kann (z. B. Verschiebungen von **Interessen** während der Pubertät) und
- **intra**- (d. h. innerhalb einer Person) oder **interindividuell** (d. h. zwischen verschiedenen Personen) betrachtet wird.

12.3 Einflussfaktoren auf die menschliche Entwicklung

Welche Faktoren bestimmen nun aber, ob und wie sich Menschen in verschiedenen Funktionsbereichen entwickeln? Hier hat die Forschung eine Vielzahl von Einflussvariablen hervorgebracht, von denen die wichtigsten hier nur überblicksartig dargestellt werden können (ausführlicher in Conzelmann & Gabler, 2001, S. 35 f.; Trautner, 2003, S. 74 ff.):

- *Allgemeine genetische Faktoren:* Sie sind der Spezies Mensch gemeinsam, z. B. genetische Grundlagen für den aufrechten Gang und die Sprache.

- *Individuelle genetische Faktoren:* Sie beeinflussen nicht nur die äußere Erscheinung, sondern auch Verhaltensmerkmale.
- Altersbezogene biologische Einflüsse (Reifung): Reifung bezeichnet „gengesteuerte Veränderungen von Strukturen und Funktionen der Organe, des Zentralnervensystems, der hormonalen Systeme, der Köperformen usw." (Montada, 2008, S. 28). Man spricht dann von Reifung, wenn Veränderungen nicht auf Erfahrung, Übung, Erziehung, Sozialisation oder Lernprozesse zurückzuführen sind.
- *Altersbezogene Umwelteinflüsse:* Hierzu zählen externe Ereignisse, die in enger Beziehung zum Lebensalter stehen, z. B. Schuleintritt oder der Beginn einer Berufsausbildung.
- *Geschichtlich-kulturelle Faktoren:* Sie legen die Rahmenbedingungen der Entwicklung fest, z. B. gibt es beträchtliche Entwicklungsunterschiede zwischen Kindern, die in der Nachkriegszeit aufgewachsen sind, und Kindern, die heute geboren werden. Deshalb kann man Entwicklungspsychologie auch als eine „unendliche Geschichte" verstehen, da Schlussfolgerungen oder Vergleiche zwischen verschiedenen Generationen immer nur eingeschränkt möglich sind (Langfeldt & Nothdurft, 2015, S. 75).
- *Erziehungsbedingungen:* Sie können u. a. Ursache dafür sein, dass zwei sechsjährige Kinder bei Schuleintritt vollkommen unterschiedliche Bewegungserfahrungen in den Sportunterricht mitbringen.
- *Entwicklungsaufgaben* (▶ Abschn. 12.1) *und kritische Lebensereignisse:* Letztere sind einschneidende Erlebnisse in der Entwicklung, z. B. die Trennung der Eltern oder eine Verletzung, die die leistungssportliche Karriere gefährdet oder gar beendet.

- *Akzidentelle Einflussfaktoren:* Damit sind zufällige, nicht vorhersehbare Ereignisse aller Art gemeint (z. B. Erkrankungen, Zufallsbegegnungen, Glücksspielgewinn).

12.4 Theoretische Ansätze

Die Kernfrage, die die Theorien der Entwicklungspsychologie von Beginn an bestimmt, ist die nach dem Verhältnis von Anlage und Umwelt bzw. die Frage, inwieweit das Individuum seine Entwicklung selbst steuern kann oder inwieweit sie durch externe Faktoren gesteuert wird. ▢ Tab. 12.2 zeigt vier **prototypische** Theoriefamilien, die sich aus dieser Frage ergeben, wobei die Bezeichnungen für die einzelnen Familien je nach Quelle variieren.

1. *Endogenistische Theorien* (bedeutungsähnlich: Reifungs-, biogenetische, organismische Theorien): Sie haben die längste Tradition in der Entwicklungspsychologie. Ihnen liegt die Annahme zugrunde, dass Entwicklung weitgehend das Ergebnis von Reifungsprozessen ist (▶ Abschn. 12.3). Die Umwelt kann Entwicklungsprozesse zwar fördern oder hemmen, aber sie verursacht sie nicht.
2. *Exogenistische Theorien* (bedeutungsähnlich: umwelt**deterministische**, mechanistische Theorien) sind stark vom **Behaviorismus** geprägt. Der Mensch wird als passiver Organismus angesehen, der auf Umweltreize reagiert. Prominente Beispiele sind die klassische und operante Konditionierung bei Lernprozessen (▶ Kap. 13).
3. *Aktionale und konstruktivistische Theorien* (bedeutungsähnlich: strukturgenetische, Selbstgestaltungstheorien): Sie stellen den Mensch als handelndes Wesen, als Mitgestalter seiner Umwelt in den Mittelpunkt. Er reagiert nicht passiv auf Umweltreize, sondern passt sein Verhalten entweder der Umwelt an oder gestaltet die Umwelt so, dass sie mit den

□ Tab. 12.2 Prototypische Theoriefamilien in der Entwicklungspsychologie. (Adaptiert nach Montada, 2008, S. 10, © Beltz)

		Umwelt	
		Aktiv	Nicht aktiv
Person	**Aktiv**	Interaktionistische transaktionale systemische Theorien	Aktionale und konstruktivistische Theorien
	Nicht aktiv	Exogenistische Theorien	Endogenistische Theorien

individuellen Zielen und Strukturen übereinstimmt. Piagets Stadientheorie der kognitiven Entwicklung gilt als klassisches Beispiel für diese Theoriefamilie (▶ Abschn. 12.4.1). Entwicklung wird hier als Konstruktionsprozess verstanden, der durch die Aktivitäten der handelnden Personen selbst wirkt.

4. *Interaktionistische transaktionale systemische Theorien* (bedeutungsähnlich: dialektische, kontextuelle, relationale Theorien): Sie prägen die moderne Entwicklungspsychologie. Im Mittelpunkt dieser Theorien steht das Gesamtsystem Mensch-Umwelt. Entwicklung wird als das Ergebnis eines komplexen Prozesses begriffen, innerhalb dessen Anlage und Umwelt interagieren und durch das Individuum individuell verarbeitet und aktiv beeinflusst werden. Allen Theorien, die dieser Familie zugeordnet werden, ist gemein, dass „der Mensch und seine Umwelt ein Gesamtsystem bilden, in dem sowohl das Entwicklungssubjekt als auch seine Umwelt aktiv und miteinander verschränkt aufeinander einwirken" (Montada, 2008, S. 12). Beispielsweise könnte sich sportliche Aktivität bei Kindern durch eine Interaktion zwischen Umweltfaktoren (die Eltern gehen mit dem Kind früh auf Spielplätze und melden es zum Schwimmkurs an) und Faktoren des Individuums entwickeln (das Kind zeigt Freude und Begeisterung an der Bewegung und fordert infolgedessen weitere bewegungs-

intensive Aktivitäten ein). So wird das Kind langfristig ein sportlich aktives Individuum mit überdurchschnittlich ausgeprägten motorischen Fähigkeiten und Fertigkeiten.

Inzwischen hat sich in der Entwicklungspsychologie die Ansicht durchgesetzt, dass die Frage nach der Gewichtung von Anlage und Umwelt so nicht sinnvoll zu beantworten ist, sondern dass man eher die Wege des Zusammenwirkens von Anlage und Umwelt in den Mittelpunkt der Forschung stellen sollte (Montada, 2008, S. 19). Das bedeutet, dass Forschende im Bereich der Entwicklungspsychologie, die sich mit dem Anlage-Umwelt-Problem beschäftigen, die Interaktion **genotypischer** Potenziale mit Aspekten der internalen und/oder der externalen Umwelt in den Blick nehmen sollten.

Zu beachten ist, dass eine Einteilung, wie sie in □ Tab. 12.2 vorgenommen wurde, lediglich Orientierungscharakter haben kann und der Übersicht dienen soll. Nicht alle Entwicklungstheorien lassen sich eindeutig einer Zelle zuordnen, und umgekehrt lassen sich nicht für alle vier Theoriefamilien eindeutige Beispiele finden (so wird Piagets Theorie teilweise auch den interaktionistischen Ansätzen zugeordnet; vgl. auch Trautner, 2003). Aus den bisherigen Ausführungen sollte zudem deutlich geworden sein, dass es nicht *die* Theorie der Entwicklung gibt, sondern dass vielmehr eine ganze Reihe von theoretischen Ansätzen ausgewählte Aspekte der Entwicklung aus ihrem jeweiligen Blickwinkel betrachten. Im Folgenden werden aus dieser Vielzahl zwei theoretische Ansätze herausgegriffen, die beispielhaft ausführlicher behandelt werden: Piagets Theorie der kognitiven Entwicklung (▶ Abschn. 12.4.1), die quasi als „Allgemeinbildung" im Bereich der Entwicklungspsychologie angesehen werden kann, sowie der Ansatz der Entwicklungspsychologie der Lebensspanne (▶ Abschn. 12.4.2), der weniger eine in sich geschlossene Theorie darstellt, sondern eher ein Rahmenkonzept mit bestimmten **Prämissen**, aus dem wiederum spezifische Theorieansätze und Forschungsfragen hervorgehen. Detaillierte Ausführungen zu theoretischen Entwicklungskonzeptionen in der Sportwissenschaft finden sich bei Conzelmann und Gabler (2001) sowie Willimczik (2009).

12.4.1 Die kognitive Entwicklung im Kindesalter nach Piaget

Der Schweizer Psychologe Jean Piaget (1896–1980) hat mit seiner Stadientheorie über die kognitive Entwicklung bei Kindern die Entwicklungspsychologie nachhaltig beeinflusst. Sie gilt „als einer der klassischen und folgenreichsten Theorieentwürfe überhaupt" (Hackfort, 2003, S. 78). Deshalb sollen ihre Grundannahmen hier kurz vorgestellt werden, zumal es heute Konsens ist, dass kognitive Veränderungen weitreichende Konsequenzen auch für die motorische Entwicklung haben. Für detailliertere Ausführungen zu Piagets Theorie wird auf Sodian (2008) sowie Trautner (1997) verwiesen; die vorliegende Darstellung stützt sich auf Gerrig (2018) sowie Langfeldt und Nothdurft (2015).

Piagets Theorie beruht auf der Beobachtung, dass Kindern unterschiedlichen Alters im Denkprozess charakteristische Fehler unterlaufen und dass sie diese Fehler nicht erkennen können. Im Mittelpunkt des Interesses von Piaget standen nicht die Inhalte des Denkens, sondern stand die Frage, in welcher Art und Weise sich das kindliche Denken in seinen Strukturen im Laufe der Zeit verändert. Das Kind wird als aktiv handelndes Individuum angesehen („Selbstgestaltungstheorie" in ▶ Abschn. 12.4), das sich mit seiner Umwelt auseinandersetzt und dabei versucht, nicht zufriedenstellende Ereignisse zu bewältigen. Hierfür stehen zwei Prozesse zur Verfügung, die die kognitive Entwicklung bedingen: Assimilation und Akkommodation. Bei der *Assimilation* werden Umweltinformationen in bereits bestehende kognitive Strukturen eingeordnet, während bei der *Akkommodation* umgekehrt die kognitiven Strukturen an die Umwelt angepasst werden. Piaget selbst nennt als Beispiel einen Säugling, der zum ersten Mal an einer Flasche (und nicht mehr an der Mutterbrust) saugen soll. Der Säugling kann nun versuchen, den Sauger der Flasche so zu verändern, dass er in sein Handlungsmuster für das Saugen an der Mutterbrust passt (Assimilation), oder er kann eine neue kognitive Struktur für das Saugen an der Flasche ausbilden (Akkommodation). In der Realität ist von einem Zusammenwirken beider Prozesse auszugehen.

Aus Beobachtungen und Befragungen seiner eigenen und anderer Kinder entwickelte Piaget eine *Stadientheorie* (manchmal auch Stufentheorie). Dabei ist jede Stufe die Voraussetzung für die jeweils nächsthöhere. Angenommen wird, dass alle Kinder diese Stufen durchlaufen, wobei es interindividuelle Unterschiede für die Verweildauer auf den einzelnen Stufen gibt. ◪ Tab. 12.3 stellt die vier Stufen sowie deren wichtigste Merkmale im Überblick dar.

1. Das *sensumotorische Stadium* ist anfangs geprägt von angeborenen kognitiven Strukturen (Saugen, Greifen, Betrachten usw.), die im Laufe der Zeit verbessert, kombiniert und koordiniert werden. Wichtigste Errungenschaft in diesem Stadium ist die Objektpermanenz, das Wissen darum, dass Objekte auch dann existieren, wenn man sie nicht mehr

◻ Tab. 12.3 Stadien der kognitiven Entwicklung bei Piaget. (Adaptiert nach Gerrig, 2018, S. 395, © Pearson)

Stadium (Alter)	Typische Merkmale und wichtigste Errungenschaften
Sensumotorisch (0–2)	Verfügbarkeit einer kleinen Zahl sensumotorischer Sequenzen Erwerb von Objektpermanenz und Anfänge symbolischen Denkens
Präoperatorisch (2–7)	Von Egozentrismus und Zentrierung geprägtes Denken Verbesserte Fähigkeiten zum Einsatz symbolischen Denkens
Konkretoperatorisch (7–11)	Verständnis des Invarianzprinzips Schlussfolgerndes Denken in Bezug auf konkrete, physikalische Objekte
Formaloperatorisch (>11)	Entwicklung der Fähigkeit, abstrakte Schlussfolgerungen zu ziehen und hypothetisch zu denken

sehen kann. Dieses Stadium setzt eine mentale Repräsentation des Objekts voraus.

2. Im *präoperatorischen Stadium* beruht das Denken des Kindes auf eigener Erfahrung. Piaget beschreibt dieses Verhalten als Egozentrismus. Damit geht einher, dass Kinder in diesem Stadium (noch) nicht in der Lage sind, sich in die Perspektive einer anderen Person hineinzuversetzen. In diesem Alter neigen Kinder außerdem dazu, die Aufmerksamkeit nur auf ein besonders auffälliges Merkmal von Objekten zu richten (Zentrierung). In diesem Stadium behaupten Kinder etwa, dass in einem schmaleren Gefäß mehr Flüssigkeit ist als in einem breiteren, obwohl sie den Prozess des Umfüllens der Flüssigkeit vom breiten in

das schmale Gefäß selbst beobachten konnten.

3. Das ändert sich im *konkret-operatorischen Stadium*: Das Invarianzprinzip (oder Erhaltungsprinzip) bezeichnet die Tatsache, dass Kinder nun erkennen können, dass die Menge an Flüssigkeit dieselbe geblieben ist. Zudem ist das Kind nun zu mentalen Operationen in der Lage, d. h. zu Handlungen, die lediglich im Geiste ausgeführt werden und damit die Grundlage des logischen Denkens bilden. Wenn ein Kind in diesem Alter sieht, dass Person A größer ist als Person B, und wenn es später sieht, dass Person B größer ist als Person C, kann es schlussfolgern, dass Person A die größte Person ist. Allerdings gelingt ihm dieser Schritt noch nicht, wenn ihm der Sachverhalt lediglich mündlich beschrieben wird.

4. Im *formal-operatorischen Stadium* setzt das abstrakte Denken ein. Kinder sind nun in der Lage, von ihrer eigenen Realität zu abstrahieren und aus „wissenschaftlicher" Perspektive Probleme systematisch zu lösen, indem verschiedene Möglichkeiten der Reihe nach durchprobiert werden. Schlussfolgerungen können nun allein aus logischen Regeln abgeleitet werden, eine Überprüfung an der Realität ist nicht mehr notwendig. Dieses Stadium stellt den natürlichen Zielpunkt der geistigen Entwicklung dar.

Piagets Theorie hat die Forschung in der Entwicklungspsychologie wie kaum eine andere angeregt – alleine zu Themen wie Objektpermanenz oder Perspektivenübernahme (Egozentrismus) sind Hunderte von Publikationen erschienen, die die theoretischen Annahmen prüfen. Insgesamt zeigt sich, dass Piaget die kindlichen Kompetenzen eher unterschätzt und/oder die Altersangaben zu hoch angesetzt hat (Lohaus et al., 2019, S. 34).

12.4.2 Entwicklungspsychologie der Lebensspanne

Die Konzeption der Entwicklungspsychologie der Lebensspanne beeinflusste seit dem Beginn der 1970er-Jahre die moderne Entwicklungspsychologie wesentlich. Sie wurde durch den deutschen Psychologen und Gerontologen Paul B. Baltes sowie den US-amerikanischen Entwicklungspsychologen K. Warner Schaie geprägt, wobei Lindenberger (2007) darauf hinweist, dass zentrale Annahmen der Entwicklungspsychologie der Lebensspanne bereits im 18. Jahrhundert formuliert wurden. Neben anderen Einflussfaktoren führten der demografische Wandel und der dadurch offensichtlich werdende, vergleichsweise geringe Erkenntnisstand über entwicklungspsychologische Aspekte im Erwachsenenalter zu einem Aufschwung dieses theoretischen Ansatzes. Die Entwicklungspsychologie der Lebensspanne lässt sich durch sieben zentrale Prämissen charakterisieren, die im Folgenden kurz dargestellt werden (Conzelmann & Gabler, 2001, S. 37 f.; Hackfort, 2003, S. 20 ff.; Lindenberger, 2007; Whaley, 2007, S. 646 f.):

1. *Lebenslange Entwicklung:* Diese steht im Mittelpunkt des Ansatzes; kein Altersbereich wird als dominant angesehen. Insbesondere können Entwicklungsverläufe in einzelnen Lebensabschnitten nur dann umfassend verstanden und erklärt werden, wenn auch Entwicklungsverläufe früherer Phasen hinzugezogen und wenn aktuelle Entwicklungsprozesse im Hinblick auf die Bewältigung späterer Lebensphasen betrachtet werden.

2. *Entwicklung als Gewinn und Verlust:* Entwicklung wird in jedem Lebensabschnitt als eine Mischung aus Gewinn und Verlust verstanden. Fordert ein Erwachsener beispielsweise ein Kindergartenkind zu einem Wettrennen heraus, glaubt dieses, es könne dieses Rennen tatsächlich gewinnen. Im Laufe seiner Entwicklung macht das Kind Erfahrungen und bekommt Rückmeldungen, die es ihm erlauben, seine Leistungsfähigkeit realistischer einzuschätzen. In diesem Sinn hat das Kind durch die Entwicklung zwar hinzugewonnen, aber nicht ausschließlich in positiver Hinsicht: Die kindliche Unschuld und die pure intrinsische Freude sind durch diese Entwicklung verlorengegangen (Whaley, 2007, S. 646). Allerdings ist das relative Verhältnis von Gewinn und Verlust über die Lebensspanne hinweg nicht gleichmäßig verteilt, sondern verschiebt sich im Laufe des Lebens: In jüngeren Jahren dominieren Gewinne durch Entwicklung, in älteren Verluste.

3. *Plastizität:* Mit Plastizität ist die Fähigkeit zur Veränderung innerhalb einer Person gemeint, die zwischen Individuen beträchtlich variiert. Sie wird auch als Entwicklungskapazität bezeichnet und nimmt im Allgemeinen ab, je älter eine Person wird. Das bedeutet aber nicht, dass Ältere nicht mehr in der Lage wären, sich zu verändern. Selbst über 85-Jährige können ihre Gedächtnis- oder Kraftleistungen beträchtlich verbessern. Übertragen auf die Sportwissenschaft stellen sich Fragen hinsichtlich der Plastizität vor allem in Bezug auf die Lernfähigkeit sportmotorischer Fertigkeiten und die Trainierbarkeit konditioneller Fähigkeiten (◻ Abb. 12.3).

4. *Multidimensionalität und -direktionalität:* Die Richtung (Direktionalität) der Veränderung variiert innerhalb derselben Dimension und zwischen verschiedenen Dimensionen der Entwicklung. So lässt sich etwa nachweisen, dass es zwei verschiedene Formen der Intelligenz gibt (fluide und kristalline Intelligenz), die sich in unterschiedliche Richtungen entwickeln können.

5. *Geschichtliche Einbettung:* Entwicklungsverläufe müssen immer in Bezug zu ihren historisch-kulturellen Bedingungen gesehen werden (▶ Abschn. 12.3). Bei Ver-

◘ **Abb. 12.3**   Foto: Marc Hampel

gleichen zwischen verschiedenen Generationen ist daher immer Vorsicht geboten. In Kriegszeiten z. B. stehen völlig andere Lebensziele im Mittelpunkt (Leben schützen und erhalten) als in Friedenszeiten (z. B. Bildung, Gesundheit). Auch institutionelle Gegebenheiten wie die Zahl der Pflichtschuljahre oder Lehrplaninhalte beeinflussen individuelle Entwicklungsverläufe.

6. *Kontextualismus:* Entwicklung wird immer durch den Kontext beeinflusst, in dem sie stattfindet. Zu diesen Kontextfaktoren (▶ Abschn. 12.3) zählen neben politischen und gesellschaftlichen Faktoren (s. geschichtliche Einbettung) auch individuelle kritische Lebensereignisse (z. B. Tod naher Angehöriger, Adoption) und das Lebensalter. Diese Faktoren stehen miteinander in Wechselwirkung, und ihre Gewichtung variiert über die Lebensspanne. Bei der Betrachtung von Entwicklungsverläufen ist daher immer ein ganzheitlicher Ansatz notwendig. Bei einem Kind, das mit zwei Jahren mit deutlichen Entwicklungsverzögerungen vom Jugendamt aus seiner Familie „geholt" wird und in einer Adoptivfamilie aufwächst, ist die reguläre Einschulung mit sechs Jahren vor diesem Kontext völlig anders zu bewerten als bei einem Kind, das in einem behüteten Elternhaus aufwächst.

7. *Multidisziplinarität:* Da die Psychologie immer nur einen ganz bestimmten Ausschnitt der Entwicklung erfassen kann, erfordert die Erforschung von Entwicklung einen **interdisziplinären** Ansatz, in dem Erkenntnisse und Methoden u. a. der Biologie, der Soziologie oder der Anthropologie integriert werden müssen.

Der Forschungsansatz der Entwicklungspsychologie der Lebensspanne hat mittlerweile auch Einzug in die Sportpsychologie gehalten. Willimczik (2009) überträgt den Ansatz auf die (sport-)motorische Entwicklung; von Weiss (2004) sowie Whaley (2007) stammen Beiträge, die den Einfluss kognitiver, **affektiver**, sozialer und anderer Entwicklungsverläufe im Lebenslauf auf körperliche Aktivität und Sport darstellen. Whaley (2007, S. 657) stellt allerdings bedauernd fest, dass diese Bemühungen erst am Anfang stehen.

12.5 Ausgewählte Aspekte

In den bisherigen Ausführungen sollte deutlich geworden sein, dass die Menge der Inhaltsbereiche, der theoretischen Ansatzpunkte und der **empirischen** Erkenntnisse der Entwicklungspsychologie kaum überschaubar ist. Vor diesem Hintergrund sind ▶ Abschn. 12.5.1 und ▶ Abschn. 12.5.2 zu sehen: Die Entwicklung der Leistungsmotivation sowie die Entwicklung sportlicher Höchstleistung werden als Beispiele für bedeutende Entwicklungsprozesse im Rahmen der Sportpsychologie herausgegriffen.

12.5.1 Entwicklung der Leistungsmotivation

Die Leistungsmotivation ist ein entscheidendes **Konstrukt** in der Sportpsychologie (▶ Abschn. 4.2.3). Viele Handlungen im Sport sind Leistungshandlungen oder sind zumindest indirekt mit Leistung verknüpft. Aber wie entsteht Leistungsmotivation überhaupt? Wie entwickelt sie sich im Laufe der Kindheit und der Jugend? Im Folgenden soll diese Entwicklung kurz charakterisiert werden (nach Krapp & Hascher, 2014), wobei es sich bei den Altersangaben nur um grobe Orientierungswerte handelt.

Damit sich leistungsmotiviertes Verhalten entwickeln kann, muss eine Handlung erstens als von einem Individuum *selbst verursacht* wahrgenommen werden und zweitens muss das Ergebnis der Handlung mit einem *Gütemaßstab* in Bezug gesetzt werden (**Bezugsnorm**). In der menschlichen Entwicklung findet die erste Voraussetzung sehr früh statt: Bereits Neugeborene haben eine starke Tendenz, ihre Wirksamkeit zu erproben (z. B. indem sie selbst Effekte wie Geräusche herbeiführen). Weitere zentrale Grundlagen der Leistungsmotivation werden in den ersten Lebensjahren gelegt.

Gegen Ende des ersten Lebensjahres sind Kinder in der Lage, zwischen ihren Handlungen und den **Effekten** bzw. Ergebnissen dieser Handlungen zu unterscheiden. Dabei steht nicht das Handlungsergebnis selbst im Vordergrund, sondern der motivationale Anreiz besteht darin, ein Ergebnis selbstständig herbeizuführen. Dies kann z. B. dazu führen, dass kleine Kinder etwas, das sie gebaut haben, direkt danach wieder umwerfen, um es erneut wieder aufzubauen. In dieser Phase erprobt das Kind seine eigene *Wirksamkeit* und lehnt Hilfe ab („selber machen wollen"). Es nimmt sich als handelndes Individuum wahr, was eine grundlegende Ausbildung des eigenen Selbstkonzepts (▶ Kap. 7) voraussetzt. Bereits im zweiten Lebensjahr wird eine Orientierung an ersten *Gütemaßstäben* bzw. Bezugsnormen deutlich. Besonders in Situationen, in denen sich Kinder beobachtet fühlen, versuchen sie, bestimmte Qualitätsstandards zu erfüllen. Dies kann beispielsweise der Fall sein, wenn sie eine Handlungssequenz nachahmen, die ihnen zuvor jemand gezeigt hat. Hier beginnen soziale Einflüsse relevant zu werden. Damit sich leistungsmotiviertes Verhalten entwickelt, genügt eine Orientierung an Gütemaßstäben alleine jedoch nicht. Zusätzlich muss das Handlungsergebnis mit den eigenen Fähigkeiten bzw. der eigenen *Tüchtigkeit* in Verbindung gebracht werden. Als Indikator hierfür können emotionale Reaktionen wie Stolz nach Erfolgen und Scham nach Misserfolgen betrachtet werden. Diese lassen sich relativ konsistent im Alter von etwa dreieinhalb Jahren nachweisen. In diesem Alter vollzieht sich also ein Wandel von einem effektorientierten hin zu einem leistungsmotivierten Handeln.

Die Entwicklung der Leistungsmotivation in den Folgejahren ist stark von der Entwicklung subjektiver *Fähigkeitskonzepte* abhängig. Diese sind u. a. abhängig davon, welche Ursachen für Erfolg und Misserfolg verantwortlich gemacht werden (▶ Abschn. 11.3). Kinder im Vorschulalter erklären Leistungsunterschiede vorrangig mit Unterschieden in der *Anstrengung*, was auch dazu führt, dass Erfolgserwartungen optimistisch verzerrt sind. Während vierjährige Kinder mehrheitlich auch nach wiederholtem Misserfolg zuversichtlich blieben, beim nächsten Mal erfolgreich zu sein, passen Fünfjährige ihre Erfolgserwartungen an vorherige Rückmeldungen über Erfolge und Misserfolge an. Wenn eine klare Referenz vorliegt (z. B. ein Bild, das abgemalt werden soll), sind auch schon Kinder in diesem Alter in der Lage einzuschätzen, wie gut ihnen eine Aufgabe gelungen ist. Im Kindesalter dominiert lange Zeit ein intraindividueller Gütemaßstab, d. h. das Kind vergleicht seine Leistung mit früheren eigenen Leistungen. Der Kompetenzerwerb und die Freude über den eigenen Fortschritt stehen hier im Vordergrund (*Lernzielorientierung*). Erst mit dem Übergang in die weiterführende Schule erhalten interindividuelle Bezugsnormen eine höhere Bedeutung, soziale Leistungsvergleiche werden damit wichtiger (*Leistungszielorientierung*). Auch steigt die Ego- im Vergleich mit der Aufgabenorientierung an (▶ Abschn. 4.2.3.3).

Schließlich ist auch die Ausbildung von *Fähigkeitskonzepten* wichtig für die Entwicklung der Leistungsmotivation: Im Vorschulalter sind die Einschätzungen der eigenen Fähigkeiten noch unrealistisch hoch; Kinder denken grundsätzlich, zu den Besten zu gehören. Eine realistischere Einschätzung der eigenen Fähigkeiten erfolgt mit Eintritt in die Schule, wenn Vergleichsprozesse eine größere Rolle spielen. Wenn Kinder mehrfach die Erfahrung machen mussten, dass ein bestimmtes Ziel trotz hoher Anstrengung nicht erreicht wurde, bilden sich Fähigkeitskonzepte heraus, die etwa im Alter von acht Jahren als stabiles Personenmerkmal angesehen werden können. In der Grundschule beziehen sich diese z. B. auf einzelne Schulfächer wie Mathematik, Deutsch oder Sport. Diese individuellen Fähigkeitseinschätzungen stabilisieren sich über die gesamte Schulzeit hinweg bis zum frühen Jugendalter und bleiben relativ konstant. Das bedeutet, dass Kinder, die sich bereits zu Beginn der Schulzeit niedrige Fähigkeiten im (Fach) Sport zuschreiben, diese Fähigkeitszuschreibung häufig über den gesamten Verlauf der Schulzeit beibehalten. Im Jugendalter entwickelt sich dann eine leistungsbezogene Identität heraus, die sowohl Wissen als auch Überzeugungen hinsichtlich der eigenen Leistungsfähigkeit umfasst.

Welche Bedingungen wirken sich auf die Entwicklung der Leistungsmotivation aus? Alfermann und Stoll (2017, S. 197–198) nennen vier Gruppen von Einflussfaktoren:

1. *Kulturelle Normen:* Gefragt wird hier z. B. danach, was in einer Gesellschaft unter Leistung verstanden wird oder wie hoch körperliche oder geistige Leistungen angesehen sind.
2. *Erziehungseinflüsse:* Dazu gehören etwa eine frühzeitige elterliche Unterstützung der kindlichen Autonomie, Zeit für und Interesse am Kind oder klare Erziehungsstrukturen im Sinne von Regeln oder Erwartungen.
3. *Einflüsse von Lehrkräften* (und zwar hinsichtlich der Bezugsnorm der Lehrkraft): Es ist belegt, dass Lehrkräfte, die individuelle Bezugsnormen wählen (d. h. zeitvariable Faktoren wie Bedingungen der Lernsituation und Anforderungsbedingungen als Erklärung für Leistung heranziehen), im Gegensatz zu Lehrkräften mit Orientierung an der sozialen Bezugsnorm (d. h. Erklärung von Leistung durch zeitstabile und **internale** Faktoren wie Fähigkeit oder Fleiß) einen positiven Einfluss auf die Entwicklung

der Leistungsmotivation ihrer Schüler ausüben. Dabei wirkt das Verhalten der Lehrkraft im täglichen Unterricht als vermittelnde Variable. Lehrkräfte mit individueller Bezugsnorm loben z. B. im Gegensatz zu Lehrkräften mit sozialer Bezugsnorm unterdurchschnittliche Lernende häufiger und bekräftigen ihre Lerngruppe auch schon während des Lernprozesses und nicht erst nach vollendeter Leistung. Außerdem gestalten sie ihren Unterricht didaktisch stärker individualisiert (d. h. sie berücksichtigen die verschiedenen Lernvoraussetzungen und Persönlichkeiten der Lernenden bei der Unterrichtsplanung und -durchführung). Kinder, die über einen längeren Zeitraum von Lehrkräften mit sozialer Bezugsnormorientierung unterrichtet wurden, entwickeln negativere Begabungsselbstbilder und ein negativeres Selbstwertgefühl als Kinder, die von Lehrkräften mit individueller Bezugsnormorientierung unterrichtet wurden.

4. *Einflüsse Gleichaltriger (Peers):* Sie beeinflussen die Entwicklung der Leistungsmotivation günstig, wenn Leistungsnormen vertreten werden und ein positives soziales Klima vorherrscht. An Gymnasien sind im Vergleich mit anderen Schulformen Leistungsnormen am deutlichsten präsent.

Die genannten Einflussfaktoren können gut erklären, warum sich bereits Kinder im Vorschulalter in ihrer Erfolgs- oder Misserfolgsorientierung unterscheiden.

12.5.2 Entwicklung sportlicher Höchstleistung

Wie wird aus einem sportbegeisterten Kind ein Olympiasieger oder eine Olympiasiegerin? Welche Faktoren tragen dazu bei, dass das eine Kind sein sportliches Talent voll entfalten kann, das andere dagegen nicht (◘ Abb. 12.4)? Die Entwicklung

◘ **Abb. 12.4**   Foto: Julia M. Kornmann

außergewöhnlicher Leistungen wird allgemein (besonders bezüglich schulischer Leistungen) häufig aus der Perspektive der Hochbegabungsforschung diskutiert (z. B. Rost et al., 2006; Münchener Hochbegabungsmodell von Heller, 2010). In Bezug auf sportliche Leistungen beschäftigen sich u. a. die Talentforschung (z. B. Hohmann et al., 2002; Hohmann, 2014) sowie die Expertiseforschung mit Themen der Leistungsentwicklung.

Im Folgenden soll ein kurzer Überblick über die Entwicklung sportlicher Höchstleistungen aus Sicht der *Expertiseforschung* gegeben werden (ausführlicher in Janelle et al., 2007, Coutinho et al., 2016 sowie Hambrick et al., 2016). In dieser Forschungsrichtung werden Individuen, die sportliche Höchstleistungen erbringen, als Expertinnen bzw. Experten in ihrem Feld angesehen (zum Problem dieses Begriffs vgl. Swann et al., 2015). Es gibt inzwischen eine Vielzahl empirischer Belege dafür, dass sich Expertinnen und Experten von Anfängerinnen und Anfängern in einer ganzen Reihe kognitiver (► Abschn. 2.2.1), emotionaler und motivationaler Faktoren unterscheiden.

Eine Arbeitsgruppe um Bloom (1985) führte ausführliche Interviews mit 120 Personen, die herausragende Leistungen in bestimmten Bereichen erbracht hatten (neben Sport z. B. auch Musik, Kunst und Wissenschaft). Als Ergebnis der Auswertung dieser Interviews unterscheiden die Wissenschaftler drei Phasen, in denen die idealtypische Entwicklung zur Expertise erfolgt:

1. *Romance:* Das Kind probiert sich im Sport aus. Die Eltern werden aufmerksam auf die besondere Freude oder die guten Leistungen ihres Kindes bei der Ausübung bestimmter sportlicher Aktivitäten und unterstützen es durch die Suche nach einer passenden Trainingsgruppe und einer passenden Trainerin bzw. einem passenden Trainer. Das Kind hat weiterhin Freude an der Sportart und „bleibt dabei". Am Ende

dieser Phase steht bereits ein gezieltes Training.
2. *Precision:* Es folgt eine Phase des intensiven und systematischen Übens, in der sich auch Erfolge bei Wettkämpfen einstellen. Das Ende der Phase ist dadurch gekennzeichnet, dass das Kind entscheidet, der sportlichen Karriere zunächst seine Hauptaufmerksamkeit zu widmen und andere Ziele unterzuordnen.
3. *Integration:* In dieser Phase wird Sport als Vollzeitbeschäftigung ausgeübt. Oft leben und trainieren die Sportlerinnen und Sportler in dieser Phase mit Gleichgesinnten. Je nach Aufwand und Können steht am Ende dieser Phase eine nationale oder internationale Karriere.

Eine umfassende Erklärung dafür, wie sich Expertise von der Geburt bis ins Erwachsenenalter entwickelt, liegt bisher nicht vor (Janelle et al., 2007), was auch darin begründet liegt, dass die Entwicklungsverläufe von Personen im Hochleistungssport sich häufig individuell stark unterscheiden.

Dennoch ist – wie für andere Entwicklungsprozesse auch – die aktuell vorherrschende Annahme die, dass eine Interaktion von genetischen Voraussetzungen und Umweltfaktoren die Entwicklung sportlicher Höchstleistung entscheidend mitbestimmt, wobei über das Verhältnis dieser beiden Faktoren bisher recht wenig bekannt ist.

Bestimmte *genetische Voraussetzungen* können die Entwicklung von Expertise begünstigen. Bisherige Studien legen nahe, dass u. a. folgende Aspekte durch die Gene beeinflusst werden (Janelle et al., 2007, S. 42):

- Körperbau und Figur
- Motorische Fähigkeiten (Kraft, Schnelligkeit, Beweglichkeit)
- Anpassungsfähigkeit an sportliches Training
- Persönlichkeit

- Intelligenz, Kognitionen (► Kap. 2) und andere **psychophysische** Prozesse
- Gesundheit

All diese Aspekte wirken wiederum auf die Entwicklung sportlicher Höchstleistungen in einer bestimmten Sportart. So beeinflusst die Genetik z. B. die Körpergröße (man denke an den Einfluss der Körpergröße bei Sportarten wie Basketball oder Kunstturnen), die maximale aerobe Kapazität, die Zusammensetzung der Muskelfasern oder die Größe der Lunge und des Herzens. Allgemein lässt sich sagen, dass vor allem strukturelle **physiologische** Faktoren (z. B. Größe der Lunge), weniger funktionelle physiologische Faktoren (z. B. Atemfrequenz) durch Vererbung beeinflusst werden. Auch für die Anpassungsfähigkeit an ein Training zeigt sich ein genetischer Einfluss: So reagieren z. B. eineiige Zwillinge auf ein Trainingsprogramm ähnlicher als zweieiige Zwillinge oder Geschwister (Bouchard et al., 1997; ► Exkurs 12.1).

Exkurs 12.1: Aus der Forschung: Anpassungsfähigkeit an sportliches Training

Bouchard und Rankinen (2001) fassen in einem **Review** die Ergebnisse bezüglich physiologischer Anpassungsleistungen des menschlichen Körpers auf sportliches Training zusammen:

Für die maximale Sauerstoffaufnahme (VO_2max) ergab sich beispielsweise im Schnitt eine 25%ige Steigerung bei vorher inaktiven Personen als Reaktion auf ein 20-wöchiges Training (3 Einheiten/Woche) auf dem Fahrradergometer. Die individuellen Reaktionen auf das Trainingsprogramm schwankten aber zwischen gar keiner Steigerung und einer Verdoppelung des Ausgangswerts. Dabei zeigte sich, dass der Einfluss von Alter, Geschlecht, Herkunft und Ausgangsniveau der VO_2max nur sehr gering war. Stärker schienen dagegen genetische Einflüsse zu wirken.

Für die Herzfrequenz zeigte sich ein ähnliches Bild, wenn auch hier das Ausgangsniveau eine etwas größere Rolle spielte.

Für das Cholesterin (HDL) zeigte sich bei dem oben beschriebenen Trainingsprogramm für einen Teil der Stichprobe eine Senkung um 9 %, während bei einem anderen Teil der Wert um 18 % anstieg.

Ähnlich wurde für den systolischen Blutdruck bei einem Teil der Stichprobe eine Senkung um nur 3,0 mmHg, für einen anderen Teil um 13,4 mgHg gefunden.

Die Autoren schlussfolgern, dass starke individuelle Unterschiede in Bezug auf die physiologische Anpassungsfähigkeit an sportliches Training existieren, die durch Alter, Geschlecht und ethnische Herkunft kaum erklärt werden können. In einigen Fällen spielt das Ausgangsniveau des untersuchten Faktors eine entscheidende Rolle. Es zeigt sich aber, dass die Anpassungsfähigkeit nicht zufällig verteilt zu sein scheint, da Mitglieder einer Familie ähnlicher auf Trainingsreize reagieren als Personen, die nicht verwandt sind.

Auf der *Umweltseite* steht in den letzten Jahren vor allem der Begriff des *deliberate practice* (Ericsson, 1996) im Mittelpunkt der Forschung – ein Begriff, der ursprünglich im Bereich der Musik geprägt wurde. Nach diesem Ansatz sind herausragende Leistungen das Resultat eines langjährigen intensiven Übungsprozesses. Oft angeführt wird hier die 10-Jahres- oder auch 10.000-Stunden-Regel, nach der sich erst nach diesen Zeiträumen Expertise – mit entsprechenden herausragenden Leistungen – einstellen würde. Allerdings beruht die Angabe von 10.000 Stunden lediglich auf einer Studie mit Pianisten und stellt keinen absoluten Wert da.

Demnach könnte so gut wie jeder ein hohes Expertiseniveau erreichen, wenn er bzw. sie sich nur lange genug mit dem gezielten Üben beschäftigen würde. Der Einfluss genetischer Variablen wird als gering angesehen. *Deliberate practice* bezeichnet ein gezieltes, konzentriertes und intensives Training, das durch folgende Merkmale gekennzeichnet ist:

- Es wird gezielt auf eine Leistungssteigerung hin trainiert.
- Es wird auf ein spezifisches Ziel hin trainiert.
- Es wird mit einem bestimmten Einsatz (einer bestimmten Intensität) trainiert.
- Das Training wird im Wesentlichen als nicht angenehm empfunden.

Zudem wird auf die Wichtigkeit von informativem Feedback sowie Möglichkeiten der Wiederholung und der Fehlerkorrektur hingewiesen.

Für den Bereich des Sports zeigt eine **Metaanalyse** mit 33 eingeschlossenen Studien und über 2500 Teilnehmenden, dass sich nur 18 % der sportlichen Leistung ($r = 0{,}43$) durch *deliberate practice* (Umfang spezifischen Übens) erklären lässt (Macnamara et al. 2016a, b). Dabei ergab sich kein signifikanter Unterschied zwischen Individual- und Mannschaftssportarten, Ball- und Nicht-Ballsportarten sowie offenen und geschlossenen Fertigkeiten. Bei Eliteathletinnen und -athleten auf internationalem Niveau war der Effekt geringer ausgeprägt als bei Sportlerinnen und Sportler unterhalb des Eliteniveaus sowie bei Stichproben mit gemischtem Leistungsniveau. Diese Ergebnisse deuten darauf hin, dass der Effekt des *deliberate practice* überschätzt wird, wenngleich die Publikation eine Debatte zwischen Ericsson als Verfechter dieses Ansatzes (Ericsson, 2016) und den Autoren der Metaanalyse auslöste (Macnamara et al., 2016b).

Zusammenfassend lässt sich festhalten, dass weder die genetische Veranlagung alleine noch das *deliberate practice* alleine zur Realisierung von Expertise im Sport ausreichen werden. Allerdings wird ein engagiertes und intensives Training einer Sportlerin oder einem Sportler umso eher zu sportlichem Erfolg verhelfen, je günstiger die genetischen Veranlagungen sind. Sportliche Expertise entwickelt sich damit als Resultat eines komplexen Zusammenspiels von Anlage- und Umweltfaktoren. Neben den diskutierten Faktoren der genetischen Veranlagung für bestimmte physiologische Aspekte und dem **Effekt** des *deliberate practice* spielen psychologische Faktoren wie die Persönlichkeit, kognitive Prozesse oder Selbstregulationsfähigkeiten (z. B. in Bezug auf emotionale Faktoren) eine entscheidende Rolle für die Entwicklung sportlicher Höchstleistungen. Ein integratives Modell zur Untersuchung von Expertise im Sport schlagen Hambrick et al. (2016) vor.

12.6 Zusammenfassung

- **Der Entwicklungsbegriff**
- Entwicklungspsychologie befasst sich mit relativ überdauernden, intraindividuellen und interindividuellen Veränderungen und Stabilitäten im Lebenslauf.

- **Klassifikation von Veränderungen**
- Entwicklung lässt sich nach Altersabschnitten (die allerdings nur als grober Orientierungsrahmen verstanden werden sollten) oder aber nach inhaltlichen Funktionsbereichen gliedern.
- In Bezug auf die inhaltlichen Funktionsbereiche wird z. B. häufig die Entwicklung der Motorik, der Kognition, der Persönlichkeit oder der Motivation untersucht.
- Daneben lässt sich die Entwicklung selbst nach verschiedenen Gesichtspunkten klassifizieren, z. B. danach, ob sie kontinuierlich oder diskontinuierlich verläuft.

- **Einflussfaktoren auf die menschliche Entwicklung**
- Die menschliche Entwicklung wird von einer ganzen Reihe von Faktoren beeinflusst, zu denen etwa allgemeine und individuelle genetische Faktoren, Reifungsprozesse oder geschichtlich-kulturelle Faktoren zählen.

- **Theoretische Ansätze**
- Theorien in der Entwicklungspsychologie lassen sich vier prototypischen Theoriefamilien zuordnen, die sich darin unterscheiden, dass sie der Entwicklung unterschiedliche Verhältnisse von Anlage und Umwelt zugrunde legen.
- Man unterscheidet idealtypisch endogenistische Theorien (Entwicklung als Ergebnis von Reifungsprozessen), exogenistische Theorien (Entwicklung als Ergebnis von Umweltreizen), aktionale und konstruktivistische Theorien (Entwicklung als Ergebnis des Verhaltens eines handelnden Menschen) und interaktionistische transaktionale systemische Theorien (Entwicklung als Ergebnis der Wechselwirkung aus Personen- und Umweltfaktoren).
- Heute dominieren interaktionistische Theorieansätze.

- **Die kognitive Entwicklung im Kindesalter nach Piaget**
- In Piagets Stadientheorie über die kognitive Entwicklung wird angenommen, dass Kinder durch Assimilation und Akkommodation nicht zufriedenstellende Ereignisse bewältigen und sich dadurch entwickeln.
- Piaget unterscheidet das sensumotorische, das präoperatorische, das konkret-operatorische sowie das formaloperatorische Stadium.

- **Entwicklungspsychologie der Lebensspanne**
- Die Entwicklungspsychologie der Lebensspanne beeinflusste die moderne Entwicklungspsychologie wesentlich.
- Sie geht von sieben Prämissen aus: lebenslange Entwicklung, Entwicklung als Gewinn und Verlust, Plastizität, Multidimensionalität und Multidirektionalität, geschichtliche Einbettung, Kontextualismus sowie Multidisziplinarität.
- Die Übertragung des Forschungsansatzes der Entwicklungspsychologie der Lebensspanne in die Sportpsychologie steht bislang erst am Anfang.

- **Ausgewählte Aspekte: Entwicklung der Leistungsmotivation**
- Die Entwicklung der Leistungsmotivation wird als bedeutend für sportpsychologische Fragestellungen angesehen.
- Wesentliche Weichen für die Entwicklung der Leistungsmotivation werden im Kindes- und frühen Jugendalter gelegt.
- Einfluss auf die Entwicklung der Leistungsmotivation haben u. a. kulturelle Normen, Erziehungsaspekte, Verhalten von Lehrkräften (Bezugsnormorientierung) sowie das Verhalten Gleichaltriger.

- **Ausgewählte Aspekte: Entwicklung sportlicher Höchstleistung**
- Sportliche Höchstleistung entwickelt sich in den drei Phasen *romance*, *precision* und *integration*.
- Bestimmte genetische Voraussetzungen können sportliche Höchstleistungen begünstigen.
- Der Forschungsansatz des *deliberate practice* sieht herausragende (auch sport-

12

liche) Leistungen vor allem als Resultat eines langjährigen, zielgerichteten intensiven Übungsprozesses. Empirisch lässt sich diese Annahme jedoch nur teilweise bestätigen.

- Es scheint plausibel, dass die Entwicklung sportlicher Expertise das Resultat eines komplexen Zusammenspiels von Anlage- und Umweltfaktoren ist.

Literatur

Alfermann, D., & Stoll, O. (2017). *Sportpsychologie. Ein Lehrbuch in 12 Lektionen* (5. Aufl.). Meyer & Meyer.

Baur, J., Bös, K., Conzelmann, A., & Singer, R. (Hrsg.). (2009). *Handbuch Motorische Entwicklung* (2. komplett überarb. Aufl.). Hofmann.

Bloom, B. S. (Hrsg.). (1985). *Developing talent in young people*. Ballantine Books.

Bouchard, C., & Rankinen, T. (2001). Individual differences in response to regular physical activity. *Medicine & Science in Sports & Exercise, 33*(6), S446–S451. https://doi.org/10.1097/00005768-20010 6001-00013

Bouchard, C., Malina, R. M., & Pérusse, L. (1997). *Genetics of fitness and physical performance*. Human Kinetics.

Conzelmann, A., & Gabler, H. (2001). Entwicklungstheoretische Konzepte und ihre Anwendung in der Sportwissenschaft. In H. Gabler, J. R. Nitsch, & R. Singer (Hrsg.), *Einführung in die Sportpsychologie. Teil 2: Anwendungsfelder* (2. erw. u. überarb. Aufl., S. 29–71). Hofmann.

Coutinho, P., Mesquita, I., & Fonseca, A. M. (2016). Talent development in sport: A critical review of pathways to expert performance. *International Journal of Sports Science & Coaching, 11*, 279–293. https://doi.org/10.1177/1747954116637499

Ericsson, K. A. (Hrsg.). (1996). *The road to excellence: The acquisition of expert performance in the arts and sciences, sports, and games*. Erlbaum.

Ericsson, K. A. (2016). Summing up hours of any type of practice versus identifying optimal practice activities: Commentary on Macnamara, Moreau, & Hambrick (2016). *Perspectives on Psychological Science, 11*, 351–354. https://doi.org/10.1177/1745691616635600

Faltermaier, T., Mayring, P., Saup, W., & Strehmel, P. (2014). *Entwicklungspsychologie des Erwachsenenalters* (3. vollst. überarb. Aufl.). Kohlhammer.

Gerrig, R. J. (2018). *Psychologie* (21. aktualisierte Aufl.). Pearson.

Hackfort, D. (2003). *Studientext Entwicklungspsychologie 1: Theoretisches Bezugssystem, Funktionsbereiche, Interventionsmöglichkeiten*. Vandenhoeck & Ruprecht.

Hambrick, D. Z., Macnamara, B. N., Campitelli, G., Ullén, F., & Mosing, M. (2016). Beyond born vs. made: A new look at expertise. *Psychology of Learning and Motivation, 64*, 1–55. https://doi.org/10.1016/bs.plm.2015.09.001

Havighurst, R. J. (1948). *Developmental tasks and education*. McKay.

Heller, K. A. (Hrsg.). (2010). *Munich studies of giftedness*. LIT.

Hohmann, A. (2014). Talent im Sport. In M. Stamm (Hrsg.), *Handbuch Talententwicklung* (S. 513–536). Huber.

Hohmann, A., Wick, D., & Carl, K. (Hrsg.). (2002). *Talent im Sport*. Hofmann.

Janelle, C. M., Coombes, S. A., Singer, R. N., & Duley, A. R. (2007). Veranlagung und Umwelt: Zum Verständnis von Expertenleistungen im Sport. In N. Hagemann, M. Tietjens, & B. Strauß (Hrsg.), *Psychologie der sportlichen Höchstleistung* (S. 40–70). Hogrefe.

Krapp, A., & Hascher, T. (2014). Theorien der Lern- und Leistungsmotivation. In L. Ahnert (Hrsg.), *Theorien in der Entwicklungspsychologie* (S. 252–281). Springer.

Langfeldt, H.-P., & Nothdurft, W. (2015). *Psychologie. Grundlagen und Perspektiven für die Soziale Arbeit* (5. überarb. Aufl.). Reinhardt.

Lindenberger, U. (2007). Historische, theoretische und methodische Grundlagen. In J. Brandtstädter & U. Lindenberger (Hrsg.), *Entwicklungspsychologie der Lebensspanne. Ein Lehrbuch* (S. 9–33). Kohlhammer.

Lohaus, A., Vierhaus, M., & Maass, A. (2019). *Entwicklungspsychologie des Kindes- und Jugendalters*. Springer.

Macnamara, B. N., Hambrick, D. Z., & Moreau, D. (2016a). How important is deliberate practice? Reply to Ericsson (2016). *Perspectives on Psychological Science, 11*, 355–358. https://doi.org/10.1177/1745691616635614

Macnamara, B. N., Moreau, D., & Hambrick, D. Z. (2016b). The relationship between deliberate practice and performance in sports: A meta-analysis. *Perspectives on Psychological Science, 11*, 333–350. https://doi.org/10.1177/1745691616635591

Montada, L. (2008). Fragen, Konzepte, Perspektiven. In R. Oerter, & L. Montada (Hrsg.), *Entwicklungspsychologie* (5. vollst. überarb. Aufl., S. 3-48). Beltz.

Nolting, H.-P., & Paulus, P. (2018). *Psychologie lernen* (15. vollst. überarb. u. erw. Aufl.). Beltz.

Oerter, R., & Dreher, E. (2008). Jugendalter. In R. O. L. Montada (Hrsg.), *Entwicklungspsychologie* (6. Aufl., S. 271–332). Beltz.

Rost, D. H., Sparfeldt, J. R., & Schilling, S. R. (2006). Hochbegabung. In K. Schweizer (Hrsg.), *Leistung und Leistungsdiagnostik* (S. 187–222). Springer.

Schott, N., & Munzert, J. (2010). *Motorische Entwicklung*. Hogrefe.

Sodian, B. (2008). Entwicklung des Denkens. In R. Oerter & L. Montada (Hrsg.), *Entwicklungspsychologie* (6. Aufl., S. 436–479). Beltz.

Swann, C., Moran, A. P., & Piggott, D. (2015). Defining elite athletes: Issues in the study of expert performance in sport psychology. *Psychology of Sport and Exercise, 16*(1), 3–14. https://doi.org/10.1016/j.psychsport.2014.07.004

Trautner, H. M. (1997). *Lehrbuch der Entwicklungspsychologie. Band 2: Theorien und Befunde* (2. unveränd. Aufl.). Hogrefe.

Trautner, H. M. (2003). *Allgemeine Entwicklungspsychologie* (2. überarb. u. erw. Aufl.). Kohlhammer.

Weiss, M. R. (Hrsg.). (2004). *Developmental sport and exercise psychology: A life-span perspective*. Fitness Information Technology.

Whaley, D. E. (2007). A life span developmental approach to studying sport and exercise behavior. In G. Tenenbaum & R. C. Eklund (Hrsg.), *Handbook of sport psychology* (3. Aufl., S. 645–661). Wiley.

Willimczik, K. (2009). (Sport-)Motorische Entwicklung. In W. Schlicht, & B. Strauß (Hrsg.), *Grundlagen der Sportpsychologie* (Enzyklopädie der Psychologie, Serie 5: Sportpsychologie, 1. Aufl., S. 297–373). Hogrefe.

12

Lernen

Inhaltsverzeichnis

Der Text ist in leicht veränderter Form bereits erschienen in: Conzelmann, A., Hänsel, F. & Höner, O. (2013). Individuum und Handeln – Sportpsychologie. In A. Güllich & M. Krüger (Hrsg.), *Sport – Das Lehrbuch für das Sportstudium* (S. 269–335). Berlin: Springer

Wird im Alltag der Begriff „Lernen" benutzt, wird er oft unwillkürlich mit Tätigkeiten wie „auswendig lernen", „rechnen üben" oder „Texte durcharbeiten" im Sinne schulischen Lernens in Verbindung gebracht. Taucht der Begriff wie hier in einem sportwissenschaftlichen Lehrbuch auf, mag man vielleicht noch an das Erlernen sportlicher Bewegungen denken. Aus sportpsychologischer Sicht beinhaltet der Lernbegriff aber viel mehr. Eine Stabhochspringerin möchte lernen, wie sie das mentale Training richtig anwendet. Ein Judoka, der Kampfrichter werden möchte, muss neben den Inhalten des Regelwerks auch lernen, wie er dieses Wissen auf der Judomatte umsetzt. Ein jugendlicher Handballspieler hat durch seine Tätigkeit als Co-Trainer gelernt, sein Verhalten gegenüber jüngeren Kindern zu überdenken. Was also versteht man in der Psychologie eigentlich unter Lernen? Wie lernen Menschen? Wie lässt sich Lernen erklären? Welche Formen des Lernens lassen sich unterscheiden? Im Folgenden soll ein Überblick über die klassischen Lerntheorien der Psychologie gegeben werden. Das Lernen sportlicher Fertigkeiten (motorisches Lernen) ist dagegen ein Thema, das nicht nur von der Sportpsychologie, sondern auch von der Sportmotorik und der Bewegungswissenschaft bearbeitet wird. Aus diesem Grund wird es an dieser Stelle ausgeklammert.

In ▶ Abschn. 13.1 werden zunächst für das Verständnis der lernpsychologischen Forschung wesentliche Grundlagen vorgestellt. Danach erfolgt die Darstellung von fünf zentralen Lerntheorien, die die Psychologie hervorgebracht hat (▶ Abschn. 13.2). Schließlich werden in ▶ Abschn. 13.3 mit Transfereffekten und der Lernmotivation zwei ausgewählte Faktoren behandelt, die Einfluss auf Lernleistungen nehmen.

13.1 Grundlagen der Lernpsychologie

Wenn ein Mensch auf die Welt kommt, hat er relativ begrenzte Verhaltens- und Handlungsmöglichkeiten. Mit angeborenen Verhaltensmustern (z. B. Reflexen wie Greifen oder Saugen) kann er zwar einige Zeit überleben; wenn die Anforderungen, die seine Umwelt an ihn stellt, aber komplexer werden, muss er auch komplexere Verhaltensweisen entwickeln. Dies gelingt ihm, weil er in der Lage ist, Erfahrungen zu machen und auf Grundlage dieser Erfahrungen sein zukünftiges Verhalten zu ändern.

Bezugnehmend auf das in ▶ Abschn. 1.3 vorgestellte *Grundschema des psychischen Systems* gehört Lernen ebenso wie Entwicklung (▶ Kap. 12) zu den Vorgängen, die auf der vertikalen Ebene situationsüberdauernde Veränderungen mit sich bringen. Es handelt sich beim Lernen also um einen Prozess, der seinerseits die aktuellen Prozesse verändert. Lernvorgänge verändern die **Disposition** zum Wahrnehmen, Denken, Fühlen und Verhalten. Andererseits kann Lernen aber auch als eine „Nachwirkung" der aktuellen Prozesse verstanden werden, nämlich insofern, als die eigenen Wahrnehmungen, Gedanken, Gefühle und Verhaltensweisen „Spuren" hinterlassen, die dann als Erfahrungen gespeichert werden (Nolting & Paulus, 2018, S. 91).

Lernen

Lernen bezeichnet die *relativ überdauernde* Veränderung des *Verhaltenspotenzials* aufgrund von Erfahrungen.

Über diese „Minimaldefinition" besteht innerhalb der Lernpsychologie und auch der Sportpsychologie relativ große Einigkeit (z. B. Edelmann, 2019; Myers, 2014; Mazur,

2006; Nolting & Paulus, 2018; Singer & Munzert, 2000). Sie bedarf aber einiger zusätzlicher Erläuterungen.

Der Begriff *Verhaltenspotenzial* macht deutlich, dass die Veränderung spezifischer interner Zustände (Wissensbestand und Können, aber auch kognitive, motivationale und emotionale Dispositionen) zwar zu einer Verhaltensänderung führen *kann*, aber nicht führen *muss*.

▶ **Beispiel**

Der Trainer der deutschen Kunstturn-Nationalmannschaft kann bei einem internationalen Wettkampf eine ihm bisher unbekannte Aufwärmübung des russischen Teams beobachten, abspeichern und diese Übung dadurch „lernen". Solange er sie aber nicht mit seinem eigenen Team durchführt oder selbst ausprobiert, ist von außen nicht sichtbar, dass Lernen stattgefunden hat. ◀

Häufig wird deswegen zwischen Kompetenz (das Verhalten, von dem man weiß und das man zeigen könnte) und Performanz (das Verhalten, das tatsächlich gezeigt wird) unterschieden.

Veränderungen müssen *relativ überdauernd* sein, damit von Lernen gesprochen werden kann. Kurzfristige Änderungen des Verhaltenspotenzials, z. B. durch Ermüdung, Krankheit, Motivationsschwankungen oder glückliche äußere Umstände, gelten nicht als Lernen. *Relativ* bezieht sich auf die Tatsache, dass Gelerntes im Laufe der Zeit aber auch wieder vergessen oder durch spätere Lernprozesse verändert wird.

Nicht als Lernen gelten auch solche Änderungen, die nicht auf Erfahrungen zurückgehen. Dazu zählen insbesondere Reifungs- und Wachstumsprozesse. Unter *Reifung* versteht man genetisch gesteuerte Organveränderungen bzw. die Entwicklung einer Funktion aufgrund eines genetischen Programms (Nolting & Paulus, 2018, S. 89). Allerdings stellen Reifungsprozesse in vielen Fällen die Voraussetzung zum Lernen dar,

z. B. müssen Nervenbahnen altersgemäß ausgebildet sein, um Informationen überhaupt aufnehmen und verarbeiten zu können.

Eine weitere Voraussetzung für Lernprozesse ist die Speicherfähigkeit des Organismus, also das *Gedächtnis*. Dabei werden unter Lernen häufig eher Prozesse der Aneignung, unter Gedächtnis eher Prozesse der Speicherung und des Abrufs verstanden (Edelmann, 2019, S. 141). Gespeichert werden können nicht nur konkrete, bewusste Wissensbestände (was der Begriff „Gedächtnis" umgangssprachlich oft impliziert), sondern auch Vorlieben, sportliche Fertigkeiten, Emotionen usw. Lernen und Gedächtnis sind also stark miteinander verbunden und die hier vorgestellten Lerntheorien werden deshalb häufig auch dem Thema Gedächtnis zugeordnet. Darüber hinaus ist darauf hinzuweisen, dass auf die häufig zu findende Darstellung der **neurophysiologischen** Grundlagen des Lernens hier verzichtet wird (vgl. hierzu z. B. Edelmann & Wittmann, 2012; Gluck et al., 2010).

Der Begriff des Lernens ist sehr breit angelegt und kann sich auf alle Bereiche menschlichen Handelns erstrecken. So kann man z. B. motorisch einen bestimmten Bewegungsablauf erlernen, kognitiv erwirbt man taktisches Wissen, sozial lernt man, mit anderen umzugehen, emotional „lernt" man Gefühle gegenüber Situationen oder Personen (z. B. ein „Angstgegner" bzw. eine „Angstgegnerin").

Wie diese Beispiele auch zeigen, erfolgt Lernen keineswegs immer zielorientiert oder bewusst (*intentional*), wie z. B. beim Vokabellernen oder beim Lernen eines korrekten Tanzschrittes. Vielmehr wird gerade im Alltag sehr häufig beiläufig und unbewusst gelernt (*inzidentell*). Zu solchen inzidentellen Lernprozessen gehört beispielsweise der Erwerb der Muttersprache oder die Tatsache, dass man Inhalte eines interessanten Artikels aus dem Sportteil einer Zeitung später wiedergeben kann, obwohl man ihn nicht mit dem Ziel gelesen hatte, sich den Inhalt zu merken. Inzidentelles Wissen ist im Gegensatz zu intentionalem Wissen nicht immer verbalisierbar und willentlich abrufbar (Zaunbauer & Möller, 2009, S. 234).

13.2 Lerntheorien

In sportpsychologischen Lehrbüchern – insbesondere im angloamerikanischen Sprachraum – wird Lernen häufig nur im Zusammenhang mit sportmotorischem Lernen thematisiert. Die Untersuchung und theoretische Fundierung des Lernens sportlicher Fertigkeiten finden an der Schnittstelle von Sportpsychologie, Sportmotorik und Bewegungswissenschaft statt. Aus diesem Grund wird auf sportmotorisches Lernen an dieser Stelle nicht eingegangen (Darstellungen finden sich z. B. bei Hossner et al., 2013; Schmidt & Lee, 2011). Im Folgenden stehen dagegen Lerntheorien (manchmal auch Prinzipien des Lernens genannt) im Mittelpunkt, wie sie die Lernpsychologie als Teil der Allgemeinen Psychologie hervorgebracht hat. Ausgangspunkte dieser Lernforschung sind die Fragen, wie Menschen lernen und welche Gesetzmäßigkeiten dem Lernen zugrunde liegen. Einige frühe Lerntheorien beanspruchten für sich, alle Arten des Lernens mit einigen wenigen grundlegenden Mechanismen erklären zu können. Aufgrund der Vielfalt und der Komplexität der am Lernen beteiligten Prozesse sowie der unterschiedlichen Arten menschlichen Lernens wird die Existenz *der* Theorie des Lernens heute aber weitgehend abgelehnt. Stattdessen werden verschiedene *Arten des Lernens* unterschieden, je nachdem, welche Bedingungen dem Lernen jeweils zugrunde liegen und für welche Art von Lerninhalten (z. B. Faktenwissen, soziale Kompetenzen) die Theorien besonders bedeutsam sind (Nolting & Paulus, 2018, S. 94). Dement-

sprechend ist keine der hier vorgestellten Theorien „besser" oder „schlechter" als eine andere; vielmehr haben alle Theorien ihre Berechtigung für jeweils unterschiedliche Lernbedingungen und Lerninhalte. Diese didaktisch sicherlich sinnvolle Trennung lässt allerdings leicht vergessen, dass Lernen im Alltag auf dem Zusammenwirken mehrerer Lernprinzipien basiert. Anschauliche Beispiele dafür, dass bei komplexen Alltagssituationen häufig mehrere Lerntheorien zur Erklärung einer Verhaltensänderung herangezogen werden können und müssen, finden sich z. B. bei Steiner (2001).

Keine Einigkeit besteht darüber, wie viele Unterkategorien von Lernprinzipien bzw. Lerntheorien man sinnvollerweise annehmen sollte. Erschwerend kommt hinzu, dass viele inhaltlich gleiche oder ähnliche Lerntheorien unter verschiedenen Namen geführt werden. Im Folgenden werden die fünf wichtigsten Lerntheorien – klassische Konditionierung (▶ Abschn. 13.1), operante Konditionierung (▶ Abschn. 13.2), Lernen am Modell (▶ Abschn. 13.3), Begriffsbildung und Wissenserwerb (▶ Abschn. 13.4) sowie Handeln und Problemlösen (▶ Abschn. 13.5) – in ihren Grundzügen dargestellt und anhand sportspezifischer Beispiele verdeutlicht (ausführlich z. B. in Bednorz & Schuster, 2002; Edelmann, 2019; Mazur, 2006).

13.2.1 Klassische Konditionierung

Die klassische Konditionierung (Synonyme: Signallernen, respondente/reaktive Konditionierung, respondentes/reaktives Lernen, bedingter Reflex) gehört zu den *Reiz-Reaktions-Theorien* und geht auf den russischen **Physiologen** Iwan Pawlow (1849–1936) zurück. Er entdeckte bei seinen Untersuchungen zu Verdauungsprozessen bei Hunden zufällig, dass die Hunde begannen, Speichel abzusondern, wenn sie den Assistenten, der ihnen das Futter brachte, nur sahen. Daraufhin be-

◧ Tab. 13.1 Grundbegriffe der klassischen Konditionierung

Begriff	Erklärung	Beispiel aus dem Text
Un-konditionierter Reiz	Reiz, der eine spezifische ungelernte Reaktion automatisch auslöst	Futter
Unkonditionierte Reaktion	Angeborene, d. h. ungelernte Reaktion, die durch den unkonditionierten Reiz ausgelöst wird	Speichelfluss beim Anblick des Futters
Neutraler Reiz	Reiz, der eine unspezifische Reaktion auslöst	Glockenton vor der Konditionierung
Konditionierter Reiz	Ehemals neutraler Reiz, der nun dieselbe spezifische Reaktion auslöst wie der unkonditionierte Reiz	Glockenton nach der Konditionierung
Konditionierte Reaktion	Erlernte Reaktion, die durch den konditionierten Reiz ausgelöst wird	Speichelfluss beim Hören des Glockentons

Anmerkung: Eine alternative Bezeichnung für „Reiz" ist **„Stimulus"**, statt „unkonditioniert" und „konditioniert" werden oft auch „unbedingt" und „bedingt" verwendet

gann Pawlow, dieses Phänomen systematisch zu untersuchen. Er kombinierte wiederholt die Futtergabe mit einem Glockenton. Nach einiger Zeit sonderten die Hunde auch dann Speichel ab, wenn ihnen nur der Glockenton präsentiert wurde. Voraussetzung für diese Art des Lernens ist dabei das Vorliegen einer unwillkürlichen, nicht gelernten Verbindung von einem Reiz und einer Reaktion (biologisch **determinierte** Reaktionen wie Speichelfluss beim Anblick oder Riechen von Nahrung, angeborene Reflexe). Die in diesem Zusammenhang wichtigen Begrifflichkeiten sind in ◧ Tab. 13.1 dargestellt.

Die Übertragung der klassischen Konditionierung auf den Menschen wird dem **Behavioristen** John B. Watson (1878–1958) zugeschrieben. Er erweiterte den ursprünglich **physiologischen** Ansatz von Pawlow um zwei Komponenten: Erstens können Reize auch nur in der Vorstellung gegeben sein, umfassen also nicht mehr nur physikalisch-chemische Umweltereignisse, und zweitens wird unter einer Reaktion nicht mehr nur das *Verhalten* im engeren Sinne, sondern auch das *Erleben* (d. h. emotional-motivationale Reaktionen; ► Kap. 1) verstanden (Edelmann, 2019, S. 48). Berühmt

wurde Watsons – heute sicherlich ethisch fragwürdiges und auch methodisch nicht unumstrittenes – Experiment mit dem „kleinen Albert". Er konfrontierte den zu Beginn der Untersuchung neunmonatigen Jungen mit einer Vielzahl von lebendigen und nicht-lebendigen Objekten, darunter auch eine weiße Ratte, auf die dieser zunächst neugierig reagierte. Wenn Albert ein sehr lautes und unangenehmes Geräusch hörte, zeigte er typische Angstreaktionen (Schreien, Wimmern, Weglaufen). Nach mehrmaliger gleichzeitiger Darbietung der weißen Ratte und dem lautem Geräusch zeigte er schließlich die Angstreaktion auch, wenn ihm nur die Ratte gezeigt wurde.

Einige zentrale Prozesse der klassischen Konditionierung sollen hier kurz umrissen werden:

- Unter *Reizgeneralisierung* wird das Phänomen verstanden, dass nach einer Konditionierung auch Reize, die dem konditionierten Reiz ähnlich sind (in Pawlows Fall also z. B. eine Glocke mit einem höheren oder tieferen Ton) die konditionierte Reaktion auslösen.
- Die *Reizdiskriminierung* wirkt der Tendenz zur Generalisierung entgegen, in-

dem beim Konditionierungsprozess gelernt wird, den konditionierten Reiz von anderen, ähnlichen Reizen zu unterscheiden (bei Pawlows Hunden würde also Futter nur zusammen mit Glockentönen einer ganz bestimmten Tonlage dargeboten; bei Tönen einer anderen Tonlage würde keine Futtergabe erfolgen).

— Die *Extinktion* oder Löschung bezeichnet die Tatsache, dass die konditionierte Reaktion nicht mehr auftritt, wenn der konditionierte Reiz wiederholt ohne den unkonditionierten Reiz dargeboten wird. Allerdings kann nach einer Pause die konditionierte Reaktion spontan wieder auftreten (*spontane Erholung*).

Die klassische Konditionierung ist die einfachste Lernart. Sie ermöglicht es praktisch allen Organismen, sich ihrer Umwelt durch Lernen anzupassen und ist als Grundform des Lernens anerkannt. Ihre Bedeutung für das menschliche Lernen liegt insbesondere darin, dass emotionale Reaktionen (z. B. negative wie Angst, aber auch positive wie Freude) auf bestimmte situative Reize ausgebildet werden (Nolting & Paulus, 2018, S. 95 f.; zur Kritik an dieser Auffassung vgl. Singer & Munzert, 2000, S. 255). Ein anschauliches Beispiel für Affektlernen im Kontext des Sportunterrichts findet sich bei Zaunbauer und Möller (2009, S. 241): Wenn ein Schüler den Sportunterricht sehr positiv erlebt (z. B. angenehmes Klima, sympathische Lehrkraft, entspannte Atmosphäre) kann es sein, dass nach längerer Zeit ursprünglich neutrale Reize wie etwa der Anblick der Turnhalle (◻ Abb. 13.1) oder bestimmter Sportgeräte ebenfalls diese positiven Emotionen bei ihm auslösen.

◻ **Abb. 13.1**   Foto: Thomas Ott

13.2.2 Operante Konditionierung

Während bei der klassischen Konditionierung Reize gekoppelt werden, liegt die entscheidende Bedingung bei der operanten Konditionierung (Synonyme: instrumentelle Konditionierung, Lernen am Erfolg/Effekt, Lernen durch Verstärkung) in den *Konsequenzen*, die durch ein Verhalten hervorgerufen werden. Demnach wird das Verhalten, das angenehme Konsequenzen nach sich zieht, in der Zukunft wahrscheinlicher gezeigt. Verhaltensweisen, die unangenehme Folgen haben, werden dagegen seltener auftreten. Nach dem Behavioristen Burrhus Frederic Skinner (1904–1990) ist es unerheblich, *wie* dieses Verhalten zustande kommt (z. B. durch Versuch und Irrtum, durch Nachahmung eines beobachteten Verhaltens, als Ergebnis eigenen Nachdenkens); es kommt nur darauf an, ob und welche Konsequenzen dieses Verhalten nach sich zieht.

Es werden fünf verschiedene Arten von Konsequenzen unterschieden (◘ Tab. 13.2), von denen einige zum Aufbau, andere zum Abbau gezeigter Verhaltensweisen führen (Nolting & Paulus, 2018, S. 97):

1. Auf die gezeigte Verhaltensweise folgt ein positives (angenehmes) Ereignis (*positive Verstärkung*). Typische Beispiele sind Zuwendung durch andere, Belohnungen oder das Erreichen eines selbstgesteckten Ziels.

> ▶ Beispiel
>
> Ein Kind, das im Sportverein für seine Anstrengungen von seiner Trainerin gelobt wird, wird sich weiterhin anstrengen. ◀

2. Eine Verhaltensweise führt dazu, dass ein in der Vergangenheit als negativ (unangenehm) empfundener Zustand oder ein als negativ (unangenehm) empfundenes Ereignis ausbleibt oder aufhört (*negative Verstärkung*). Dieser Vorgang wird von der betroffenen Person ebenfalls positiv erlebt, nämlich als Entlastung oder Erleichterung.

> ▶ Beispiel
>
> Ein Nachwuchsleistungssportler hat sich angewöhnt, seine Nervosität vor Wettkämpfen durch Entspannungsübungen zu reduzieren. ◀

3. Ein negatives Ereignis tritt ein (*positive Bestrafung*). Typische Beispiele sind Tadel oder Strafen.

> ▶ Beispiel
>
> Ein Kind, das häufig zu spät zum Tennistraining kommt, bekommt jedes Mal eine (unangenehme) Extraaufgabe. ◀

4. Ein positives Ereignis oder ein positiver Zustand wird entzogen (*negative Bestrafung*).

> ▶ Beispiel
>
> Die Kinder im Leichtathletikverein wissen, dass nur dann am Ende des Trainings ein beliebtes Abschlussspiel gespielt wird, wenn sie vorher gut trainiert haben. ◀

◘ **Tab. 13.2** Mögliche Verhaltenskonsequenzen. (Aus Edelmann, 2019, S. 76, © Beltz)

Konsequenz	Darbietung	Entzug
Angenehme Konsequenz (Reiz oder Zustand)	Positive Verstärkung	Negative Bestrafung
Unangenehme Konsequenz (Reiz oder Zustand)	Positive Bestrafung	Negative Verstärkung
Keine Konsequenz	Löschung	

Anmerkung: Die Begriffe „positiv" und „negativ" sind nicht wertend gemeint, sondern beziehen sich einzig darauf, ob ein Verstärker dargeboten oder entzogen wird

5. Das Verhalten bleibt ohne Konsequenz (*Löschung* oder *Nichtbekräftigung*).

> ▶ Beispiel

Ein Jugendlicher, der im Fitnessstudio durch Imponiergehabe aufzufallen versucht, wird von den anderen Besuchern ignoriert. ◀

Verstärker werden auch danach unterschieden, ob sie ohne vorherige Lernprozesse wirksam sind (*primäre Verstärker*), wie Nahrung, Lärm, Schläge, oder ob sie erst durch eine vorher gelernte Verknüpfung mit primären Verstärkern wirksam wurden (*sekundäre* oder *konditionierte Verstärker*), wie etwa Geld, gute Noten, Drohungen. Verstärker können materieller Art (Geld, Spielsachen), sozialer Art („prima", anerkennende Gesten), aktivitätsbezogener Art (beliebte Tätigkeiten wie Videospiele, Fußballspielen) oder informativer Art (richtige Lösung einer Rechenaufgabe) sein (Edelmann, 2019, S. 78 f.).

Im Konditionierungsprozess ist es entscheidend, wie häufig ein Verhalten verstärkt wird. Die *kontinuierliche Verstärkung* (jedes gewünschte Verhalten wird verstärkt) führt dazu, dass sich Verhaltensweisen sehr schnell festigen, bei der *intermittierenden* oder *variablen Verstärkung* bleibt die Verstärkung gelegentlich aus. Dies führt zwar dazu, dass der Lernprozess länger dauert, die gelernte Verbindung ist aber deutlich stabiler und damit löschungsresistenter.

Damit eine Konditionierung durch positive Verstärkung erfolgreich sein kann, müssen bestimmte Randbedingungen gegeben sein (Edelmann, 2019, S. 81):

- Der Verstärker muss motivationsadäquat sein, d. h., er muss für eine bestimmte Person in einer bestimmten Situation eine Bedeutung haben.

> ▶ Beispiel

Wenn Lernende nicht motiviert sind, von ihrer Sportlehrkraft soziale Anerkennung zu erfahren, kann ein Lob der Lehrkraft auf Seiten der Lernenden Gelächter hervorrufen, anstatt ihr Verhalten zu verstärken. ◀

- Die Verstärkung muss möglichst sofort nach dem gezeigten Verhalten stattfinden.
- Zu Anfang eines Lernprozesses soll die Verstärkung möglichst immer stattfinden (kontinuierlich), später nur noch gelegentlich (variabel).
- Auch wenn ein gewünschtes Verhalten bereits gezeigt wird, ist weiterhin ein Minimum an Verstärkung notwendig, damit es nicht gelöscht wird.

Die Wirksamkeit von Bestrafungen ist umstritten und hängt von einer ganzen Reihe von Bedingungen ab (z. B. Stabilität der unerwünschten Verhaltensweise, Intensität und Unmittelbarkeit der Bestrafung; vgl. Edelmann, 2019, S. 88 ff.; Zaunbauer & Möller, 2009, S. 244). Aus theoretischer Perspektive wäre die Löschung, also die konsequente Nichtbeachtung, das optimale Verfahren zur Eliminierung unerwünschten Verhaltens. Im Gegensatz zum Laborexperiment stehen dieser Nichtbeachtung in der Praxis aber erhebliche Probleme gegenüber, da es im Alltag sehr schwierig ist, ein Verhalten tatsächlich nie zu verstärken (z. B. ist es für eine Lehrkraft sicherlich schwierig, ein Kind, das den Unterricht massiv stört, vollständig zu ignorieren).

Die operante Konditionierung in ihrer Reinform ist keine Technik, die man im Sport besonders häufig findet. Es existieren jedoch einige Studien, mithilfe derer untersucht wurde, ob Anreize bzw. Belohnungen die Bindung an sportliche Aktivität erhöhen. Strohacker et al. (2014) identifizierten in einer systematischen Übersichtsarbeit zehn experimentelle Studien, in denen das Bewegungs- oder Sportverhalten durch Belohnungen erhöht werden sollte. Als Anreiz dienten dabei häufig monetäre Belohnungen, aber auch die Teilnahme an Gewinnspielen oder Fernsehzeit (bei Kindern). Die Ergebnisse zeigen, dass solche Anreize während der Intervention zu einem erhöhten Bewegungs- und Sportverhalten im Vergleich mit einer Kontrollgruppe führten. Dies galt sowohl für Kinder als auch für Erwachsene. Unklar bleibt allerdings, ob das Sportverhalten auch nach der Intervention langfristig aufrechterhalten wird. Dies wurde – mit nicht einheitlichen Ergebnissen – in nur vier der eingeschlossenen Studien untersucht. Ebenfalls offen ist, ob sich die Belohnungen negativ auf die intrinsische Motivation der Teilnehmenden auswirkten (► Abschn. 13.2), da die Motivation nicht miterhoben wurde.

Durch die operante Konditionierung im ursprünglichen Sinne wird kein neues Verhalten erlernt, sondern die Tendenz, bestimmte Verhaltensweisen auszuführen oder zu unterlassen. Durch das sog. *Shaping* (Verhaltensformung, schrittweise Annäherung an ein Lernziel) kann aber mithilfe der Prinzipien des operanten Konditionierens auch Neues erlernt werden. Beim Shaping wird jede Verhaltensweise, die in die Richtung des erwünschten Zielverhaltens führt, verstärkt, bis man sich schrittweise dem Ziel genähert hat. Der Vorgang des Shaping ist bei komplexen Verhaltensweisen unumgänglich, da diese nicht „als Ganzes" gelernt werden können. Im sportlichen Techniktraining gibt es eine ganze Reihe von Beispielen für die Anwendung operanter Konditionierungsprinzipien (► Exkurs 13.1).

Exkurs 13.1: Aus der Praxis: Shaping beim Stabhochsprung

Scott et al. (1997) etwa korrigierten mit der schrittweisen Annäherung die Sprungtechnik eines 21-jährigen Stabhochspringers, dem es nicht gelang, seine Arme ausreichend hoch über den Kopf zu strecken, bevor er den Stab zum Absprung ansetzte. Sie installierten eine Lichtschranke, die einen Signalton aussandte, wenn die gewünschte Handhöhe erreicht wurde (positiver Verstärker). Zudem erfolgte während des Anlaufs der Zuruf „Reach!". Der Signalton wirkte in diesem Fall als positiver Verstärker. Der Stabhochspringer berichtete, dass er sich im Training so gefühlt habe, als stünde er mit dem Signalton im Wettkampf. Wenn seine Leistung bei einer bestimmten Höhe konstant war, wurde die Lichtschranke erhöht. Das Training erfolgte über 18 Monate (200 Trainingseinheiten). Mit dieser Methode gelang es, die Höhe der Hände des Sportlers beim Absprung um 27 cm zu verbessern, was sich auch in einer Verbesserung der übersprungenen Höhe niederschlug.

Die bekannteste Anwendungsform der operanten Konditionierung im schulischen Kontext ist der *Programmierte Unterricht*, bei dem die Lernenden selbstständig z. B. ein Arbeitsbuch durcharbeiten. Dies geschieht nicht linear, sondern in kleinen Schritten und unter Berücksichtigung des Wissensstands der Lernenden. Noch heute beruhen viele E-Learning-Programme auf den Grundideen des Programmierten Unterrichts. Weitere Beispiele für den (sport-) unterrichtlichen Bereich finden sich bei Zaunbauer und Möller (2009, S. 246 ff.).

Besonders im angloamerikanischen Raum haben Prinzipien der operanten Konditionierung unter dem Stichwort *behavioral coaching* Eingang in die Sportpsychologie gefunden. Diese Methoden, die die Veränderung von Verhaltensweisen im Sport zum Ziel haben, beziehen sich auf ganz unterschiedliche As pekte, wie den Einstieg in und die Bindung an gesundheitsbezogene Sportprogramme (oft für Risikogruppen), das Erlernen motorischer Fertigkeiten, von Verhalten der Trainerin bzw. des Trainers oder psychologischen Komponenten des Leistungssports, beispielsweise in der Startvorbereitung. Hänsel (2002) führt eine Reihe von Untersuchungen an, die belegen, dass verbale Verstärkungen wie „richtig" oder „gut" die Auftretenswahrscheinlichkeit korrekter Bewegungen erhöhen. Konsequenzen von Verhalten werden in *Behavioral-coaching*-Programmen beispielsweise auch in Form von gut sichtbaren Teilnahmedokumentationen zur Steigerung der Anwesenheit im Vereinstraining, von Dokumentationen des Lernverlaufs oder Selbstbeobachtungsstrategien eingeführt. Nicht selten sind auch kognitive Strategien zur Verhaltensänderung in diese Programme integriert; es handelt sich also häufig nicht um ausschließlich operante Konditionierungsmechanismen.

Obwohl sich der Geltungsbereich der operanten Konditionierung auf viele menschliche Verhaltensweisen erstrecken kann (z. B. motorisch, sozial, motivational), besitzt die Theorie nicht für alle Handlungs- und Situationsbedingungen Erklärungswert. Insbesondere wird kritisiert, dass menschliches Lernen auch von **internalen** Prozessen (z. B. kognitive Prozesse wie Denken oder Entscheiden, ▶ Kap. 2) beeinflusst wird und dass die überwiegend experimentell im Labor hergestellten Lernsituationen wenig Bedeutung für den Alltag aufweisen (vgl. Singer & Munzert, 2000, S. 259).

13.2.3   Lernen am Modell

Dass sich das Lernen nach dem Prinzip der operanten Konditionierung nicht auf alle Formen des menschlichen Lernens anwenden lässt, ist offensichtlich. Man stelle sich etwa vor, man müsste die Muttersprache durch Shaping erlernen. Beim Lernen am Modell (Synonyme: Beobachtungslernen,

Nachahmungslernen) werden neue Verhaltensweisen erworben, indem ein „Vorbild" beobachtet und dessen Verhalten nachgeahmt wird (◼ Abb. 13.2). Das Modelllernen erstreckt sich auf alle menschlichen Verhaltensweisen, hat große Bedeutung jedoch insbesondere im Bereich der Sozialisationsprozesse, die das Erlernen sozialer Verhaltensweisen wie Sitten, Gebräuche, Erziehungspraktiken, Manieren oder den Umgang mit anderen beeinflussen. Lernen am Modell ist sehr ökonomisch, da komplexe Verhaltensmuster bestenfalls bereits beim ersten Mal gelernt werden.

Die Theorie des Modellernens ist eng mit dem Namen des kanadischen Psychologen Albert Bandura (1925–2021) verbunden, der diese unter dem Begriff der sozial-kognitiven Lerntheorie begründete (z. B. Singer & Munzert, 2000, S. 263 ff.; Edelmann, 2019, S. 167 f.). Diese Bezeichnung macht deutlich, dass im Gegensatz zu den bisher vorgestellten Lerntheorien in der sozial-kognitiven Lerntheorie auch kognitive Prozesse berücksichtigt werden. Bandura unterscheidet beim Lernen am Modell grundlegend die Phase der *Aneignung* und die Phase der *Ausführung*, wobei sich jede Phase nochmals in zwei Teilprozesse gliedern lässt (◼ Abb. 13.3).

Damit eine beobachtende Person von einem Modell lernen kann, muss ihre *Aufmerksamkeit* (▶ Abschn. 2.1.3) auf das Verhalten des Modells gelenkt sein. Dies wird dann wahrscheinlicher, wenn bestimmte Voraussetzungen gegeben sind, die entweder auf Modellseite (z. B. Prestige und Kompetenz des Modells), auf Seite der Betrachtenden (z. B. emotionale Erregung und Engagement) oder in der Beziehung zwischen Modell und betrachtender Person (z. B. erlebte Ähnlichkeit) liegen können.

In einem zweiten Schritt muss das beobachtete Verhalten in irgendeiner Weise gespeichert werden (*Gedächtnisprozesse*). Das wahrgenommene Verhalten wird verbal und/oder bildlich kodiert und im Gedächtnis zu leicht erinnerbaren Einheiten zusammengefasst.

Abb. 13.2 Foto: Sören D. Baumgärtner

Aufmerksam-keitsprozesse	Gedächtnis-prozesse	Motorische Reproduktions-prozesse	Motivationale Prozesse
Aneignungsphase		Ausführungsphase	

Abb. 13.3 Prozesse des Lernens am Modell nach Bandura (1971)

Damit ein beobachtetes Verhalten überhaupt gezeigt werden kann, müssen die intellektuellen und/oder körperlichen Voraussetzungen auf Seite der Beobachtenden gegeben sein. Manchmal wird diese Phase auch als Phase der Einübung bezeichnet, in der die Lernenden das Verhalten wiederholt *motorisch reproduzieren* und Rückmeldungen über ihr Verhalten einholen (Winkel et al., 2006, S. 197).

Ob ein beobachtetes Verhalten dann auch tatsächlich ausgeführt wird, ist von den positiven Konsequenzen des Verhaltens für das Modell abhängig. Verstär-

kungs- und *Motivationsprozesse* (▶ Kap. 4) spielen also in der Phase der Ausführung die entscheidende Rolle (s. auch die Ausführungen zu Verstärkern in ▶ Abschn. 13.2).

Die **Effekte**, die durch Lernen am Modell hervorgerufen werden können, lassen sich in drei Kategorien einteilen:

1. *Erwerb neuer Verhaltensmuster:* Bislang unbekannte Verhaltensweisen werden übernommen, oder bereits bekanntes Verhalten wird neu kombiniert.
2. *Hemmungs-/Enthemmungseffekte:* Bereits bekannte Verhaltensweisen werden

durch die Konsequenzen, die das Modell erfährt, gehemmt oder verstärkt.

3. *Auslösungseffekte:* Bereits bekannte Verhaltensweisen werden ausgelöst (z. B. klatschen, wenn andere klatschen).

Das Lernen am Modell erweitert die bereits bekannten Theorien um kognitive Prozesse (s. Aneignungsphase). Es hat, wie die operante Konditionierung, einen sehr breiten Geltungsbereich, wird aber insbesondere im Zusammenhang mit dem Erlernen sozialen (und natürlich auch antisozialen) Verhaltens genannt. Im Sport ist dieses Lernprinzip weit verbreitet, allerdings wird es – beispielsweise im Techniktraining – oft mit anderen lernunterstützenden Maßnahmen verbunden.

13.2.4 Begriffsbildung und Wissenserwerb

Dieses Lernprinzip bezeichnet u. a. das, was umgangssprachlich oft „Lernen" genannt wird. Es umfasst das Lernen von Bedeutungen, Sinnzusammenhängen und auf Erkenntnis beruhenden (d. h. kognitiven) Prozessen. Dementsprechend gilt der Wissenserwerb auch als zentraler Bestandteil der Kognitionspsychologie (▶ Kap. 2). Da dieser Lerntyp außerordentlich komplex und in sich differenzierbar ist und die für sein Verständnis notwendigen kognitionspsychologischen Grundlagen sehr umfangreich sind, werden hier nur einige ausgewählte Grundlagen behandelt (ausführlich in Edelmann, 2019, S. 108 ff.; Nolting & Paulus, 2018, S. 100 ff.).

Gelernt werden bei dieser Art des Lernens vornehmlich Verbindungen, die nicht willkürlicher Art sind, sondern inhaltlich „verstanden" werden. Das Lernergebnis besteht dann in einer kognitiven Struktur, die dieses Wissen abbildet. Nolting und Paulus (2018, S. 61) führen als typische Form das Begriffs- und Regellernen an. Dabei werden unter *Begriffen* gedankliche Einheiten verstanden, die unterschiedliche Erscheinungsformen ordnen und zusammenfassen. *Regeln* verbinden mehrere Begriffe zu sinnvollen Aussagen. Dadurch, dass mehrere Regeln einen komplexen Sinnzusammenhang bilden, kann z. B. komplexes Tatsachenwissen gelernt werden (etwa die Funktionsweise eines Laufbands).

Für den Erwerb sinnhaltigen Wissens sind zwei Vorgänge besonders bedeutsam: die Elaboration, die die „Verknüpfung der neuen Information mit dem eigenen Vorwissen und die dabei vollzogenen Anreicherungen durch bildhafte Vorstellungen, Vergleiche mit verwandten Begriffen, eigene Beispiele usw." bezeichnet, sowie die Organisation, die die innere Ordnung sicherstellt, d. h. die Beziehungen, die zwischen den verschiedenen Wissensbestandteilen bestehen (Nolting & Paulus, 2018, S. 102).

Die erlernten kognitiven Strukturen können sich nicht nur auf Sachwissen (etwa „Der Abstand zwischen den Pfosten eines Fußballtors beträgt 7,32 m") beziehen, sondern auch auf Handlungswissen (z. B. zu wissen, wie man Fahrrad fährt) oder Ideologien.

13.2.5 Handeln und Problemlösen

Auch dieses Lernprinzip ist in sich vielschichtig und wird unterschiedlich bezeichnet. Der Begriff des Handelns ist recht unbestimmt, weswegen Edelmann (2019, S. 171) Handlungen durch bestimmte Merkmale charakterisiert, zu denen etwa die Innensteuerung durch ein Subjekt, die Entscheidung zwischen Handlungsalternativen, die Intentionalität (Zielgerichtetheit), die Bewusstheit oder die (auch rechtliche) Verantwortlichkeit gehören. Ein Handlungsschema (oder -skript) bezeichnet die kognitive Repräsentation eines Handlungsablaufs, der strukturell weitgehend gleich bleibt (z. B. eine Mahlzeit zubereiten, Gäste empfangen, tanken, ein Fußballspiel besuchen). Die Entwicklung einer eigenständigen

Handlungsregulation vollzieht sich nach Edelmann (2019, S. 180) in drei Schritten:

1. Aneignung der durch Modelle vorgegebenen Handlungsmuster
2. Ausbildung von Handlungsschemata unter Anleitung
3. Eigenständige Handlungsregulation in neuartigen Situationen

Das Problemlösen kann als Sonderfall des Handelns betrachtet werden. Es ist dadurch gekennzeichnet, dass eine Barriere die Überführung eines unerwünschten Anfangszustands in einen erwünschten Endzustand verhindert. Probleme unterscheiden sich darin, wie komplex sie sind (wenige Komponenten oder unübersichtliches Netz) und wie offen sie sind („richtige" Lösung vs. individuelle Gestaltung).

Edelmann (2019, S. 181) unterscheidet fünf Formen des problemlösenden Denkens, von denen hier nur das *Lernen durch Einsicht* kurz vorgestellt werden soll, das vielfach auch als eigenständiger Lerntyp aufgefasst wird. Beim Lernen durch Einsicht werden durch die Umstrukturierung des Wahrnehmungsfelds einer Person die Elemente einer Problemsituation in neuer Weise gesehen, etwa indem neue Beziehungen zwischen den Elementen einer Problemsituation entdeckt werden (z. B. werden zwei Elemente, die bislang nur nebeneinander gesehen wurden, in eine Ursache-Wirkung-Beziehung gebracht). Diese Umstrukturierung erfolgt wiederum mithilfe kognitiver Prozesse wie etwa Nachdenken, Vergleichen oder Kombinieren.

Problemlösungen, die durch Einsicht zustande kommen, tauchen oft plötzlich und überraschend auf. Äußerlich beobachtbare Veränderungen bei der Problemlösung bestehen zudem im linearen Verlauf einer zum Ziel führenden Handlungsreihe, einer Verhaltens- und Ausdrucksänderung des Lernenden kurz vor der eigentlichen Endhandlung (Aha-Erlebnis) und einer subjektiven Neuartigkeit der Problemlösung (Köhler, 1917; zit. nach Eberspächer, 1993, S. 140).

Ein typisches Beispiel aus dem sportlichen Techniktraining beschreibt Eberspächer (1993, S. 140).

▶ **Beispiel**

Ein Schüler erlernt das Delfinschwimmen und beherrscht weitestgehend die einzelnen Elemente der Technik. Nur die Wellenbewegung, der Gesamtablauf, gelingt noch nicht. Sein Lehrer macht ihn auf die Bedeutung der Kopfsteuerung aufmerksam; der Schüler übt weiter. Plötzlich (*Plötzlichkeit der Problemlösung*), mitten im Übungsprozess, macht es bei ihm „klick" – er hat jetzt verstanden, wie die Bewegungen des Kopfs und des restlichen Körpers koordiniert werden müssen (*Aha-Erlebnis*). Seine Bewegungen werden flüssiger und rhythmischer (*glatter Verlauf*), und er erlebt das „neue" Delfinschwimmen als viel leichter und ganz anders als seine bisherigen Versuche (*subjektive Neuartigkeit*). ◀

Problemlösendes Handeln ist praktisch in jedem Kontext zu finden (z. B. Wissenschaft, Technik, soziales Verhalten). Inhalte, die durch diesen Lerntyp erworben werden, sind auf neue Bereiche besonders gut übertragbar (▶ Abschn. 13.1), da „Einsicht" in Prinzipien und Strukturen von Zusammenhängen gewonnen wird.

13.3 Einflussfaktoren

Die Wirkung der vorgestellten Lernprinzipien wird durch eine Vielzahl weiterer Faktoren beeinflusst. Diese Faktoren beziehen sich einerseits auf **externale** Bedingungen (Lernsituation, Lehrende) und andererseits auf personenspezifische Aspekte (**internale** Bedingungen). Zu den personenspezifischen Aspekten gehören kognitive Dispositionen (z. B. Begabung, Intelligenz) und aktuelle physische und psychische Voraussetzungen (z. B. Aktivierungsniveau, Emotionen). Im Folgenden werden exemplarisch zwei wichtige Aspekte vorgestellt:

Transfereffekte als eine Facette der Lernsituation (▶ Abschn. 13.1) und Lernmotivation als eine Facette der Lernenden (▶ Abschn. 13.2).

13.3.1 Externaler Faktor Lernsituation: Transfereffekte

Wenn gelernte Inhalte ausschließlich in solchen Situationen angewandt werden könnten, die mit der ursprünglichen Lernsituation identisch sind, wäre menschliches Lernen ein höchst mühsamer Prozess. Tatsächlich sorgen aber Transfereffekte (manchmal auch als Lernübertragung bezeichnet) dafür, dass sich Gelerntes in gewissem Maße auch auf andere, ähnliche Situationen übertragen lässt. Transfer bezeichnet dabei keine eigene Lernart. Er kann bei allen vorher dargestellten Lerntypen auftreten und sich inhaltlich auf Wissen oder Fertigkeiten genauso beziehen wie auf soziale **Einstellungen**, Weltbilder, emotionale Einstellungen und jeden anderen Lerninhalt. Nach Nolting und Paulus (2018, S. 105) kann „man sich die gesamte physische Entwicklung, von der Reifung einmal abgesehen, als eine endlose Kumulation von Lernprozessen vorstellen".

Man unterscheidet positiven und negativen Transfer. *Positiver Transfer* tritt auf, wenn ein Lernvorgang durch bereits Gelerntes erleichtert wird (z. B. das Erlernen der englischen Vokabel „house" bei Kenntnis des deutschen Worts „Haus"). Beim *negativen Transfer* wird der Lernvorgang durch bereits vorhandene Lerninhalte erschwert (z. B. Erlernen des englischen Worts „where" bei Kenntnis des deutschen Worts „wer").

Zwar stellen sich viele Transfereffekte – insbesondere beim alltäglichen Lernen – von selbst ein. Will man allerdings Transferprozesse gezielt fördern (und das dürfte im Sport und auch im schulischen Unterricht häufig der Fall sein), müssen transfer-fördernde Lernbedingungen geschaffen werden. Bedingungen für positiven Transfer sind:

- *Kognitive Voraussetzungen der Lernenden* (kaum beeinflussbar)
- *Ähnlichkeit zwischen Lern- und Transferaufgabe* (heute wird weitgehend davon ausgegangen, dass Transfer eher bereichsspezifisch ist)
- *Art der Auseinandersetzung mit der ursprünglichen Lernaufgabe* (z. B. Intensität des Übens, Grad des einsichtigen und selbstentdeckenden Lernens)

Als problematisch stellt sich bei sportlichen Übungsaufgaben oft der Begriff der Ähnlichkeit dar. Zwei Bewegungen, die sich ähnlich sehen, müssen sich nicht zwangsläufig auch strukturell ähneln. Beispielsweise wird das Erlernen des Mühlaufschwungs im Turnen durch die (vermeintlich erleichternde) vorherige Einführung des Knieaufschwungs oft sogar behindert (Eberspächer, 1993, S. 143).

Hansen (2008) fand in einer **qualitativ** angelegten Studie zu Lernprozessen in Vereinen, dass Sportvereinsmitglieder zumindest subjektiv das Gefühl haben, dass sie durch ihre Vereinsaktivitäten Kompetenzen erwerben (fachwissenschaftlicher Art, z. B. Tätigkeit als Kassenwart, oder personenbezogener und sozialer Art, z. B. Umgang mit anderen oder selbstsicheres Auftreten), die sie auch auf andere Bereiche (z. B. ihr Berufsleben) übertragen können.

13.3.2 Internaler Faktor Lernender: Lernmotivation

„Immer noch recht dürftig" sind nach Heckhausen und Heckhausen (2010, S. 191) „unsere Erkenntnisse, auf welche Weise Leistungsmotive (...) den Erwerb von Kompetenzen oder Fertigkeiten beeinflussen." Lernmotivation als Teil der Leistungsmotivation (▶ Abschn. 4.2.3) kann als Produkt der Wechselwirkung von aktuellen Situationseigenschaften und relativ überdauernden Persönlichkeitsmerkmalen betrachtet werden. **Empirisch** gut abgesichert ist, dass Unterschiede in der Leistungsmotivation *Einfluss auf Lernleistungen* haben. Lernende, die in Bezug auf schulisches Lernen eine Tendenz zur „Hoffnung auf Erfolg" zeigen, also erfolgsmotiviert lernen, unterscheiden sich von misserfolgsorientiert Lernenden („Furcht vor Misserfolg") u. a. in der Lerngeschwindigkeit, in der investierten Lernzeit und in der Ursachenzuschreibung bei Misserfolgen, die sie eher als Ergebnis zu geringer Anstrengungen denn als Ergebnis äußerer Umstände betrachten (Schnotz, 2009, S. 95 ff.).

Besonders in Bezug auf die operante Konditionierung ist häufig von einer Korrumpierung (Verderben) der intrinsischen Motivation (▶ Abschn. 4.2.1) durch externe Verstärker die Rede. Angenommen wird dabei, dass bei Tätigkeiten, die den Lernenden von sich aus Freude bereiten (für die sie also intrinsisch motiviert sind), externe Belohnungen dafür sorgen, dass sie schließlich das Verhalten nur noch wegen dieser Verstärker ausführen würden. Ein Wegfall der Verstärker würde dann auch zu einem Wegfall des Verhaltens führen (z. B. Zaunbauer & Möller, 2009, S. 249). Die empirischen Befunde zum Korrumpierungseffekt sind allerdings uneinheitlich. In einer sportbezogenen Studie zeigten Jõesaar et al. (2012), dass die intrinsische Motivation jugendlicher Sportlerinnen und Sportler positiv beeinflusst wird, wenn die Jugendlichen erstens das Gefühl hatten, selbst Entscheidungen in Bezug auf ihr Training treffen zu können (wahrgenommene Autonomie), und wenn zweitens in der Sportgruppe ein aufgabenorientiertes Klima herrschte (▶ Abschn. 4.2.3.3).

Durch welche Bedingungen wird Lernmotivation gefördert? In Bezug auf schulischen Unterricht finden sich bei Prenzel und Drechsel (1996) effektive motivationale Bedingungen, die sich jedoch auch auf sportbezogene Kontexte anwenden lassen (z. B. Vereinstraining):

- *Inhaltliche Relevanz des Lehrstoffs* (z. B. Realitätsnähe, Einsicht in die Wichtigkeit der Lehrinhalte)
- *Wahrgenommene Unterrichtsqualität* (z. B. Strukturiertheit und Verständlichkeit des Lehrens)
- *Inhaltliches **Interesse** der Lehrenden* (z. B. Ausdruck von Enthusiasmus)
- *Wahrgenommene soziale Einbindung* (z. B. entspannte Lernatmosphäre)
- *Wahrgenommene Kompetenzunterstützung durch die Lehrenden oder die Lernumgebung* (z. B. informierendes Feedback, individuelle **Bezugsnorm**)
- *Wahrgenommene Autonomieunterstützung durch die Lernumgebung* (z. B. Wahlmöglichkeiten, Unterstützung von selbstständigem Erkunden, Planen, Handeln).

13.4 Zusammenfassung

- **Grundlagen der Lernpsychologie**
- Lernen bezeichnet die relativ überdauernde Veränderung des Verhaltenspotenzials aufgrund von Erfahrungen.
- Damit sind sportliche Handlungen (und menschliches Handeln allgemein) ohne Lernprozesse nicht denkbar.
- Oft sind Reifungsprozesse und die Speicherfähigkeit des Organismus (Gedächtnis) Voraussetzungen für das Lernen.
- Lernen kann bewusst (intentional) oder unbewusst (inzidentell) erfolgen.

- **Lerntheorien**
- Lerntheorien, wie sie die Allgemeine Psychologie hervorgebracht hat, unterscheiden sich u. a. darin, dass sie für unterschiedliche Arten von Lerninhalten und zugrundeliegenden Lernbedingungenunterschiedlich bedeutsam sind.

- Mithilfe der klassischen Konditionierung (Reiz-Reaktions-Lernen) werden z. B. emotionale Reaktionen auf bestimmte Situationen (etwa Angst vor der Sportlehrkraft) erlernt.
- Nach dem Prinzip der operanten Konditionierung wird Verhalten mit größerer Wahrscheinlichkeit gezeigt, wenn es eine angenehme Konsequenz nach sich zieht (positive Verstärkung) bzw. wenn es eine unangenehme Konsequenz verhindert oder beendet (negative Verstärkung). Ein Verhalten wird dagegen mit geringerer Wahrscheinlichkeit gezeigt, wenn es unangenehme Konsequenzen auslöst (positive Bestrafung) bzw. wenn es eine angenehme Konsequenz verhindert oder beendet (negative Bestrafung).
- Die operante Konditionierung kann bei einer Vielzahl von Lerninhalten wirken; so lässt sich z. B. durch positive Verstärkung eine gewünschte sportliche Zieltechnik nach und nach ansteuern (Shaping).
- Zentral für den Bereich des Techniktrainings im Sport ist das Modelllernen: Durch das Beobachten eines „Vorbilds" (Aneignung) werden neue Verhaltensweisen erworben (Ausführung).
- Das Lernen von Begriffen und Wissen basiert meist auf dem Lernen von nicht willkürlichen, sondern inhaltlich „verstandenen" Verbindungen (kognitive Strukturen).
- Das Lernen durch Einsicht kann als Beispiel für das Lernen von Handeln und Problemlösen angeführt werden, bei dem durch die Umstrukturierung des Wahrnehmungsfelds einer Person die Elemente einer Problemsituation in neuer Weise gesehen werden.
- Im Alltag wirken die beschriebenen Lernprozesse meist zusammen, was ein Grund dafür sein mag, dass systematische Untersuchungen zu den Wirkungen, Bedingungen und Einflussfaktoren der klassischen Lerntheorien in der sportpsychologischen Literatur eher die Ausnahme sind.

- **Einflussfaktoren**
- Faktoren, die die Wirkung der genannten Lernprinzipien beeinflussen, können sich auf externale Bedingungen und auf internale, personenspezifische Aspekte beziehen.
- Die Lernsituation als externaler Faktor kann Transfereffekte begünstigen oder erschweren.
- Will man positive Transfereffekte im Sport fördern, kann dies durch die Herstellung der Ähnlichkeit zwischen Lern- und Transferaufgabe sowie die Auseinandersetzung mit der ursprünglichen Lernaufgabe (z. B. Intensität des Übens) geschehen.
- Die Lernmotivation als internaler Einflussfaktor hat erheblichen Einfluss auf Lernleistungen.
- Die Lernmotivation kann positiv beeinflusst werden, u. a. durch die wahrgenommene Unterrichtsqualität.

Literatur

Bandura, A. (Hrsg.). (1971). *Psychological modeling: Conflicting theories*. Aldine & Atherton.

Bednorz, P., & Schuster, M. (2002). *Einführung in die Lernpsychologie* (3. völlig neu bearb. u. erw. Aufl.). Reinhardt.

Eberspächer, H. (1993). *Sportpsychologie* (vollst. überarb. u. erw. Aufl.). Rowohlt.

Edelmann, W. (2019). *Lernpsychologie* (8. vollst. überarb. Aufl.). Beltz.

Edelmann, W., & Wittmann, S. (2012). *Lernpsychologie* (7. vollst. überarb. Aufl.). Beltz.

Gluck, M. A., Mercado, E., & Myers, C. E. (2010). *Lernen und Gedächtnis*. Spektrum.

Hänsel, F. (2002). *Instruktionspsychologie motorischen Lernens*. Lang.

Hansen, S. (2008). Wie lernt man im Sportverein? Ergebnisse einer empirischen Studie zu Lernprozessen in Vereinen. *Sport und Gesellschaft – Sport and Society, 5*(2), 178–205.

Heckhausen, J., & Heckhausen, H. (2010). *Motivation und Handeln* (4. überarb. u. erw. Aufl.). Springer.

13

Hossner, E.-J., Müller, H., & Voelcker-Rehage, C. (2013). Koordination sportlicher Bewegungen – Sportmotorik. In A. Güllich & M. Krüger (Hrsg.), *Sport – Das Lehrbuch für das Sportstudium* (S. 211–267). Springer.

Jõesaar, H., Hein, V., & Hagger, M. S. (2012). Youth athletes' perception of autonomy support from the coach, peer motivational climate and intrinsic motivation in sport setting: One-year effects. *Psychology of Soprt and Exercise, 13*(3), 257–262. https://doi.org/10.1016/j.psychsport.2011.12.001

Köhler, W. (1917). *Intelligenzprüfungen an Anthropoiden*. Verlag der Königlichen Akademie des Wissens.

Mazur, J. E. (2006). *Lernen und Verhalten* (6. aktualisierte Aufl.). Pearson Studium.

Myers, D. G. (2014). *Psychologie* (3. vollst. überarb. u. erw.). Springer.

Nolting, H.-P., & Paulus, P. (2018). *Psychologie lernen* (15. vollst. überarb. Aufl.). Beltz.

Prenzel, M., & Drechsel, B. (1996). Ein Jahr kaufmännische Erstausbildung: Veränderungen in Lernmotivation und Interesse. *Unterrichtswissenschaft, 24*(3), 217–234.

Schmidt, R., & Lee, T. (2011). *Motor control and learning: A behavioral emphasis* (5. Aufl.). Human Kinetics.

Schnotz, W. (2009). *Pädagogische Psychologie*. Weinheim.

Scott, D., Scott, L., & Goldwater, B. (1997). A performance improvement program for an international-level track and field athlete. *Journal of Applied Behavior Analysis, 30*(3), 573–575. https://doi.org/10.1901/jaba.1997.30-573

Singer, R., & Munzert, J. (2000). Psychologische Aspekte des Lernens. In H. Gabler, J. R. Nitsch, & R. Singer (Hrsg.), *Einführung in die Sportpsychologie. Teil 1: Grundthemen* (3. erw. u. überarb. Aufl., S. 247–288). Hofmann.

Steiner, G. (2001). *Lernen. Zwanzig Szenarien aus dem Alltag* (3. korr. Aufl.). Huber.

Strohacker, K., Galarraga, O., & Williams, D. M. (2014). The impact of incentives on exercise behavior: A systematic review of randomized controlled trials. *Annals of Behavioral Medicine, 48*, 92–99. https://doi.org/10.1007/s12160-013-9577-4

Winkel, S., Petermann, F., & Petermann, U. (2006). *Lernpsychologie*. Schöningh.

Zaunbauer, A. C. M., & Möller, J. (2009). Lernen und Lehren. In W. Schlicht & B. Strauß (Hrsg.), *Grundlagen der Sportpsychologie* (Enzyklopädie der Psychologie, Serie 5: Sportpsychologie, Bd. 1, S. 229–296). Hogrefe.

Sportpsychologie in der Anwendung

Inhaltsverzeichnis

Anwendungsfelder

Inhaltsverzeichnis

© Der/die Autor(en), exklusiv lizenziert durch Springer-Verlag GmbH, DE,
ein Teil von Springer Nature 2022
F. Hänsel et al., *Sportpsychologie*, https://doi.org/10.1007/978-3-662-63616-9_14

Abb. 14.1   Foto: Sören D. Baumgärtner

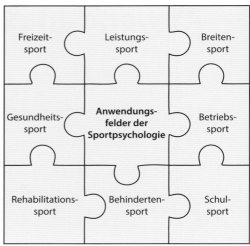

Abb. 14.2   Anwendungsfelder der Sportpsychologie

Im Laufe des letzten Jahrhunderts haben sich u. a. aufgrund des sozialen Wandels und des wissenschaftlichen Fortschritts nach und nach neue Anwendungsfelder für die Sportpsychologie eröffnet (Abb. 14.1). Ausgehend vom Ansatz der „Psychologie der Leibesübungen als Untergebiet der praktischen Psychologie der Erziehung", den man heute dem Anwendungsfeld des Schulsports zuordnen würde, entwickelten sich nach dem ersten Weltkrieg Ansätze zur **„psychophysischen** Durchdringung der Leibesübungen" (Baumann, 1986, S. 13). Primärziel war dabei die Generierung von „Erziehungsmaßnahmen zur Konstitutionshebung und zur psychologischen Erfassung der Höchstleistung" (Baumann, 1986, S. 13). Zwei Themenschwerpunkte bildeten somit die Grundlage für die beiden klassischen Anwendungsfelder der Sportpsychologie: einerseits die Beschäftigung mit den förderlichen Wirkungen des Sports für die Persönlichkeitsentwicklung und die geistige Leistungsfähigkeit, andererseits die psychologische Leistungsoptimierung und Eignungsauslese (Nitsch et al., 2004, S. 16). Die Leistungsthematik im Erwachsenenbereich des Spitzensports entwickelte sich somit, neben dem schulischen Kontext, zum

zweiten klassischen Standbein der Sportpsychologie.

Die Einbeziehung der Betreuung von Kindern und Jugendlichen im Leistungssport begann erst etliche Jahre später, in den 1970/1980er-Jahren. Parallel entwickelten sich neue Anwendungsfelder (Abb. 14.2). Dies ist insbesondere auf die gestiegene Bedeutung sportlicher Aktivität im Leben der Menschen sowie den damit verbundenen **psychosozialen** Herausforderungen zurückzuführen. Daher fand die Sportpsychologie nach und nach auch Einzug in die expandierenden und sich teilweise überschneidenden Bereiche des Breiten-, Betriebs-, Freizeit- (▶ Abschn. 14.3), Gesundheits- (▶ Abschn. 14.4) und Rehabilitations-/Behindertensports (▶ Abschn. 14.5).

Nicht zuletzt aufgrund der Etablierung neuer gesellschaftlicher **Werte** (wie Gesundheit, Fitness, Spaß, Selbsterfahrung/-verwirklichung und Solidarität), ergänzend zu den traditionell existierenden (wie Höchstleistung, Erfolg, Konkurrenz, Pflicht, Anstrengung und Askese), ergibt sich thematisch für die Sportpsychologie derzeit ein Dreieck, bestehend aus dem klassischen Leistungsthema sowie den beiden weiteren grundlegenden Themen Gesundheit und

Lebensqualität (Nitsch, 2001, S. 17). Schnitt-mengen bilden dabei die Attribute Fitness, Abenteuer und Spaß (○ Abb. 14.3). Diese Themen lassen sich, je nach Anwendungs-bereich, unterschiedlich ausdifferenzieren.

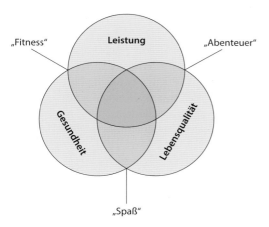

○ **Abb. 14.3** Thematische Aspekte sportbezogenen Handelns. (Adaptiert nach Nitsch, 2001, S. 18, mit freundlicher Genehmigung des Hofmann-Verlags)

14.1 Leistungssport

Im traditionellen Anwendungsfeld des *Leistungssports* lässt sich eine Vielzahl an sportpsychologischen Tätigkeitsbereichen finden. Dabei stehen generell vier Aufgaben im Fokus (○ Abb. 14.4):

1. Aus- und Fortbildung von Trainerinnen und Trainern (mit dem Ziel, die psycho-logische Kompetenz zu fördern)
2. Beratung von Trainerinnen und Trainern sowie deren Athletinnen und Athleten bzw. von Teams (mit dem Ziel, diese in die Lage zu versetzen, konkrete eigene Probleme zu erkennen, zu verstehen und zu bewältigen)
3. Betreuung von Trainerinnen und Trai-nern sowie deren Athletinnen und Athle-ten bzw. von Teams (als fortgesetzte Be-ratung)
4. Entwicklung und **Evaluation** von Ver-fahren (z. B. zur Messung, Intervention)

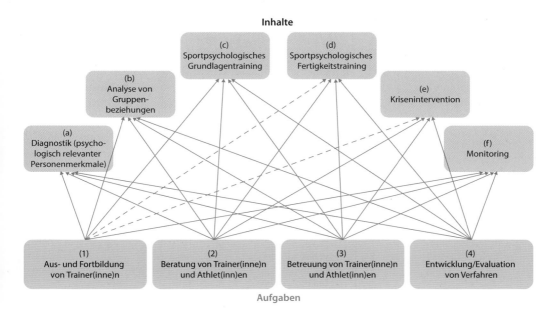

○ **Abb. 14.4** Aufgaben und Inhalte der Sportpsychologie im Leistungssport

Für diese Aufgaben lassen sich wiederum exemplarisch sechs verschiedene Inhaltskategorien auflisten, die das sportpsychologische Tätigkeitsfeld beschreiben (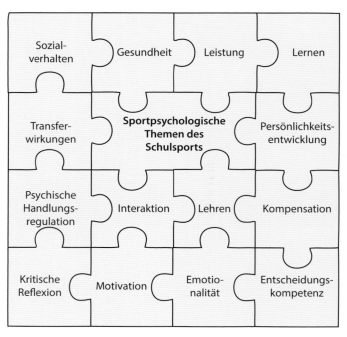 Abb. 14.4):

a. Diagnostik (▶ Kap. 15) von psychologisch relevanten Verhaltens- und Erlebensweisen, z. B. Motivation(▶ Kap. 4) oder Volition (▶ Kap. 5)

b. Analyse von Gruppenbeziehungen, z. B. **Kohäsion**, Trainer-Athlet-Beziehung (▶ Kap. 10)

c. Sportpsychologisches Grundlagentraining, z. B. Entspannung, Persönlichkeitsentwicklung(▶ Kap. 16)

d. Sportpsychologisches Fertigkeitstraining (aufbauend auf dem Grundlagentraining), z. B. Leistungsoptimierung über individuell angepasstes mentales Training oder Zielsetzungstraining(▶ Abschn. 16.1)

e. Krisenintervention, z. B. Konflikte im Team, Verletzung, Misserfolgsverarbeitung, Karriereende(▶ Abschn. 16.3)

f. **Monitoring**, z. B. des Erholungs-Beanspruchungs-Zustands, Interventionserfolge/-misserfolge (▶ Kap. 16)

Die in ◘ Abb. 14.4 vorgenommene inhaltliche Zuteilung ist als idealtypisch anzusehen. In der Praxis lässt sich diese aus ökonomischen Gründen (z. B. zeitliche und finanzielle Ressourcen) nur bedingt realisieren. So können etwa die Inhalte Fertigkeitstraining (d) und Krisenintervention (e) im Rahmen von Aus- und Fortbildungen von Trainern, wenn überhaupt, nur eingeschränkt vermittelt werden.

Insgesamt kommt es für die im Leistungssport tätigen Sportpsychologinnen und Sportpsychologen zu wiederkehrenden Inhalten im Kontext von unterschiedlichen Aufgaben.

14.2 Schulsport

Im klassischen – von der Persönlichkeitsentwicklung geprägten – Anwendungsfeld des *Schulsports* trifft eine Vielzahl von verschiedenen Aspekten aufeinander, die teilweise bereits zuvor im Leistungssportbereich genannt wurden oder in anderen Bereichen (z. B. Gesundheits- und Freizeitsport) noch erläutert werden. Exemplarisch sind einige Aspekte in ◘ Abb. 14.5 dargestellt.

◘ **Abb. 14.5** Sportpsychologische Themen im Schulsport

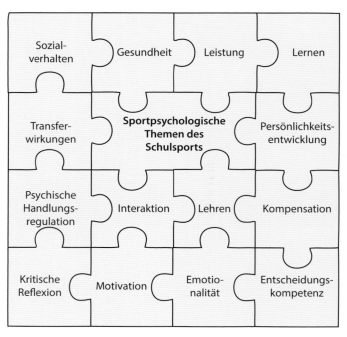

Diese Themen lassen sich, zusätzlich zur klassischen Leistungsmotivthematik, vor allem mit Fragen erörtern, „wie Bewegungslehren und -lernen funktioniert, wie Entwicklung gelingt, soziale **Einstellungen** modifiziert oder das Selbstkonzept gestärkt und vieles andere mehr positiv beeinflusst werden kann" (Schlicht, 2009, S. 22). Gegenstand dieser Fragestellungen ist dabei sowohl der unterrichtliche (z. B. Pflicht-, Wahl-, Sportförderunterricht) als auch der außerunterrichtliche Schulsport (z. B. Pausensport, Schulsportfeste, Sportfreizeiten, Schulsportwettkämpfe).

Neben der grundsätzlichen Persönlichkeitsentwicklung stehen in neueren Studien zum Schulsport auch Themen wie die Verbesserung der kognitiven Leistung durch körperliche Aktivität im Zentrum der Forschung. Für die Schule können die Ergebnisse dieser Forschung u. a. Hinweise für die Organisation des Schulalltags geben und Möglichkeiten für die Umsetzung von bewegten Pausen aufzeigen (Wegner et al., 2012).

In den anderen Anwendungsbereichen kommt es je nach Zielgruppe und Setting zu ähnlich lautenden Fragestellungen. Aufgrund der sich teilweise überschneidenden und ständig weiterentwickelnden Anwendungsbereiche wird an dieser Stelle von einer Abgrenzung der Bereiche voneinander abgesehen. Exemplarisch erfolgt eine Aufstellung verschiedener (Forschungs-)Themen für einzelne, teils zusammengefasste Anwendungsbereiche.

14.3 Breiten-, Betriebs- und Freizeitsport

Breiten-, Betriebs- und *Freizeitsport* haben in den vergangenen Jahren, nicht zuletzt aufgrund zahlreicher medialer Kampagnen von Dachverbänden und Organisationen (z. B. aus dem Bereich des Sports, der Medizin, der Soziologie oder der Psychologie) und dem generellen gesellschaftlichen Wandel einen rapiden Aufschwung erfahren. Zu-

sehends steht nicht mehr der Leistungsgedanke, sondern die Steigerung des eigenen Wohlbefindens sowie die Stabilisierung der Gesundheit im Vordergrund des Sporttreibens (Schlicht, 2009, S. 22).

Klassische Forschungsfragen aus diesen Bereichen beschäftigen sich u. a. mit folgenden Themen:
- Motivation (▶ Kap. 4) der Sporttreibenden
- Psychophysische Belastung
- Auswahl spezieller Zielgruppen in Abhängigkeit von den Fähigkeiten
- Kompensatorische Wirkungsweise sportlicher Tätigkeiten
- Persönlichkeitsstabilisierende Funktion des Sports

Exemplarisch sind einige Themen in ◘ Abb. 14.6 dargestellt.

14.4 Gesundheitssport

Auch im *Gesundheitssport* interessieren, ähnlich wie im Breiten-, Betriebs- und Freizeitsport, Fragen nach der Motivation zum Sporttreiben sowie dessen Aufrechterhaltung. Darüber hinaus stehen primär Fragestellungen zur **biopsychosozialen** Wirkung des Sports im Vordergrund (Schlicht, 2009, S. 22). Mit der Definition von Gesundheit durch die World Health Organisation (WHO) 1946 als „Zustand vollkommenen physischen, psychischen und sozialen Wohlbefindens" ergibt sich ein Perspektivenwechsel, weg von der Fokussierung auf das Vorhandensein bzw. die Abwesenheit von Krankheit, hin zu positiv beeinflussbaren Kategorien (Schwenkmezger, 2001, S. 243). Beispielhaft seien hier die Faktoren Selbstwirksamkeit (▶ Kap. 7), Schmerzempfinden/-verarbeitung und Stress(-verarbeitung) genannt, die positiv verstärkt als **Prädiktoren** die Gesundheit erhalten (**präventiv**) oder wiederherstellen (rehabilitativ) können. Doch auch bei nachgewiesenen positiven **Effekten** sportlicher Bewegung auf die Gesundheit darf nicht außer Acht gelassen

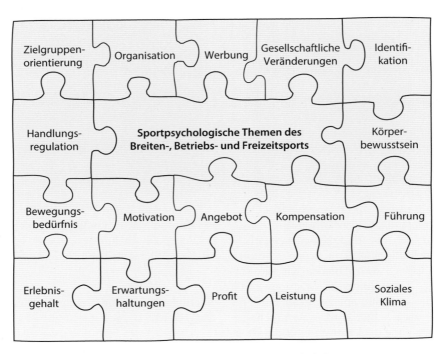

□ Abb. 14.6 Sportpsychologische Themen im Breiten-, Betriebs- und Freizeitsport

werden, dass Sport selbst auf die (Psyche der) Person zurückwirkt und dies mit „Risiken und Nebenwirkungen" verbunden sein kann. Dabei reicht die Spanne psychischer Beeinträchtigungen von negativen Emotionen wie Angst (► Kap. 3) oder motivationalen Einbußen bis hin zu Krankheitsbildern wie Sportsucht, Essstörungen oder Athletenburnout.

14.5 Rehabilitations-/ Behindertensport

Der *Rehabilitations- bzw. Behindertensport* stellt letztendlich eine Schnittmenge der zuvor genannten Anwendungsfelder dar. Er kann Facetten des Leistungs-, Breiten-, Betriebs-, Freizeit- und Gesundheitssports enthalten. So stehen, neben den klassischen Fragestellungen im Rehabilitationskontext (Verbesserung des psychosozialen Wohlbefindens durch Entspannung, soziale Integration, Selbstfindung, Überwindung etc.), mit zunehmender Professionalisierung und Kommerzialisierung des Behindertensports auch leistungssportliche Aspekte (wie die Optimierung der Leistungsfähigkeit) im Fokus. So arbeiten z. B. immer mehr Behindertensportverbände mittlerweile mit Sportpsychologinnen und Sportpsychologen zusammen, um die Wettbewerbsfähigkeit ihrer Athletinnen und Athleten zu erhöhen.

14.6 Prozess sportpsychologischer Betreuung

Die Arbeit der in der Praxis tätigen Sportpsychologinnen und Sportpsychologen durchläuft in vielen Anwendungsfeldern einen ähnlichen Prozess. Dieser beginnt mit einem zumeist unverbindlichen Erstgespräch, indem die Rahmenbedingungen für eine mögliche Zusammenarbeit (Ziele, Vertrag etc.) geklärt werden. Anschließend erfolgt die Bestimmung des Ist-Zustands mithilfe diagnostischer Verfahren (▶ Abschn. 15.3). Auf Basis des daraus resultierenden Befundes (Soll-Ist-Diskrepanz) werden entsprechende Interventionen abgeleitet und durchgeführt (▶ Kap. 16). Diese werden wiederum unter Einsatz diagnostischer Verfahren **evaluiert** (◘ Abb. 14.7).

In den folgenden Kapiteln werden exemplarisch die beiden Teilprozesse vorgestellt, die nach dem Prozessmodell den Kern der sportpsychologischen Tätigkeit darstellen: die Diagnostik (▶ Kap. 15) als Basis- und Kontrollprozess sowie die sportpsychologischen Interventionsmaßnahmen (▶ Kap. 16), die z. B. zur Persönlichkeitsentwicklung beitragen oder in Form eines Grundlagen- bzw. Fertigkeitstrainings zur angestrebten Verhaltensoptimierung führen sollen.

14.7 Zusammenfassung

– Die förderlichen Wirkungen des Sports für die Persönlichkeitsentwicklung sowie die Optimierung der geistigen Leistungsfähigkeit bildeten die Grundlage für die beiden klassischen Anwendungsfelder der Sportpsychologie (Schul- und Leistungssport) zu Beginn des 20. Jahrhunderts.
– Die Sportpsychologie hielt erst nach und nach auch Einzug in den Breiten-, Be-

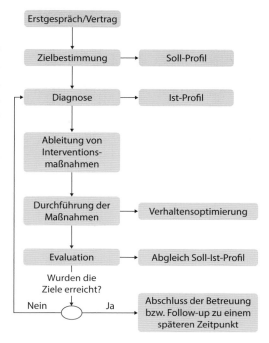

◘ **Abb. 14.7** Prozessmodell sportpsychologischer Intervention. (Adaptiert nach Beckmann u. Elbe, 2008, S. 21, mit freundlicher Genehmigung der Spitta Verlag GmbH & Co. KG, Praxis der Sportpsychologie im Wettkampf- und Leistungssport, Beckmann, J., & Elbe, A.-M., 2008, S. 32)

triebs- Freizeit-, Gesundheits- und Rehabilitations-/Behindertensport.
– Im Kontext des Leistungssports stehen primär die Aus- und Fortbildung von Trainern, deren Beratung und Betreuung sowie die Entwicklung und Evaluation von Verfahren im Mittelpunkt.
– Im unterrichtlichen und außerunterrichtlichen Schulsport stehen neben den Fragen zur Leistungsthematik auch Fragen zum Bewegungslehren und -lernen, zur (Persönlichkeits-) Entwicklung, zu sozialen Einstellungen, zur Stärkung des Selbstkonzepts und zur Verbesserung der kognitiven Leistung durch körperliche Aktivität im Forschungsfokus.

— Beim Breiten-, Betriebs- und Freizeitsport stehen aktuell die Steigerung des
eigenen Wohlbefindens sowie die Stabilisierung der Gesundheit im Kern der Betrachtung.

— Im Gesundheitssport beschäftigt sich die
Sportpsychologie aktuell, neben der
Frage zur Motivation zum Sporttreiben
und dessen Aufrechterhaltung, mit der
Analyse und positiven Beeinflussung von
Gesundheitsprädiktoren.

— Im Rehabilitations- bzw. Behindertensport stehen, neben den klassischen
Fragestellungen im Rehabilitationskontext mit zunehmender Professionalisierung und Kommerzialisierung des Behindertensports leistungssportliche
Aspekte im Fokus.

Inhaltlich liegen die Aufgaben der
Sportpsychologie insgesamt in der Diagnostik von psychologisch relevanten Ver-
haltens- und Erlebensweisen, in der Analyse von Gruppenbeziehungen, im
sportpsychologischen Grundlagen- bzw.
Fertigkeitstraining, in der Krisenintervention sowie im Monitoring.

Literatur

Baumann, S. (1986). *Praxis der Sportpsychologie*. blv.

Beckmann, J., & Elbe, A.-M. (2008). *Praxis der Sport-psychologie im Wettkampf- und Leistungssport.* Spitta.

Nitsch, J. R. (2001). Sportpsychologie und Praxis des Sports. In J. R. Nitsch & R. Singer (Hrsg.), *Einführung in die Sportpsychologie. Teil 2: Anwendungsfelder* (S. 13–28). Schorndorf.

Nitsch, J. R., Gabler, H., & Singer, R. (2004). Sport-psychologie – ein Überblick. In J. R. Nitsch, & R. Singer (Hrsg.), *Einführung in die Sportpsychologie. Teil 2: Anwendungsfelder* (4. unveränderte Aufl., S. 11–42). Hofmann.

Schlicht, W. (2009). Sportpsychologie – Eine Stand-ortsuche. In W. Schlicht & B. Strauß (Hrsg.), *Grundlagen der Sportpsychologie (Enzyklopädie der Psychologie, Serie 5: Sportpsychologie* (1. Aufl., S. 1–31). Hogrefe.

Schwenkmezger, P. (2001). Psychologische Aspekte des Gesundheitssports. In H. Gabler & J. R. Nitsch (Hrsg.), *Einführung in die Sportpsycho-logie. Teil 2: Anwendungsfelder* (S. 237–262). Schorndorf.

Wegner, M., Windisch, C., & Budde, H. (2012). Psychophysische Auswirkungen von akuter körperlicher Belastung im Kontext Schule. *Zeitschrift für Sportpsychologie, 19*(1), 37–47. https://doi.org/10.1026/1612-5010/a000062

14

Sportpsychologische Diagnostik

Inhaltsverzeichnis

© Der/die Autor(en), exklusiv lizenziert durch Springer-Verlag GmbH, DE,
ein Teil von Springer Nature 2022
F. Hänsel et al., Sportpsychologie, https://doi.org/10.1007/978-3-662-63616-9_15

Die Diagnose des aktuellen Leistungsstands eines Athleten oder Teams und die Beurteilung des Entwicklungspotenzials zählen zu den wesentlichen Tätigkeitsmerkmalen von Sportpsychologen. Hierbei stellt die Diagnostik die Basis jedes sportpsychologischen Arbeitens dar, sei es unter **Präventions**-, Trainings- oder Interventionsaspekten. Eine Analyse der Stärken und Schwächen sollte daher am Anfang einer jeden Betreuung stehen (Beckmann & Elbe, 2008, S. 18).

(Sport-)Psychologische Diagnostik

Die (sport-)psychologische Diagnostik dient der Gewinnung von Informationen über psychologisch relevante Merkmale von Personen. Die erhobenen Personenmerkmale werden dann (1) in ein diagnostisches Urteil integriert (Beschreibung, Klassifikation, Erklärung) und dienen im Weiteren der Vorbereitung von (2) Entscheidungen (z. B. Interventionen oder Selektionen), von (3) Prognosen oder von (4) **Evaluationen** von Zuständen und/oder Verläufen (Eid & Petermann, 2006; Jäger & Petermann, 1999).

Ein grundlegendes Ziel der sportpsychologischen Diagnostik stellt die Beschreibung von Merkmalen und Merkmalsunterschieden durch Zählen, Urteilen, Testen, Befragen oder Beobachten dar (Döring & Bortz, 2015), die für das Verständnis des Verhaltens und Erlebens von Sportlern von Interesse sind. Hierbei kann es sich sowohl um Merkmale einzelner Athleten als auch von Teams bzw. von Vereinen oder Verbänden handeln. Entsprechende individuelle Merkmale sind z. B. die (Leistungs-) Motivation (▶ Abschn. 4.2.3), Volition (▶ Kap. 5) oder die Emotion Angst (▶ Abschn. 3.4). Teamspezifische Merkmale sind hingegen z. B. der Mannschaftszusammenhalt (**Kohäsion**; ▶ Kap. 8) oder

die Teamfähigkeit. Bei Vereinen und Verbänden stehen eher Faktoren wie die strukturelle Qualität oder Zufriedenheit im Zentrum der Diagnostik.

Die Personenmerkmale werden dabei entweder als relativ stabile Faktoren (**Traits**) oder im Kontext von Situationen, Umwelten oder **Interaktionen** erfasst (**States**).

> ▶ **Beispiel**
>
> Sieg oder Niederlage wird im Sport zunehmend mit der psychologischen Leistungsfähigkeit eines Athleten in Verbindung gebracht. Den Golfsport bezeichnen Trainer z. B. laut einer Umfrage zu über 80 % als Kopfsache (Weinberg & Gould, 2019, S. 262). Besonders bedeutend ist es etwa, sich in entscheidenden Momenten sehr gut konzentrieren zu können (◘ Abb. 15.1). Eine Diagnostik des Merkmals Konzentration bei einer bestimmten Golferin, z. B. in Form einer standardisierten Befragung mittels Fragebogen, gibt Aufschluss darüber, ob diese Golferin im Vergleich zu anderen Sportlerinnen über eine entsprechend ausgeprägte Konzentrationsfähigkeit verfügt oder welches Potenzial in ihr steckt. ◀

Wie bereits der Definition zu entnehmen ist, kann je nach Fragestellung und Sportart die Beschreibung einer Vielzahl unterschiedlicher Merkmale bedeutsam sein. Die erhobenen Merkmalsbeschreibungen müssen dann zu einem diagnostischen Urteil (Befund) gebündelt werden. Diese Bündelung ermöglicht es, die Fülle diagnostischer Informationen zu reduzieren und somit z. B. die Indikation (Begründung der Notwendigkeit und Angemessenheit) für entsprechende Interventionen zu vereinfachen.

> ▶ **Beispiel**
>
> Der Zusammenhalt einer Mannschaft (Kohäsion) hat einen positiven Einfluss auf deren Leistung (▶ Kap. 8). Diese Kohäsion wird u. a. durch die Teamfähigkeit der einzelnen Spieler beeinflusst, also deren soziale Kompetenz für Verständigungen und Auseinander-

◘ Abb. 15.1   Foto: Sören D. Baumgärtner

setzungen innerhalb von Gruppen (Kleinmann, 2005). Eine hohe Ausprägung des
Merkmals Teamfähigkeit ist demnach bei
Mannschaftsspielern wünschenswert. Dieses
Merkmal setzt sich jedoch aus verschiedenen
Faktoren zusammen (Wilhelm, 2001). So
kann zum einen der Zusammenhalt hinsichtlich der bevorstehenden Aufgaben von Interesse sein, zum anderen aber auch die sozial
orientierten Gemeinsamkeiten außerhalb des
Sports. Da neben der Teamfähigkeit aber
auch andere psychologische Faktoren, wie
Selbstwirksamkeit/-vertrauen (▶ Kap. 7)
oder Motivation (▶ Kap. 4), für die Mannschaftsleistung relevant sind, werden die
einzelnen Bereiche der Teamfähigkeit aus
Gründen der Komplexitätsreduktion zu

einem Merkmal gebündelt, und die Spieler
werden beispielsweise drei Kategorien zugeordnet: hoch, mittel bzw. niedrig team-
fähig. Anschließend können entsprechende
Interventionen (z. B. eine Teambuilding-
Maßnahme; ▶ Exkurs 8.2) spezifisch geplant
werden. ◄

Insbesondere im Sport spielt neben den
Personenmerkmalen auch der situative
Kontext, in dem das Merkmal abgerufen
wird, eine bedeutsame Rolle.

> ▶ **Beispiel**

Eine Tennisspielerin wird aufgrund ihrer
hohen Doppelfehlerquote hinsichtlich des
Merkmals Konzentration untersucht. Der
Test zeigt hohe Werte der Spielerin im Vergleich zur **Norm**. Eine situative Testung zeigt
allerdings, dass sie insbesondere nach potenziellen Fehlentscheidungen des Schieds-
richters gegen sich, in den darauffolgenden
Ballwechseln unkonzentriert agiert und dies
zur Erhöhung der Doppelfehlerquote führt.
Die Intervention müsste sich daher nicht auf
die Konzentration im Allgemeinen richten,
sondern auf die Konzentration im Kontext
von subjektiv wahrgenommenen Fehlentscheidungen. Hier könnte beispielsweise das
Training einer bestimmten Atemtechnik
(▶ Kap. 16) als Stressverarbeitungs- bzw.
Entspannungsstrategie für die Bewältigung
solcher Situationen helfen und die Doppelfehlerquote verringern. ◄

Daher ist es häufig auch von Bedeutung,
diesen Kontext mitzuerheben. Die Identifikation von bestimmten, die Leistung positiv oder negativ beeinflussenden Situationen
ermöglicht dann durch eine gezielte An-
steuerung im Training die Stabilisierung und
Optimierung der Wettkampfergebnisse. Je
höher letztlich die Qualität der psychologischen Diagnostik ist, umso spezifischer
und effektiver können Folgeprozesse wie
Interventionen oder Prognosen durchlaufen
werden.

Das diagnostische Urteil kann neben der Interventionsplanung auch dazu verwendet werden, eine Auswahl (Selektion) von bestimmten Athleten zu treffen. So könnte z. B. die Rekrutierung eines Bundeskaders aus den jeweiligen Landeskadern danach erfolgen, welche Athleten dem diagnostischen Urteil zufolge die besten Werte bei leistungsrelevanten Merkmalen aufweisen.

Mithilfe der Prognose wird auf Basis der aktuell erhobenen Merkmalsausprägungen darauf geschlossen, wie sich Sportler zu einem späteren Zeitpunkt verhalten.

> ▶ **Beispiel**
>
> Ein Verband hat aufgrund mangelnder finanzieller Ressourcen nicht mehr die Möglichkeit, alle Kaderathleten weiterhin zu unterstützen. Auf Basis einer durchgeführten Diagnostik entscheidet er sich deshalb dafür, nur noch diejenigen Athleten zu fördern, denen man aufgrund ihrer derzeitigen Merkmalsausprägungen prognostiziert, ihren Sport in naher Zukunft höchst erfolgreich auszuüben (Talentprognose). Die anderen Athleten werden von der Förderung ausgeschlossen (selektiert). ◀

Während zum einen über das diagnostische Urteil, wie beschrieben, geeignete Interventionsmaßnahmen ermittelt werden können, besteht zum anderen die Möglichkeit, die durchgeführten Maßnahmen ebenso damit zu überprüfen und zu bewertet (**evaluieren**).

> ▶ **Beispiel**
>
> Die durchgeführte sportpsychologische Diagnostik bei einem Judoka zeigt negativ auffällige Werte im Bereich Wettkampfangst (▶ Exkurs 3.5). Bei der Besprechung des diagnostischen Urteils berichtet der Athlet von extremer Nervosität, insbesondere vor dem ersten Kampf eines jeden Turniers. Zur Reduktion der Nervosität werden daraufhin Entspannungsübungen ins Training integriert, die der Athlet anschließend auch vor

den Turnierkämpfen durchführt. In einer erneuten Diagnostik nach einigen Wochen oder Monaten zeigt sich eine entsprechende Verbesserung im zuvor defizitären Bereich, die auch durch den Bericht des Judokas von einer tatsächlichen Reduktion der Nervosität vor Erstrundenkämpfen bestätigt wird. Die Intervention kann somit als erfolgreich angesehen werden. ◀

Dieses Kapitel gibt im Weiteren einen Überblick über verschiedene Strategien der Diagnostik (▶ Abschn. 15.1) und widmet sich anschließend den Teilschritten des diagnostischen Prozesses (▶ Abschn. 15.2) sowie den darin verwendeten Methoden (▶ Abschn. 15.3). Es werden zudem in ▶ Abschn. 15.4 Testverfahren vorgestellt, die in der sportpsychologischen Praxis aktuell Verwendung finden (◘ Abb. 15.2).

15.1 **Strategien der Diagnostik**

Im Bereich der psychologischen Diagnostik differenziert man zwischen unterschiedlichen Herangehensweisen, die in Abhängigkeit vom Ziel der Diagnostik auch in verschiedenen Kombinationen eingesetzt werden können (Eid & Petermann, 2006, S. 18 ff.):Status-vs. Veränderungsdiagnostik, norm-vs. kriteriumsorientierte Diagnostik, Eigenschafts-vs. Verhaltensdiagnostik, unimethodale vs. multimethodale Diagnostik, dimensionale vs. klassifikatorische Diagnostik.

1. Während sich die *Statusdiagnostik* auf die Bestimmung des Ist-Zustands beschränkt (z. B. in der Eingangsdiagnostik zu Beginn der sportpsychologischen Betreuung), ermittelt die *Veränderungsdiagnostik* den Unterschied zwischen mindestens zwei Messzeitpunkten, um so eine Aussage über Veränderungen oder die Stabilität von Merkmalen treffen zu können (z. B. zum **Monitoring** von eingeleiteten Interventionsmaßnahmen).

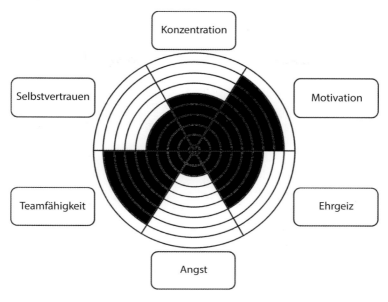

Abb. 15.2   Foto: Sören D. Baumgärtner

2. Beim *normorientierten Diagnostikansatz* werden die individuellen Merkmalswerte von Sportlern mit der Verteilung in einer Bezugs- bzw. Normgruppe verglichen (z. B. die Einteilung in niedrig, mittel oder hochmotiviert mithilfe einer entsprechenden Normtabelle). Die *kriteriumsorientierte Diagnostik* vergleicht dagegen den Merkmalswert des Sportlers mit einem Anforderungskriterium (z. B., ob das geplante Ziel der Verbesserung eines Merkmals am Ende der Vorbereitungsphase erreicht wurde).

3. Die *Eigenschaftsdiagnostik* verfolgt den Ansatz, die individuellen Ausprägungen überdauernder (Charakter-)Eigenschaften zu ermitteln (z. B. die Big Five; ▶ Kap. 6). Die *Verhaltensdiagnostik* beschäftigt sich dagegen mit der Analyse der Verhaltensäußerungen (z. B. mit Emotionen wie Angst; ▶ Kap. 3) und deren Entstehungsbedingungen bzw. Bedingungen der Aufrechterhaltung bestimmter Verhaltensanteile. Es gilt also, eher die funktionalen Beziehungen zwischen einzelnen Verhaltensbereichen zu erfassen.

4. In der *unimethodalen Diagnostik* wird lediglich eine Form der Diagnostik eingesetzt (z. B. ein Fragebogen). Im Vergleich dazu bedient sich die *multimethodale Diagnostik* einer Kombination aus verschiedenen Formen und erlaubt somit eine differenziertere Analyse unterschiedlicher Facetten eines Merkmals (z. B. per diagnostischem Gespräch, Fragebogen und Leistungstest).

5. *Dimensionale Ansätze* lassen sich dadurch kennzeichnen, dass Merkmalsausprägungen auf kontinuierlichen Dimensionen festgelegt werden, über die sich die Sportler vergleichen lassen. So werden z. B. Profile abgebildet, die die jeweilige Merkmalsausprägung angeben. In der *klassifikatorischen Diagnostik* geht es dagegen um die Zuordnung zu bestimmten Gruppen: Leidet beispielsweise jemand unter einem Übertraining oder Burnout-Syndrom oder eben nicht?

15.2 Prozess der Diagnostik

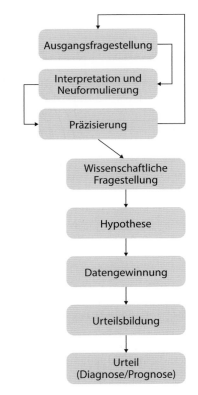

> **Diagnostikprozess**
>
> Der Prozess der Diagnostik umfasst alle zeitlichen, organisatorischen, strategischen und personalen Aufwendungen zwischen einer zunächst allgemeinen und später präzisierten diagnostischen Fragestellung und deren Beantwortung. Im Prozessverlauf können aus der Beantwortung z. B. einer Teilfragestellung neue Fragen resultieren, sodass eine Verschachtelung von Fragen und Beantwortungen entsteht (Jäger, 2006, S. 90).

◘ Abb. 15.3 Vereinfachter diagnostischer Prozess

Nachfolgend wird der Prozess der Diagnostik in aufeinanderfolgenden Teilschritten dargestellt (◘ Abb. 15.3). Der gewählte Verlauf wird zur Veranschaulichung vereinfacht und stellt sich in der Praxis häufig nicht so eindimensional dar. Nicht selten führt, wie bereits aus der Definition deutlich wird, die Beantwortung einer Teilfragestellung zu einer oder mehreren neuen Fragen. Dies erfordert eine flexible und dynamische Vorgehensweise, die zu einer ständigen Überarbeitung des Prozesses führt. Zu beachten sind außerdem die – aus Gründen der Komplexitätsreduktion hier nicht berücksichtigten – gesellschaftlichen, rechtlichen, ethischen und methodischen Randbedingungen.

Zu Beginn der Diagnostik erfolgt die Ausarbeitung einer Fragestellung. Sie basiert entweder auf einem Mangel an Wissen über einen Gegenstandsbereich, der ausgeglichen werden soll (Wie gut ist der Sportler?), oder auf einem Problem, das der Diagnostiker (z. B. Sportpsychologe) bzw. Auftraggeber (wie Sportler, Trainer, Eltern) bereits in einer Frageform vorgegeben hat und eine Beantwortung wünscht (Warum ist mein Sportler so un-

motiviert?). In der Folge wird die Fragestellung präzisiert, indem auch die Strategien und Zielsetzungen antizipiert werden. Am Ende steht die Formulierung einer wissenschaftlichen Fragestellung (Wie lässt sich die Motivation des Sportlers in Vorbereitung auf die nächste WM steigern?). Diese wissenschaftliche Fragestellung ist notwendig, um sie nachfolgend in Form von Hypothesen überprüfen zu können. Hierfür muss die Fragestellung entsprechend konkretisiert und **operationalisiert** werden (Um welche Art von Motivation handelt es sich? In Form welcher **Variablen** lässt sie sich messen?).

Danach erfolgt die Gewinnung diagnostischer Daten mithilfe eines oder mehrerer – ethisch vertretbarer – Verfahren. Dabei müssen Vor- und Nachteile unterschiedlicher Herangehensweisen (z. B. Gespräch oder Fragebogen) gegeneinander abgewogen werden. Je nach Fragestellung existieren dann wiederum etliche Verfahren, aus denen ausgewählt werden kann. Für den Bereich der Motivation kommen z. B. nach Ostrow (2002) allein 37 sportspezifische Inventare (Fragebögen) zur Messung infrage.

Die erhobenen Daten werden bei der Urteilsbildung abschließend zu einem entsprechenden diagnostischen Urteil gebündelt. Das Urteil kann, wenn gewünscht, in Form eines Gutachtens ausformuliert werden.

Auf Grundlage des Urteils besteht anschließend die Möglichkeit, z. B. konkrete Interventionen zu planen und durchzuführen (▶ Kap. 16). In regelmäßigen Abständen sollte eine erneute Diagnostik erfolgen, um die Qualität der durchgeführten Maßnahmen zu überprüfen und rechtzeitig Interventions- bzw. Zielmodifikationen vornehmen zu können.

15.3 Methoden der Diagnostik

Da psychologische Merkmale nicht direkt beobachtet oder gar gemessen werden können, wird in der Diagnostik in der Regel auf *Selbstberichtverfahren* zurückgegriffen. Sie bestehen aus Fragen, die vom Athleten mündlich (in Interviews) oder schriftlich (in Fragebögen) beantwortet werden (▶ Exkurs 15.1). Aus dem Antwortverhalten wird dann auf die Ausprägung bestimmter Merkmale geschlossen. Man versucht über verschiedene Techniken, **reliable** und **valide** Methoden zu finden, um dieses Antwortverhalten zu quantifizieren und um sinnvolle Vergleiche zwischen verschiedenen Sportlern ziehen zu können (Gerrig, 2018, S. 43). Die Vielzahl von Verfahren, die zur sportpsychologischen Diagnostik zur Verfügung stehen (vgl. Petermann & Eid, 2006) fasst Sonnenschein (2001) zu drei Gruppen zusammen, die nachfolgend erläutert werden: das explorative Gespräch (▶ Abschn. 15.3.1), die Verhaltensbeobachtung (▶ Abschn. 15.3.2) sowie sportpsychologische Tests (▶ Abschn. 15.3.3).

Exkurs 15.1: Aus der Forschung: Studie zum Einsatz sportpsychologischer Diagnostikverfahren

Laut einer Befragung der im deutschen Leistungssport tätigen Sportpsychologen (Ziemainz et al., 2006) verwenden 88 % der $N = 46$ Befragten zur Durchführung der Diagnostik das explorative Gespräch. Des Weiteren kommen standardisierte allgemeinpsychologische (zu 75 %), standardisierte sportspezifische (zu 88 %) und selbst entwickelte Testverfahren (zu 72 %) regelmäßig zum Einsatz. Die Beratungsanlässe bei den

Athleten stellen zumeist die *Trainingsweltmeisterproblematik* (Trainingsleistung kann im Wettkampf nicht umgesetzt werden; 35 %), die *Leistungsoptimierung* (29 %) sowie das *Verletzungsmanagement* (21 %) dar. Trainer äußern hingegen Unterstützungsbedarf im Bereich des *Coachings* (38 %), der *Kommunikation* und der *Verbesserung im Umgang mit Mannschaft/Athleten/Kollegen* (jeweils 28 %; Mehrfachnennungen waren möglich).

15.3.1 Exploratives Gespräch

Im explorativen Gespräch wird „der zu diagnostizierende Athlet zu seinen eigenen Handlungsbeobachtungen, -beurteilungen und -erklärungen sowie zu seinem Handlungserleben befragt, um Hinweise auf die vorliegenden psychischen Handlungsvoraussetzungen zu gewinnen" (Sonnenschein, 2001, S. 166). Diese Technik steht zumeist – laut einer Befragung von Ziemainz et al. (2006) bei ca. 88 % der im deutschen Leistungssport tätigen Sportpsychologen – am Beginn des diagnostischen Prozesses und dient darüber hinaus dazu, eine Beziehung zwischen dem Sportpsychologen und der zu beratenden Person aufzubauen (Gardner & Moore, 2006). Mithilfe von Gesprächsleitfäden (▶ Exkurs 15.2) wird versucht, die Güte – insbesondere die **Objektivität** – der Befragung sicherzustellen (z. B. Kraus et al., 2012).

Exkurs 15.2: Aus der Forschung: Studie zur Evaluation eines sportpsychologischen Erstgesprächsleitfadens

Kraus et al. (2012) evaluieren einen Erstgesprächsleitfaden, um die Qualität der sportpsychologischen Beratung zu erhöhen (Güte der Diagnostik). Der verwendete Leitfaden gliedert sich in vier Abschnitte:

1. Einstieg (Beziehungsaufbau, Klärung des inhaltlichen und formalen Rahmens)
2. Zielfindung (aktueller Anlass, Zielfindung und Zielformulierung)
3. Kategorisierung (Leistungsverbesserung ohne grundlegende Blockaden, sportpsychologisches Störungsbild, psychologisches Störungsbild, Karriereende)
4. Gesprächsende (Ausblick, Abschluss, Nachbereitung).

Die Ergebnisse zeigen, dass die Prozessqualität und die Beratungszufriedenheit der Sportpsychologen vom Einsatz des verwendeten Erstgesprächsleitfadens profitieren.

15.3.2   Verhaltensbeobachtung

Bei der Verhaltensbeobachtung wird über eine mehr oder weniger systematische und planmäßige Beobachtung der Verhaltensweisen auf zugrunde liegende psychische Merkmale geschlossen. Man unterscheidet u. a. zwischen der *teilnehmend verdeckten* (z. B. unerkannt als aktives Mitglied einer Gruppe), der *nicht teilnehmend offenen* (z. B. von der Tribüne oder Seitenlinie aus) und der *nicht teilnehmend verdeckten* (z. B. über Fernseh- oder Videoaufnahmen) Beobachtung (Döring & Bortz, 2015, S. 267). Weitere Differenzierungen stellen die Feld- (in einer natürlichen sozialen Situation wie einem Wettkampf; ◻ Abb. 15.4) versus Laborbeobachtung (künstlich hergestellte Situation) sowie die Fremd- (fremde Verhaltensweisen über Beobachter) versus Selbstbeobachtung (eigenes Verhalten, eigene Gefühle und Gedanken) – auch Introspektion genannt – dar. Die Fremdbeobachtung kann wiederum in die prozessbegleitende (Veränderung von Verhaltensweisen) bzw. klassifikatorische (Einteilung von Individuen in Kategorien/Gruppen) Beobachtung ausdifferenziert werden.

15.3.3   Sportpsychologische Tests

Unter (sport-)psychologischen Tests werden in verschiedenen Klassifikationsmodellen eine Reihe von unterschiedlichen Verfahren zusammengefasst. Exemplarisch wird, in Anlehnung an Brickenkamp (2002), ein zweiteiliges Klassifikationsmodell vorgestellt. In diesem Modell wird grundsätzlich zwischen Leistungs- und Persönlichkeitstests unterschieden (◻ Abb. 15.6).

◻ **Abb. 15.4**   Foto: Alice Mattheß

In *Leistungstests* werden, „analog zur Manipulation in einem Experiment mit systematisch erstellten Aufgaben, interessierende Verhaltensweisen oder psychische Vorgänge ausgelöst und geprüft" (Kubinger, 2006, S. 118). Es werden somit aktuelle Leistungen messbar gemacht, „die in bestimmten Situationen, an einem bestimmten Ort und anhand eines bestimmten Materials erbracht werden" (Brickenkamp, 2002, S. XIII). Von den im Test erbrachten Leistungen wird dann auf die zugrunde-

liegenden Fähigkeiten oder **Dispositionen** der Testperson geschlossen. Unter Leistungstests fallen Entwicklungstests (z. B. zur Motorik oder Sprache), Intelligenztests, allgemeine Leistungstests (z. B. zur Motivation (▶ Exkurs 15.3), Aufmerksamkeit, Konzentration (▶ Kap. 2) oder allgemeinen Aktiviertheit), Schultests (z. B. zum Lesen, Rechnen oder Schreiben) sowie spezielle Funktionsprüfungstests und Eignungstests (z. B. zur Händigkeit oder **Psychomotorik**).

Exkurs 15.3: Aus der Praxis: Objektiver Leistungsmotivations-Test (OLMT)

Beispielhaft für die Gruppe der allgemeine Leistungstests wird hier der computergestützte Objektive Leistungsmotivations-Test (OLMT) vorgestellt (Schmidt-Atzert et al., 2004). Die Testaufgabe beim OLMT besteht darin, mehrfach 10 s lang durch Drücken von zwei Tasten (rot und grün) auf dem Bildschirm eine möglichst lange „Wegstrecke" zurückzulegen (◘ Abb. 15.5). Jeder Tastendruck bewirkt das Vorrücken um ein Feld nach links oder rechts. Erfasst und rückgemeldet wird jeweils, wie viele Felder der Proband in den 10 s zurückgelegt hat. Dabei werden dreimal zehn Durchgänge auf die maximale Wegstrecke, auf das Erreichen selbst gesteckter Ziele sowie auf das Ergebnis gegen einen fiktiven Gegner durchgeführt. Die Gesamttestdauer liegt bei 17 min und 50 s.

Die Auswertung erfolgt automatisch und liefert Kennwerte über die *aufgabenbezogene Anstrengung*, die *Veränderung der individuellen Leistung durch persönliche Ziele und Konkurrenz* sowie das *Anspruchsniveau*. Der Prozentrang (PR) gibt beispielsweise an, auf welchem Niveau sich der Proband mit seinem Ergebnis im Vergleich zur Normstichprobe befindet. So bedeutet beispielsweise der PR 0, dass der Proband mit seiner gezeigten Leistung am unteren Ende des Niveaus der Normstichprobe liegt. Beim PR 50 liegt er genau in der Mitte der Norm. Ergibt sich ein PR von 100, so liegt der Proband über dem Niveau der Normstichprobe. Der PR 91 im Untertest *Motivation*

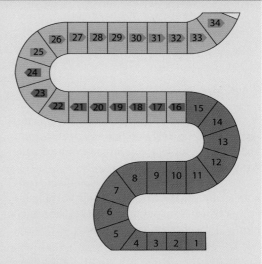

◘ **Abb. 15.5** Beispiel Objektiver Leistungsmotivations-Test (OLMT). (Adaptiert nach Schmidt-Atzert et al., 2004, S. 36, mit freundlicher Genehmigung von Schuhfried)

durch eigene Ziele spricht beispielsweise für eine hohe Leistungssteigerung des Probanden durch die Setzung eigener Ziele.

Bei dem OLMT handelt es sich um ein adaptives Verfahren, d. h., die Testaufgaben sind nicht für alle Probanden gleich, sondern passen sich dem Niveau der Testperson an. So erhöht sich etwa die Anzahl der erreichten Felder des fiktiven Gegners, je besser die Testperson abschneidet. Durch diese Vorgehensweise wird der Schwierigkeitsgrad der **Items** und somit die Testgüte optimiert.

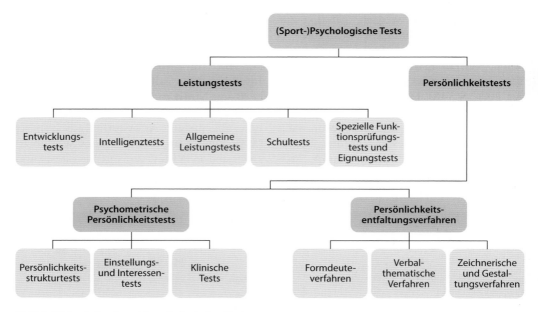

◻ Abb. 15.6   Arten (sport-)psychologischer Tests

Persönlichkeitstests lassen sich wiederum in *psychometrische* Persönlichkeitstests und Persönlichkeits-Entwicklungsverfahren aufteilen (◻ Abb. 15.6).

In *psychometrischen Persönlichkeitstests* geht es um die Beschreibung und Vorhersage von Verhaltensaspekten. Hierbei kommen häufig Fragebögen zum Einsatz, die, nicht wie bei der *direkten* Testung (Warum kannst du dich beim Aufschlag nicht konzentrieren?), *indirekt* über Aussagen zu bestimmten Sachverhalten auf das eigentliche Merkmal schließen (◻ Abb. 15.7).

So erheben *psychometrische* Persönlichkeitstests u. a. Werte zur mentalen Fähigkeit eines Probanden und vergleichen diese mit den (Mittel-)Werten einer Normstichprobe. Zu dieser Testgruppe gehören Persönlichkeitsstrukturtests (zur Messung mehrerer Persönlichkeitsmerkmale, wie den Big Five; ► Kap. 6), Einstellungs- und Interessentests (z. B. sozialpsychologische Tests zu Sachverhalten und Meinungen) sowie klinische Tests für primär differenzialdiagnostische

◻ Abb. 15.7   Beispielitem (Skala Konzentration) aus dem Fragebogen zum Athletenverhalten in kritischen Wettkampfsituationen (FAV). (Adaptiert nach Baumgärtner, 2012, republished with permission of Peter Lang GmbH, Copyright 2012; permission conveyed through Copyright Clearance Center, Inc.)

Zwecke im psychopathologischen (psychologisch krankhaften) Bereich (Brickenkamp, 2002, S. XIV f.).

Bei *Persönlichkeitsentwicklungsverfahren* werden hingegen nicht die Verhaltensmerkmale bestimmt, sondern Verhaltensaspekte provoziert und vom Diagnostiker nach meist **qualitativen** Interpretationsmustern eingeschätzt. So erhalten z. B. Testpersonen bei der Subgruppe der Formdeuteverfahren Reizmaterial, das gedeutet werden soll. Ein prominentes Beispiel ist der Rorschach-Formdeuteversuch, auch Rorschach-Test genannt (Rorschach, 1942), bei dem Testpersonen verschiedene Tintenkleckse vorgelegt werden und diese auf die Frage „Was könnte das sein?" antworten. Die Statements werden dann qualitativ (deutend) ausgewertet, um Rückschlüsse auf die Persönlichkeit, intrapsychische Konflikte oder Beziehungsstrukturen ziehen zu können. In der zweiten Untergruppe (*verbalthematische Verfahren*) werden wiederum Testpersonen über Reize wie Wörter, Sätze oder Bilder zu einer verbalen Auseinandersetzung mit bestimmten Problemfeldern angeregt. Je nach Kontext kommen Assoziations-, Ergänzungs- oder Erzählverfahren zum Einsatz. Die dritte Subgruppe stellen die *zeichnerischen Verfahren und Gestaltungsverfahren* dar (◻ Abb. 15.6). Bei zeichnerischen Verfahren werden die gemalten Produkte (mit oder ohne thematische Bindung) des Probanden nach formalen oder inhaltlichen Kriterien analysiert. Bei Gestaltungsverfahren werden hingegen Testmaterialien wie Spielzeug oder geometrische Figuren zur individuellen Ausdrucksmöglichkeit einer Testperson verwendet (Brickenkamp, 2002, S. XV f.).

Insgesamt genügen standardisierte (sport-)psychologische Tests, durch die Berücksichtigung von entsprechenden Gütekriterien (**Objektivität**, **Reliabilität**, **Validität** sowie weiteren Nebengütekriterien), den wissenschaftlichen Ansprüchen an eine diagnostische Messung. Nicht zuletzt deshalb werden vermutlich standardisierte allgemeinpsychologische (zu 75 %), standardisierte sportspezifische (zu 88 %) und selbst entwickelte Testverfahren (zu 72 %) von den meisten im Leistungssport arbeitenden Sportpsychologen regelmäßig eingesetzt (Ziemainz et al., 2006).

Das dazu vielfach in Kombination eingesetzte explorative Gespräch und die Verhaltensbeobachtung sind dagegen häufig – je nach Struktur der Durchführung – nur eingeschränkt objektiv, reliabel und valide. Ihre Ergebnisse sind daher mit Vorsicht zu interpretieren. Bei den weiteren Ausführungen (▶ Abschn. 15.4) wird sich daher auf die Vorstellung (sport-)psychologischer Tests beschränkt.

Standardisierte Diagnostikverfahren, wie sie u. a. in der leistungsdiagnostischen Intelligenzforschung eingesetzt (Schweizer, 2006) und von Dosil (2006) als Voraussetzung für eine effektive sportpsychologische Betreuung angesehen werden, existieren nur mit Einschränkungen für den Bereich des Sports. Sowohl Wissenschaftlerinnen und Wissenschaftler (Elbe & Beckmann, 2005) als auch die in der Praxis tätigen Sportpsychologinnen und Sportpsychologen (Rasche, 2005) formulieren einen Bedarf an geeigneten sportpsychologischen Diagnostikinstrumenten.

Es existiert zwar eine Vielzahl psychologischer Tests für klinische und nichtklinische Zwecke (Hänsel, 2004), für den deutschsprachigen (Leistungs-)Sportbereich sind diese allerdings nicht sehr zahlreich. Die Notwendigkeit der Verwendung sportspezifischer Verfahren ist in der Sportpsychologie jedoch unbestritten (Gabler, 2001; Janssen, 1995; Kellmann & Beckmann, 2001; Schellenberger, 1983). Haase fordert bereits Haase, 1982 die Neukonstruktion psychologischer Tests für den Einsatz im Sport, da aus der Psychologie entnommene Instrumente die Varianz des Verhaltens im Sport nur unzureichend aufklären. Auch Bond (2002) betont, dass eine effektive sportpsychologische Betreuung an die jeweiligen charakteristischen Gegebenheiten und Anforderungen angepasst werden muss. Der Mangel an sportspezifischen Verfahren führt wiederum zu einer defizitären Erkenntnislage der Sportpsychologie hinsichtlich sport- und sportartspezifischer Eigenheiten allgemeinpsychologischer Phänomene.

15.4 **Messinstrumente**

Der Herausforderung der Entwicklung neuer, standardisierter Testverfahren hat sich die Sportpsychologie seit Beginn des Jahrtausends verstärkt gewidmet. Nicht zuletzt durch den Bedeutungszuwachs der Sportpsychologie im Leistungssport stieg z. B. die Zahl an publizierten sportpsychologischen Tests – wie auch in anderen Bereichen der Psychologie (Petermann & Eid, 2006, S. 15) – stetig an. Insbesondere im angloamerikanischen Raum stehen inzwischen zahlreiche sportspezifische Verfahren zur Verfügung. Ostrow (2002) nennt beispielsweise 314 sport- und bewegungsspezifische englischsprachige Verfahren, die verwendet werden können.

Deutschsprachige Fassungen dieser Verfahren unter Berücksichtigung der entsprechenden Gütekriterien liegen nur in Einzelfällen vor (z. B. die deutsche Version des Group Enviroment Questionaire, GEQ-D; Wilhelm, 2001) (▶ Exkurs 8.1). Eine reine Übersetzung von Inventaren für die Diagnostik im deutschsprachigen Raum ist wenig hilfreich, da hierbei nicht gewährleistet ist, dass das Inventar die vorgegebenen Merkmale weiterhin zuverlässig und genau erhebt, da es beispielsweise im Sprachgebrauch oder in der Kultur Unterschiede gibt. Sichergestellt werden kann dies etwa über die Methode der Rückübersetzung: Ein englischsprachiger Fragebogen wird hierzu von unabhängigen Personen zuerst ins Deutsche und anschließend zurück ins Englische übersetzt. Stimmen die beiden Versionen vor und nach der Übersetzung überein, kann dies als Indiz für eine gute sprachliche und inhaltliche Übernahme gewertet werden. Des Weiteren bedarf es einer **empirischen** Überprüfung (z. B. mittels **Itemanalyse)** der Güte des übersetzten Verfahrens. Ohne eine solche Überprüfung sind die Ergebnisse der Tests nur eingeschränkt verwendbar.

Nicht zuletzt auch deshalb sind in den vergangenen Jahren in Deutschland, u. a. durch Initiativen der Arbeitsgemeinschaft für Sportpsychologie (asp) und des Bundesinstituts für Sportwissenschaft (BISp), neue sportspezifische geprüfte Verfahren, z. B. im Bereich Motivation und Volition, entstanden. Beispielhaft können hier die Achievement Motives Scale – Sport (AMS-Sport) (▶ Exkurs 4.6), der Sport Orientation Questionnaire (SOQ), der Fragebogen zur Handlungsorientierung im Sport (HOSP) (▶ Exkurs 5.2) sowie der Fragebogen zur Erfassung für volitionale Komponenten im Sport (VKS) (▶ Exkurs 5.1) genannt werden. Einen Überblick über aktuelle Messinstrumente liefert das sportpsychologische Diagnostikportal des BISp (▶ http://www.bisp-sportpsychologie.de).

Die existierenden englisch- und deutschsprachigen Diagnostikinstrumente erfassen zumeist einzelne oder einige wenige Merkmale (Ostrow, 2002). Dies indiziert aufgrund der Vielzahl an relevanten Merkmalen, z. B. in der Eingangsdiagnostik, die Verwendung einer Vielzahl von Testverfahren oder die Verwendung großer Testbatterien. Bei einer Testbatterie handelt es sich um eine Zusammenstellung von Tests, die für die Beantwortung einer Fragestellung gemeinsam durchgeführt werden und alle notwendigen Merkmale für eine diagnostische Entscheidung in einer Testsitzung messen, ohne jedoch zwingend zusammengehörig zu sein.

Mit Blick auf die **Testökonomie** in der Zusammenarbeit mit den im Sport tätigen Personen kann das aufwendige Testen jedoch ein Ausschlusskriterium für die sportpsychologische Diagnostik darstellen. Infrage kommende Inventare, die mehrere Merkmale innerhalb eines Tests messen, sog. *Multidimensionale Verfahren,* liegen allerdings nur für bestimmte Sportarten wie Basketball (Neumann, 1997) und Tennis (Knisel, 2003) vor und/oder sind bisher nur in englischer Sprache erhältlich. Insgesamt besteht daher immer noch ein Mangel an Diagnostikinstrumenten.

Eine Alternative für die Eingangsdiagnostik stellt das *Screening* dar. Bei einem Screening (englisch für „Durchsiebung", „Rasterung", „Selektion", „Durchleuchtung") handelt es sich um ein diagnostisches Verfahren, bei dem Personenmerkmale zunächst (relativ) oberflächlich, d. h. zeit- und kostengünstig, erfasst werden. Auf Basis des Screenings wird anschließend entschieden, ob ein aufwendigeres diagnostisches Vorgehen sinnvoll erscheint und, wenn ja, welches spezifische Diagnostikinstrument im Anschluss zum Einsatz kommt. Angestrebt wird ein Überblick über die wichtigsten Facetten der Leistungsfähigkeit. Auch die Beanspruchung der Testpersonen fällt bei Screeninginstrumenten geringer aus als bei der Verwendung umfangreicher Testbatterien, bei denen zudem Ermüdungseffekte die Qualität der Ergebnisse verschlechtern können (Hildebrandt et al., 1998, S. 1444; Wenninger, 2001, S. 118 f.; Woike, 2003, S. 375 ff.).

Ein solches Screeninginstrument ist der „Fragebogen zum Athletenverhalten in kritischen Wettkampfsituationen" (FAV; Baumgärtner, 2012). Er untersucht sportartübergreifend (generisch) die psychologischen Merkmale *emotionale Beanspruchung, Coachability, Konzentration* (▶ Kap. 2), *Leistungshandeln, Selbstvertrauen/-wirksamkeit* (▶ Kap. 7), *Stressbewältigung* und *Teamfähigkeit* (▶ Kap. 8) im Kontext kritischer Wettkampfsituationen (*eigene Leistung, Schiedsrichter-/Gegnerleistung, Fairness Gegner/Zuschauer, Umwelt*) und gibt Hinweise über Auffälligkeiten, die möglicherweise ein vertiefendes diagnostisches

Vorgehen zur Folge haben. Im Auswertungsprofil werden die Ausprägungen der einzelnen Merkmale dargestellt. Die Testperson sieht so auf einen Blick, bei welchen Merkmalen sie innerhalb bzw. außerhalb des Normbereichs (Mittelwert ± 1 Standardabweichung einer Normstichprobe von leistungsorientierten Sportlern) liegt. Hohe Ausprägungen sind generell erwünscht. Eine Ausnahme bildet das erste Merkmal, da hier ein hoher Wert für eine hohe emotionale Beanspruchung des Athleten steht.

▶ **Beispiel**

Ein Trainer übernimmt zu Saisonstart eine Volleyballmannschaft. Um eine optimale Trainingsplanung vornehmen zu können, bestimmt er den Ist-Zustand seiner Spieler mit verschiedenen diagnostischen Verfahren (z. B. Jump-and-Reach-Test zur Bestimmung der Sprungkraft). Zur ökonomischen Diagnostik der psychologischen Leistungsmerkmale entscheidet er sich für die Verwendung des FAV (Baumgärtner, 2012; ◪ Abb. 15.8). Die Auswertung zeigt, dass zwei Spieler im Bereich des Leistungshandelns (Zielsetzung) unterdurchschnittliche Werte aufweisen (◪ Abb. 15.9). Zur differenzierten Diagnostik verwendet er daraufhin den OLMT (Schmidt-Atzert et al., 2004). Dieser bestätigt die Screeningergebnisse und zeigt eine niedrig ausgeprägte Leistungsmotivation im Bereich der eigenen Zielsetzung. Aus dem diagnostischen Urteil können nachfolgend Interventionen abgeleitet und durchgeführt werden. Dies könnte beispielsweise ein Zielsetzungstraining (*goal setting*) sein, bei dem Spieler konkrete Ziele formulieren und fixieren müssen, die in regelmäßigen Abständen überprüft werden. Ebenso überprüft (evaluiert) werden die Ergebnisse der Intervention durch eine erneute Testung der Spieler mit dem FAV oder OLMT. ◄

Abb. 15.8 Foto: Sören D. Baumgärtner

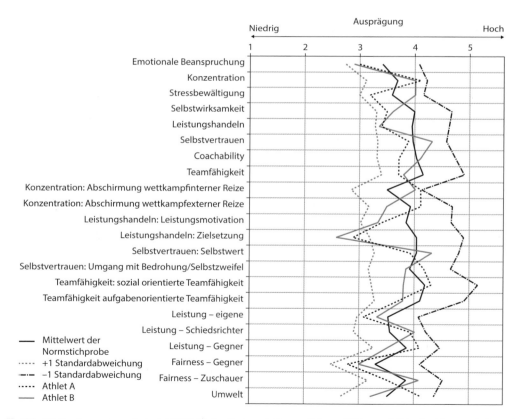

Abb. 15.9 Auswertungsbeispiel FAV. (Adaptiert nach Baumgärtner, 2012, republished with permission of Peter Lang GmbH, Copyright 2012; permission conveyed through Copyright Clearance Center, Inc.)

15.5 Zusammenfassung

- **Begriffsbestimmung**
- Bei der sportpsychologischen Diagnostik geht es um die Erhebung von Merkmalen, die für das Verständnis des Verhaltens und Erlebens von Sportlerinnen und Sportlern von Interesse sind.
- Die erhobenen Personenmerkmale werden zu einem diagnostischen Urteil zusammengefasst und dienen als Entscheidungsgrundlage für Interventionen oder Selektionen, für Prognosen sowie für Evaluationen von Zuständen und/oder Verläufen.
- Die Personenmerkmale werden dabei entweder als relativ stabile Faktoren (Traits) oder im Kontext von Situationen, Umwelten oder Interaktionen erfasst (States).

- **Diagnostischer Prozess**
- Der Prozess der Diagnostik umfasst alle zeitlichen, organisatorischen, strategischen und personalen Aufwendungen zwischen einer Fragestellung und deren Beantwortung.
- Im Bereich der psychologischen Diagnostik differenziert man zwischen unterschiedlichen Strategien, die in Abhängigkeit vom Ziel der Diagnostik auch in verschiedenen Kombinationen eingesetzt werden können.
- Psychologische Merkmale sind nicht direkt beobachtbar oder messbar. Daher wird zumeist auf *Selbstberichtverfahren* wie Interviews und Fragebögen zurückgegriffen.
- Die Vielzahl von Verfahren, die zur sportpsychologischen Diagnostik zur Verfügung stehen, können zu drei Gruppen zusammengefasst werden: das explorative Gespräch, die Verhaltensbeobachtung sowie sportpsychologische Tests.
- Insbesondere standardisierte (sport-)psychologische Tests genügen zumeist aufgrund der Berücksichtigung von Gütekriterien den wissenschaftlichen Ansprüchen an eine diagnostische Messung.
- Sportpsychologische Tests können u. a. in Leistungs- und Persönlichkeitstests unterteilt werden. Persönlichkeitstests untergliedern sich wiederum in psychometrische Persönlichkeitstests und Persönlichkeitsentfaltungsverfahren.
- Eine ökonomische Alternative für die Eingangsdiagnostik stellt das *Screening* dar. Dabei handelt es sich um ein Verfahren, bei dem Personenmerkmale zunächst (relativ) oberflächlich erfasst werden.

- **Konsequenzen für die Praxis**
- Am Anfang eines jeden systematischen Betreuungsprozesses sollte die Diagnostik leistungsrelevanter Merkmale stehen.
- Auf Grundlage des Befunds können dann z. B. konkrete Interventionen geplant und durchgeführt werden.
- In regelmäßigen Abständen sollte eine erneute Diagnostik durchgeführt werden, um die Qualität und Wirksamkeit der Interventionen zu überprüfen und rechtzeitig Interventions- bzw. Zielmodifikationen vornehmen zu können.

Literatur

Baumgärtner, S. D. (2012). *Fragebogen zum Athletenverhalten in kritischen Wettkampfsituationen (FAV) – ein situationsspezifisches Screeningverfahren* (Reihe Sportpsychologie, Bd. 8). Peter Lang.

Beckmann, J., & Elbe, A.-M. (2008). *Praxis der Sportpsychologie im Wettkampf- und Leistungssport.* Spitta.

Bond, J. W. (2002). Applied sport psychology: Philosophy, reflections, and experience. *International Journal of Sport Psychology, 33*(1), 19–37.

Brickenkamp, R. (2002). *Handbuch psychologischer und pädagogischer Tests* (3. vollst. überarb. und erw. Aufl.). Hogrefe.

Döring, N., & Bortz, J. (2015). *Forschungsmethoden und Evaluation: für Human- und Sozialwissen-*

schaftler (5. vollständig überarbeitete, aktualisierte und erweiterte Aufl.). Springer Medizin.

Dosil, J. (2006). *The sport psychologist's handbook: A guide for sport-specific performance enhancement.* Wiley.

Eid, M., & Petermann, F. (2006). Aufgaben, Zielsetzungen und Strategien der Psychologischen Diagnostik. In F. Petermann & M. Eid (Hrsg.), *Handbuch der Psychologischen Diagnostik* (S. 15–25). Hogrefe.

Elbe, A.-M., & Beckmann, J. (2005). Olympiaförderung Sportpsychologie im Deutschen Leichtathletikverband. In G. Neumann (Hrsg.), *Sportpsychologische Betreuung des deutschen Olympiateams 2004: Erfahrungsberichte – Erfolgsbilanzen – Perspektiven* (S. 59–67). Sport und Buch Strauß.

Gabler, H. (2001). Psychologie im Anwendungsfeld Leistungssport. In H. Gabler, J. R. Nitsch, & R. Singer (Hrsg.), *Einführung in die Sportpsychologie. Teil 2: Anwendungsfelder* (2. erweiterte und überarbeitete Aufl., S. 153–161). Hofmann.

Gardner, F., & Moore, Z. (2006). *Clinical sport psychology.* Human Kinetics.

Gerrig, R. J. (2018). *Psychologie* (21. aktualisierte Aufl.). Pearson.

Haase, H. (1982). Psychodiagnostische Aspekte des Sports. In A. Thomas (Hrsg.), *Sportpsychologie: ein Handbuch in Schlüsselbegriffen* (Bd. 26, S. 122–147). Urban & Schwarzenberg.

Hänsel, F. (2004). Psychosoziale Faktoren und Bewegungssystem – Verhaltensmedizinische Untersuchungsverfahren. In W. Banzer, K. Pfeifer, & L. Vogt (Hrsg.), *Funktionsdiagnostik des Bewegungssystems in der Sportmedizin* (S. 239–259). Springer.

Hildebrandt, H., Dornblüth, O., & Pschyrembel, W. (1998). *Pschyrembel Klinisches Wörterbuch* (258. neu bearbeitete Aufl.). de Gruyter.

Jäger, R. S. (2006). Diagnostischer Prozess. In F. Petermann & M. Eid (Hrsg.), *Handbuch der Psychologischen Diagnostik* (S. 89–96). Hogrefe.

Jäger, R. S., & Petermann, F. (1999). Einleitung. In R. S. Jäger & F. Petermann (Hrsg.), *Psychologische Diagnostik* (S. 11–13). Beltz.

Janssen, J.-P. (1995). *Grundlagen der Sportpsychologie.* Limpert.

Kellmann, M., & Beckmann, J. (2001). Empfehlungen für sportpsychologische Diagnostik im Leistungssport. In R. Seiler, D. Birrer, J. Schmid, & S. Valkanover (Hrsg.), *Sportpsychologie: Anforderungen – Anwendungen – Auswirkungen* (S. 212–213). bps.

Kleinmann, A. (2005). *Teamfähigkeit (Praxisideen).* Hofmann.

Knisel, E. (2003). *Kritische Spielsituationen im Tennis und deren Bewältigung.* Hofmann.

Kraus, U., Engbert, K., Dollinger, A., Heiss, C., & Brand, R. (2012). Evaluation eines Erstgesprächsleitfadens für die Sportpsychologische Beratung. *Zeitschrift für Sportpsychologie, 19*(4), 145–162. https://doi.org/10.1026/1612-5010/a000080

Kubinger, K. D. (2006). Psychologische Leistungsdiagnostik. In F. Petermann & M. Eid (Hrsg.), *Handbuch der Psychologischen Diagnostik* (S. 118–126). Hogrefe.

Neumann, G. (1997). Streßbewältigungsfragebogen-Basketball. *Leistungssport, 4,* 31–36.

Ostrow, A. C. (2002). *Directory of Psychological Tests in the Sport and Exercise Sciences* (2. Aufl.). Fitness Information Technology.

Petermann, F., & Eid, M. (Hrsg.). (2006). *Handbuch der Psychologischen Diagnostik.* Hogrefe.

Rasche, F. (2005). *Sportpsychologische Diagnostik in der Praxis des Leistungssports. Eine Befragung der Sportpsychologen der BISp-Expertendatenbank.* Friedrich-Alexander-Universität Erlangen-Nürnberg.

Rorschach, H. (1942). *Psychodiagnostic: A diagnostic test based on perception.* Grune & Stratton.

Schellenberger, B. (Hrsg.). (1983). *Untersuchungsmethoden in der Sportpsychologie.* Sportverlag.

Schmidt-Atzert, L., Sommer, M., Bühner, M., & Jurecka, A. (2004). *Objektiver Leistungsmotivations-Test.* Schuhfried.

Schweizer, K. (Hrsg.). (2006). *Leistung und Leistungsdiagnostik.* Springer Medizin.

Sonnenschein, I. (2001). Training psychischer Handlungsvoraussetzungen im Leistungssport. In H. Gabler, J. R. Nitsch, & R. Singer (Hrsg.), *Einführung in die Sportpsychologie. Teil 2: Anwendungsfelder* (S. 163–206). Schorndorf.

Weinberg, R. S., & Gould, D. (2019). *Foundations of sport and exercise psychology* (7. Aufl.). Human Kinetics.

Wenninger, G. (Hrsg.). (2001). *Lexikon der Psychologie in fünf Bänden, Vierter Band: Reg bis Why.* Spektrum.

Wilhelm, A. (2001). *Im Team zum Erfolg: Ein sozialmotivationales Verhaltensmodell zur Mannschaftsleistung.* Pabst.

Woike, J. K. (2003). Screening. In K. D. Kubinger & R. S. Jäger (Hrsg.), *Schlüsselbegriffe der Psychologischen Diagnostik* (S. 375–377). Beltz.

Ziemainz, H., Neumann, G., Rasche, F., & Stemmler, M. (2006). Zum Einsatz sportpsychologischer Diagnostik in der Praxis des Leistungssports. *Zeitschrift für Sportpsychologie, 13*(2), 53–59. https://doi.org/10.1026/1612-5010.13.2.53

15

Sportpsychologische Interventionen

Inhaltsverzeichnis

F. Hänsel et al., *Sportpsychologie*, https://doi.org/10.1007/978-3-662-63616-9_16

Interventionen stellen neben der Diagnostik den Kern der sportpsychologischen Betreuung dar. Sie versuchen, durch planmäßiges und systematisches Einwirken (□ Abb. 16.1), unter Verwendung wissenschaftlich überprüfter Maßnahmen,

- die **psychosoziale** Handlungskompetenz zu optimieren, d. h. zu entwickeln, zu erhalten, wiederherzustellen und/oder zu stabilisieren (z. B. im Umgang mit Verletzungen),
- Handlungsfähigkeiten und -intentionen situationsangemessen zu realisieren (z. B. sog. Trainingsweltmeistern zu einer stabilen Wettkampfleistung zu verhelfen) bzw.
- das Wohlbefinden zu verbessern (z. B. Versagensängste zu reduzieren).

> **Intervention**
>
> Mittels sportpsychologischer *Intervention* (vermittelnder Eingriff, Einmischung; vom lateinischen *intervenire* für „dazwischentreten") wird in den verschiedenen Anwendungsfeldern des Sports (Leistungs-, Schul-, Breiten-, Betriebs-, Freizeit-, Gesundheits-, Rehabilitations-/Behindertensport) durch professionelle Hilfestellung (z. B. durch einen Sportpsychologen, unter Verwendung wissenschaftlich fundierter Maßnahmen) psychosozialen Problemen (wie eingeschränkter Handlungsfähigkeit/-kompetenz) sowohl vorgebeugt als auch, in einem der Diagnostik (▶ Kap. 5) nachgeschalteten Prozess, entgegengewirkt (Beckmann & Elbe, 2008, S. 28; Nitsch, 2001, S. 19).

□ **Abb. 16.1**   Foto: Sören D. Baumgärtner

Dabei kann Sport einerseits Gegenstand einer Intervention (z. B. Verhaltensbeeinflussung von Sporttreibenden mit sportpsychologischen Methoden wie Stressbewältigungsmaßnahmen), andererseits aber auch deren Mittel sein (z. B. Stressreduktion durch Jogging). Hieraus leiten sich unterschiedliche Hypothesen und Ziele ab, denen in der Interventionsforschung entsprechend nachgegangen wird (Nitsch, 2001, S. 20).

Übergeordnete Ziele der sportpsychologischen Interventionen sind die Förderung der Persönlichkeitsentwicklung und der sozialen Integration durch Erziehung, die Optimierung der Handlungskompetenz durch Training sowie das Vorbeugen psychischer und sozialer Fehlentwicklungen durch (primäre, sekundäre bzw. tertiäre) **Prävention** (Nitsch, 2001, S. 20). Diese drei übergeordneten Ziele werden wiederum mithilfe von drei organisatorischen Vorgehensweisen verfolgt: personzentriert, umweltzentriert sowie aufgabenzentriert:

16

1. Bei einer *personzentrierten Intervention* setzt die Maßnahme (positive Beeinflussung der Wechselwirkung von Erleben, körperlicher Verfassung und Verhalten) unmittelbar an der zu betreuenden Person (z. B. Athlet oder Trainer) an.
2. Bei der *umweltzentrierten Intervention* steht die Gestaltung der Rahmenbedingungen für eine optimale Leistungserbringung im Vordergrund. Hierzu zählen sowohl die Gestaltung von Sportstätten, Unterkünften und Sportgeräten als auch die Optimierung von organisatorischen Abläufen und des sozialen Umfelds.
3. Die *aufgabenzentrierte Intervention* hebt hingegen die Anpassung der Anforderungen (z. B. Leistungsstandards und Ausführungsregeln) an die Leistungsfähigkeit bzw. -bereitschaft besonders hervor (Nitsch, 2001, S. 22).

Im Umkehrschluss lassen sich aus den Zielformulierungen letztendlich zehn konkrete Aufgabenfelder sportpsychologischer Interventionen ableiten (Mathesius, 1996, S. 34):

1. Regulation der Bewegungen beim Erlernen, Vervollkommnen und Korrigieren der sportlichen Technik
2. Regulation des Handelns beim Bewältigen taktischer Anforderungen
3. **Einstellung** zu sich selbst (Selbstkonzept)
4. Willenseinsatz und Selbstmotivation
5. Kognitive Prozesse (Wahrnehmen, Vorstellen, Behalten, Denken)
6. Regulation des aktuellen **psychophysischen** Zustands
7. Psychische Regulation im Wettkampf
8. Regeneration nach Trainings- und Wettkampfbelastungen
9. Regulation sozialer Beziehungen im sportlichen und außersportlichen Umfeld
10. Lebensorientierung und langfristige Karriereplanung

Diese Aufgaben werden im Rahmen der sportpsychologischen Betreuung zu verschiedenen Anlässen bearbeitet (vorbeugend, befundabhängig oder krisenbezogen). Jeder Anlass lässt sich dabei einer der drei Ebenen der Betreuung zuordnen (◘ Abb. 16.2). Auf der ersten Ebene, dem

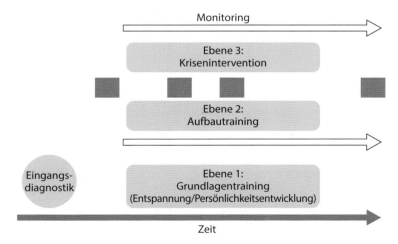

◘ **Abb. 16.2** Struktur einer sportpsychologischen Betreuung im zeitlichen Verlauf. (Adaptiert nach Beckmann & Elbe, 2008, S. 28, mit freundlicher Genehmigung der Spitta Verlag GmbH & Co. KG, Praxis der Sportpsychologie im Wettkampf- und Leistungssport, Beckmann & Elbe, 2008, S. 28)

Grundlagentraining, werden Basistechniken vermittelt, die zur „sportpsychologischen Grundausstattung" eines Athleten gehören. Dieses Training kann auch ohne vorangegangenen diagnostischen Prozess (▶ Abschn. 15.2) durchgeführt werden. Es soll den Sportler auf die mentalen Anforderungen des Trainings und Wettkampfs vorbereiten. Dazu zählen Techniken wie Atemübungen, Progressive Muskelrelaxation, Autogenes Training und Teambuilding (▶ Exkurs 8.2) (für einen Überblick zum Teambuilding s. u. a. Baumann, 2012; Carron & Hausenblas, 2012). Das *Aufbautraining* auf der zweiten Ebene ist dagegen stark an den individuellen diagnostischen Befund gebunden und versucht, bestehende Defizite auszugleichen. Techniken wie Zielsetzung, Selbstgesprächsregulation, Aufmerksamkeitsregulation oder Vorstellungstraining werden der Ebene des Aufbautrainings zugeordnet. Die dritte Ebene der *Krisenintervention* umfasst Formen wie die Psychotherapie, die Misserfolgsverarbeitung sowie die Rehabilitation nach Verletzungen. Kriseninterventionen erfolgen bedarfsorientiert und greifen auf Techniken des Grundlagen- und Aufbautrainings zurück (Beckmann & Elbe, 2008, S. 20 ff.).

Diagnostik und Intervention sind in diesem Prozess eng miteinander verknüpft. Die Diagnostik zu Beginn der Betreuung (*Eingangsdiagnostik*) stellt nicht nur die Voraussetzung für gezielte Interventionen dar, sie überwacht und überprüft auch ihre Wirkung (**Monitoring** bzw. **Evaluation**), um die Intervention bedarfsgerecht steuern und anpassen zu können.

Die zur Verfügung stehenden Interventionsformen – auch Trainingsformen genannt – lassen sich nach Gabler et al. (1985) inhaltlich zwei Gruppen zuordnen (◻ Abb. 16.3): dem Fertigkeitstraining und dem Selbstkontrolltraining. Während es beim *Fertigkeitstraining* um die Verfügbarkeit anforderungsangemessener Fertigkeiten geht, steht beim *Selbstkontrolltraining* der optimale Einsatz dieser Fertigkeiten im Vordergrund. Dabei finden sich sowohl Techniken aus dem Fertigkeits- als auch aus dem Selbstkontrolltraining auf allen drei Ebenen der Betreuung (◻ Abb. 16.2).

Nachfolgend werden die Trainingsformen differenzierter beschrieben und es werden exemplarisch einzelne Trainingstechniken und Praxisbeispiele vorgestellt (▶ Abschn. 16.1 und ▶ Abschn. 16.2). Außerdem wird in ▶ Abschn. 16.3 auf die Besonderheiten der Krisenintervention, als „ungeplante" Intervention, eingegangen. Abschließend erfolgt ein Überblick über die empirischen Befunde zur Wirksamkeit von sportpsychologischen Trainingsformen am Beispiel des mentalen Trainings (▶ Abschn. 16.4).

16

◻ **Abb. 16.3** Sportpsychologische Trainingsformen. (Adaptiert nach Nitsch, 1985, S. 153, © Deutscher Olympischer Sportbund (DOSB) e. V.)

16.1 Fertigkeitstraining

Das Fertigkeitstraining dient der Verbesserung der Fertigkeiten der Sportlerinnen und Sportler mithilfe von Vorstellungen und setzt sich aus dem psychomotorischen Training (▶ Abschn. 16.1.1) und dem kognitiven Funktionstraining (▶ Abschn. 16.1.2) zusammen (◙ Abb. 16.3).

16.1.1 Psychomotorisches Training

Beim psychomotorischen Training werden Bewegungsabläufe durch Vorstellungsbilder gesteuert (◙ Abb. 16.4). Häufig verwendete Verfahren sind hier die *Visualisierung*, das *Imaginations- und Vorstellungstraining* sowie das *mentale Training* (MT), das nachfolgend näher erläutert wird.

Der Begriff „mentales Training" wird häufig (fälschlicherweise) als Synonym für sportpsychologisches Training verwendet. Mentales Training (MT) stellt jedoch lediglich eine von vielen verschiedenen sportpsychologischen Trainingsformen dar. Im ursprünglichen sportpsychologisch-wissenschaftlichen Sinn bezeichnet MT

◙ **Abb. 16.4**   Foto: Sören D. Baumgärtner

ausschließlich das „planmäßig wiederholte, bewusste Sich-Vorstellen von Bewegungsabläufen ohne reale Ausführung zur Optimierung motorischer Lernprozesse" (Ulich, 1967, S. 48). Einige Autoren ziehen zur besseren Abgrenzung heute den Begriff des *Bewegungsvorstellungstrainings* vor (Munzert et al., 2014). Im englischsprachigen Raum wird vor allem der Begriff *Imagery* verwendet.

Eberspächer (2012) unterscheidet drei Grundformen des MT (◙ Abb. 16.5):
1. *Subvokales Training:* Der Athlet spricht sich den Bewegungsablauf per Selbstgespräch vor.
2. *Verdecktes Wahrnehmungstraining* (*Mental Imagery*): Vor dem inneren Auge wird ein „Film" des Bewegungsablaufs betrachtet und somit ein Perspektivenwechsel vorgenommen, bei dem die eigene oder eine andere Person aus der Außensicht (**external**) geistig betrachtet bzw. sich vorgestellt wird. Die visuelle Information steht hierbei im Vordergrund.
3. *Ideomotorisches Training* (*Motor Imagery*): Der Athlet versetzt sich in die Bewegung hinein (**internal**) und empfindet sie vor allem kinästhetisch nach.

Eberspächer (2012) nennt fünf Voraussetzungen für ein erfolgreiches MT:
1. Informationen über Sinn und Zweck des MT
2. Entspannungszustand
3. Eigenerfahrung mit der Bewegung
4. Vorstellungsfähigkeit (die ggf. selbst trainiert werden muss)
5. Langfristiger und systematischer Einsatz

Er nimmt an, dass die Bewegungsvorstellung für das MT schrittweise aufgebaut werden muss, wozu er die folgenden vier Phasen vorschlägt:
1. Detaillierte (laut) mündliche und schriftliche Technik-/Bewegungsbeschreibung in der Ich-Form (mind. 1 DIN-A4-Blatt)
2. Mentale/subvokale Technik-/Bewegungsbeschreibung so lange einprägen (Selbst-

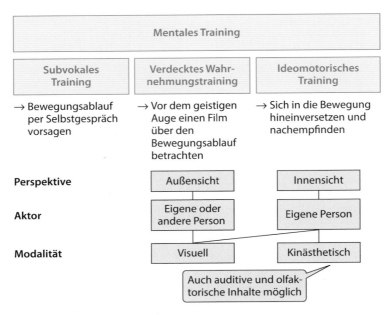

◘ Abb. 16.5 Grundformen des mentalen Trainings nach Eberspächer (2012, © Stiebner Verlag GmbH)

gespräch), bis ein detaillierter „innerer Zeitlupenfilm" möglich ist (mehrere Übungseinheiten)

3. Mentale Beschreibung von Knotenpunkten der Handlung (verkürzter Film = Informationsreduktion), sodass die Vorstellung letztendlich ähnlich lange dauert wie die tatsächliche Ausführung (mehrere Übungseinheiten)

4. Erarbeiten von Kurzworten (z. B. „eins – zwei – drei" oder „vor – ran – rauf") zur symbolischen Markierung (Training und Stabilisierung) der Knotenpunkte, die die Bewegung in einen Rhythmus bringen, sodass die Dauer der Vorstellung exakt der realen Ausführungsdauer entspricht (mehrere Übungseinheiten)

Weitere Empfehlungen für den erfolgreichen Einsatz von MT im Sport stammen u. a. von Guillot und Collet (2010):

— MT nicht als Ersatz des körperlichen Trainings, sondern als ergänzende Maßnahme sehen

— Instruktionen in einem Skript dokumentieren, das vorgelesen oder von den Athleten selbst gelesen wird

— Spezifische Knotenpunkte der Bewegung bei den Instruktionen berücksichtigen

— Vorrangig erfolgreiche Bewegungen vorstellen; negative Bewegungsvorstellungen nur in Ausnahmefällen aufbauen (z. B. Umgang mit speziellen Stressreaktionen)

— Räumliche und zeitliche Aspekte eng an die reale Ausführung anlehnen

— MT geplant und systematisch durchführen (Dauer, Anzahl der Versuche), dabei auch mentale Ermüdung berücksichtigen

— Trainingsprozess „überwachen" (z. B. Fragebögen einsetzen, um individuelle Lebendigkeit der Vorstellung zu überprüfen)

— Anforderungen der Bewegungsaufgabe berücksichtigen (z. B. visuell-akustische Informationen auch des gegnerischen Aufschlägers beim Tennisreturn; internal-kinästhetische Informationen bei der technischen Umstellung des Aufschlags)

Abb. 16.6 Foto: Julia M. Kornmann

16.1.2 Kognitives Funktionstraining

Beim kognitiven Funktionstraining geht es um die Optimierung der Prozesse des Wahrnehmens, Denkens, Erkennens, des Sichvorstellens, des Sicherinnerns, des Sprechens und Entscheidens. Entsprechende Trainingsformen sind z. B das Entscheidungstraining oder das nachfolgend näher beschriebene *Wahrnehmungstraining.*

So vielfältig wie der Wahrnehmungsprozess an sich gestaltet sich auch das entsprechende Training. Während sich z. B. einige Trainingsprogramme mit der Aufmerksamkeitslenkung beschäftigen, widmen sich andere der Bewegungsvorstellung, der Antizipation (▶ Abschn. 2.1.2.3) oder

dem Zusammenspiel (für einen Überblick s. u. a. Zentgraf & Munzert, 2014).

Das Zusammenspiel (Kooperation) mehrerer Akteure stellt insbesondere in Mannschaftssportarten eine leistungsbestimmende Größe dar (◘ Abb. 16.6), sei es beim Doppelpass im Fußball, beim „Pick and Roll" im Basketball, beim Zuspiel und Angriff im Volleyball oder beim Pitchen und Catchen im Baseball. Es zeigt sich in verschiedenen Studien (z. B. Eccles & Tenenbaum, 2004, 2007; Hänsel & Baumgärtner, 2014), dass ein erfolgreiches Zusammenspiel zumeist dann gelingt, wenn u. a. folgende Faktoren zutreffen:
— Übereinstimmung (die Wahrnehmung der Beteiligten stimmt überein)
— Korrektheit (die Einschätzungen der Beteiligten sind korrekt)

- Situationsbewusstsein/teambezogenes Bewusstsein (die Beteiligten sind sich der Situation und der voraussichtlichen Handlungen ihrer Mitspieler bewusst)
- Gegenseitigkeit (die Handlungen der Beteiligten beziehen sich aufeinander)
- Kommunikation (guter verbaler/nonverbaler Austausch unter den Beteiligten vor, während und nach der Spielhandlung)

Mehrere Trainingsformen zur Verbesserung der Wahrnehmung und damit des Zusammenspiels integrieren Hänsel et al. (2012) in ihr Konzept *Training Team Kognitionen* (TTK). Unter den sieben Bausteinen des Konzepts befinden sich fünf zum Wahrnehmungstraining (Hänsel & Baumgärtner, 2014, S. 53 ff.): Videoselbstkonfrontation, **kontrafaktische** Gedanken, Perspektivenübernahme, Handlungsstopp, Schlüsselbegriffe.

1. Bei der *Videoselbstkonfrontation* sollen anhand von systematisch ausgewählten eigenen Spielsituationen gelungene und misslungene Zusammenspiele den beteiligten Spielern „in Erinnerung" gerufen werden und sie zur Reflexion anregen. Durch die Eigenbetrachtung entstehen ein bedeutungsvoller Eindruck des Verhaltens und der Wirkung der eigenen Person sowie ein Verständnis darüber, wie das Zusammenspiel dadurch beeinflusst wird.
2. Als *kontrafaktisches Denken* werden Vorstellungen von alternativen Handlungsausgängen einer real eingetretenen Situation bezeichnet. Ziel ist es, eine eingetretene Situation, wie einen Fehlpass im Fußball, gedanklich zu analysieren und eine optimierte Lösung für eine ähnliche Situation zu entwickeln, um diese später in entsprechenden Situationen erfolgreich einzusetzen.
3. Bei der *Perspektivenübernahme* sollen die Übenden lernen, sich in die Spielsituation ihrer Co-Akteure besser „hineinzuversetzen", um zum einen deren Spielhandlungen besser ein-

schätzen und zum anderen die eigenen Handlungen aus „Sicht des anderen" besser reflektieren zu können.
4. Dies kann z. B. in Verbindung mit dem *Handlungsstopp* geschehen. Der Coach hält hierzu eine Trainingsübung an (alle Spielerinnen und Spieler müssen auf ihrer angestammten Position verharren) und bittet die kooperierenden Spielerinnen und Spieler, ihre Erwartungen (insbesondere an die Mitspielerinnen und Mitspieler) zu formulieren. Dies ist auch bei Videoaufnahmen eines Wettkampfs im Nachhinein möglich.
5. Zur Optimierung der Kommunikation unter Zeitdruck im Training oder Wettkampf werden häufig *Schlüsselbegriffe* (*Cues*) verwendet. Die vereinbarten und eingeübten Cues werden bei eintretenden Spielsituationen z. B. gerufen und dienen u. a. als Aufforderung zur Ausführung festgelegter taktischer Handlungen. So kann die Reaktionszeit von Spielerinnen und Spielern, die Situationen nicht so schnell wahrnehmen, verkürzt werden. Dadurch kommt es zusätzlich zu einer Optimierung der Abläufe unter den Spielerinnen und Spielern. Solche Cues können aber auch durch Handzeichen nonverbal kommuniziert werden, wie bei der Spielzugansage durch die Aufbauspielerin im Basketball.

Derartige sportpsychologisch orientierte Trainingsformen verbessern die Effektivität und Effizienz des klassischen, vor allem auf dem Prinzip der Wiederholung aufbauenden Trainings (Hänsel & Baumgärtner, 2014, S. 57).

16.2 Selbstkontrolltraining

Das Selbstkontrolltraining gliedert sich, wie in ◘ Abb. 16.3 dargestellt, in das Motivationstraining (► Abschn. 16.2.1) und das Psychoregulationstraining (► Abschn. 16.2.2).

16.2.1 Motivationstraining

Beim Motivationstraining geht es zum einen darum, die häufig stark ausgeprägte Motivation von ambitionierten Sportlern in die richtigen Bahnen zu lenken (um z. B. ein Übertraining zu verhindern). Zum anderen geht es aber auch darum, mit schwankender, nachlassender oder gar fehlender Motivation (z. B. aufgrund neuer schulischer, beruflicher oder privater **Interessen**) umzugehen. Das *Zielsetzungstraining (goal setting)* ist eine der wichtigsten sportpsychologischen Techniken im Umgang mit diesen Herausforderungen (vgl. u. a. Locke & Latham, 1990). Je nach Trainingsform wird dabei zwischen verschiedenen Zieltypen unterschieden. Baumann (2018, S. 178 ff.) nimmt z. B. eine Aufteilung in *Nahziele*, *mittelfristige Ziele* und *Fernziele* mit den entsprechenden angestrebten **Effekten** vor (◘ Abb. 16.7).

Beckmann und Elbe (2008, S. 67) unterscheiden wiederum beim Zielsetzungstraining zwischen *Rang-/Ergebnis-*, *Leistungs-* und *Prozesszielen* mit den in ◘ Abb. 16.8 beschriebenen angestrebten Effekten.

Beim Zielsetzungstraining ist darauf zu achten, dass die Ziele von der handelnden Person akzeptiert und verinnerlicht werden (Erez & Zidon, 1984), da sie ansonsten auch negative Auswirkungen auf die Leistung haben können.

Die Ziele sollten außerdem so konkret formuliert werden, dass ihr Erreichen zur Leistungsmessung verwendet werden kann bzw. als Erfolgserlebnis das persönliche Handeln positiv verstärkt. Dies kann z. B. mithilfe des *SMART-Konzepts* sichergestellt werden (Engbert, 2011, S. 98). Die Zielerreichung wird demnach, durch die Einhaltung der für das Akronym stehenden fünf Formulierungsrichtlinien, nachgewiesenermaßen deutlich wahrscheinlicher (◘ Abb. 16.9). Die Begriffe, aus denen das Akronym gebildet wird, werden zwar nicht einheitlich verwendet, sie zielen letztendlich aber auf ähnliche Vorgehensweisen ab.

Die Komplexität des Zielsetzungstrainings wird zumeist dann erhöht, wenn es nicht nur darum geht die Ziele einer einzel-

◘ **Abb. 16.7** Typen der Zielsetzung. (Adaptiert nach Baumann, 2002, S. 124, mit freundlicher Genehmigung des Meyer & Meyer Verlags)

Rang- bzw. Ergebnisziele
(*outcome goals*)

Angestrebte Ergebnisse in Wettkämpfen (z. B. deutscher Meister im Hochsprung).
Sie halten die Motivation in harten Trainingsphasen mit großem zeitlichen Abstand
zur Zielerreichung aufrecht.

↓

Leistungsziele
(*performance goals*)

Angestrebte Leistung unter Bezug auf einen Gütemaßstab oder Referenzwert
(z. B. die Verbesserung von Schuss-/Wurf- oder Zweikampfquoten). Sie zeigen Fortschritte auf, stärken das Selbstvertrauen und simulieren Wettkampfsituationen.

↓

Prozessziele
(*process goals*)

Realisierung von Fertigkeiten oder Strategien (z. B. einen rhythmischen
Schwung im Golf im Turnier durchhalten). Aufmerksamkeitslenkung
auf wesentliche Punkte sowie Reduktion von Wettkampfangst.

◘ **Abb. 16.8**   Weitere Typen der Zielsetzung. (Adaptiert nach Beckmann & Elbe, 2008, S. 67, © Spitta)

Spezifisch

Spezifische Ziele motivieren und werden öfter erreicht, weil sie sich einfacher in
konkrete Handlungen übersetzen lassen. Zur Formulierung spezifischer
Ziele helfen die W-Fragen: wer, was, wo, wann, wie, warum ...?

↓

Messbar

Auf messbare Ziele kann man besser hinfiebern und sich an ihrem
Erreichen mehr freuen. Auch hier helfen die W-Fragen: Was will ich
genau erreichen? Wie werde ich wissen, wann mein Ziel erreicht ist?

↓

Attraktiv/**A**mbitioniert

Zu hoch gesteckte Ziele führen zu Blockaden, Resignation und Enttäuschung, während zu
niedrig gesteckte Ziele oft nicht alle Reserven mobilisieren, da man „ja eh nur so hoch springt,
wie man muss". Daher sollten Ziele im Sport ambitioniert und attraktiv formuliert sein.

↓

Realistisch

Motivierende Ziele sollten realistisch sein. Die Kompetenzen des
Sportlers und die Rahmenbedingungen sollten für die Zielerreichung
sprechen, um den Erfolg prinzipiell möglich machen.

↓

Terminiert

Ein motivierendes Ziel muss einen zeitlichen
Abschluss haben, denn wenn ein Ende
in Sicht ist, steigt die Motivation.

◘ **Abb. 16.9**   SMART-Konzept nach Engbert (2011, S. 98, © Schwabenrepro)

nen Person „smart" zu formulieren, sondern deren persönliche Ziele auch im Sinne eines Teams oder einer Mannschaft wirken zu lassen. Gelingt es, dass alle Beteiligten „an einem Strang ziehen", stimmen also Einzel- und Team-/Mannschaftsziele überein, stellen sich Teamgeist, Leistungsmotivation und Zukunftsorientierung als optimale Voraussetzung für den Team-/Mannschaftserfolg ein (Baumann, 2002, S. 125).

16.2.2 Psychoregulationstraining

Mithilfe des Psychoregulationstrainings sollen die Sporttreibenden in die Lage versetzt werden, Vorgänge im eigenen Organismus selbst aktiv verändern und zunehmend besser beherrschen zu können (Frester & Mewes, 2008). Dieses Training kann, je nach Verfassung der Person, aktivierende oder entspannende Ziele verfolgen. Häufig eingesetzte Verfahren zur Aktivierung stellen die *Aktivierungsatmung*, das *Energieaufladen*, die *Selbstaktivierung* oder die *Mobilisation* dar (vgl. u. a. Seiler & Stock, 1994). Hierdurch soll die Person die notwendige Anspannung aufbauen, z. B. vor einem Wettkampf, um von Beginn an voll leistungsfähig zu sein. Zur Entspannung werden wiederum, z. B. im sportpsychologischen Grundlagentraining, drei Verfahren nacheinander gelernt und trainiert, um bei den aktiven Personen eine gewisse Ausgeglichenheit zu bewirken bzw. die Regeneration zu beschleunigen (Beckmann & Elbe, 2008, S. 50 ff.): Atementspannung, Progressive Muskelrelaxation und Autogenes Training.
1. Bei der *Atementspannung* – der einfachsten und natürlichsten Form der Entspannung – liegt der Fokus auf der Ausatmung. Die Übenden konzentrieren sich zunächst, nachdem sie eine entspannte Haltung eingenommen haben, auf ihren Atemrhythmus. Nach einigen „normalen" Ein- und Ausatemzügen wird die Ausatmung bewusst langsam und stetig durchgeführt. Vor der nächs-

ten Einatmung erfolgt eine kurze Pause. Dieser Vorgang wird mehrfach wiederholt und ggf. mit entspannenden Gedanken (z. B. die Last und Anspannung löst sich beim Ausatmen, neue Kraft und Energie wird mit der Einatmung aufgenommen) oder einer Fokussierung auf die Körperhaltung (z. B. Schultern richten sich beim Einatmen auf) verknüpft.
2. Die *Progressive (voranschreitende) Muskelrelaxation* (PMR) wurde in den 1920er-Jahren von dem US-Amerikaner Edmund Jacobson entwickelt. Das Prinzip beruht auf dem sog. Pendeleffekt: Auf eine bewusste Muskelanspannung folgt eine Entspannungsphase des Muskels, in der über den ursprünglichen Zustand hinaus entspannt werden kann (◘ Abb. 16.10). Bei regelmäßiger Übung kann ein Zustand konzentrierter Entspannung in kurzer Zeit – bereits in wenigen Sekunden – erreicht werden (detaillierte Beschreibung der PMR in ► Exkurs 3.2).
3. Das *Autogene Training*, als dritte Stufe des Grundlagentrainings, gilt als eines der am schwersten zu erlernenden Entspannungsverfahren (Beckmann & Elbe, 2008, S. 55). Hierbei rufen sich die Übenden Erinnerungen, die mit entspannenden Empfindungen assoziiert werden, ins Bewusstsein (*Autosuggestion*), die natürlicherweise bei einer Entspannung wahrgenommen werden. Beispielhaft kann hier das Sonnenbaden am Strand genannt werden, bei dem eine angenehme Wärme mit einer ruhigen, gleichmäßigen Atmung einhergeht. Die entsprechenden Instruktionen für ein Autogenes Training im Bereich des Unterarms sind ◘ Abb. 16.11 zu entnehmen.

Ziel des autogenen Trainings ist es, bei den Personen eine Bewusstheit für Spannungszustände zu erreichen, sodass sie jederzeit in der Lage sind, aktiv Spannung zu reduzieren. So kann z. B. eine Tennisspielerin die

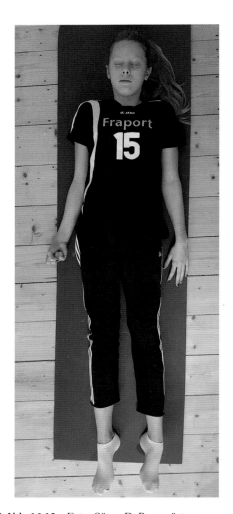

> **Schwereübung**
>
> • Rechter Arm schwer, ganz schwer

> **Wärmeübung**
>
> • Rechter Arm warm, ganz warm

> **Sonnengeflechtübung**
>
> • Strömende Wärme breitet sich im Körpermittelpunkt aus

◘ **Abb. 16.11** Beispielinstruktion des Autogenen Trainings für die Unterarme. (Adaptiert nach Beckmann & Elbe, 2008, S. 56, © Spitta)

16.3 Krisenintervention

Eine Krisenintervention ist (◘ Abb. 16.2), im Gegensatz zum systematischen und kontinuierlichen Fertigkeits- oder Selbstkontrolltraining, nicht plan- oder vorhersehbar. Sie kann sich sowohl im Laufe eines Betreuungsverhältnisses ergeben als auch Auslöser für die Kontaktaufnahme mit der Sportpsychologin bzw. Sportpsychologen sein (Feuerwehrmann-Funktion). Als Krisen können einerseits u. a. Kommunikationsstörungen, Unzufriedenheit oder Konflikte bezeichnet werden, die z. B. durch **Mediation** oder mithilfe von Techniken aus dem Fertigkeits- bzw. Selbstkontrolltraining bewältigt werden können. Andererseits umfassen Krisen aber auch psychologische Probleme und Krankheitsbilder, wie Depressionen, Angstzustände, Persönlichkeits- bzw. Essstörungen oder (Athleten-)Burnout. Diese Krisen können zumeist nicht von den in der Regel nicht klinisch ausgebildeten Sportpsychologinnen und Sportpsychologen allein angegangen werden. Eine Überweisung an eine psychotherapeutisch oder medizinisch ausgebildete Person etc. ist hier unabdingbar. Häufig stellt in diesen Fällen ein Betreuungsteam (z. B. bestehend aus Arzt, Psychotherapeutin

◘ **Abb. 16.10** Foto: Sören D. Baumgärtner

gestiegene Anspannung im Schlagarm nach einem vergebenen ersten Aufschlag in einer spielentscheidenden Situation bewusst reduzieren, um anschließend den Ball mit der gewohnten und notwendigen Muskelspannung mit dem zweiten Aufschlag ins Spiel zu bringen.

Die eingesetzten Instruktionen können zudem mit einem „Anker" versehen werden (Schlagwort, Metapher, Berührung etc.). Dieser kann später auch in Wettkampfsituationen zum Einsatz kommen, um schneller in den gewünschten Spannungszustand zu gelangen.

und Sportpsychologe) die beste Lösung dar (Beckmann & Elbe, 2008, S. 103).

Die klassischen Kriseninterventionen im leistungssportlich wettkampforientierten Alltag von Sportpsychologinnen und Sportpsychologen liegen im Bereich der *Kommunikationsstörungen* und *Konflikte*.

Bei der **Interaktion** von Menschen kommt es immer wieder zu Missverständnissen und Fehleinschätzungen aufgrund mangelnder oder schlechter Kommunikation (für eine allgemeine Einführung in Kommunikationsprozesse s. u. a. Schulz von Thun, 2014). Der Sport – insbesondere die Interaktion zwischen Anleitenden und Übenden – bildet dabei keine Ausnahme. Unbestritten ist, dass eine funktionierende **Trainer-Athlet-Dyade** die Basis für eine optimale Leistungsentwicklung bildet. Dabei spielen einerseits das Führungsverhalten von Trainerinnen und Trainern und deren soziale Kompetenz eine wichtige Rolle. Andererseits sind aber u. a. auch die Übereinstimmung der subjektiven Ansichten (*Wahrnehmungskongruenz*), die Akzeptanz und die Zufriedenheit der Beteiligten von besonderer Bedeutung (Hänsel et al., 2013b). Diese Faktoren können z. B. über strukturierte Gespräche zu Saisonbeginn, am Ende eines Trainingszyklus oder einer Wettkampfserie erörtert werden. Häufig zeigen sich Unterschiede in der Wahrnehmung, die dann u. a. mithilfe von Zielsetzungen (Fertigkeitstraining) angeglichen werden können.

Die mobile Applikation iQMsport (integriertes Qualitätsmanagement im Sport) stellt alternativ dazu ein kostenloses und modular aufgebautes Instrument zur Trainingssteuerung dar (► www. iqmsport.de). Die in mehreren Schritten entwickelte App (Hänsel et al., 2013a; Hänsel & Baumgärtner, 2015) fokussiert dabei sowohl auf die subjektive körperliche und mentale Beanspruchung, das aktuelle Befinden, die Qualität und die Zufriedenheit mit dem Training als auch auf die Erfassung der Übereinstimmung von subjektiven Qualitätswahrnehmungen zwischen Trainerinnen bzw. Trainern und ihren Athletinnen und Athleten. Zudem werden wichtige Einflussfaktoren wie Erholungszustand, Schlaf, Ernährung, berufliche und private Belastungen und Teamzusammenhalt erfasst (◘ Tab. 16.1).

Nach einer vergleichenden Analyse sollten die Ergebnisse im nächsten Schritt in Einzel- oder Gruppengesprächen erörtert werden. Eine reflektierte *Gesprächsvorbereitung* (zur Bewusstmachung der Ausgangslage sowie der Gesprächsvorstrukturierung und -einstimmung), eine differenzierte *Gesprächsstrukturierung* (diese bildet den Rahmen, in dem Informationen gleichberechtigt, konfliktfrei und zielgerichtet ausgetauscht und erörtert werden können) sowie eine abschließende *Gesprächsnachbereitung* (dient der Sicherstellung der Gesprächsergebnisse sowie der Reflexion des eigenen Gesprächsverhaltens) helfen, eine positive und vertrauensvolle Gesprächsatmosphäre zu schaffen, in der

- sich möglichst alle Beteiligten mit ihren individuellen Bedürfnissen angesprochen, verstanden und akzeptiert fühlen,
- Missverständnisse vermieden und Konflikte besprochen,
- Auseinandersetzungen konstruktiv gelöst,
- Verhaltensänderungen unterstützt sowie
- Selbstexploration, Selbstverantwortung und Selbstaktualisierung angeregt werden können.

Sollte sich im Gespräch unter den Beteiligten herausstellen, dass eine konstruktive Analyse sowie Ableitungen für die Optimierung der Zusammenarbeit nicht möglich sind, ist es ratsam, eine dritte Person hinzuzuziehen. Dabei kann es sich sowohl um andere Teammitglieder, um Co-Trainer oder Trainerkolleginnen, um Verbandsfunktionäre (wie Sportdirektorinnen und Sportdirektoren oder Vorstandsmitglieder) oder auch Familienangehörige oder Partner

◘ **Tab. 16.1**   Trainingsfaktoren aus der App iQMsport. (Mit freundlicher Genehmigung von Prof. Dr. Frank Hänsel und Dr. Sören D. Baumgärtner sowie der Technischen Universität Darmstadt)

	Trainingsfaktor	Bedeutung	Beispiele für Fragen
(a) Trainings-effekte	Trainings-beanspruchung (nur bei Befragungen nach dem Training)	Körperliche (Schnelligkeit, Sprung-kraft, Taktik, Kraft & Koordination) und mentale Beanspruchungsfaktoren nach einer Trainingseinheit.	Wie beanspruchend war die letzte Trainingseinheit im Bereich Sprungkraft für Dich? Wie beanspruchend war die letzte Trainingseinheit mental für Dich?
	Trainingsquali-tät	Beurteilung des aktuellen Trainings-tags in Bezug auf die persönliche Leistung und Anstrengung, die Betreuung des Trainers und die Beziehung zwischen Sportler(n) und Trainer.	Bezogen auf den Trainings-tag, wie beurteilst Du Deine persönliche Leistung? Bezogen auf den Trainings-tag, wie beurteilst Du die fachliche Betreuung durch den Trainer?
	Zufriedenheit	Zufriedenheit mit dem Training und Trainingsverlauf.	Wie zufrieden bist Du heute insgesamt?
	Aktuelles Befinden	Aktueller Befindlichkeitszustand für positive (wie mitteilsam, tatkräftig) und negative Emotionen (wie angespannt, zerstreut).	Bitte gib an, wie Du Dich in diesem Moment, hinsicht-lich der folgenden Adjektive fühlst: angespannt, traurig oder niedergeschlagen, tatkräftig, zerstreut, wütend, müde, selbstsicher, mitteilsam.
	Zusammenhalt im Team	Zusammenhalt unter und Stimmung mit den unmittelbaren Mitspielern sowie im Team insgesamt.	Wie ist die Stimmung mit Deinen unmittelbaren Mitspielern? Wie happy bist Du mit dem Zusammenhalt im Team?
(b) Einfluss-faktoren	Vorbelastung (nur bei Befragungen vor dem Training)	Aktuelle persönliche Belastbarkeit.	Wie belastbar fühlst Du Dich aktuell körperlich? Wie belastbar fühlst Du Dich aktuell mental?
	Erholung	Kurzfristige und langfristige Re-generation und Erholung.	Wie erholt fühlst Du Dich heute insgesamt?
	Schlaf	Schlafdauer und -qualität.	Von wann bis wann hast Du letzte Nacht geschlafen? Wie gut hast Du letzte Nacht geschlafen?
	Ernährung	Ess- und Trinkqualität sowie Gewichtserfassung.	Bezogen auf deine Er-nährung, wie beurteilst Du Dein heutiges Ess-/ Trinkverhalten?

16

handeln, die durch eine möglichst objektive Moderation in einem weiteren Gespräch zwischen den Parteien vermitteln. Hierbei empfiehlt es sich erneut, die oben beschriebenen Hilfen zur Gesprächsvorbereitung, -strukturierung und -nachbereitung zu berücksichtigen. Darüber hinaus besteht die Möglichkeit, eine Sportpsychologin oder einen Sportpsychologen einzubinden. Diese können die Teilnehmer individuell auf ein Folgegespräch vorbereiten (**Coaching**), aktiv das Gespräch untereinander moderieren oder in der Funktion von Mediatoren agieren. Zu empfehlen wäre auch hier am Ende die Entwicklung eines Arbeitsplans zur Optimierung der Zusammenarbeit, der zu einem festgelegten Zeitpunkt erneut überprüft wird, beispielsweise mithilfe von iQMsport (Hänsel & Baumgärtner, 2015).

Eine *Prozessanalyse* des Trainings oder Wettkampfs ermöglicht ebenso die Erhöhung der Zufriedenheit in der Zusammenarbeit zwischen Übenden und Anleitenden. Das Verfahren wird anhand einer Trainingsprozessanalyse zwischen einem Handballspieler und seinem Trainer verdeutlicht; das Verfahren für eine Wettkampfprozessanalyse gestaltet sich äquivalent:

1. Athlet und Trainer unterteilen eine Trainingseinheit strukturell in inhaltliche Abschnitte, wie Begrüßung und Einstimmung, Warm-up, Hauptteil, Cool-down sowie Abschluss und Verabschiedung.
2. Jeder bewertet für sich mithilfe von Schulnoten, wie zufrieden er mit der Qualität der einzelnen Trainingsabschnitte war.
3. Trainer und Athlet vergleichen ihre Bewertungen und erläutern deren Zustandekommen.
4. Trainer und Athlet setzen sich konkrete Ziele, wie die einzelnen Abschnitte verbessert werden können, um bei einer erneuten Prozessanalyse, zu einem festgelegten Zeitpunkt, bessere Bewertungen (= höhere Zufriedenheit) erreichen zu können.

Betrachtet man den zweiten Bereich der Krisenintervention, so stellt man fest, dass die Zahl an (anerkannten) psychischen Problemen und Krankheitsbildern (Überblick in International Statistical Classification of Diseases bzw. Diagnostic and Statistical Manual of Mental Disorders Classification) groß ist und deren Verläufe zudem individuell unterschiedlich sind. Entsprechend zahlreich sind auch die möglichen Interventions- bzw. Therapieverfahren. Prochaska und Norcross (2018) berichten von einer stetig steigenden Zahl von über 400 Therapieverfahren, die insgesamt 16 grundlegenden Psychotherapiesystemen zugeordnet werden können.

Exemplarisch wird an dieser Stelle ein einfaches, aber effektives Verfahren vorgestellt, um Verhaltensveränderungen u. a. bei Sportlerinnen und Sportlern herbeizuführen: das *athletenzentrierte Coaching*. Dabei handelt es sich um einen *lösungsorientierten Ansatz* (Høigaard & Johansen, 2004). Der Fokus in diesem Beratungsansatz liegt auf der Ermächtigung der Athletinnen und Athleten zum Auffinden von Problemlösungen. Es werden keine Zeit und Energie darauf verwendet, die Ursachen des Problems zu ermitteln. Der Ansatz eignet sich besonders gut für Athletinnen und Athleten, die sich üblicherweise auf Verbesserung, (Weiter-)Entwicklung und Leistungsergebnisse fokussieren. Basis der lösungsorientierten Beratung bilden nach Berg und Miller (1992) die folgenden Grundannahmen und -regeln:

— Fokussierung auf das, was funktioniert: Die Aufmerksamkeit wird auf problemfreie oder weniger problematische Situationen gelenkt, und man konzentriert sich auf Verbesserungen und Fortschritte, die bereits gemacht wurden.
— Es gibt keine objektive Wahrheit: Es werden keine Hintergrundprobleme oder Konflikte angesprochen oder reflektiert.
— Es ist alles miteinander verknüpft: Die Lösung liegt nicht immer in der Nähe des Problemkerns, und große Probleme

erfordern nicht zwingend umfangreiche Lösungen.

- Es gibt stets Ausnahmen: Die Hauptfunktion des Beraters ist es, dem Athleten dabei zu helfen, Situationen oder Zeiträume zu identifizieren, in denen das Problem nicht auftrat.
- Der Athlet ist der Experte: Der Berater muss in einer Art und Weise agieren, die dem Athleten verdeutlicht, dass er selbst die Voraussetzungen und Fähigkeiten besitzt, das Problem zu lösen. Es geht darum, bereits Vorhandenes gewinnbringend auf neue und nützliche Art einzusetzen.
- Kooperation: Beratung ist Kooperation. Der Berater muss verstehen, wie der Athlet handelt und mit anderen zusammenarbeitet, um Kooperation herzustellen.

Das athletenzentrierte Coaching beruht auf einem demokratischen und gemeinschaftlichen Verständnis. Die Ziele und der Erfolg sind abhängig von den Athletinnen und Athleten. Die Trainerin bzw. der Trainer wird durch das Platzieren von Fragen unterstützend und lenkend tätig und versucht, der Athletin bzw. dem Athleten so ihr bzw. sein Problemlösepotenzial aufzuzeigen. Dies erhöht die Selbstständigkeit der Athletinnen und Athleten, deren Fähigkeit, Entscheidungen zu treffen, und somit auch deren Selbstwirksamkeit (Preston et al., 2015).

Das Gespräch, hier am Beispiel eines Athleten und eines Trainers dargestellt, gliedert sich dabei in fünf Phasen:

1. *Vereinbarung:* Der Trainer fragt den Athleten, was passieren muss, damit sich das Gespräch im Anschluss als nützlich erweist. Der Fokus liegt dabei auf dem möglichen Fortschritt bzw. möglichen Verbesserungen.
2. *Wünschenswerte Zukunft:* Der Trainer hält den Athleten an, sich eine für ihn erstrebenswerte Zukunft vorzustellen.
3. *Entwicklungsschlüssel:* Der Trainer stellt Fragen nach Ausnahmen, in denen das

Problem nicht (so stark) auftrat. Diese sollen dem Athleten helfen, seine eigenen Stärken sowie Anzeichen für eine positive Entwicklung zu erkennen.

4. *Entwicklungsstrategien:* Der Trainer stellt Fragen nach Intentionen, Zielen und Gefühlen in Verbindung mit dem angestrebten Verhalten.
5. *Schlussfolgerungen und Rückmeldungen:* Der Trainer gibt auf Basis seiner (Gesprächs-)Beobachtungen Rückmeldung zu den Stärken des Athleten in Bezug auf seine Problemlösekompetenz.

Bei den zu entwickelnden Fragen im Gespräch greift der Trainer auf folgende sechs Fragetypen zurück (Ting & Scisco, 2006):

1. *Wunderfrage:* Sie dient der Zielvereinbarung, indem möglichst detaillierte Faktoren oder Zustände ermittelt werden, die erstrebenswert erscheinen („Wenn heute Nacht ein Wunder geschähe – und du es im Schlaf nicht mitbekämst –, woran würdest du morgen das Wunder erkennen?").
2. *Ausnahmefrage:* Sie dient dazu, bereits existierende, hilfreiche Fähigkeiten und Verhaltensweisen zu entdecken („Was war in den Situationen anders, in denen das Problem nicht oder nicht so stark auftrat?").
3. *Skalierungsfrage:* Sie hilft, positive Veränderungen zu überwachen, Ziele zu setzen und Stärken zu identifizieren („Wie würdest du das Problem auf einer Skala von 10 (gelöst) bis 1 (hoch dramatisch) einstufen?").
4. *Verarbeitungsfrage:* Sie hilft, aktuelle positive Aspekte und Stärken zu erkennen („Was hast du bereits versucht, um das Problem zu lösen?", „Was hat davon – vielleicht auch nur teilweise – funktioniert?").
5. *Beziehungsfrage:* Sie bietet die Möglichkeit eines Perspektivenwechsels („Wie würdest du auf deine Umgebung wirken, wenn das Problem gelöst wäre?", „Was wäre anders an deinem Auftreten oder

Verhalten gegenüber deinen Trainern, Teamkolleginnen, Gegnern etc.?").

6. *Was-noch-Frage:* Sie hilft auf der Suche nach internen Informationen und Möglichkeiten zur Problemlösung und sollte immer wieder mehrfach nach Antworten der Athletin bzw. des Athleten auf eine der anderen Fragetypen gestellt werden („Was noch?").

Prinzipiell geht es aus Sicht der Trainerinnen und Trainer primär darum, die richtigen Fragen zu generieren, mit deren Hilfe es den Athletinnen und Athleten gelingt, ihr vorhandenes Potenzial zu erkennen, (Zwischen-) Ziele zu formulieren und Fortschritte aufzuzeigen. Das Vorgeben von Antworten oder Lösungen sollte hingegen vermieden werden.

16.4 **Empirische Befunde**

Entsprechend der Vielzahl sportpsychologischer Verfahren gibt es mannigfaltige Untersuchungen zur Wirksamkeit der verschiedenen Trainingsformen (für einen Überblick s. Brow & Fletcher, 2017). An dieser Stelle wird daher exemplarisch am Beispiel des mentalen Trainings (MT) die aktuelle Studienlage vorgestellt, bevor anschließend auf grundsätzliche Herausforderungen im Umgang mit Wirksamkeitsstudien näher eingegangen wird.

Das MT gehört zu den meist untersuchten Trainingsformen der Sportpsychologie. Bereits in den 1970er und 1980er-Jahren wurden zahlreiche Forschungsstudien durchgeführt. Diese wurden u. a. von Feltz und Landers (1983) sowie von Driskell et al. (1994) in **Metaanalysen** zusammengefasst: Demnach ist MT prinzipiell wirksamer als kein Training. Es wirkt moderat positiv auf die Bewegungsleistung und das Bewegungslernen. Der Effekt des MT ist jedoch geringer als der des praktischen Trainings. Den größten Leistungszuwachs verspricht eine Kombination aus mentalem und praktischem Training.

Die aktuellen Erkenntnisse, die zu Effekten des MT vorliegen, lassen sich inhaltlich drei Themenbereichen zuordnen (Munzert et al., 2014): sportlichen Fertigkeiten und taktischen Verhaltensweisen, Kraftleistungen sowie Sportverletzungen. Für jeden der drei Bereiche werden im Folgenden einige Studien beispielhaft vorgestellt.

■ **Sportliche Fertigkeiten und taktische Verhaltensweisen**

Unklar ist die Befundlage im Hinblick auf die Frage, ob sich durch MT geschlossene (z. B. Weitsprung) und offene Fertigkeiten (z. B. Angriffsschlag im Volleyball) gleichermaßen verbessern lassen. Hardy und Callow (1999) fanden heraus, dass ideomotorisches Training (internal) effektiver bei geschlossenen, verdecktes Wahrnehmungstraining (external) dagegen effektiver bei offenen Fertigkeiten ist.

Guillot et al. (2004) stellten hingegen bei Untersuchungen fest, dass bei Tennisspielern (eher offen) und Gymnastinnen (eher geschlossen) eher die individuelle Vorstellungsfähigkeit einen relevanten Erfolgsfaktor darstellt als die Art des MT (internal/external).

Blair et al. (1993) zeigten, dass Anfänger und Experten gleichermaßen von einem sechswöchigen MT zum Durchlaufen eines Fußballparcours profitierten: Im Vergleich mit einer Kontrollgruppe, die an einer kognitiven Fußballaufgabe ohne Bezug zu dem Parcours arbeitete, konnten beide mental übenden Gruppen ihre Zeiten beim Durchlaufen des Parcours verbessern.

Charakteristika des MT selbst standen bei einer Untersuchung von Louis et al. (2008) im Vordergrund. Sie untersuchten, ob die Geschwindigkeit, in der Judoka sich eine Kata (festgelegte Reihenfolge von Judotechniken) beim MT (zwölf Einheiten in vier Wochen) vorstellten, die tatsächliche Ausführungsgeschwindigkeit nach der Intervention beeinflusst. Vergleicht man die Kata-Zeiten der schnell imaginierenden mit der langsam imaginierenden Gruppe, so zeigt sich, dass die schnell imaginierende Gruppe die Kata auch real schneller absolviert, die langsam imaginierende Gruppe wird entsprechend langsamer in der Ausführung. Allerdings zeigt auch die Kontrollgruppe (Durchführen eines Dehnprogramms) eine Reduktion der Ausführungsgeschwindigkeit. Die Nachhaltigkeit und die Transferwirkung dieser Effekte müssen daher erst noch spezifischer untersucht werden (Munzert et al., 2014, S. 24).

Die Ergebnisse einer Studie von Guillot et al. (2009) weisen darauf hin, dass auch taktische Verhaltensweisen im Mannschaftssport (konkret im Basketball) durch MT verbessert werden können.

■ **Kraftleistungen**

Dass zentralnervöse Prozesse Einfluss auf die Kraftproduktion haben, beweisen bereits trainingswissenschaftliche Untersuchungen, bei denen einseitig durchgeführtes Krafttraining auch zu Kraftzunahmen auf der nicht trainierten Seite führt (u. a. Davies et al., 1985; Zhou, 2000).

Yue und Cole (1992) zeigten in einer der ersten Studien zum Einsatz des MT dessen Wirksamkeit im Rahmen des Krafttrainings. Sie ließen Testpersonen über vier Wochen ein kraftbezogenes Vorstellungstraining durchführen, bei dem diese sich eine maximale Muskelkontraktion bei der Abduktion des kleinen Fingers einer Hand vorstellten (imaginierte maximale Kontraktionen). Im Vergleich zu einer physischen Trainingsgruppe mit Gewichten konnte in diesen vier Wochen eine vergleichbare Verbesserung der isometrischen Maximalkraft ermittelt werden (real 29,8 %, mental 22,0 %). Der Kraftzuwachs der nicht trainierenden Kontrollgruppe lag bei 3,7 %.

Die Tatsache, dass sich die Ergebnisse lediglich auf eine Muskelgruppe beziehen, die typischerweise als untrainiert und für die meisten sportlichen Aufgaben als wenig bedeutsam gilt, schränkt deren Relevanz nur bedingt ein, da zahlreiche nachfolgende Studien zwar geringere Effekte bei größeren oder besser trainierten Muskeln zeigten – z. B. für den M. pectoralis major bei Reiser (2005) –, die prinzipielle Wirksamkeit jedoch bestätigt wurde.

Hervorzuheben ist zudem, dass sich in den erwähnten Studien der stärkste Effekt in der Imaginationsgruppe bereits relativ zu Beginn des Trainingsprogramms – z. B. bei Reiser (2005) nach einer Woche – zeigt. Im weiteren Verlauf werden die Kraftgewinne der physisch übenden Gruppe dann jedoch nicht mehr erreicht, was als Anpassung der zentralen Programmierung interpretiert werden kann.

Ein Vorteil des MT liegt u. a. darin, dass höhere Trainingsumfänge realisiert werden können, ohne dabei physische Überbelastungen bei den Athletinnen und Athleten zu provozieren. Dieser präventive Aspekt wurde z. B. im Rahmen einer Studie von Reiser et al. (2011) untersucht. Hierbei stand die Kompensationsfähigkeit eines vorgestellten maximalen Kontraktionstrainings gegenüber einem hochintensiven isometrischen Krafttraining, bestehend aus Armstrecken, Bankdrücken, Fersenheben und Beinpresse, im Fokus. Dazu wurden drei Gruppen mit unterschiedlichem Verhältnis von mentalem zu physischem Training (¼, ½ bzw. ¾ mental) mit einer rein physisch trainierenden Gruppe sowie einer Kontrollgruppe (ohne Krafttraining) verglichen. Es zeigen sich sowohl unmittelbar nach der Intervention als auch eine Woche nach Ende des Trainings annähernd so große Kraftgewinne (zwischen 3,0 % und 4,2 %) für die Trainingsgruppen mit hohen mentalen Anteilen (½ bzw. ¾ mental), wie sie durch ausschließlich physisches Training erreicht werden (4,3 %). Die Zuwachsraten fallen hier u. a. deutlich geringer aus als z. B. bei der Fingerabduktionsstudie, da dem Training ein vierwöchiges Hypertrophietraining (Training zur Muskelvergrößerung) vorausging, wie es für die Periodisierung eines leistungssportlichen Krafttrainings oftmals gefordert wird. Das Ausgangsniveau war entsprechend höher. Zusätzlich ist ein weiteres Ergebnis dieser Studie hervorzuheben: Die Kraftzuwächse fielen umso höher aus, je lebhafter und klarer die Testpersonen sich die geforderten Muskelkontraktionen vorstellen konnten (Munzert et al., 2014, S. 26 f.).

■ Sportverletzungen

Im Gegensatz zu den beiden zuvor angeführten Themenbereichen ist eine Kombination von aktivem Training und MT bei Sportverletzungen, z. B. aufgrund einer Immobilisation, häufig ausgeschlossen. Der sich durch die Ruhigstellung einstellende Kraftverlust kann mithilfe der Bewegungsprogrammierung durch ein vorgestelltes maximales Kontraktionstraining reduziert werden. Die Testpersonen bei Newsom et al. (2003) erzielten diesen Effekt bereits mit einem zehntägigen Trainingsaufwand von täglich dreimal 5 min.

Eine Ruhigstellung führt in kortikalen motorischen Gehirnarealen zudem zu einer nachweisbaren Verringerung neuronaler Aktivität (Roll et al., 2012), die wiederum teilweise durch die neuronale Stimulierung im Rahmen eines MT zumindest reduziert werden kann (Munzert et al., 2014, S. 29).

Inwieweit MT z. B. in der Physiotherapie eingesetzte Bewegungsaufgaben beeinflusst, ist hingegen bisher kaum untersucht. Lebon et al. (2012) ließen hierzu Athletinnen und Athleten nach einer Kreuzbandruptur die physiotherapeutischen Übungen zusätzlich mental trainieren und konnten so nach einem Dutzend Trainingssitzungen stärkere Muskelaktivitäten erzielen. Es zeigte sich allerdings keine stärkere Schmerzreduktion gegenüber der Kontrollgruppe.

Insgesamt scheint es sinnvoll, MT systematisch in den Rehabilitationsprozess bei Sportverletzungen einzubinden (Marcolli, 2002; Mayer & Hermann, 2015).

■ Herausforderungen im Umgang mit Wirksamkeitsstudien

Insgesamt ist die Anzahl an experimentellen Studien noch zu gering, um wesentliche Schlüsse zum optimalen Einsatz des MT ableiten zu können. Zudem räumen Munzert et al. (2014) ein, dass zum einen nur sehr wenige experimentelle Studien vorliegen, die tatsächlich ein MT im engeren Sinne, d. h. eine systematische, mehrere Wochen dauernde mentale Übungsphase mit dem Ziel der Leistungsverbesserung von technischen bzw. taktischen Fertigkeiten, untersucht haben. Zum anderen weisen die bisher vorliegenden Studien zumeist methodische Mängel auf, da z. B. häufig nur kurzfristige Vorstellungsinterventionen Verwendung finden, ein Mix aus Interventionen verwendet bzw. das Training häufig schlecht kontrolliert wird oder ausschließlich subjektive Einschätzungen als **abhängige Variable** erhoben werden.

Bei den nachgewiesenen Effekten sportpsychologischer Interventionen bestehen darüber hinaus grundsätzliche Herausforderungen im Umgang mit den Erkenntnissen. So stellt sich beispielsweise in wissenschaftlichen Untersuchungen, die insbesondere Leistungssportlerinnen und Leistungssportlern bei der Optimierung ihrer Wettkampfleistung helfen sollen, die Problematik der Verwendung von Kontrollgruppen. Diese werden üblicherweise in Untersuchungsplänen verwendet, um die Güte der Ergebnisse zu erhöhen.

Dies ist jedoch im Praxisfeld Leistungssport zumeist ausgeschlossen, da die Wissenschaftlerinnen und Wissenschaftler in der Regel nicht auf die Bereitschaft einer Kadertrainerin oder eines Kadertrainers stoßen, wenn es z. B. darum geht, aus forschungsmethodischen Gründen ein MT lediglich mit einer Hälfte eines Kaders durchzuführen, während die andere Hälfte als

Kontrollgruppe dienen soll. Daher beschränkt sich die Forschung zumeist auf die Untersuchung von nicht im Leistungssport tätigen Personen (z. B. Sportstudierenden, Breiten-/Freizeitsportlern). Damit stellt sich allerdings auch die Frage, inwieweit sich die Ergebnisse in den Leistungssport übertragen lassen. So mag zwar ein bestimmtes Verfahren die Motivation und daher auch die Leistung z. B. bei Sportstudierenden steigern, allerdings bleibt offen, ob dies auch für Leistungssportlerinnen und Leistungssportler zutrifft, die womöglich ohnehin eine hohe Motivation haben (Selektionsproblematik).

Zudem bleibt fraglich, ob die psychologischen Effekte in ursächlichem Verhältnis zur Leistung stehen. Ein Verfahren könnte beispielsweise helfen, aus ängstlichen zuversichtlichere Menschen zu machen. Aber würde sich diese Zuversicht auch in einer Leistungssteigerung niederschlagen?

Daher steht insbesondere im Leistungssport eine empirische Überprüfung der Wirksamkeit vieler Verfahren noch aus (Haase & Hänsel, 1995).

16.5 Zusammenfassung

- **Kategorien und Inhalte sportpsychologischer Interventionen**
- Interventionen stellen den Kern sportpsychologischer Betreuung dar. Sie versuchen, durch planmäßiges und systematisches Einwirken, unter Verwendung wissenschaftlich überprüfter Maßnahmen, die psychosoziale Handlungskompetenz zu optimieren, Handlungsfähigkeiten und -intentionen situationsangemessen zu realisieren bzw. das Wohlbefinden zu verbessern.
- Sport kann sowohl Gegenstand als auch Mittel einer Intervention sein.
- Die Vorgehensweise bei Interventionen kann personzentriert, umweltzentriert oder aufgabenzentriert erfolgen.

- Es lassen sich zehn Aufgabenfelder sportpsychologischer Interventionen ableiten, die von der Regulation einer Bewegung beim Erlernen einer sportlichen Technik bis zur langfristigen Karriereplanung reichen.
- Sportpsychologische Betreuung erfolgt anlassbezogen auf den drei Ebenen Grundlagentraining, Aufbautraining oder Krisenintervention.
- Die existierenden Interventionsformen lassen sich inhaltlich den beiden Bereichen Fertigkeitstraining und Selbstkontrolltraining zuordnen.
- Das Fertigkeitstraining untergliedert sich in das psychomotorische Training, bei dem Bewegungsabläufe durch Vorstellungsbilder gesteuert werden (z. B. durch Visualisierung, Imaginations-/ Vorstellungstraining oder mentales Training), und das kognitive Funktionstraining, bei dem es um die Optimierung der Prozesse des Wahrnehmens, Denkens, Erkennens, des Sichvorstellens, des Sicherinnerns, des Sprechens und Entscheidens geht (Wahrnehmungs-/Entscheidungstraining).
- Beim Selbstkontrolltraining unterscheidet man zwischen dem Motivationstraining, zur Generierung oder Aufrechterhaltung starker Motivation der Sporttreibenden, und dem Psychoregulationstraining, in dem die Athletinnen und Athleten in die Lage versetzt werden sollen, Vorgänge im eigenen Organismus selbst aktiv verändern und zunehmend besser beherrschen zu können (z. B. durch Aktivierungsatmung, Energieaufladen, Selbstaktivierung oder Mobilisation).
- Kriseninterventionen sind nicht plan- oder vorhersehbar. Sie liegen im leistungssportlich wettkampforientierten Alltag der Sportpsychologinnen und Sportpsychologen zumeist im Bereich der Kommunikationsstörungen und Konflikte. Interventionsansätze hierfür

stellen etwa ein Qualitätsmanagement (z. B. durch iQMsport) oder ein Kommunikationstraining (z. B. durch athletenzentriertes Coaching) dar.

— Bei Kriseninterventionen werden aber auch psychologische Probleme und Krankheitsbilder unter Einbeziehung von psychotherapeutisch oder medizinisch ausgebildeten Personen behandelt.

— Bei den nachgewiesenen Effekten sportpsychologischer Interventionen bestehen aufgrund der Kontrollgruppen- und Selektionsproblematik grundsätzliche Herausforderungen sowohl beim Transfer in den Leistungssport als auch bei der Betrachtung des Ursache-Wirkung-Verhältnisses in Bezug auf die sportliche Leistung.

▪ **Empirische Befunde zum mentalen Training**

— Mentales Training wirkt moderat positiv auf die Bewegungsleistung und das Bewegungslernen und ist somit prinzipiell wirksamer als kein Training. Der Effekt ist jedoch geringer als der des praktischen Trainings. Den größten Leistungszuwachs verspricht eine Kombination aus mentalem und praktischem Training.

— Im Themenbereich *Sportliche Fertigkeiten und taktische Verhaltensweisen* ist die Befundlage im Hinblick auf die Frage, ob sich durch MT geschlossene und offene Fertigkeiten gleichermaßen verbessern lassen, unklar.

— Trainingswissenschaftliche Untersuchungen zu *Kraftleistungen* zeigen, dass zentralnervöse Prozesse einen Einfluss auf die Kraftproduktion haben. So führt beispielsweise ein einseitig durchgeführtes Krafttraining auch zu Kraftzunahmen auf der nicht trainierten Seite.

— Im Bereich *Sportverletzungen* scheint es insgesamt sinnvoll, mentales Training systematisch in den Rehabilitationsprozess einzubinden, obwohl eine Kombination von aktivem Training und men-

talem Training, z. B. aufgrund einer Immobilisation, häufig ausgeschlossen ist.

— Insgesamt ist die Anzahl an vorliegenden – und methodisch sauberen – experimentellen Studien noch zu gering, um wesentliche Schlüsse zum optimalen Einsatz des MT ableiten zu können.

Literatur

Baumann, S. (2002). *Mannschaftspsychologie. Methoden und Techniken*. Meyer & Meyer.

Baumann, S. (2012). *Mannschaftspsychologie. Methoden und Techniken* (3. Aufl.). Meyer & Meyer.

Baumann, S. (2018). *Psychologie im Sport* (7. Aufl.). Meyer & Meyer.

Beckmann, J., & Elbe, A.-M. (2008). *Praxis der Sportpsychologie im Wettkampf- und Leistungssport*. Spitta.

Berg, I. K., & Miller, S. D. (1992). *Working with the problem drinker. A solution focused approach* (240. Aufl.). W. W. Norton.

Blair, A., Hall, C., & Leyshon, G. (1993). Imagery effects on the performance of skilled and novice soccer players. *Journal of Sports Science, 11*(2), 95–101. https://doi.org/10.1080/02640419308729971

Brow, D. J., & Fletcher, D. (2017). Effects of psychological and psychosocial interventions on sport performance: A meta-analysis. *Sports Medicine, 47*(1), 77–99. https://doi.org/10.1007/s40279-016-0552-7

Carron, A. V., & Hausenblas, H. A. (2012). *Group dynamics in sport* (4. Aufl.). Fitness Information Technology.

Davies, C. T., Dooley, P., McDonagh, M. J., & White, M. J. (1985). Adaptation of mechanical properties of muscle to high force training in man. *Journal of Physiology, 365*(1), 277–284. https://doi.org/10.1113/jphysiol.1985.sp015771

Driskell, J. E., Copper, C., & Moran, A. (1994). Does mental practice enhance performance? *Journal of Applied Psychology, 79*(4), 481–492. https://doi.org/10.1037/0021-9010.79.4.481

Eberspächer, H. (2012). *Mentales Training. Ein Handbuch für Trainer und Sportler* (8. durchgesehene Aufl.). Copress.

Eccles, D. W., & Tenenbaum, G. (2004). Why an expert team is more than a team of experts: A social-cognitive conceptualization of team coordination and communication in sport. *Journal of Sport & Exercise Psychology, 26*(4), 542–560. https://doi.org/10.1123/jsep.26.4.542

Eccles, D. W., & Tenenbaum, G. (2007). A social cognitive perspective on team functioning in sport. In G. Tenenbaum & R. C. Eklund (Hrsg.), *Handbook of sport psychology* (3. Aufl., S. 264–283). John Wiley & Sons.

Engbert, K. (2011). *Mentales Training im Leistungssport. Ein Übungsbuch für den Schüler- und Jugendbereich.* Neuer Sportverlag.

Erez, M., & Zidon, I. (1984). Effects of goal acceptance on the relationship of goal difficulty to performance. *Journal of Applied Psychology, 69*(1), 69–78. https://doi.org/10.1037/0021-9010.69.1.69

Feltz, D. L., & Landers, D. M. (1983). The effects of mental practice on motor skill learning and performance: A meta-analysis. *Journal of Sport & Exercise Psychology, 5*(1), 25–57. https://doi.org/10.1123/jsp.5.1.25

Frester, R., & Mewes, N. (2008). Psychoregulation im Sport. In J. Beckmann & M. Kellmann (Hrsg.), *Anwendungen der Sportpsychologie (Enzyklopädie der Psychologie, Serie 5: Sportpsychologie* (2. Aufl., S. 41–117). Hogrefe.

Gabler, H., Haase, H., Hug, O., & Steiner, H. (Hrsg.). (1985). *Psychologische Diagnostik und Beratung im Leistungssport. Orientierungshilfen für die Praxis des Trainers.* DSB.

Guillot, A., & Collet, C. (2010). *The neurophysiological foundations of mental and motor imagery* (297. Aufl.). Oxford University Press.

Guillot, A., Collet, C., Molinaro, C., & Dittmar, A. (2004). Expertise and peripheral autonomic activity during the preparation phase in shooting events. *Perceptual and Motor Skills, 98*(2), 371–381. https://doi.org/10.2466/pms.98.2.371-381

Guillot, A., Nadrowska, E., & Collet, C. (2009). Using motor imagery to learn tactical movements in basketball. *Journal of Sport Behavior, 32*(2), 189–206.

Haase, H., & Hänsel, F. (1995). Psychologische Leistungsförderer – zum Einfluss psychologischen Trainings auf die sportliche Leistung. *Leistungssport, 25*(2), 32–38.

Hänsel, F., & Baumgärtner, S. D. (2014). Training des Zusammenspiels in Sportspielen. In K. Zentgraf & J. Munzert (Hrsg.), *Kognitives Training im Sport* (S. 37–62). Hogrefe.

Hänsel, F., & Baumgärtner, S. D. (2015). iQMsport – ein webbasiertes Instrument zur Erfassung der wahrgenommenen Qualität und der Wahrnehmungskongruenz zwischen Athleten und Trainern in der leistungssportlichen Praxis. *Leistungssport, 43*(1), 43–48.

Hänsel, F., Munzert, J., Baumgärtner, S. D., & Zentgraf, K. (2012). Training kooperationsbezogener Handlungsrepräsentationen im Volleyball. In BISp (Hrsg.), *BISp-Jahrbuch - Forschungsförderung 2010/11* (S. 67–72). Bonn.

Hänsel, F., Werkmann, S., Schulz, C., & Kappes, E. (2013a). Trainings- und Wettkampfqualität aus Athleten- und Trainersicht – Unterschiede und Gemeinsamkeiten. *Leistungssport, 43*(6), 16–22.

Hänsel, F., Werkmann, S., Schulz, C., & Kappes, E. (2013b). Trainings- und Wettkampfqualität aus Athleten- und Trainersicht. Eine mehrdimensionale Systematik kritischer Ereignisse. *Leistungssport, 43*(2), 4–10.

Hardy, L., & Callow, N. (1999). Original research efficacy of external and internal visual imagery perspectives for the enhancement of performance on tasks in which form is important. *Journal of Sport and Exercise Psychology, 21*(2), 95–112. https://doi.org/10.1123/jsep.21.2.95

Høigaard, R., & Johansen, B. T. (2004). The solution-focused approach in sport psychology. *The Sport Psychologist, 18*(2), 218–228. https://doi.org/10.1123/TSP.18.2.218

Lebon, F., Guillot, A., & Collet, C. (2012). Increased muscle activation following motor imagery during the rehabilitation of the anterior cru-ciate ligament. *Applied Psychophysiology and Biofeeedback, 37*(1), 45–51. https://doi.org/10.1007/s10484-011-9175-9

Locke, E. A., & Latham, G. P. (1990). *A theory of goal setting and task performance.* Prentice-Hill.

Louis, M., Guillot, A., Maton, S., Doyon, J., & Collet, C. (2008). Effect of imagined movement speed on subsequent motor performance. *Journal of Motor Behavior, 40*(2), 117–132. https://doi.org/10.3200/JMBR.40.2.117-132

Marcolli, C. (2002). Die psychologische Betreuung nach Sportverletzungen – eine retrospektive Befragung der Teilnehmer am Projekt COMEBACK. *Schweizerische Zeitschrift für Sportmedizin und Sporttraumatologie, 50*(2), 71–75.

Mathesius, R. (1996). Prinzipien und Aufgaben des Psychologischen Trainings. In E. Hahn (Hrsg.), *Psychologisches Training im Wettkampfsport* (S. 29–126). Hofmann.

Mayer, J., & Hermann, H.-D. (2015). *Mentales training* (3. Aufl.). Springer.

Munzert, J., Reiser, M., & Zentgraf, K. (2014). Bewegungsvorstellungstraining im Sport. In K. Zentgraf & J. Munzert (Hrsg.), *Kognitives training im sport* (S. 9–36). Hogrefe.

Newsom, J., Knight, P., & Balnave, R. (2003). Use of mental imagery to limit strength loss after immobilization. *Journal of Sport Rehabilitation, 12*(3), 249–258. https://doi.org/10.1123/jsr.12.3.249

Nitsch, J. R. (1985). Psychoregulatives training im leistungssport. In H. Gabler, H. Haase, O. Hug, & H. Steiner (Hrsg.), *Psychologische Diagnostik und Beratung im Leistungssport* (S. 145–174). Deutscher Sportbund.

16

Nitsch, J. R. (2001). Sportpsychologie und Praxis des Sports. In J. R. Nitsch & R. Singer (Hrsg.), *Einführung in die Sportpsychologie. Teil 2: Anwendungsfelder* (S. 13–28). Schorndorf.

Preston, C., Kerr, G., & Stirling, A. (2015). Elite athletes' experiences of athlete centred coaching. *Journal of Athlete Centred Coaching, 2*(1), 1–27.

Prochaska, J. O., & Norcross, J. C. (2018). *Systems of psychotherapy: A transtheoretical analysis* (9th ed.). CA: Brooks Cole.

Reiser, M. (2005). Kraftgewinne durch Vorstellung maximaler Muskelkontraktionen. *Zeitschrift für Sportpsychologie, 12*(1), 11–21. https://doi.org/10.1026/1612-5010.12.1.11

Reiser, M., Büsch, D., & Munzert, J. (2011). Strength gains by motor imagery with different ratios of physical to mental practice. *Frontiers in Psychology, 2*, Art. 194. https://doi.org/10.3389/fpsyg.2011.00194

Roll, R., Kavounoudias, A., Albert, F., Legré, R., Gay, A., Fabre, B., et al. (2012). Illusory movements prevent cortical disruption caused by immobilization. *NeuroImage, 62*(1), 510–519. https://doi.org/10.1016/j.neuroimage.2012.05.016

Schulz von Thun, F. (2014). *Miteinander reden 1-4: Störungen und Klärungen. Stile, Werte und Persönlichkeitsentwicklung. Das „Innere Team" und situationsgerechte Kommunikation. Fragen und Antworten.* rororo.

Seiler, R., & Stock, A. (1994). *Handbuch Psychotraining im Sport.* Rohwolt.

Ting, S., & Scisco, P. (2006). *The CCL handbook of coaching: A guide for the leader coach.* Jossey-Bass.

Ulich, E. (1967). Some experiments on the function of mental training in the acquisition of motor skills. *Ergonomics, 10*(4), 411–419. https://doi.org/10.1080/00140136708930888

Yue, G., & Cole, K. J. (1992). Strength increases from the motor program: comparison of training with maximal voluntary and imagined muscle contractions. *Journal of Neurophysiology, 67*(5), 1114–1123. https://doi.org/10.1152/jn.1992.67.5.1114

Zentgraf, K., & Munzert, J. (2014). *Kognitives training im sport.* Hogrefe.

Zhou, S. (2000). Chronic neural adaptations to unilateral exercise: Mechanisms of cross education. *Exercise and Sport Sciences Reviews, 28*(4), 177–184.

Serviceteil

Glossar

In diesem Glossar werden Begriffe aufgeführt, deren Erläuterungen das Lesen des Lehrbuchs erleichtern. Dabei sind die Erläuterungen nicht im Sinne eines Wörterbuchs oder Nachschlagewerks als umfassende Definitionen zu verstehen. Hierfür empfehlen sich entsprechende Lexika (z. B. *Dorsch – Lexikon der Psychologie*) oder Handbücher (z. B. *Wörterbuch Psychologie* von W. D. Fröhlich). Die hier aufgeführten Erläuterungen dienen der Verständlichkeit und dem Verständnis der Lehrbuchtexte.

Affektiv Gefühlsbetontes Verhalten oder Erleben (Gegensatz: kognitiv; Synonym: emotional).

Altruistisch Hilfsbereit, selbstlos (Gegensatz: egoistisch).

Attribution (Kausalattribution) Zuschreibung, die meist auf dem Verhältnis zwischen Ursache und Wirkung (Kausalität) beruht.

Autonomiestreben Energische und zielbewusste Bemühung um Unabhängigkeit und Selbstständigkeit.

Behaviorismus Richtung der Psychologie, die auf wissenschaftlich beobachtbare, empirisch überprüfbare Daten des menschlichen und tierischen Verhaltens abzielt; die Faktoren der Kognition und des subjektiven Erlebens bzw. der Introspektion (Innensicht) spielen dabei eine eher untergeordnete Rolle.

Bezugsnorm Art des Maßstabs, nach dem eine Leistung bewertet wird. Man unterscheidet zwischen sozialen, individuellen und sachlichen/kriteriumsorientierten Bezugsnormen (→Norm).

Biopsychosozial Ganzheitliche Betrachtungsweise, bei der neben physiologischen (körper-lichen) Aspekten auch soziale und psychische Einflussgrößen berücksichtigt werden.

Coaching Sammelbegriff für unterschiedliche Beratungsmethoden.

Clusteranalyse Statistisches Verfahren bei großen Datenbeständen, um Gruppen zu identifizieren, deren Elemente (Objekte oder Personen) ähnliche Merkmalsstrukturen aufweisen.

Deskriptiv Beschreibende Darstellung und Ordnung empirischer Daten (z. B. durch Kennzahlen, Grafiken); ermöglicht lediglich Aussagen über die untersuchte Stichprobe und stellt keine Überprüfung von Hypothesen dar.

Determinante Abgrenzender, begründender oder bestimmender Faktor.

Disposition Individuell unterschiedliche, relativ konstant wirkende Bereitschaft z. B. zu bestimmten Verhaltensweisen und Vorlieben.

Effekt Durch eine bestimmte Ursache hervorgerufene Wirkung.

Effektstärke/-größe Statistische Maßzahl (z. B. ES, g, d, r), die die Höhe eines →Effekts angibt.

Einstellung Relativ überdauernde Bereitschaft, in bestimmter Weise auf Personen, soziale Gruppen, Objekte, Situationen oder Vorstellungen wertend zu reagieren.

Empirie Gewinnung von Erkenntnissen durch die systematische Auswertung von Erfahrungen.

Epistemisch Das Wissen bzw. die Erkenntnis betreffend.

Evaluation Eine empirisch begründete Beurteilung, Bewertung oder Einschätzung.

External Von außen (ein)wirkend (Gegensatz: →internal).

Extraversion Nach außen gewandte Haltung (Gegensatz: Introversion).

Faktorenanalyse Statistisches Verfahren, dessen Ziel es ist, eine größere Menge von Daten zu reduzieren. Dazu wird aus vielen verschiedenen gemessenen Variablen auf wenige, zugrunde liegende übergeordnete Variablen („Faktoren") geschlossen.

Genotyp Gesamtheit der Erbfaktoren eines Lebewesens.

Güte-/Tüchtigkeitsmaßstab Bezieht sich auf die eigene Leistungsanforderung und hat sich durch frühere (positive/negative) Erfahrungen in Leistungssituationen herausgebildet.

Habituell Gewohnheitsmäßig, relativ überdauernd.

Heterogenität Uneinheitlichkeit bzw. Nichtgleichheit von Elementen oder Bestandteilen.

Heuristisch Vereinfachend; die Komplexität eines Sachverhalts reduzierend, um ein Problem zu lösen.

Ideational Einer Idee entsprechend.

Indikator Messgröße zur →Operationalisierung von theoretischen Begriffen.

Interaktion Wechselwirkung.

Interdisziplinär Mehrere (wissenschaftliche) Disziplinen umfassend; die Zusammenarbeit mehrerer (wissenschaftlicher) Disziplinen betreffend.

Interindividuell Zwischen zwei (oder mehreren) Individuen (→intraindividuell).

Interesse Innerlich begründete Tendenz, auf bestimmte Gegenstände und Gegebenheiten der Umwelt besonders zu achten.

Interkorrelation Zusammenhang (Korrelation) zwischen allen Variablen (jede untersuchte Variable mit jeder anderen).

Internal Von innen (ein)wirkend; innerlich, verinnerlicht (Gegensatz: →external).

Intraindividuell Innerhalb eines Individuums (→interindividuell).

Item Einzelne Frage, Aufgabe oder Aussage in einem Fragebogen oder psychologischen Test.

Itemanalyse Statistisches Verfahren, um die Eignung einzelner →Items im Hinblick auf die Zielsetzung der Befragung zu untersuchen.

Katharsis (Be-)Reinigung; Abbau von Spannungen und Gefühlen, z. B. durch körperliche Betätigung.

Kausalattribution →Attribution.

Kinematisch Auf die Bewegung von Punkten und Körpern im Raum (Position, Geschwindigkeit und Beschleunigung) bezogen; die Bewegungsursachen (Kräfte) werden dabei nicht berücksichtigt.

Kohäsion Zusammenhalt einer Gruppe.

Kontinuum Lückenlos Zusammenhängendes; etwas, das ohne zeitliche oder räumliche Unterbrechung aufeinanderfolgt.

Kontrafaktisch Der Realität bzw. Wirklichkeit nicht entsprechend; „gegen die Fakten".

Konstrukt Gedankliches bzw. theoretische Gebilde als Erklärungshilfe; die Merkmale können nicht direkt bzw. unmittelbar erfasst werden.

Korrelation Statistische Maßzahl (z. B. r), die den Zusammenhang bzw. die Beziehung zwischen zwei →Variablen beschreibt.

Kurvilinear Kurvenförmig (Synonym: nicht linear).

Längsschnittstudie Wissenschaftliche Studie mit Datenerhebungen zu mehreren Zeitpunkten an gleichbleibenden Stichproben; sie erlaubt die Untersuchung zeitlicher Verläufe.

Mediation Verfahren zur Konfliktlösung durch Förderung von Initiativen zur Selbsthilfe bei der Erzielung konkreter Übereinkünfte.

Metaanalyse Statistisches Verfahren, um die Ergebnisse verschiedener Untersuchungen zu einer Fragestellung zusammenzufassen.

Monitoring Unmittelbare systematische Erfassung (Protokollierung), Beobachtung oder Überwachung eines Vorgangs oder Prozesses.

Neurophysiologie Teilgebiet der Physiologie, das sich mit der Funktionsweise des Nervensystems befasst.

Neurowissenschaften Sie beschäftigen sich mit dem Aufbau und der Funktionsweise von Nervensystemen, wobei Methoden und Erkenntnisse aus der Biologie, Medizin und Psychologie zusammengeführt werden.

Norm Regel, ein Maßstab für etwas.

Normierung Erstellung eines Bezugssystems, mit dessen Hilfe die Ergebnisse einer Testperson im Vergleich zu den Merkmalsausprägungen anderer Personen (der Eich-

stichprobe) eindeutig eingeordnet und interpretiert werden können (Eichung eines Tests).

Objektivität Gütemaßstab wissenschaftlicher Messungen (→Reliabilität, →Validität); Unabhängigkeit der Messung von den Rahmenbedingungen.

Operationalisierung Sie legt fest, auf welche Weise ein Gegenstand oder →Konstrukt (z. B. Schwerkraft, Intelligenz, Gerechtigkeit) beobachtbar und messbar gemacht werden soll (z. B. kann Intelligenz mithilfe eines standardisierten Intelligenztests erfasst werden).

Perseverierend Hartnäckig, immer wieder auftauchend.

Physiologie Bezeichnung für die Lehre von den physikalischen und biochemischen Vorgängen in Zellen, Geweben und Organen aller Lebewesen.

Prädiktor →Variable, die in wissenschaftlichen Studien herangezogen wird, um die Werte einer anderen Variable vorherzusagen.

Prämisse Voraussetzung, Bedingung, Grundlage.

Prävention Krankheitsvorbeugung. Die *primäre Prävention* dient der Krankheitsvorbeugung; es sind keine gesundheitlichen Einschränkungen vorhanden. Die *sekundäre Prävention* soll das Fortschreiten der Krankheit verhindern bzw. reduzieren; es sind gesundheitliche Einschränkungen vorhanden, es zeigen sich jedoch keine Symptome. Die *tertiäre Prävention* findet nach der Krankheit Anwendung (Synonym: Rehabilitation).

Prospektiv In die Zukunft schauend, im Vorhinein (Gegensatz: →retrospektiv).

Prototyp Typisches Exemplar einer Kategorie.

Psychomotorik Forschungsgebiet, das sich mit dem Einfluss psychischer Vorgänge (z. B. Emotionen, Persönlichkeit) auf die Motorik (Bewegung) beschäftigt.

Psychophysik Psychologisches Forschungsgebiet, das sich mit der Beziehung zwischen objektiven Reizintensitäten und subjektiven Empfindungsstärken beschäftigt.

Psychosozial Die Psyche und das Sozialverhalten (die soziale →Interaktion) betreffend.

Qualitativ Die Qualität betreffend; in der Forschung Bezeichnung für die Erhebung nicht standardisierter Daten und deren Auswertung (z. B. Interviews, Beobachtung).

Quantitativ Menge oder Anzahl von Objekten oder die Häufigkeit von Vorgängen betreffend (meist in numerischen Werten oder der Angabe von Verhältnissen ausgedrückt); in der Forschung Bezeichnung für die Erhebung standardisierter Daten und deren Auswertung (z. B. Fragebogen, motorischer Test).

Querschnittstudie Durchführung einer Studie bzw. Untersuchung zu genau einem Untersuchungszeitpunkt; sie erlaubt keine Kausalaussagen (Ursache-Wirkung-Aussagen).

Referenz Bezugssystem, Bezugswert.

Reliabilität Gütemaßstab wissenschaftlicher Messungen (→Objektivität, →Validität); Zuverlässigkeit bzw. Genauigkeit.

Replikation Wiederholung einer Untersuchung; sie dient in wissenschaftlichen Studien der Überprüfung eines Befunds. Ein mehrfach replizierter Effekt führt zu einer Bestätigung oder Erweiterung des wissenschaftlichen Erkenntnisstands.

Retrospektiv In die Vergangenheit schauend, (zu-)rückblickend (Gegensatz: →prospektiv).

Review Systematische Übersichtsarbeit; die Literatur zu einem bestimmten Thema wird gesammelt, zusammengefasst und kritisch bewertet.

Reziprok Wechselseitig, aufeinander bezüglich.

Selbstkonkordanz Ausmaß, in dem Ziele den authentischen Interessen und Werten einer Person entsprechen.

Signifikant Bedeutsam; in der Statistik nicht zufällig (überzufällig).

Somatisch Körperlich (vor allem in Abgrenzung zu psychisch).

State Zeitlich begrenzter Zustand, in dem sich eine Person befinden kann.

Stimulus Reiz; in der Regel zur Aktivierung eines Verhaltens.

Terminologie Menge aller Termini (Fachbegriffe) einer Fachsprache.

Testökonomie Kosten-Nutzen-Verhältnis zwischen dem Aufwand eines Testverfahrens und dem Nutzen des Testergebnisses.

Trainer-Athlet-Dyade Zweiergruppe, die aus einer Trainerin bzw. einem Trainer und einer Athletin bzw. einem Athlet besteht.

Transzendenz Überschreiten der Grenzen von Erfahrung und Bewusstsein.

Trait Überdauernde (zeitlich stabile) Merkmale und Eigenschaften, die eine Person dazu →*disponieren*, sich über unterschiedliche Situationen hinweg konstant zu verhalten.

Validität Gütemaßstab wissenschaftlicher Messungen (→Objektivität,→Reliabilität); Ausmaß, in dem eine Messmethode tatsächlich erfasst, was gemessen werden soll.

Variable Ein in wissenschaftlichen Studien erfasstes Merkmal. Die *abhängige Variable* ist eine Zielgröße, die in wissenschaftlichen Studien untersucht werden soll; eine Variable, die als abhängig von anderen Variablen betrachtet wird. Die *unabhängige Variabel* ist eine Variable, deren Einfluss auf eine Zielgröße festgestellt werden soll.

Drittvariable ist der Oberbegriff für alle Variablen, die weder als unabhängige Variable noch als abhängige Variable zu bezeichnen sind (z. B. Moderatorvariable).Die *Moderatorvariable* ist eine Variable, die den Einfluss der unabhängigen Variable auf die abhängige Variable verändert.

Wert Eigene Auffassung von wünschenswerten Handlungen oder →Einstellungen in Bezug auf Menschen, Dinge oder Ziele.

Zusammenhang →Korrelation.

Stichwortverzeichnis